ÉVOCATION
DU
VIEIL AVIGNON

JOSEPH GIRARD

ÉVOCATION DU VIEIL AVIGNON

LES ÉDITIONS DE MINUIT

ISBN 2-7073-1353-X

PREMIÈRE PARTIE

ÉVOCATION HISTORIQUE

L'AGRANDISSEMENT D'AVIGNON AU XIVe SIÈCLE

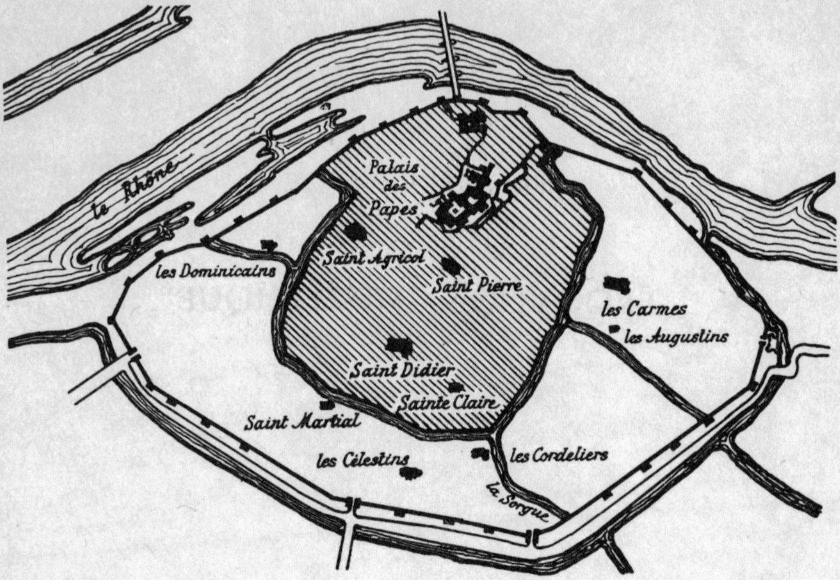

La partie en grisé donne la superficie de la ville avant les papes. Le cours des Sorgues, fossés de l'enceinte des XIIe et XIIIe siècles, indique l'emplacement des remparts de cette époque

TABLEAU SYNCHRONIQUE

Papauté d'Avignon	France	Angleterre	Saint-Empire
Clément V. 1305-1314. A Avignon. 1309. Vacance du Siège. 1314-1316.	*Philippe IV le Bel*. 1285-1314. *Louis X le Hutin*. 1314-1316. *Philippe V le Long*. 1316-1322.	*Edouard II*. 1307-1327.	*Henri VII*. 1308-1314. *Louis de Bavière*. 1314-1347.
Jean XXII. 1316-1334.	*Charles IV le Bel*. 1322-1328.		
Benoît XII. 1334-1342. *Clément VI*. 1342-1352.	*Philippe VI de Valois*. 1328-1350. Début de la Guerre de Cent ans. 1337. Bataille de Crécy. 1346.	*Edouard III*. 1327-1377.	
Innocent VI. 1352-1362. *Urbain V*. 1362-1370. A Rome. 1367-1370.	*Jean II le Bon*. 1350-1364. Bataille de Poitiers. 1356. Traité de Brétigny. 1360.		*Charles IV de Luxembourg*. 1347-1378. La Bulle d'or. 1356.
Grégoire XI. 1370-1378. Départ pour Rome. 1376.	*Charles V*. 1364-1380. Reprise de la Guerre de Cent ans. 1369.	*Richard II*. 1377-1399.	
Grand Schisme			**Papes à Rome**
Clément VII. 1378-1394.	*Charles VI*. 1380-1422.		*Urbain VI*. 1378-1389.
Benoît XIII. 1394-1403. Concile de Pise (1409).		*Henri IV*. 1399-1413.	*Boniface IX*. 1389-1404. *Innocent VII* 1404-1406.
Alexandre V. 1409-1410.			*Grégoire XII*. 1406-1415. Concile de Constance (1414).
Jean XXIII. 1410-1415.			*Martin V*. 1417-1431.

CHAPITRE PREMIER

AVIGNON AVANT LES PAPES

I. — L'Antiquité. — *Temps préhistoriques et protohistoriques. — L'époque romaine. Les ruines antiques de la place de l'Horloge ; vestiges du forum, vestiges divers, restes de l'arc de triomphe. Les arcades de la Fusterie. Les ruines antiques de la Peyrolerie. La voirie. — Le terrain des sépultures. Les débuts de l'Eglise d'Avignon. — Les enceintes romaines : 1° L'enceinte du Ier siècle ; 2° La ville repliée ; l'enceinte du Bas-Empire. Le* castrum.

II. — Le haut Moyen-Age. — *Invasions et sièges. Avignon à l'époque mérovingienne. Le siège de 737. — Le royaume de Provence, puis d'Arles. Les comtes d'Avignon. — Avignon au XIe siècle. Extension de la ville.*

III. — La commune d'Avignon. — *Les coseigneurs. La commune. — Le pont ; conséquences économiques. — Les remparts ; tracé de l'enceinte, sa date, les portes, les fossés. — Avignon au temps de la commune : les églises, le palais de l'évêque, le château et le palais de la commune, les maisons. — Les rues et les places. Les marchés. Les rues de métiers. Les « maîtres des rues ». — La guerre des Albigeois. Le siège de 1226. La chute de la commune. — Nouvelle extension de la ville. Le comte de Provence, seul seigneur d'Avignon.*

I. — L'Antiquité

Temps préhistoriques et protohistoriques.

Le Rocher d'Avignon a été habité dès les temps préhistoriques. Elevé au-dessus du Rhône qui l'entourait alors presque aux deux tiers, c'était en effet un refuge naturel facile à défendre.

Le nom d'Avignon (dans sa forme antique *Aouennion, Avenion, Avennio*) est d'origine ligure d'après les uns, celte suivant d'autres. Même incertitude pour la signification du mot qui désignerait, selon différentes interprétations, soit la « ville du fleuve », soit la « ville du vent violent ». Le seul point assuré, c'est l'ancienneté du nom, antérieur à la venue des Romains.

Au IIe siècle, avant notre ère, Strabon, le plus ancien auteur qui ait parlé d'Avignon, le cite, avec Cavaillon et Orange, comme une des principales agglomérations de la région. Ville des Cavares sur le Rhône, le « grand fleuve celtique de la mer Intérieure, axe de vie de toute la contrée gauloise », a dit Camille Jullian, Avignon dut son premier développement à son emplacement particulièrement favorable.

Les Marseillais y eurent des établissements, comptoirs ou factoreries, assez considérables pour lui valoir le qualificatif de « ville de Marseille » qu'un géographe grec, Etienne de Bysance (1), donne à tous les points où le grand port méditerranéen avait des intérêts commerciaux importants. A la fin de cette période, Avignon avait pris une certaine importance, comme le prouve l'existence d'une monnaie autonome, dont les exemplaires, en argent ou en bronze, sont imités pour la plupart des monnaies marseillaises et portent la légende celto-grecque AOYE ou AYE. Une inscription bilingue, grecque et latine, témoigne également de l'hellénisation de la cité, persistant même après l'installation des Romains.

A cette époque, la population n'était plus confinée sur le Rocher. En 1822, en creusant les fondations du théâtre, rue Racine, on a trouvé un vase contenant des monnaies marseillaises, ce qui indique que la ville s'était étendue sur les pentes descendant au sud-ouest vers le Rhône.

Nous ne savons rien de plus précis sur la situation exacte de la ville et sur son aspect. Elle devait assurément ressembler aux autres bourgades gauloises dont Cicéron signalait, non sans dédain, la rusticité extrême.

L'Epoque romaine.

Les Romains n'eurent garde de négliger cette position stratégique, si bien placée sur la voie remontant d'Arles à Lyon, offrant au surplus l'avantage de n'être qu'à une lieue de la Durance, dont la vallée offrait la communication la plus facile avec l'Italie, par le Mont-Genèvre. Le site était donc favorable aux relations commerciales. Aussi la domination romaine donna-t-elle à Avignon un nouvel essor.

Sous Auguste, c'est une des quatre-vingts cités de la Gaule ; elle est le centre d'une région allant du Rhône aux Alpilles. De belles inscriptions du Musée lapidaire nous ont conservé le nom de deux de ses magistrats, le préteur T. Carisius et le quattuorvir C. Otacilius Oppianus.

En 36, Claude y érige à sa nièce Drusille, sœur de Caligula, une statue dont la tête et l'inscription dédicatoire ont été

(1) Etienne de Bysance (Ve siècle après J.-C.) a utilisé des auteurs antérieurs, notamment Artémidore qui écrivait cent ans avant notre ère.

retrouvées près du Rocher. Sous son règne, si bienfaisant pour la Gaule (41-65), Avignon reçoit le titre de colonie latine. Un écrivain contemporain, Pomponius Mela, la mentionne alors comme une des plus opulentes villes de la Narbonnaise. Mais elle ne devint cité romaine que sous Hadrien, à une époque où ce titre trop répandu offrait beaucoup moins d'intérêt.

Avignon paraît donc n'avoir joué qu'un rôle secondaire, tandis qu'Orange, Nîmes et Arles étaient élevées dès le début au rang et aux prérogatives de cités romaines. Aussi, alors que ces villes, ainsi que, dans le voisinage, Vaison et Saint-Rémy, ont conservé les plus beaux édifices antiques, ceux d'Avignon semblent-ils avoir été plus modestes et il n'en subsiste que des vestiges sur lesquels on ne peut hasarder que des hypothèses.

Les ruines antiques de la place de l'Horloge.

On sait toutefois que le forum se trouvait sur l'emplacement occupé aujourd'hui par la place de l'Horloge, l'Hôtel-de-Ville et le Théâtre. La construction de ces deux édifices et les travaux d'aménagement de la place, qui se sont poursuivis à diverses reprises au cours du XIXe siècle, ont permis de mettre à jour un certain nombre de vestiges importants.

1° En creusant les fondations du théâtre, en 1818, on découvrit, dit Mérimée dans ses célèbres *Notes d'un voyage dans le Midi de la France,* « le soubassement d'un vaste édifice construit à grand appareil... Le préfet d'alors, je regrette de ne pouvoir citer son nom, fit combler la fouille sans même donner le temps de lever un plan des substructions ».

On put néanmoins recueillir un fragment du soffite, c'est-à-dire de la surface inférieure de la corniche. Ce morceau mesure 1 m 94 de long sur 0 m 45 de profondeur ; il est sculpté de quatre modillons ornés chacun d'une feuille d'acanthe alternant avec des caissons décorés de rosaces. La décoration de ce fragment rappelle la partie correspondante de la corniche des temples de Nîmes ou de Vienne. Il est assez probable que les vestiges découverts en 1818 appartenaient non à des thermes, comme se l'imaginait Mérimée, mais bien plutôt à une basilique ou mieux encore à un temple, édifices qui, d'après Vitruve, faisaient tous deux partie de l'ensemble monumental du forum romain.

2° En 1822, près de la façade de l'Hôtel-de-Ville, et en 1846, en creusant les fondations du nouvel édifice, on exhuma deux bases de fortes colonnes en pierre dure mesurant 0 m 95 de diamètre et 0 m 38 de hauteur ; elles sont aujourd'hui, comme le soffite antérieurement signalé, au Musée lapidaire.

3° En 1853, l'élargissement de la rue Géline, qui longe le côté sud de l'Hôtel de Ville et s'appelle aujourd'hui rue Félicien-David, compléta la découverte précédente. Au pied de la façade sud de l'Hôtel-de-Ville, on découvrit, encore à leurs places primitives, trois bases de colonnes exactement semblables à celles qui avaient été trouvées antérieurement. Ces bases étaient disposées en ligne droite et espacées entre elles de 7 mètres d'axe en axe. Des colonnes qu'elles portaient, il ne subsiste qu'un fragment ; c'est l'extrémité supérieure de l'une d'elles reconnaissable à l'astragale qui la termine. Ce morceau montre que les fûts étaient de pierre dure et polie, sans cannelures. Selon les règles de Vitruve, la hauteur des colonnes devait égaler dix fois leur diamètre, soit 9 m 50 si l'ordre était corinthien, comme il est à présumer. Cette colonnade pouvait former un portique bordant le côté sud du forum. L'espacement des colonnes ne permet pas de les supposer couronnées par une architrave même clavée, mais plutôt par des arcades.

4° En même temps que les bases de colonnes, les fouilles de la rue Géline de 1853 reprises en 1855 mirent à jour soixante-treize blocs de grand appareil romain disposés sans ordre dans le sous-sol de la maison Besse. Leur réunion en ce point devait provenir de leur utilisation dans les murs d'une nouvelle enceinte plus réduite que celle du Ier siècle et construite au moment des invasions barbares, dans les conditions qui seront indiquées ci-après.

Trois de ces blocs portent des inscriptions funéraires ; l'une d'elles est l'épitaphe bilingue, dont il a été question au début de cette étude.

Le reste comprend des tronçons de colonnes engagées ou de pilastres, des chapiteaux, des morceaux d'entablement, des fragments de bas-reliefs.

Parmi ces derniers, deux présentent des motifs décoratifs assez usuels (guirlandes, bucrânes, amours) ; deux autres de forme curviligne et un fragment d'un troisième bloc de même nature, figurent une course de chars ; ces divers fragments doivent provenir de monuments funéraires. Il n'en est pas de même des autres, beaucoup plus nombreux et décorés de trophées d'armes fort semblables à ceux d'Orange. Associés aux éléments d'ordonnance retrouvés en même temps, ils ne peuvent avoir appartenu qu'à un monument triomphal dont on ignore et l'emplacement primitif et l'architecture exacte.

Les arcades de la Fusterie.

Du côté du Rhône qui coulait alors sur l'emplacement des Fusteries, on ne sait comment se terminait le forum. Il y a là un des vestiges les plus importants et les moins expliqués, qu'on désigne habituellement sous le nom d'arcades de la Fusterie.

L'une de ces arcades, visible à la descente de l'escalier de la rue Saint-Etienne, est reconnaissable à son grand appareil romain. Ce qui reste des autres est dissimulé, d'un côté, derrière les numéros pairs de la rue Petite-Fusterie jusqu'à l'église Saint-Agricol ; de l'autre, dans les maisons en contre-bas de la rue des Grottes (1).

Calvet avait compté, entiers ou détruits, trente-trois de ces arceaux. « M. Mouton, jeune et habile architecte de Paris, qui passait par Avignon en allant à l'Académie de Rome où il était reçu..., dit-il, me fournit le plan géométral et l'élévation mesurée qu'il prit sous mes yeux de ce superbe édifice. » D'après un érudit décédé il y a peu d'années, M. Félix Digonnet, qui avait vu ce plan disparu depuis, la longueur totale de la rangée d'arcades était de 226 mètres ; chaque arcade mesurait 4 m 60 de hauteur et 2 m 50 de largeur ; les piliers avaient 1 m 12 sur 1 m 21 environ.

Au XVIIIe siècle, de grandes colonnes cannelées surmontaient encore en deux points ces arceaux ; elles devaient être primitivement plus nombreuses, au dire de Calvet, et « régnaient peut-être sur une grande partie » de la rangée d'arcades. Au XVIIe siècle, le P. Valladier y voyait un reste d'aqueduc ; ensuite, on pensa que les arceaux avaient été construits pour servir de base à des remparts ; Mérimée en fit un mur d'hippodrome. Aucune de ces propositions ne résiste à l'examen. En dernier lieu, l'archéologue cité plus haut, M. Digonnet, avait songé à une construction de soutènement destinée à racheter la déclivité des terrains sur lesquels était aménagé le forum.

Les ruines antiques de la Peyrolerie.

Sur l'autre versant du Rocher, des vestiges de constructions romaines ont été signalés à diverses reprises rue de la Peyrolerie. En 1912, dans les dépendances de l'imprimerie Aubanel, on a mis à jour trois arcades en grand appareil, l'une superposée aux deux autres ; ces dernières, qui sont probablement seules de l'époque romaine, sont montées sur un plan légèrement curviligne. D'autre part, des fragments de grosses colonnes de marbre et d'entablement, ainsi qu'une tête de Dyonisos recueillie par Calvet, ont été exhumés des caves de l'hôtel Pamard, à diverses reprises dans les trois derniers siècles et le plus récemment en 1902.

Tant de vestiges et d'une telle importance, groupés à si peu de distance, ne peuvent être que l'indice de quelque vaste édifice. On a pensé à un théâtre. Il se serait appuyé, suivant l'usage romain, au flanc du Rocher. Son plan demi-circulaire aurait déterminé le tracé de la rue Peyrolerie

(1) Notamment dans l'hôtel du Laurens, rue Saint-Etienne, 14 ; la rue des Grottes autrefois des Crottes, tire d'ailleurs son nom de ces arceaux assez profonds qui formaient des sortes de caves voûtées appelées *crotae* en bas-latin.

(après la place de la Mirande) et de la rue Vice-Légat, toutes deux concaves, et de la rue Taulignan, celle-ci rectiligne. Les arcades sur ligne courbe de l'immeuble Aubanel rappelleraient celles des façades latérales du théâtre d'Orange. Enfin le *proscaenium* se serait trouvé dans la partie basse de l'hôtel Pamard ; les fragments de colonnes et d'entablement qui en ont été extraits proviendraient du mur de scène.

Quelque séduisante qu'elle soit, cette hypothèse n'est pas suffisamment démontrée. Le chanoine Sautel croyait plutôt à un amphithéâtre, tandis que, selon Eugène Duprat, les arcades Aubanel pourraient avoir appartenu à quelque grand bâtiment à usage économique (magasins, entrepôt, etc.) ; quant aux fragments sortis des caves de l'hôtel Pamard, il ne serait pas possible actuellement d'en définir l'origine.

La voirie.

Les rues étaient pavées de grosses dalles, système qui fut en usage jusqu'au XIIIe siècle, où il fit place au pavage en cailloutis usité jusqu'à nos jours.

Le terrain des sépultures.

Selon l'usage romain, on enterrait en dehors de la ville, le long de la route principale. La plupart des trouvailles de sépultures ont été faites, dans l'ancien enclos des Célestins (aujourd'hui Cité administrative) et le long du chemin de Monclar, jusqu'à 1 500 mètres environ de l'entrée de la ville antique. La dernière en date remonte à 1910 ; elle a permis d'exhumer un cercueil en plomb contenant un squelette féminin. Ces découvertes jalonnent la route qui, partant de la place des Corps-Saints actuelle, menait à Arles par le bac de Barbentane et se prolongeait au nord d'Avignon vers Lyon. C'était la voie créée par Agrippa en l'an 22 avant J.-C. La célèbre voie Domitienne, de Milan à Arles, passait plus à l'ouest, par Cavaillon.

Les débuts de l'église d'Avignon.

C'est non loin de cette route et de ce cimetière que se place le berceau de l'église d'Avignon.

Une pieuse tradition en attribue la fondation à sainte Marthe et fait de saint Ruf, fils de Simon le Cyrénéen, le premier évêque d'Avignon. En réalité, on ignore l'époque exacte du saint Ruf d'Avignon, que les critiques ne font pas remonter plus haut que la fin du IIIe siècle.

Les premiers fidèles se réunissaient à l'endroit où s'élèvera plus tard l'abbaye romane de Saint-Ruf. La très haute antiquité chrétienne de ce lieu est attestée par de nombreuses trouvailles d'inscriptions et de vestiges funéraires. Un de ces fragments mérite de nous arrêter un instant, car il figure, non pas un des thèmes ordinaires de la sculpture des sarcophages, mais un épisode de l'histoire rarement traitée et combien dramatique d'Ananias et de Saphira. Les premiers chrétiens, rapportait la tradition, vendaient leurs biens et en apportaient le prix aux apôtres. Ananias, ayant gardé une partie de son argent tout en assurant le verser en entier, tomba mort auprès de saint Pierre ; aussitôt, son corps fut emporté pour être enseveli. C'est ce moment que représente le fragment de Saint-Ruf.

Ce qu'on sait des débuts de la religion nouvelle permet de placer dans cet humble cimetière, alors isolé en pleine campagne, le premier établissement du christianisme à Avignon. Mais la période qui suit reste longtemps fort obscure. On n'a pas pu dresser de liste d'évêques authentiques avant la date de 439. Il n'est cependant pas interdit de penser avec M. L.-H. Labande qu'il y avait, dès le IVe siècle, sur le Rocher, à la place de la cathédrale actuelle, « une basilique auprès de laquelle l'évêque avait établi sa demeure et celle de ses clercs ».

Les enceintes romaines.

1° La première enceinte devait remonter au Ier siècle.

D'après Pline l'ancien, en effet, Avignon était un *oppidum*, c'est-à-dire une ville fortifiée. Son enceinte devait coïncider à peu près avec celle qui sera construite au XIIe siècle et dont le périmètre est indiqué par le cours des Sorguettes (rues Joseph-Vernet, Henri-Fabre, des Lices, Philonarde, etc.). Le souvenir de cette enceinte du Ier siècle a subsisté longtemps. A l'époque des papes, on donnait parfois le nom de murs romains aux anciens remparts de la commune du XIIe siècle, peut-être parce qu'ils avaient été édifiés sur des substructions antiques.

L'intérieur de cette enceinte ne devait pas être complètement bâti. Les mosaïques les plus éloignées du centre ont été trouvées au Plan-de-Lunel, rue Viala, rue Prévot et rue Théodore-Aubanel, rue Collège-de-la-Croix, rue Saluces et rue Banasterie. A la périphérie, devaient subsister quelques jardins et espaces libres.

La superficie de la ville romaine ainsi définie était d'environ 46 hectares. Camille Jullian estimait que les villes antiques comptaient environ 500 habitants à l'hectare parce que les habitants étaient plus tassés qu'aujourd'hui et parce qu'il y avait moins de places et de grandes voies. En admettant cette évaluation, Avignon aurait eu 23 000 habitants à l'époque romaine, tout au moins à la période prospère des Ier et IIe siècles. Ensuite la population urbaine alla en diminuant en même temps que déclinait la prospérité générale.

2° A la fin de la période romaine, les villes de la Gaule étaient en pleine décadence ; leur population s'était fortement réduite. Il n'y avait pas de ville de 20 000 habitants, un petit nombre de plus de 10 000. « Et encore, dit Camille Jullian, je me demande si de tels chiffres ne sont pas des illusions mises dans notre esprit par le spectacle familier de nos foules urbaines. » Devant la menace des invasions, les empereurs enjoignirent aux villes de réparer leurs anciennes fortifications ou d'en construire de nouvelles, en employant au besoin les pierres des édifices antiques, sauf à respecter les tombeaux, ce qui ne fut pas toujours observé. Les villes, ayant moins de monde à loger, purent resserrer leurs enceintes pour mieux résister aux attaques. Bordeaux, au IVe siècle, est réduit au tiers de l'ancienne cité ; Nîmes, au septième ; Périgueux n'a plus que le treizième de son étendue primitive ; Autun, le vingtième.

A Avignon, l'enceinte nouvelle n'englobera que le septième de l'ancienne superficie. La population, diminuée comme ailleurs et bientôt terriblement décimée par les guerres et par les pestes, se concentre autour du Rocher.

D'après Eugène Duprat, l'étroite enceinte construite en cette période troublée, s'appuyait sur les arcades romaines de la rue Petite-Fusterie jusqu'à Saint-Agricol, puis tournait à angle droit et suivait la bordure méridionale de la rue Félicien-David (autrefois rue Géline) où ont été trouvés enfouis les nombreux blocs romains dont nous avons rapporté la découverte en 1853, en même temps qu'on repérait, à un mètre sous le sol de la rue, une muraille « énorme à gros quartiers de pierre », orientée dans le sens est-ouest, que Calvet avait signalée à cet endroit en même temps qu'en deux points de la place de l'Horloge. Après avoir ainsi traversé le forum, le rempart suivait à peu près le tracé de la rue Favart (précédemment rue Fromageon), atteignait la rue Arc-de-l'Agneau. Elle venait se rattacher au Rocher à la hauteur de la place de la Mirande.

La partie de la ville close de murs correspondait à ce qu'on appelait dans certains pays la « ville haute », la « ville épiscopale » ou la « cité ». Elle mesurait encore une vingtaine d'hectares, ce qui, estime Ferdinand Lot, était plus que quantité de cités gallo-romaines. En dehors de l'enceinte, il y avait des faubourgs dont les habitants se réfugiaient à l'intérieur des murs en cas d'attaque.

Le nœud du système défensif était sur le Rocher où il devait y avoir un *castrum* ou citadelle. Selon M. Adrien Blanchet, les fortifications urbaines comportaient toujours cette sorte de donjon qui fut conservé au Moyen-Age et « eut peut-être pour origine le *praetorium* antique ». A Avignon, l'existence de cette citadelle est établie au moins depuis le XIe siècle. Elle se trouvait sur la terrasse du Rocher qui surplomble le Rhône (1).

(1) Il y a eu un château à cet endroit jusqu'en 1650, date de sa destruction par une explosion causée par la foudre. Ce château se voit sur les anciens plans et vues d'Avignon, notamment sur le plan de 1618.

II. — Le haut Moyen-Age

Invasions et sièges.

Grâce à sa position et à ses fortifications solides, Avignon ne tomba pas tout de suite aux mains des barbares. Elle résista aux Vandales et aux Goths, mais fut prise par les Burgondes (vers 474), ensuite par les Wisigoths, puis occupée de nouveau par les Goths.

En 537, elle suivit le sort de la Provence cédée aux rois Francs par Vitigès, roi des Goths, et fut rattachée quelque temps à l'Austrasie, puis en 561 et jusqu'à la fin de la dynastie mérovingienne, au royaume de Bourgogne.

Au VIe siècle, plusieurs faits mémorables prouvent son importance militaire et politique.

En 500, Clovis y poursuivit le roi des Burgondes, Gondebaud. Il fit le blocus de la ville *cum omni exercito circa muris urbis resedente,* dit Grégoire de Tours, dans son latin demi-barbare, mais la place était très forte, *loco firmissimo ;* il est très douteux qu'elle ait succombé.

Quelques années plus tard, Wandill, lieutenant de Théodoric, roi des Goths, y fixa sa résidence et le quartier général de son armée.

En 573-574, Avignon paraît avoir échappé aux Lombards et aux Saxons, leurs alliés. Mais en 581, le patrice Momble (*Mummolus*), vainqueur des Lombards, s'y installa avec ses trésors, en fit un foyer de révolte et le quartier général de la tentative du prétendant Gondowald. Il y résista victorieusement à une puissante expédition punitive commandée par le duc austrasien Gontran Boson. Le Rhône entourait encore le Rocher presque aux deux tiers. Grégoire de Tours nous dit que le patrice fit aménager, autour de la partie de l'enceinte non baignée par le fleuve, un canal truqué, en apparence peu profond, mais semé de fosses perfides. L'armée assaillante se laissa prendre à ce piège grossier et quantité de ses soldats périrent noyés dans les fosses.

Les événements dont Avignon avait été le théâtre lui assurèrent une grande notoriété dans tout le pays franc. Elle jouissait d'un autre prestige, celui d'être une ville d'intellectuels que n'osaient affronter les clercs peu cultivés du nord de la Gaule. Au milieu du VIe siècle, S. Domnolus, nommé évêque d'Avignon, refusa ce siège où « sa simplicité aurait été mise à une trop rude épreuve au milieu des sénateurs sophistes et des juges philosophes ». Mais Avignon ne tarda à tomber à son tour dans la barbarie.

Avignon à l'époque mérovingienne.

La population, décimée par les guerres et par les pestes, était concentrée autour du Rocher, à l'abri de l'étroite enceinte construite à l'époque du Bas-Empire, en entraînant la disparition du forum et des modifications profondes dans l'aménagement de la ville.

Nous n'avons de détails précis que sur le Rocher.

Au-dessous de la citadelle, il y avait la basilique dédiée à Notre-Dame ; à cause du voisinage de la demeure épiscopale, cette église sera appelée plus tard Notre-Dame-des-Doms, de *domo* (*episcopali*). Au sud de cet édifice, se trouvait le baptistère indiqué dans les textes du Moyen-Age sous le titre d'église de Saint-Jean-Baptiste. Un peu plus bas et parallèlement à la cathédrale, une troisième église était dédiée à saint Etienne ; elle sera annexée au Palais des Papes par Jean XXII en 1317.

Les hagiographes de saint Agricol, évêque d'Avignon (630-700 ?) lui attribuaient la fondation d'un monastère qui portait son nom et qui est vraisemblablement l'origine de l'église actuelle de Saint-Agricol. D'après un texte assez obscur de 919, l'église Saint-Pierre aurait conservé à cette date le corps du saint évêque, ce qui permettrait de faire remonter sa fondation à l'époque qui nous occupe. Il sera également de tradition que d'autres églises existaient dans le même temps, qui auraient été détruites par les païens et les mauvais chrétiens. De fait, la désolation de l'Eglise d'Avignon au VIIIe siècle et au IXe ne paraît pas douteuse : de 700, date de la mort présumée de saint Agricol, à 855, on ne connaît pas un seul nom d'évêque.

Le siège de 737.

La forte position d'Avignon ne put être négligée aux temps calamiteux des VIIIe, IXe et Xe siècles.

Trois ans après leur grande défaite de Poitiers (732), les Arabes restés maîtres de la Septimanie envahirent la Provence. Introduits par le patrice Mauronte, ils firent d'Avignon une de leurs positions les plus solides. L'auteur de la vie de saint Apollinaire parle de cette puissante citadelle rendue plus forte encore par sa position naturelle. De même le continuateur du Pseudo-Frédégaire s'émerveille de sa situation escarpée et de ses défenses (*urbem munitissimam ac montuosam*). Le siège par lequel Charles Martel l'enleva en 737 est resté mémorable. Le récit du chroniqueur donne quelques détails sur la situation topographique de la ville. Les Francs, dit-il, occupent d'abord l'*oppidum* et les faubourgs ; par *oppidum*, il faudrait entendre, d'après Eugène Duprat, les restes de la vieille enceinte romaine, celle du Ier siècle. Ensuite ils attaquèrent la cité proprement dite, ce que nous avons appelé la ville haute, *munitissimam civitatem obsedunt*. On mit en branle les béliers et les machines, puis l'assaut fut donné. Les Francs se hissèrent sur les murs au moyen de cordes. Ils durent prendre les maisons une à une. La ville fut mise à sac et la garnison massacrée.

Victoire éphémère. Deux ans après, les Sarrasins revinrent et Charles Martel dut leur enlever une seconde fois cette place si convoitée.

Le Royaume de Provence, puis d'Arles.

La ville se releva, on ne sait comment. Aussi, les Sarrasins, refoulés dans le Sud-Ouest, mais solidement établis pendant si longtemps sur les côtes orientales de la Provence, n'osèrent-ils pousser jusque là leurs incursions. En 859-860, les Danois ou Normands ravagèrent la vallée du Rhône ; les chroniqueurs parlent du pillage de Valence, mais sont muets sur Avignon qui se défendit ou que les pirates n'osèrent point attaquer.

On donne alors le nom de Provence à tout le bassin du Rhône, de Lyon à la mer. Cette Provence forme à diverses reprises un royaume indépendant dont Avignon est une des villes principales. Le fameux Girard de Roussillon, héros des chansons de geste, s'y réfugie après sa défaite par Charles le Chauve et y meurt en 873. Son évêque prend part à l'assemblée de Mantaille, où Boson fut élu roi de Provence (879). Le roi Louis l'Aveugle y séjourne en 897 ou 898 avant sa malheureuse expédition en Italie. Sous son règne (890-928), Avignon est le centre d'un groupe important de cités commandé par un comte qui y faisait sa résidence ordinaire.

En 932, le royaume de Provence fut réuni à celui de la Haute-Bourgogne. Ainsi fut constitué le royaume d'Arles rattaché à l'Empire en 1033. Avignon en fit partie jusqu'à sa cession à l'Eglise romaine.

Les comtes d'Avignon.

Au xᵉ siècle, il existe à diverses reprises un comte à Avignon. Puis les divers comtés de la Provence — ce nom étant désormais réservé au pays au sud de l'Isère — sont groupés sous une autorité commune. La fonction comtale devient héréditaire dans la famille qui réalise cette unité et qui est issue d'un Boson, installé comte d'Arles à partir de 948. La Provence appartient désormais aux successeurs de Boson qui la possèdent par indivis et portent tous le titre de comte suivi le plus souvent du nom de leur résidence ou de la ville qui est le centre de leurs domaines. C'est ainsi que plusieurs comtes de Provence sont désignés comme comtes d'Avignon. Le plus célèbre est le comte Guillaume, second fils de Boson, qui délivra la Provence des Sarrasins et reçut probablement pour cet exploit le titre de marquis, expression d'une dignité plus éminente que celle de comte.

Quand il résidait à Avignon, le comte devait habiter le *castrum* du Rocher avec sa famille, ses officiers, ses serviteurs et ses gardes. Mais bien avant qu'elle ne s'éteigne à la fin du xıᵉ siècle, la branche comtale d'Avignon ne conserve plus sur la ville que le haut domaine, la seigneurie. Le domaine direct est inféodé à un vicomte héréditaire qui tient la ville et le château en fief rendable. D'abord tout-puissant, le vicomte, combattu par l'évêque et par la population, accusé de tyrannie, déclinera rapidement. Au siècle suivant, il sera dépossédé par la commune.

Avignon au XIe siècle.

Dès le IXe siècle, l'église d'Avignon s'était relevée de ses ruines, grâce aux largesses de Louis l'Aveugle, au legs de son évêque Foucher et aux offrandes des fidèles. Aussi, au XIe siècle, l'évêque d'Avignon, grand propriétaire foncier, devient-il peu à peu le principal personnage de la ville. On recourt à lui dans les cas graves, comme à l'ancien *defensor civitatis.*

Au milieu du XIe siècle, l'évêque Rostaing fait figure d'homme d'Etat ; il déployait, dit un hagiographe, encore plus d'habileté et d'intelligence dans les affaires séculières que dans les choses ecclésiastiques. En 1054, c'est à lui que s'adressent les citoyens soulevés contre quelque oppression, *pro communi et universali damno non minimum condolentes.*

Son château fortifié est toujours sur le Rocher à côté de l'église Saint-Etienne. Il est assis à l'extrémité du rempart, ce qui assure à l'évêque des communications indépendantes avec l'extérieur.

Le chapitre, souvent en lutte avec son évêque, est devenu lui aussi une puissance. Ses membres ont soumis à la règle augustinienne qui leur impose la vie en commun. Ils forment une communauté ou, comme on disait alors, une commune. Ils tirent leurs principaux revenus de vastes domaines agricoles situés, soit aux portes de la ville, soit dans les environs, notamment du côté de Vedènes où ils commencèrent, dès le Xe siècle, le creusement du canal de Vaucluse pour irriguer leurs terres avec l'eau de la Sorgue.

Les bâtiments canoniaux s'étagent sur les pentes du Rocher derrière les chevets de Notre-Dame et de Saint-Etienne. Outre le cloître, les habitations des chanoines, la salle du chapitre, une chapelle particulière, ils comportent, comme les abbayes, tous les locaux commandés par les besoins d'une grande exploitation rurale, remises, étables, four, fruitier, cellier, pressoir ; ce dernier était appelé en bas-latin *trullum,* d'où serait venu le nom de *Trouillas* qui sera donné au XIIe siècle aux édifices canoniaux et qui restera, ainsi que nous le verrons, à une des tours du Palais des Papes.

La renaissance du XIe siècle a d'importants effets sur l'aménagement de la ville. Une reconstruction de Notre-Dame-des-Doms est attestée par une dédicace de 1063 ou 1069. L'église Saint-Etienne est également rebâtie. Au nord de la cathédrale, on signale une chapelle nouvelle dite Notre-Dame-du-Château (1), qu'il ne faut pas confondre avec la chapelle Saint-Martin placée dans l'enceinte du *castrum.*

---

(1) Notre-Dame-du-Château a été appelée plus tard la chapelle Sainte-Anne qui a donné son nom à l'escalier situé à l'est du Rocher, près du chevet de la cathédrale.

De nouvelles églises sont signalées ; d'autres dont l'existence était jusqu'ici conjecturale ne peuvent plus être mises en doute.

Deux de ces églises, Saint-Agricol et Sainte-Madeleine, s'appuyent sur le rempart ; le clocher de Sainte-Madeleine avait pour base un des arceaux romains de la rue Petite-Fusterie (à l'angle de la rue Saint-Etienne). Les autres, Saint-Didier, Notre-Dame-la-Principale, Saint-Symphorien, étaient, comme l'église Saint-Pierre, situées hors de l'enceinte. Déjà la ville débordait le périmètre étroit que les invasions des barbares lui avaient imposé.

Dans la banlieue, en 1039, l'évêque Benoît avait autorisé quatre de ses clercs à relever l'antique abbaye de Saint-Ruf et à y fonder une nouvelle communauté. Saint-Ruf forma bientôt une véritable école de sculpteurs, de peintres et de menuisiers. Il échangea ses artistes avec le chapitre de Notre-Dame, mais bientôt il y eut jalousie, puis rupture.

Même réveil chez les laïcs. On voit se constituer une véritable aristocratie urbaine, formée des nobles ou chevaliers et des prud'hommes enrichis par le commerce et l'industrie. Son rôle s'affirme déjà. Elle appuie l'évêque dans sa lutte contre le vicomte. Elle assiste les chanoines dans leurs disputes et leurs révoltes contre l'évêque. Il est peu douteux qu'elle ait eu un rôle prépondérant dans la manifestation de 1054 rapportée ci-dessus.

Extension de la ville.

L'extension de la ville attestée déjà par la construction d'églises hors les murs se manifeste plus clairement encore quand on étudie les textes qui établissent l'existence de « bourgs » formés hors de l'enceinte (1).

Les plus importants de ces bourgs étaient entre les mains de l'évêque et du chapitre. Ce dernier avait le bourg de Trouillas, près de Notre-Dame-la-Principale. Dans le voisinage de la même église, il y avait le bourg des peaussiers et des mégissiers, la *Pelliparia* ou *Scofaria* (2), qui appartenait à l'évêque. Ce dernier possédait un autre bourg, beaucoup plus vaste, dans la paroisse Saint-Agricol, au sud-ouest de la ville ; c'était la *vinea vispalis* ou vigne épiscopale, domaine d'aspect à demi-rural comme le bourg de Trouillas, formé comme celui-ci de maisons avec jardins (3). D'autres bourgs, fondés par des particuliers, portaient le nom de leur

(1) D'après l'historien Liudprand, on appelait bourgs les agglomérations de maisons bâties à l'extérieur des remparts d'une ville.

(2) Le nom de *Scofaria* a survécu longtemps ; une partie de la rue actuelle des Fourbisseurs s'appelait encore au XVIIe siècle bourg d'Escoffre ou des Coffres, et, au début du XIXe siècle, rue des Coffres.

(3) Les immeubles qui en dépendaient payaient cens à l'évêque et, quand leurs propriétaires mouraient sans héritiers directs, ils revenaient à la mense épiscopale.

propriétaire, tels les bourgs de Foulque ou Fauque, de Bertrand Reynaud, de Monique Milon, etc.

Du côté du Rhône, le lit se déplaçant vers l'ouest, des terrains avaient été gagnés au pied des arcades romaines. Des marchands de bois ou fustiers commençaient à s'y fixer. Au début du XIIIe siècle, on distinguait la Fusterie Neuve (Grande Fusterie) de la Fusterie Vieille (Petite Fusterie). L'ancienneté de cette dernière pouvait donc remonter assez loin.

Ainsi, dans cette nouvelle période de prospérité, la ville tendait à retrouver la même étendue qu'à l'époque romaine.

III. — La commune d'Avignon

Les coseigneurs.

Au début du XIIe siècle, la Provence n'appartenait plus à une seule famille, mais à trois, qui dérivaient par les femmes de la dynastie fondée par Boson d'Arles. Il y eut alors partage. Chaque famille reçut dans son lot la région sur laquelle elle exerçait plus particulièrement son hégémonie. La Provence fut ainsi démembrée du comté de Forcalquier, puis du comté Venaissin ou marquisat de Provence que posséda le comte de Toulouse. Avignon était au point de rencontre des trois comtés. Aucun des comtes ne voulant renoncer à cette place de première importance, elle resta indivise entre eux, ainsi que les villes voisines du Pont-de-Sorgues, de Caumont et du Thor.

C'est sans doute cet état d'indivision qui explique qu'Avignon ne tomba pas, comme bien d'autres cités, sous l'autorité absolue de son évêque et qu'elle put bientôt procéder à sa « révolution communale ».

La commune.

A Avignon, le nouveau régime, appelé souvent du nom commode mais inexact de République, s'établit en 1129 grâce à une concession d'un des trois comtes, celui de Forcalquier, Guillaume III, qui, à la veille de mourir, remit à l'évêque, aux chevaliers et aux prud'hommes, les « pouvoir, juridiction et seigneurie » dont le vicomte avait été investi jusque-là. Désormais, la cité, grâce à sa mise en commun, *in commune*, se trouva libérée en fait de l'autorité du vicomte et des comtes.

Des discordes intestines troublèrent les premières années de la commune avignonnaise ; elles furent apaisées par l'évêque Geoffroy qui rédigea, entre 1142 et 1157, une « charte de paix, de concorde et de consulat », et obtint, en 1161, de l'empereur Frédéric Barberousse, la confirmation des droits et privilèges des Avignonnais.

Quelle était l'organisation de la commune ? L'évêque en était nominalement le président (*praeses*). Mais le pouvoir appartenait en réalité à des *consuls*, au nombre de quatre à l'origine, de huit à partir de la fin du XIIe siècle, nommés tous les ans par un collège électoral et pris moitié parmi les chevaliers, moitié parmi les prud'hommes. Les consuls étaient assistés de *juges* et d'une réunion de notables appelée le *Conseil général de la cité*. Mais, pour les décisions particulièrement graves, on convoquait le « peuple d'Avignon » en *parlement public*. Ces assemblées avaient lieu le plus souvent, derrière Notre-Dame-des-Doms, au pied de l'escalier qui descendait vers le Rhône (aujourd'hui escalier de Sainte-Anne). Les assemblées plus restreintes se tenaient dans le préau de l'évêque (*pratum episcopi*).

La commune fut un véritable seigneur féodal. Elle eut un sceau appelé *bulle*, symbole de la pleine juridiction. Elle battit monnaie. Elle légiféra ; ses lois, appelés *statuts* et révisées à diverses reprises, lui survivront dans leur dernière rédaction datant de 1246 ; nombre de leurs dispositions étaient encore en usage à la fin de l'ancien régime. Elle eut aussi une armée composée des chevaliers urbains, de la milice bourgeoise et de ses vassaux ; ceux-ci, tels les Amics, seigneurs de Vedènes, prêtaient hommage aux consuls et promettaient de les assister au conseil et à la guerre, *in placito et in guerra*. Enfin, elle posséda des biens et des fiefs, une partie du Pont-de-Sorgues, Vedènes, le monastère de Saint-André au delà du Rhône ; au delà de la Durance, son domaine s'étendit jusqu'au pied de Barbentane ; elle tint aussi pendant quelques années du comte de Toulouse, Caumont, le Thor, le château de Thouzon, Jonquerettes et même, un peu avant le désastre de 1226, tout le Comtat Venaissin.

Le pont.

Les nouvelles institutions furent favorisées par une période de prospérité exceptionnelle.

Le pont Saint-Bénezet, ainsi appelé aujourd'hui du nom de son promoteur légendaire, fut un des grands éléments de ce renouveau. Commencé selon la tradition en 1177, il fut achevé en 1185. C'était, à cette époque, le seul pont qui franchissait le Rhône, depuis la mer, détournant ainsi d'Arles, privée de son pont antique, le trafic de l'ancienne voie Domitienne et assurant le passage des marchands et des pèlerins, qui, par les cols des Alpes, se rendaient en Italie ou en revenaient. Il accrut considérablement l'importance d'Avignon qui devint une ville de commerce et de passage, un peu cosmopolite déjà.

Les industries locales se développèrent. La principale, avec la corderie et les métiers du cuir, était la fabrication des draps. Les draps d'Avignon faisaient concurrence à ceux du Nord, même sur les marchés étrangers ; pendant longtemps, ils donnèrent lieu à un trafic régulier entre Marseille et Naples.

Les remparts.

Ville de négoce, Avignon était aussi une cité guerrière. De très loin, on apercevait ses hautes murailles, ses tours, son rocher couronné de défenses.

Cette enceinte de l'époque romane a une très grande importance ; elle commande encore aujourd'hui la topographie d'Avignon et nombre d'appellations de ses portes ont jusqu'ici survécu.

A la veille du siège de 1226, le chroniqueur Nicolas de Brai la décrit ainsi dans ses *Gesta Ludovici VIII* en vers latins : « Une masse élevée de remparts, surmontés d'une citadelle, entoure la ville entière. Comme l'abord est en plaine, les murs sont doubles et doubles aussi les fossés alimentés d'une eau constante. Infinie est cette enceinte dont le rempart principal s'entoure encore d'un long cercle de retranchements. »

Il ne reste que peu de vestiges de ces défenses, disparues sous les accroissements successifs de la ville. Il est cependant aisé d'en reconnaître l'emplacement marqué sur le plan actuel par une suite circulaire de rues qui occupent les anciennes *lices,* c'est-à-dire l'espace compris entre les deux enceintes. Ce circuit comprend, en allant de l'est à l'ouest, la rue des Trois-Colombes, les rues Campane, Paul-Saïn et Philonarde, la rue des Lices (dont le nom est caractéristique), les rues Henri-Fabre, Joseph-Vernet et Grande-Fusterie (1).

Il est facile aussi de retrouver la place des anciennes portes qui, pour la plupart, ont subsisté jusqu'à la fin du XVIIIe siècle, alors que le reste de la double enceinte avait disparu. Sur les vieux plans d'Avignon, notamment sur ceux de 1618 et 1671, elles sont figurées comme des arcs posés en travers de certaines rues, de part et d'autre des anciennes lices. La liste ci-contre donne le double emplacement de chacune d'elles qui est parfois dans une même rue, parfois aussi dans deux rues qui se font suite avec des noms différents. On remarquera qu'en plusieurs endroits le nom de l'ancienne porte a très heureusement survécu.

La *porte Aurose,* d'*aura* qui veut dire vent, était la porte du vent ; le mistral est en effet particulièrement violent dans cette partie septentrionale de la ville. Le *portail des Infirmières* donnait accès, d'où son appellation, aux « infirmeries » (en provençal *infirmiero*) de Saint-Lazare installées hors les murs pour recueillir les lépreux. Les deux portes suivantes portaient le nom de familles notables, les Matheron et les Imbert, qui avaient fourni plusieurs consuls. De même le *portail Magnanen,* appelé à l'origine portail « Mahanes », c'est-à-dire de Maillane, d'après Mistral ; une famille de Maillane a eu trois de ses membres consuls d'Avignon. Le

(1) On a conservé un fragment du mur extérieur à l'entrée de la rue Saint-Charles ; il est en petit appareil, formant une maçonnerie compacte agglomérée avec un mortier très dur.

Nom des Portes	Enceinte Intérieure	Enceinte Extérieure
Portail Aurose.	Rue Banasterie	
» des Infirmières	Place des Trois-Pilats.	Rue des Infirmières.
» Matheron	Rue du Portail-Matheron	
» Imbert	Place du Portail-Peint	Rue des Teinturiers.
» Magnanen	Rue Pétramale.	Rue du Portail-Magnanen.
» du Pont-Fract	Rue des Trois-Faucons	Place du Corps-Saint.
» Boquier	Ancienne rue Saint-Marc (rue de la République).	Rue des Vieilles-Etudes.
» L'Evêque	?	Rue Saint-Charles (à côté il y a une rue Porte-l'Evêque).
» Briançon	Rue Portail-Bienson.	Rue Annanelle.
» Saint-Agricol, ou du Temple	Rue Saint-Agricol.	?
» Pertuis ou Pertus	Rue Saint-Etienne.	Rue de la Grande-Fusterie.
» Eyguière	Rue Ferruce.	Rue du Puits-de-la-Reille.

Pont-Fract ou pont rompu conservait le souvenir de quelque accident.

Le *portail Boquier* ou de la Bouquerie était celui des bouchers. D'après les statuts de 1246, les abattoirs étaient relégués dans la banlieue, avec les établissements insalubres.

La *porte l'Evêque* était ainsi désignée à cause des domaines épiscopaux qui se trouvaient aux environs. La famille de Briançon avait donné son nom à la porte suivante ; l'église Saint-Agricol et la commanderie du Temple, à celle qui s'ouvrait un peu plus loin. Le *portail Pertus* ou Pertuis s'appelait ainsi à cause d'un ouverture d'égout ou de canal (en provençal *pertus*).

La *porte Eyguière* (*Aquaria*) était la porte de l'eau, c'est-à-dire la porte du Rhône.

A quelle époque la double enceinte avait-elle été construite ?

La plus ancienne était l'enceinte intérieure. Elle datait sans doute des premiers temps de la commune et avait été élevée à peu près sur l'emplacement des remparts romains du Ier siècle, dont les restes durent être remployés. On avait ainsi englobé et les bourgs bâtis à la fin de la période précédente et des espaces libres qui furent vite utilisés pour des constructions nouvelles.

L'établissement d'une chemise extérieure ne fut envisagée que beaucoup plus tard. Nous avons des renseignements précis pour la partie comprise entre la porte Aurose et la porte de Briançon, où les terrains nécessaires furent acquis de 1216 à 1223 ; l'espace occupé par les fortifications supplémentaires, lices comprises, devait mesurer un peu plus de 19 cannes, soit 38 mètres environ.

Les deux murs parallèles étaient flanqués de place en place de tours semi-circulaires et les portes protégées chacune par une double tour (*bisturris*).

Les fossés étaient alimentés, disent les textes, « par les eaux des fontaines et de la Sorgue ». Par fontaines, il faut entendre les sources captées dans la banlieue. La dérivation de la Sorgue, appelée aujourd'hui canal de Vaucluse, avait été commencée, dès le xe siècle, avons-nous dit, par les chanoines de Notre-Dame-des-Doms. Elle se déversait dans les fossés des remparts en face du portail Imbert de l'époque (portail Peint) et actionnait des moulins, d'un côté ceux du portail Matheron et de la porte Aurose, de l'autre, ceux du Pont-Fract, de Briançon et Pertus.

Au début du XIIIe siècle, le débit de la Sorgue ayant été jugé insuffisant, la commune concéda, en 1229, à Pierre Ruf, de la porte Eyguière, et à Isnard Mourre, son associé, l'entreprise d'une dérivation de la Durance, du Rocher de Bonpas à Avignon. Ce nouveau canal, appelé depuis la Durançole, devait alimenter les fossés à l'ouest, tandis que la Sorgue rendrait désormais le même service à l'est seulement. Ces fossés n'ont pas disparu. Toujours alimentés par la Durançole (ou canal de l'Hôpital) et par la Sorgue (ou canal de Vaucluse), ils servent, dans tout leur ancien circuit, d'égouts collecteurs sous les constructions modernes. On les désigne maintenant sous le nom de Sorguettes.

Avignon au temps de la commune.

Tel qu'il vient d'être défini, le périmètre d'Avignon faisait 3 000 mètres environ ; sa superficie était de 42 à 45 hectares. « Avignon, a dit Ferdinand Lot, était pour l'époque une grosse ville. »

Outre la cathédrale Notre-Dame-des-Doms et l'église Saint-Etienne, sur le Rocher, elle comptait six églises paroissiales disposées en cercle autour de ce même Rocher, Saint-Agricol, Saint-Didier, Notre-Dame-la-Principale, Saint-Geniès, Saint-Pierre et Saint-Symphorien ; il y avait en outre Sainte-Madeleine, appartenant aux religieux de Saint-André de Villeneuve, le monastère des religieuses de Saint-Laurent et la maison des Hospitaliers de l'ordre de Saint-Antoine, qui soignaient les malades du « feu ardent ». Au XIIIe siècle, il s'y ajoutera une commanderie des Hospitaliers de Saint-Jean de Jérusalem et une commanderie des Templiers.

Sur les pentes sud du Rocher, l'évêque avait son palais fortifié, prédécesseur de celui des Papes ; il se composait de quatre bâtiments disposés en quadrilatère autour d'un préau (*pratum episcopi*) ; l'église Saint-Etienne qui en constituait le bâtiment nord, était prolongée à son extrémité ouest par la tour de la Campane — ainsi nommée parce qu'elle était surmontée de la cloche (*campana*) de l'évêque. Un guetteur communal se tenait chaque nuit à son sommet pour annoncer les incendies et surveiller les environs.

Le château du Rocher, autrefois demeure du comte d'Avignon, puis du vicomte, appartenait maintenant à la commune qui possédait aussi son « Palais » également fortifié, bâti à l'opposé de celui de l'évêque, à l'endroit où le Rocher se relève pour former une nouvelle éminence. « La Cité du Palais » actuelle, autrefois « la vice-gérence », occupe l'emplacement du Palais de la commune. Ses bâtiments modernisés montrent encore, sur la rue de la Peyrolerie, une haute muraille dont le petit appareil vétuste et le plein cintre des baies rares et exiguës dénoncent l'origine romane. De la cour intérieure, on a retiré, en 1834, un grand tympan de pierre (aujourd'hui au Musée lapidaire) représentant un « chevalier d'Avignon » en équipement et monture de guerre. Entre les deux palais, se trouvaient des maisons particulières, des jardins et des « petits champs » (*campelli*), d'où tirera son nom une rue des Champeaux.

Ce qui donnait encore une physionomie très particulière à la ville, c'était le grand nombre de « maisons fortes », habitées par les chevaliers et pourvues de créneaux et de tours (*domus turrales*). Louis VIII ordonnera de les démolir en 1226, mais quelques-unes durent subsister ou être rebâties par la suite ; ainsi la tour de l'abbé de Montmajour est encore citée en 1300.

Nous n'avons pas d'exemple de maisons de cette époque ; elles étaient, peut-on supposer, étroites et basses, presque toujours à un seul étage, bâties la plupart avec de la pierre de Villeneuve, où la carrière des Ambrunes (dite aujourd'hui de San-Bruno) a approvisionné les maçons d'Avignon depuis l'époque romaine jusqu'au XIXe siècle. Dans la ville même, il y avait deux carrières aux flancs du Rocher. L'une à l'est, exploitée pendant plusieurs siècles, a produit la paroi à pic du côté de la maison d'arrêt. L'autre, appelée la *peyriera,* se trouvait sur la pente méridionale et se dissimule sous les maisons de la rue Peyrolerie.

Il y avait aussi des maisons en pisé (*de terra*) et même, surtout dans la périphérie, des masures couvertes de chaume.

Les rues et les places.

Les rues appelées *carrières* et les *traverses* ou *andrones* étaient tortueuses et étroites, comme dans toutes les villes d'origine gauloise. « Ces anciennes cités, a dit Descartes, qui, n'ayant été au commencement que des bourgades, sont devenues par succession du temps, de grandes villes, sont ordinairement si mal composées, au prix de ces places régulières qu'un ingénieur trace à sa fantaisie dans une plaine, qu'encore que, considérant leurs édifices chacun à part, on y trouve souvent autant ou plus d'art qu'en ceux des autres ; toutefois, à voir comme ils sont arrangés, ici un grand, là un petit, et comme ils rendent les *rues courbées et inégales*, on dirait que c'est plutôt la fortune que la volonté de quelques hommes usant de raison qui les a ainsi disposés. »

Irrégulières dans leur tracé, les rues d'Avignon le sont moins dans leur direction. Il est facile de voir que les principales vont des portes de l'ancienne enceinte du XIIe et du XIIIe siècle vers la place de l'Horloge, vers l'ancien *forum* romain. Lorsque la ville s'était repliée sur le Rocher, la place antique s'était amenuisée jusqu'à devenir un simple carrefour qui portait au XIIe siècle le nom de porte Ferruce, sans doute en souvenir d'une porte du rempart du Bas-Empire (1), comme le portail Matheron ou le portail Magnanen rappellent encore aujourd'hui le rempart du XIIe siècle.

Les places, appelées *plans* ou *planets*, étaient de dimensions restreintes, le plus souvent un simple carrefour. Un acte de 1185 mentionne un orme sur la « place Saint-Pierre », ce qui laisse supposer une certaine étendue ; mais ce qu'on nommait place était peut-être simplement le cimetière, qui assurait seul un espace dégagé autour des églises. Chacun de ces édifices s'entourait en effet d'un cimetière, aux limites souvent imprécises ; il n'était pas rare par exemple de trouver dans une rue voisine quelque « sépulcre » isolé. Au XIIe siècle, dans le cimetière de Notre-Dame-la-Principale, il y avait des échoppes d'artisans (*operatoria*) dont l'évêque et le chapitre de Notre-Dame-des-Doms tiraient revenu. Au XIIIe siècle, on transféra le marché aux bestiaux dans le cimetière Saint-Pierre.

Six « lieux publics » étaient désignés par une décision de justice pour servir aux *praeconisationes* ou criées, c'est-à-dire aux proclamations officielles et sans doute aussi aux annonces des particuliers, qui devaient ainsi avoir lieu « devant le Palais », c'est-à-dire devant le Palais de la commune, « à la Draperie » (rue Arc-de-l'Agneau actuelle), à la porte Ferruce, au carrefour de la *Pelliparia* et de la *Sabbateria* (rue des Fourbisseurs actuelle), à Saint-Pierre et enfin à la porte Eyguière.

Derrière Saint-Pierre, une place servant au rassemblement des chevaliers et de la milice bourgeoise était dénommée la *Cavalleria* ou la *platea Militis* (place du Chevalier). Egalement

(1) Sur le plan de 1618, on distingue, dans la rue devant l'hôtel de ville, deux arceaux dont l'un portant un parapet couronné de créneaux ; c'était peut-être l'ancienne porte Ferruce.

derrière Saint-Pierre se dressait le pilori (*costellum*) où on exposait les criminels.

Les marchés. Les rues de métiers.

Beaucoup de rues étaient affectées à des marchés ou à des métiers.

Le marché principal se tenait au carrefour de la porte Ferruce que nous avons déjà mentionné comme centre traditionnel de la cité. Tout autour se groupaient le *macellum* (boucherie), la triperie, l'« herberie » ou marché aux légumes, et dans la « rue allant du Plan-de-Lunel au portail Briançon », le marché au poisson, sur un terrain dépendant de la « vigne épiscopale », ce qui obligeait les poissonniers à payer à l'évêque un cens en nature, consistant en aloses et en sophies.

Les gens d'un même métier se groupaient dans une rue. On avait ainsi la rue de la Mercerie, en tête de la rue des Marchands actuelle ; la rue de l'Epicerie faisait suite ; la Draperie, industrie si florissante à Avignon à cette époque, allait du Change à Saint-Pierre ; la *Pelliparia* (citée dès 1155) ou rue des Peaussiers était la rue des Fourbisseurs actuelle ; il y avait la rue Saunerie ou rue des Saulniers, etc. Dans la Fusterie vieille (Petite-Fusterie), les vieux arceaux romains étaient loués par la commune, comme boutiques ou ouvroirs. Les marchands de bois (fustiers) occupaient les Fusteries.

Les Juifs étaient cantonnés dans un quartier spécial, situé d'abord au pied du Rocher — la rue Vieille-Juiverie en est un souvenir — et transféré ensuite, vers 1221, près de l'église Saint-Pierre. La Synagogue actuelle occupe l'emplacement de la vieille synagogue du Moyen-Age.

Les « maîtres des rues ».

Comme dans toutes les villes, à cette époque, les rues étaient sales et mal pavées.

Le pavage en larges dalles usité depuis les Romains était creusé d'ornières profondes qui causaient des accidents. On décida, au XIIIe siècle, de le refaire en « petites pierres », *de minutis lapidibus ;* c'est l'origine de ce pavage en cailloutis qui a valu aux rues d'Avignon une réputation si fâcheuse. Il fut appliqué pour la première fois dans la rue de la Petite-Fusterie.

La surveillance de la voirie était dévolue à trois officiers, qu'on appellera plus tard *maîtres des rues.* L'un était chevalier, le second jurisconsulte, le troisième prud'homme. Les statuts leur recommandent de veiller au pavage, à la propreté des rues, à l'écoulement des eaux. A cause de l'irrégularité des façades toujours hérissées d'appendices (*appense vel pendentia*), ils devaient proscrire tout ce qui gênait la circulation, porches, auvents, enseignes, étalages extérieurs, et pour faciliter le passage des cavaliers, faire relever les treilles ou les ramées qui égayaient les murs romans.

Des mesures sévères visaient à assurer la tranquillité des rues pendant la nuit. Après la sonnerie du couvre-feu, il était interdit de circuler sans lumière à la main ; les étrangers devaient en outre se faire accompagner de leurs hôtes ; les suspects ne pouvaient sortir. Les jeux étaient prohibés non seulement dans les tavernes, les tripots (*tricharia*) et les lupanars, mais encore dans les auberges. Seuls, les chevaliers et les prud'hommes, classes dirigeantes de la commune, avaient le droit de circuler librement et sans feu et même d'aller jouer dans des établissements qui leur étaient réservés.

La Guerre des Albigeois. Le siège de 1226. La chute de la commune.

Pendant la guerre des Albigeois, la commune se tint d'abord à l'écart de la lutte et ne prit parti qu'après le concile de Latran qui enleva au comte Raymond VI de Toulouse une grande partie de ses domaines (1215). *La chanson de la Croisade contre les Albigeois* nous a conservé le détail émouvant des témoignages de fidélité que les Avignonnais prodiguèrent alors à leur suzerain, lorsqu'au retour du concile, il passa par Avignon avec son fils, le futur Raymond VII. Ce texte vaut d'être cité, car les mouvements de la rue forment, autant que le décor lapidaire, un des éléments de la physionomie d'une ville :

...Et lorsque par la ville s'est répandue la nouvelle,
Il n'y a vieux ni jeune qui n'aille joyeusement
Par toutes les rues et hors les maisons...
Les uns crient « Toulouse ! » pour le père et pour le fils,
Et les autres « la joie ! car désormais Dieu sera avec nous ! »...
Puis tous dirent : « Seigneur légitime et aimé,
Ne craignez point de donner ni de dépenser.
Nous fournirons nos avoirs et nos corps
Jusqu'à ce que vous recouvriez la terre ou que nous mourrions [avec vous. »

La « promission » fut tenue. Trois ans plus tard, Guillaume des Baux, prince d'Orange, qui s'était emparé du Venaissin, fut battu par les Avignonnais, fait prisonnier et égorgé (1218). Pour prix de ce concours, le comte de Toulouse céda ses droits sur Caumont, le Thor, Thouzon et Jonquerettes, ainsi que divers avantages commerciaux.

Malgré ces succès, la discorde régnait de nouveau au sein de la commune entre les chevaliers et les prud'hommes. Pour y mettre fin, on décida d'imiter les républiques italiennes et de remplacer les consuls par une sorte de dictateur étranger appelé *podestat* (1225).

L'année suivante, la commune reçut encore du comte de Toulouse, en gage d'un prêt, tout le comté Venaissin, ainsi que les châteaux de Beaucaire et de Malaucène. Elle atteignit alors l'apogée de sa puissance et se crut assez forte pour résister au roi de France et à l'Eglise.

En cette même année 1226, si pleine d'événements, le roi Louis VIII, accompagné d'un légat du Pape et d'une armée nombreuse, descendit la vallée du Rhône, en route pour une nouvelle croisade contre les Albigeois. Après quelques hésitations, la commune refusa le passage. Il fallut un siège de trois mois pour la réduire (10 juin-12 septembre 1226). L'armée royale subit de lourdes pertes ; mais vaincus par la famine, les Avignonnais se résignèrent à subir les conditions du légat romain, le fameux cardinal de Saint-Ange. Ils durent livrer des otages, payer une énorme rançon, démolir leurs remparts, détruire trois cents maisons fortes, subir la tutelle d'un évêque ultra-mondain, Zoen Tencarari.

La sentence fut exécutée impitoyablement ; les paysans du voisinage, opprimés par la puissante commune, s'y employèrent avec joie, car, dit le chroniqueur Philippe Mousket, « on haoit ceux d'Avignon par tout le païs environ ».

La commune ne fut pas complètement abattue par ce désastre, mais fut longtemps en proie aux querelles intestines et aux difficultés financières. Au bout de peu d'années cependant, on se mit à rebâtir le pont que les Français avaient ruiné aux trois quarts après la capitulation ; malgré les défenses pontificales, on travailla aussi à remettre la double enceinte en état, en commençant par les fossés et les portes ; le portail Pertus était refait dès 1227. En 1246, les Avignonnais chassèrent même leur évêque et, du haut de leurs remparts restaurés, purent braver les croisés de saint Louis, lorsque ceux-ci passèrent sous Avignon, se dirigeant sur Marseille et Aigues-Mortes. Mais les temps de l'indépendance communale étaient révolus.

Avignon appartenait maintenant aux deux frères de saint Louis, Charles d'Anjou et Alphonse de Poitiers, devenus par mariage, l'un comte de Provence, l'autre comte de Toulouse. Pour résister aux deux Capétiens, Avignon, Arles et Marseille s'allièrent avec le puissant Barral des Baux. Mais, trahies par celui-ci, les villes durent s'incliner. En 1251, les deux frères restaurèrent l'autorité comtale dans Avignon, abolirent la commune et soumirent la cité à une étroite sujétion. Désormais, il n'y eut plus de consuls ou de podestat, mais un viguier nommé par les deux comtes. Les Avignonnais ne gardèrent que l'usage de leurs statuts et quelques privilèges ; le Conseil fut également maintenu, mais ses membres devaient être désignés par le viguier (conventions des 7-10 mai 1251) ; pour faire exécuter ses décisions, il n'eut plus droit qu'à nommer des syndics, toujours pour une mission temporaire. Le 11 mai 1251, une assemblée générale des citoyens fut réunie pour la dernière fois devant la cathédrale et le palais épiscopal, sous la présidence des deux comtes entourés d'une suite nombreuse ; elle approuva (*laudavit*) les dispositions qui mettaient fin à ses libertés.

Nouvelle extension de la ville.

En dépit des événements qui s'étaient produits au cours du XIIIe siècle, un nouvel agrandissement de la ville s'était amorcé. Au sud-ouest, des atterrissements du Rhône, appelés l'*estel* (*stellum*), s'étaient garnis de « jardins » et avaient été nivelés. En 1220, les Dominicains s'y étaient établis, à la sortie du portail Briançon. Les Cordeliers s'étaient installés, à l'issue du portail Imbert, sur les bords de la Sorgue, non loin de la vieille chapelle de Sainte-Croix, sanctuaire vénéré qui, en 1226, avait reçu la visite du roi Louis VIII. Plus loin, en 1261, les Augustins se fixèrent à la sortie du portail Matheron et les Carmes, en dehors du portail des Infirmières, près des vieilles « infirmeries » de Saint-Lazare, où étaient relégués les lépreux ; hors de la porte Aurose, les frères de la Pénitence du Christ créèrent, vers 1270, le couvent et l'hôpital de Notre-Dame-de-Fenouillet. Autour de ces couvents et à l'issue de la plupart des portes, des particuliers avaient construit des bourgs, par endroits assez denses pour faire l'amorce d'une rue. Ainsi Avignon commençait de nouveau à déborder ses limites.

Le comte de Provence, seul seigneur d'Avignon.

Alphonse de Poitiers mourut sans enfants en 1270. Son neveu, le roi Philippe le Hardi, héritier de ses domaines, céda le Comtat Venaissin à l'Eglise (1274) ; celle-ci le revendiquait en exécution du traité de Paris (1229) qui avait consommé la ruine de la maison de Toulouse. Toutefois le roi de France resta coseigneur d'Avignon ; mais en 1290, Philippe le Bel céda sa part au comte de Provence, Charles II d'Anjou, qui devint ainsi seul maître de la ville. Cela ne modifia en rien le régime établi, mais seulement quelques noms. Comme le comte de Provence était roi de Jérusalem et de Sicile, le palais des comtes — l'ancien palais communal — s'appela palais royal, et la cour des comtes, cour royale, etc. La vie maintenant paisible de la petite cité fut autrement troublée par l'événement prodigieux qui se produisit au début du XIVe siècle, l'arrivée du pape à Avignon.

CHAPITRE II

LA PAPAUTE A AVIGNON

I. — LES PAPES D'AVIGNON. — *Pourquoi le pape est-il venu à Avignon ? — Clément V (1305-1314). — Jean XXII (1316-1334). — Benoît XII (1334-1342). — Clément VI (1342-1352). — L'achat de la ville d'Avignon (1348). — Innocent VI (1352-1362). — Les Grandes Compagnies. — Urbain V (1362-1370). — Grégoire XI (1370-1378). — Le Grand Schisme. — Clément VII (1378-1394). — Benoît XIII (1394-1409). — Le premier et le second siège du Palais. — La fin du Schisme.*

II. — AVIGNON AU TEMPS DES PAPES. — *Augmentation de la population : installation de la cour pontificale, crise des logements. Agrandissement de la ville : nouvelles constructions. — Transformation de la ville : livrées, églises et couvents, palais, la nouvelle enceinte ; l'activité artistique. — Les rues et les places : pavage et nettoyage, étroitesse et irrégularité des rues ; les maisons ; les places ; les cimetières ; le mobilier de la rue ; les remparts de la commune ; le nom des rues. — Les marchés ; les rues de métiers. — Le mouvement de la rue : cortèges, représentations théâtrales. — La police des rues ; les auberges, tavernes et hôpitaux. — Les ports, les routes : la route du Rhône ; la côte méditerranéenne ; les routes d'Italie, d'Espagne, de l'Ouest. — L'Administration de la ville et du Comtat Venaissin ; l'évêché d'Avignon. — Les lettres ; la bibliothèque du Pape, l'Université d'Avignon, Pétrarque (1304-1374).*

I. — LES PAPES D'AVIGNON

Pourquoi le pape est-il venu à Avignon ?

Lorsque l'archevêque de Bordeaux, Bertrand de Got, fut élu pape à Pérouse en 1305, ce n'était pas une nouveauté qu'un Français fut élevé au souverain pontificat. Plusieurs l'avaient déjà été : Sylvestre II (999), Urbain II (1088), Urbain IV (1261), Clément IV (1265), Martin IV (1281). L'Eglise étant universelle, son chef peut être pris dans toutes les nationalités. Il n'était pas nouveau non plus, ainsi que l'a souligné G. Mollat, qu'un pape passât hors de Rome la plus grande partie de son pontificat. Ce fut le cas de tous les papes de la seconde moitié du XIIIe siècle ; certains n'y parurent même jamais et deux d'entre eux séjournèrent en France et y accomplirent des actes considérables. Deux conciles œcuméniques furent, en effet, tenus à Lyon, l'un en 1245 par Innocent IV, qui séjourna dans cette ville jusqu'en 1251 ; l'autre en 1274 par Grégoire X ; celui-ci ne reprit le chemin de l'Italie qu'après s'être attardé dans « la douce terre de Provence ». Mais jamais, ni à cette époque, ni aux siècles précédents, on n'aurait admis l'idée qu'un pape put choisir sa capitale en dehors de Rome . « Voilà, a dit Renan, ce que fit Clément V, non par suite d'un plan fortement calculé, mais par nécessité. »

Le séjour des papes à Avignon, si odieux aux Italiens, a été appelé par eux la « captivité de Babylone » ; en réalité, le Saint-Siège a été plus libre sur les bords du Rhône qu'il n'aurait pu l'être au delà des Alpes, dans une Rome déchirée par les factions rivales ou dans une Italie en proie aux perpétuelles dissensions des villes et des petits Etats féodaux.

Pourquoi Avignon fut-elle choisie pour donner asile à la papauté ? D'abord, comme il a été dit ci-dessus, parce qu'elle appartenait au comte de Provence, Charles II d'Anjou, vassal de l'Eglise, en tant que roi de Naples, et vassal fidèle. Ensuite, parce que le Comtat Venaissin limitrophe était propriété pontificale depuis le XIIIe siècle et enfin, parce que le pays jouissait, au début du XIVe, d'une paix profonde. Le site d'Avignon dut être en outre déterminant ; sa position au confluent de deux grandes voies de communication était, depuis l'antiquité, particulièrement propice aux relations internationales (voir ci-dessus p. 12) ; de plus, depuis le schisme grec et les triomphes de l'Islam, Avignon — Yves Renouard l'a fait remarquer — se trouvait, par rapport aux Etats chrétiens, dans une situation plus centrale que Rome.

Le séjour de la papauté sur les bords du Rhône fut donc le fait des circonstances et non le résultat d'un dessein prémédité. Il assura, pour un temps, la prédominance de l'élément français à la cour pontificale ; les papes français choisirent pour cardinaux surtout des compatriotes qui à leur tour portèrent leurs suffrages sur des papes français. Il ne fallut rien moins que la violence des Romains en 1378 pour rendre la papauté à l'Italie.

Clément V. — 1305-1314.

Lorsque le conclave s'ouvrit à Pérouse le 18 juillet 1304, l'Eglise était encore sous le coup de l'émotion causée par les violences de la lutte soutenue par le roi de France Philippe le Bel contre le pape Boniface VIII et surtout par l'attentat commis à Anagni, par le conseiller du roi Guillaume de Nogaret, sur la personne sacrée du pontife. Les cardinaux étaient divisés en deux groupes, la faction italienne qui voulait venger l'attentat d'Anagni, et le parti français désireux de s'entendre avec le roi. Faute de pouvoir s'accorder sur l'élection d'un de ses membres, le conclave porta ses voix sur une personnalité étrangère au Sacré Collège, l'archevêque de Bordeaux, Bertrand de Got, vassal du roi d'Angleterre, mais sujet de Philippe le Bel (5 juin 1305). Il est toutefois faux que cette élection ait été précédée d'une entente secrète avec le roi de France, comme le chroniqueur italien Villani a voulu le prétendre.

Bertrand de Got était né à Villandraut (Gironde). Il prit le nom de Clément V ; son couronnement se fit à Lyon, à la demande du roi qui y assista. Déjà le nouveau pape avait décidé de demeurer en France, à cause de la situation troublée de l'Italie, mais aussi pour travailler à apaiser l'antagonisme entre le roi de France et le roi d'Angleterre, au sujet de l'Aquitaine, et à les unir pour une nouvelle croisade en Orient, ce grand rêve de la papauté du XIVe siècle.

Le pape revint donc à Bordeaux puis, par petites étapes, gagna Avignon où il arriva le 9 mars 1309. Mais, dans cette ville, il ne se considéra qu'en séjour temporaire, se contentant de l'hospitalité des Dominicains qui avaient, rue Annanelle, le plus vaste couvent de la ville. Il résidait plus volontiers à Carpentras et dans le Comtat. Son lieu de prédilection était le prieuré du Groseau, près de Malaucène, au pied du Mont-Ventoux, où il prépara le concile de Vienne de 1311.

On lui a beaucoup reproché la faiblesse qu'il montra pour Philippe le Bel qui obtint de lui des mesures contre les actes de Boniface VIII, l'absolution de l'attentat d'Anagni, et la suppression des Templiers après une procédure inique. Il montra une plus fière attitude à l'égard de l'empereur Henri VII contre lequel il souleva l'Italie et qu'il refusa de laisser couronner à Saint-Pierre de Rome. Il restait, comme ses prédécesseurs, fidèle à la doctrine de la supériorité du sacerdoce sur l'Empire et pour exprimer sa conviction sous une forme visible, après Boniface VIII qui avait ajouté une deuxième couronne à la tiare pontificale, il l'augmenta d'une troisième. De même il affirma de façon péremptoire son pouvoir souverain vis-à-vis du concile de Vienne (1311-1312). Mais son autorité, ses bonnes intentions ne purent réussir à modérer les excès de l'Inquisition. Jurisconsulte éminent, il publia un nouveau recueil de droit canon qui porte son nom, les *Clémentines*.

Gravement malade pendant tout son pontificat, sentant ses souffrances empirer, il voulut, après cinq ans de résidence à Avignon ou dans le Comtat, retourner dans sa Guyenne natale. Mais, dès son arrivée à Roquemaure, sur les bords du Rhône, il mourut subitement le 20 avril 1314.

Jean XXII. — 1316-1334.

Le conclave qui devait donner un successeur à Clément V se réunit à Carpentras, où siégeait la curie au moment du décès. De nouveau, les cardinaux étaient très divisés, cette fois à cause des ambitions du parti gascon. Bientôt des désordres éclatèrent, provoqués par des bandes à la solde des neveux du pape défunt ; la ville fut pillée, des maisons incendiées, des Italiens massacrés. Bloqués dans le palais épiscopal, siège du conclave, les cardinaux réussirent cependant à s'enfuir et ce n'est qu'après deux ans de pourparlers qu'ils se décidèrent à se réunir de nouveau à Lyon, dans le couvent des Frères Prêcheurs, où bloqués par les troupes du roi de France, ils mirent cependant six mois encore pour s'accorder sur le nom de Jacques Duèse, cardinal de Porto (7 août 1316).

Le nouveau pape, qui prit le nom de Jean XXII, était le fils d'un bourgeois de Cahors. C'était un vieillard de soixante-douze ans ; on l'avait choisi, dit-on, parce qu'on pensait qu'en raison de son âge, son pontificat serait de courte durée ; or, énergique sous une apparence débile, il devait régner dix-huit ans. Comme il avait été évêque d'Avignon (1310-1313), il n'hésita pas à choisir cette ville pour sa résidence, mais sans abandonner tout espoir de se rendre à Rome. Aussi, installé dans son ancien palais épiscopal, se contenta-t-il de le développer à son usage.

Son pontificat eut une grande importance. Administrateur émérite, c'est grâce à lui que l'Eglise acheva de se transformer en une vaste administration centralisée ; il se réserva toutes les nominations épiscopales, ainsi que les collations de bénéfices, et perfectionna la « fiscalité pontificale », c'est-à-dire tout le système des impôts ecclésiastiques (annates, décimes, subsides caritatifs, etc.) qui procurèrent au Saint-Siège des ressources considérables. Aussi, malgré d'excessives largesses à ses proches, laissa-t-il un trésor évalué par les contemporains à plusieurs millions de florins, en réalité à 750.000, soit de 10 à 15 milliards de francs actuels, sans compter quantité de bijoux et de pièces d'orfèvrerie. Il ne négligea cependant pas les intérêts spirituels de l'Eglise et se préoccupa même de la diffusion du christianisme en Orient.

Les difficultés ne lui manquèrent pas : intrigues des cardinaux italiens désireux de retourner à Rome ; complots contre sa vie, comme celui d'Hugues Géraud, évêque concussionnaire et simoniaque de Cahors ; agitation des Franciscains que scandalisait l'enrichissement de l'Eglise et dont les plus exaltés, appelés *fraticelles,* ne demandaient rien moins que le retour à la pauvreté évangélique ; hostilité déclarée de l'empereur Louis de Bavière qui marcha sur Rome, s'y fit couronner à Saint-Pierre et fit proclamer un antipape, Pierre de Corvara, qui prit le nom de Nicolas V (1328). Mais aucune résistance n'intimida Jean XXII. Il ligua les cités guelfes d'Italie et le roi de Naples contre l'empereur ; le faux pape chassé par les Romains fut bientôt réduit à implorer son pardon et à venir faire amende honorable au Palais d'Avignon où il mourut captif trois ans plus tard (1333). En même temps, sur son ordre, l'Inquisition réprimait durement les dissidences ; Vaudois, Cathares, fraticelles, sorciers et envoûteurs furent livrés au bûcher. Mais lui-même, si ardent à châtier les erreurs des autres, soutint dans ses derniers sermons quelques propositions hasardées qui soulevèrent des protestations et qu'il dut rétracter à son lit de mort. Il expira le 4 décembre 1334.

Benoit XII. — 1334-1342.

Le 20 décembre 1334, après un conclave de sept jours — le premier tenu à Avignon —, Jacques Fournier fut élu et prit le nom de Benoit XII.

Il était né à Saverdun, dans le comté de Foix ; son père était, dit-on, boulanger. Il sortait de l'ordre des Cîteaux, dont il porta toujours la robe blanche. Cardinal depuis 1327, il passait pour la « lumière théologique » du Sacré-Collège. Il était de haute stature, de voix sonore et de complexion forte.

Devenu pape, il s'efforça d'extirper les abus qui s'étaient introduits dans les institutions de l'Eglise, en particulier dans les ordres religieux qu'il rappela à l'observation de leur règle primitive. Il donnait lui-même l'exemple d'une vie austère et, à l'encontre de Jean XXII, se refusait à favoriser sa famille.

En politique, il rechercha avant tout l'apaisement, ce qui l'amena à reprendre des relations avec l'empereur Louis de Bavière. Très favorable au roi de France, il s'efforça de retarder le conflit avec le roi d'Angleterre. En Italie, il travailla à ramener le calme et à apaiser la révolte des Etats de l'Eglise. Au début de son pontificat, il avait même envisagé à deux reprises le retour de la papauté à Rome ; mais devant l'échec de ses projets et non sous la pression des cardinaux languedociens, hostiles au départ, il se décida à un établissement durable à Avignon et remplaça l'ancien palais épiscopal par un édifice plus vaste et mieux fortifié qui forme plus de la moitié du Palais actuel. Il mourut le 25 avril 1342.

Clément VI. — 1342-1352.

Le conclave qui devait donner un successeur à Benoît XII s'ouvrit le 3 mai. Quatre jours plus tard, l'archevêque de Rouen, Pierre Rogier de Beaufort, cardinal-prêtre depuis 1338, fut élu à l'unanimité « par la seule inspiration divine ». Ses mérites d'orateur et de théologien étaient réputés ; il avait été archevêque de Sens (1329), puis de Rouen (1330), et avait rempli la charge éminente de chancelier de France. A l'inverse de son prédécesseur, c'était un grand seigneur indulgent et fastueux. Dès son avènement, une ambassade des Romains vint lui demander de revenir dans leur ville et d'accorder les indulgences du jubilé. C'est à la suite de cette démarche que, par la bulle *Unigenitus Dei Filius* (27 janvier 1343), il décida que l'Année Sainte aurait lieu, non plus tous les cent ans, mais toute les cinquante et annonça un jubilé pour 1350. Il montra une pareille condescendance vis-à-vis des quémandeurs de bénéfices qui, écartés par Benoît XII, affluèrent de nouveau par milliers.

Il aimait à présider les solennités religieuses et à prêcher ; plusieurs fois il fit dresser une estrade dans la cour du Palais des Papes pour avoir un plus vaste auditoire que celui de la chapelle pontificale.

Il fut très admiré de ses contemporains et son temps marqua vraiment l'apogée de la papauté avignonnaise. « Mes prédécesseurs, disait-il, n'ont pas su être papes. » Il fit de la cour pontificale la cour la plus policée de toute l'Europe ; il attira les artistes, les lettrés, les savants ; en 1344, il tenta une réforme du calendrier julien, entreprise prématurée, mais qui faisait honneur à son esprit d'initiative. En matière d'art, en peinture surtout, il fit preuve d'un goût supérieur. Il aima le luxe — les fêtes de son couronnement coûtèrent 14.000 florins — ; il bâtit les plus belles parties du Palais des Papes, reconstruisit l'abbaye de la Chaise-Dieu et acheta la ville d'Avignon. Ses prodigalités, jointes aux dépenses de la guerre en Italie, ruinèrent le trésor pontifical et amenèrent une aggravation des impôts prélevés sur le clergé. Mais sa politique connut d'incontestables succès. Un traité avec Giovanni Visconti, seigneur de Milan, apaisa un temps les difficultés de l'Eglise en Italie et Cola di Rienzo, tribun de Rome, qui avait soulevé la Ville éternelle, vint expier sa révolte dans une étroite captivité au Palais d'Avignon. La lutte entre la Papauté et l'Empire cessa après la disparition de Louis de Bavière et avec l'avènement de Charles IV (1346), si soucieux de vivre en bon accord avec l'Eglise que ses sujets l'appelaient « l'empereur des prêtres ». D'autre part, grâce à l'entremise du pape, les hostilités entre les rois de France et d'Angleterre furent plusieurs fois suspendues.

Ce pontificat si brillant fut cependant attristé par l'effroyable peste noire qui, venue de Chine par l'Asie Mineure et l'Egypte, ravagea la chrétienté en 1348-1349. Quarante millions d'existences auraient succombé dans le fléau. A Avignon même, la maladie dura sept mois, et aux dires d'un ami de Pétrarque, aurait fait 62.000 victimes, du 25 janvier au 27 avril seulement. Le célèbre médecin Guy de Chauliac a laissé une description dramatique de la détresse des Avignonnais : « Les gens mouroient sans serviteurs et estoyent ensevelis sans prestres. Le père ne visitoit pas le fils, ni le fils son père. La charité estoit morte et l'espérance abattue. »

Dans l'Europe entière, on accusa les Juifs d'être par leurs maléfices la cause du fléau ; une violente persécution sévit contre eux, que le pape arrêta par la menace de l'excommunication ; il accueillit dans ses Etats ceux qui vinrent s'y réfugier. En Souabe, des bandes d'illuminés prétendirent amener la cessation de la peste par des flagellations répétées. Inoffensifs au début, les *flagellants* finirent par s'insurger contre l'autorité ecclésiastique et marchèrent sur Avignon.

Mais ils purent être dispersés avant d'avoir atteint cette ville ; la plupart se soumirent ; les plus obstinés périrent sur le bûcher.

Clément VI mourut le 6 décembre 1352. Il avait choisi pour sa sépulture l'abbaye de la Chaise-Dieu où il avait fait profession et qui avait été reconstruite à ses frais par l'architecte Hugues Morel.

L'achat de la ville d'Avignon.

L'installation de la papauté à Avignon et la prolongation de son séjour devaient tôt ou tard amener le gouvernement pontifical à désirer devenir seul maître d'une ville où la coexistence de deux pouvoirs, celui du pape et celui de la fameuse reine Jeanne, comtesse de Provence, créait des difficultés sans cesse renaissantes.

Accusée de complicité dans l'assassinat de son premier mari, André de Hongrie, et chassée de ses Etats de Naples, l'aventureuse reine s'était réfugiée en Provence et était venue à Avignon. C'est pendant ce séjour que, désireuse de se procurer des fonds pour la reconquête de son royaume, elle céda la ville d'Avignon au pape pour le prix de 80.000 florins d'or « bien et dûment touchés ». L'acte fut passé le 19 juin 1348 dans la maison que la reine Jeanne possédait sur les bords de la Sorgue, près de Saint-Martial ; le camérier du pape représentait le Saint-Père ; la vente fut confirmée, le 21 juin, par des lettres de la reine. Le 1er novembre suivant, l'empereur Charles IV, en tant que souverain du royaume d'Arles, renonça par un diplôme à sa suzeraineté sur Avignon.

D'après la coutume féodale, le changement devait être sanctionné par le serment des sujets. Mais ce ne fut que dix ans après, à la suite de la promulgation par le pape de deux constitutions solennelles leur confirmant le plein usage de leurs statuts et privilèges, que les syndics, les notables et un grand nombre de citoyens, réunis dans la salle de la Grande Audience au Palais des Papes, en présence du camérier, prêtèrent le serment de foi et d'hommage à leur nouveau souverain (1357).

Innocent VI. — 1352-1362.

Etienne Aubert, élu le 18 décembre 1352, après un conclave de trois jours, prit le nom d'Innocent VI. Limousin de naissance comme son prédécesseur, savant jurisconsulte, il avait été professeur à l'Université de Toulouse et juge-mage de cette ville, avant d'être évêque et cardinal.

Bien qu'âgé et de tempérament maladif, il déploya le même zèle réformateur que Benoît XII. Il rompit avec le luxe de son prédécesseur ; le trésor pontifical était d'ailleurs si obéré qu'en 1358 il devra vendre de l'argenterie, des bijoux et des ornements précieux. Il renvoya les clercs dans leurs diocèses. Malgré les récriminations de sainte Brigitte de Suède, il réprima l'insubordination des Franciscains illuminés ; l'Inquisition livra les plus obstinés au bûcher, et le visionnaire Jean de Roquetaillade, du couvent d'Aurillac, fut maintenu au Palais des Papes dans une étroite réclusion. Les Dominicains encoururent aussi sa sévérité et il rappela aux Hospitaliers que leur premier devoir était la lutte contre les Infidèles.

Sa politique en France, en Angleterre et en Espagne n'obtint pas grand succès, parce que peu habile. En Italie également, c'est en dépit de ses maladresses que le grand cardinal Albornoz reconquit et accrut les Etats de l'Eglise.

Les Grandes Compagnies.

Désormais les beaux temps de la papauté avignonnaise étaient révolus. En effet, sous Innocent VI, cessa la tranquillité dont la résidence papale avait joui si longtemps. Après la trêve de Bordeaux (23 mars 1357), les mercenaires employés par l'Angleterre furent licenciés et se formèrent en *Compagnies,* se livrant au pillage et au massacre partout où ils passaient. Dès 1357, ils commencèrent leurs incursions dans la vallée du Rhône. Le trop fameux archiprêtre de Vélines, Arnaud de Cervole, traversa le Comtat, pour atteindre la Provence ; il ravagea le pays et occupa plusieurs châteaux ; Avignon fut mise à la hâte en état de défense. Mais on préféra composer avec lui et obtenir son éloignement à prix d'or.

L'année suivante, revenu en Provence, il menaça derechef Avignon. Comme la première fois, il fallut acheter son départ moyennant une rançon de 1.000 florins avancés par le pape.

Après le traité de Brétigny qui suspendait la guerre entre la France et l'Angleterre (8 mai 1360), les mercenaires libérés se formèrent de nouveau en bandes. Un fort groupe composé surtout d'Anglais vint ravager le pays de Beaucaire, s'empara de Pont-Saint-Esprit et poussa des incursions dans le Comtat du côté d'Avignon jusqu'à Sorgues et Entraigues. Le pape prêcha une sorte de croisade. Des contingents arrivèrent du Comtat, du Languedoc, du Velay, du Vivarais et même d'Aragon. Le commandement en fut confié au châtelain d'Amposte, Juan Fernandez de Hérédia, nommé capitaine général du Comtat, qui alla mettre le siège devant Pont-Saint-Esprit. Mais, cette fois encore, on préféra négocier, et les bandes partirent pour l'Italie moyennant un versement de 14.500 florins d'or pour lequel le pape, les Avignonnais et les Comtadins se cotisèrent.

La même année 1361, Avignon fut désolée par la famine et par une nouvelle et terrible peste.

Accablé par tant d'échecs et de soucis, le pape déclina rapidement. Il s'éteignit le 12 septembre 1362 et fut inhumé dans la Chartreuse de Villeneuve qu'il avait fondée et embellie.

Urbain V. — 1362-1370.

Le conclave qui s'ouvrit au Palais des Papes le 22 septembre 1362 ne pouvant se décider à élire un de ses membres, les voix se portèrent, hors du Sacré-Collège, sur Guillaume de Grimoard, abbé de Saint-Victor de Marseille, qui était, dit Froissart, « moult saint homme et de belle vie ». Il se trouvait alors en Italie en mission auprès de la reine Jeanne de Naples. Elu à l'unanimité le 28 septembre 1362, il prit le nom d'Urbain V.

Ennemi du faste, le nouveau pape refusa l'apparat habituel du couronnement et continua à mener sur le trône pontifical la vie austère et réglée d'un bénédictin dont il tint à conserver la robe ; la nuit, il dormait tout habillé sur la dure. Ses vertus lui valurent, de son vivant même, la vénération des fidèles et Pétrarque, d'ordinaire si hostile aux papes d'Avignon, n'a pour lui que des louanges. « J'ai appris, lui écrivait-il, que vous aviez renvoyé dans leurs églises les prélats qui remplissaient la Cour romaine ; c'est bien et très bien fait... Vous avez mis un frein à la poursuite effrénée des bénéfices et forcé les ambitieux insatiables à se contenter d'un seul ; c'est juste ; n'était-il pas honteux de voir les uns surchargés de revenus, et beaucoup d'autres meilleurs qu'eux, vivre dans le besoin ?

« Je sais que vous vous donnez beaucoup de peine pour ramener la modestie et la décence dans les vêtements... Comment, en effet, supporter sans se plaindre, les nouveautés monstrueuses qui s'étalent sous nos yeux, des souliers pointus comme la proue des galères, des chapeaux à ailes, des chevelures entortillées, à longues queues, des peignes d'ivoire plantés sur le front des hommes simulant des femmes... »

Mais la grande ambition d'Urbain V était de ramener la papauté à son siège traditionnel. L'empereur Charles IV fit le voyage d'Avignon pour presser son départ, tandis que la cour de France et les cardinaux s'efforçaient par tous les moyens de l'en dissuader. Mais à ce moment, alors que, grâce au légat Albornoz, l'ordre régnait en Italie, le séjour d'Avignon était devenu de moins en moins sûr. En 1365, Bertrand du Guesclin vint camper à Villeneuve avec une armée de routiers qu'il conduisait en Espagne. Outre la cession des décimes de la province ecclésiastique de Tours, le pape dut payer une énorme rançon, que le chroniqueur Cuvelier évalue à 200 000 francs d'or.

Ce furent cependant le zèle apostolique du pape et son désir de renouer les traditions de l'Eglise romaine qui le décidèrent. En septembre 1366, il annonça son prochain départ et fit hâter les préparatifs, malgré une nouvelle ambassade du roi de France qui vint le supplier encore de rester (avril 1367). Le Trésor pontifical avec le Trésorier et deux clercs de la Chambre Apostolique, la bibliothèque, les archives et une partie des services, furent laissés à Avignon, sous la garde de l'ami de Pétrarque, Philippe de Cabassole, patriarche de Jérusalem, qui reçut le titre de vicaire général, avec le gouvernement de la ville et du Comtat Venaissin. Le pape quitta Avignon le 30 avril 1367, gagna Marseille par terre et s'y embarqua le 19 mai sur une flotte formée de galères venues d'Italie ou prêtées par les Hospitaliers. Le 3 juin, il débarqua à Corneto et, après un séjour à Viterbe, fit son entrée à Rome le 16 octobre, sous la protection de deux mille hommes d'armes. Albornoz était mort deux mois auparavant, privant ainsi l'Eglise de son meilleur défenseur. A Rome, le pape eut la visite de l'empereur Charles IV, couronna l'impératrice à Saint-Pierre et reçut l'abjuration de Jean Paléologue, empereur de Constantinople. Mais la splendeur de ces cérémonies ne lui faisait pas oublier la « douce terre du Comtat ». Celle-ci avait été de nouveau menacée en 1368. Du Guesclin avait reparu en Provence et assiégé Tarascon ; d'où de vives alarmes et un nouveau payement pour détourner l'invasion.

Malgré tout, la vallée du Rhône était plus sûre que l'Italie et Avignon plus tranquille que Rome, toujours agitée de discordes et de séditions. En outre, au début de l'été 1370, la reprise des hostilités entre les Anglais et les Français incita vivement le pape à revenir à Avignon pour y négocier une intervention personnelle entre les belligérants. Donc, au bout de trois ans d'un séjour troublé d'inquiétudes, menacé par la révolte, il résolut de reprendre la mer ; une flotte fournie par les rois de France et d'Aragon, par la reine Jeanne, par les Provençaux et les Avignonnais, le ramena à Marseille, où il débarqua le 16 septembre 1370. Huit jours après, il rentrait à Avignon où il mourait le 19 décembre de la même année ; il fut inhumé dans l'église de son ancienne abbaye, Saint-Victor de Marseille. Cinq siècles plus tard, un de ses successeurs, consacrant ses mérites, le mettait au rang des bienheureux (10 mars 1870).

Grégoire XI. — 1370-1378.

Le lendemain de l'ouverture du conclave, le 30 décembre 1370, Pierre Rogier de Beaufort, neveu de Clément VI, était élu à l'unanimité ; il avait quarante-deux ans et avait été fait cardinal à dix-neuf. Il était jurisconsulte, comme plusieurs de ses prédécesseurs. D'aspect frêle et de santé délicate, pieux et d'une haute valeur morale, il poursuivit l'œuvre de réforme des ordres religieux, notamment celle des Dominicains et des Hospitaliers. Il reprit également la lutte contre les hérétiques, Vaudois, sorciers, fraticelles et flagellants ; mais l'Inquisition, de plus en plus odieuse, n'arrivait plus à réprimer les dissidences. Des réformateurs, comme l'Anglais Wyclif, soulevaient l'Europe par leurs écrits et leurs prédications contre l'absolutisme pontifical et les désordres du clergé.

Le grand dessein du pape avait été, dès le premier jour de son pontificat, de reprendre la tentative d'Urbain V et de ramener la papauté à Rome. Dans des lettres ardentes, sainte Catherine de Sienne le pressait de se décider. D'ailleurs les pestes fréquentes et les incursions de routiers rendaient le séjour d'Avignon de plus en plus difficile, tandis que l'importance de l'Etat pontifical, accru par les conquêtes d'Albornoz, exigeait le retour de la papauté en Italie, si elle voulait conserver ses domaines dont les habitants se soulevaient contre l'administration des recteurs français.

Le pape annonça son départ pour la fin de 1374 ou le début de 1375, puis décida de surseoir, dans l'espérance de rétablir la paix entre la France et l'Angleterre. Ce retard causa un grand mécontentement en Italie et la révolte éclata dans les États pontificaux. Mais une autre raison, le manque d'argent, retenait le pape ; enfin le roi de Navarre et le duc d'Anjou prêtèrent l'un 30.000 florins, l'autre 60.000.

Le 12 septembre 1376, Grégoire XI quitta donc Avignon et, le 2 octobre, au milieu des larmes et des gémissements, s'embarqua à Marseille. La traversée, gênée par la tempête, fut affreuse et on n'atteignit Corneto que le 6 décembre. Mais ce n'est que le 17 janvier 1377, que le pape fit son entrée à Rome. Quinze mois après, épuisé par les fatigues du voyage et les rigueurs du climat romain, le pape mourait dans la nuit du 26 au 27 mars 1378.

Le Grand Schisme.

Le conclave qui devait donner un successeur à Grégoire XI se réunit au Vatican, le 7 avril 1378. Comme les cardinaux étaient Français en majorité, tout faisait prévoir l'élection d'un nouveau pape français. Aussi les Romains s'assemblèrent-ils en foule sur la place Saint-Pierre, menaçant de mort les conclavistes s'ils ne nommaient pas un pontife romain ou tout au moins italien. Le lendemain, cédant à l'émeute, le Sacré Collège élut l'archevêque de Bari, Barthélémy Prignano, qui fut proclamé sous le nom d'Urbain VI. Mais au bout de quelques mois, un certain nombre de cardinaux, lassés par le caractère difficile du nouveau pape, se séparèrent de lui et déclarèrent son élection nulle comme entachée de violence. Puis le 20 septembre, réunis en conclave à Fondi, ils élurent un nouveau pontife, Robert de Genève, qui s'appela Clément VII. Celui-ci, frère du comte de Genève, allié à la plupart des maisons régnantes d'Europe, fut couronné le 31 octobre.

Dès lors, la chrétienté fut divisée en deux obédiences. Urbain VI eut pour lui le centre et le nord de l'Italie, l'Empire, les Flandres et l'Angleterre ; son siège fut à Rome. Clément VII fut reconnu par la France, l'Espagne, le royaume de Naples et vint se fixer à Avignon où il fit son entrée le 20 juin 1379. Bien que l'Eglise romaine se soit refusée à l'admettre, ainsi que son successeur, dans la chronologie officielle, aucune décision canonique n'a été formulée et, en France, on donne généralement le nom de pape à l'un comme à l'autre.

Clément VII. — 1378-1394.

Clément VII était jeune encore — il n'avait que trente-six ans lors de son élection —. De grande naissance, il aimait le faste et la Cour d'Avignon renoua les traditions brillantes de Clément VI ; à la fin de 1389, le roi Charles VI y fut reçu avec magnificence.

Mais le pape était en butte à de graves difficultés. En Italie, la reine Jeanne était assassinée et son royaume de Naples perdu pour la papauté d'Avignon (1382).

Aux portes mêmes de cette ville, le fameux routier Raimond de Turenne poursuivait contre Clément VII une guerre implacable. Solidement installé en Provence, maître de la position imprenable des Baux et de la ville de Saint-Rémy, il terrorisa la région pendant un quart de siècle. A trois reprises, en 1386, en 1388, en 1390-1392, il porta la dévastation dans le Comtat ou sur ses limites ; Vaison, Beaumes, Oppède furent prises ; Visan, Pierrelatte, Robion, Ménerbes, Apt, ne durent leur salut qu'à l'énergie de leurs habitants ; les campagnes furent mises au pillage, les villages abandonnés ; chaque fois il fallut payer de fortes sommes pour obtenir une paix bien vite rompue.

Pendant ce temps, des discussions s'élevaient sur la légitimité du pontife, sur la nécessité de mettre fin au schisme. L'Université de Paris s'agitait, demandait l'abdication des deux papes comme mesure préparatoire à l'union. Néanmoins l'éloquence de Vincent Ferrier et les vertus du pieux cardinal Pierre de Luxembourg, mort à dix-neuf ans en odeur de sainteté, jetaient, au point de vue religieux, un grand lustre sur la papauté avignonnaise.

Benoît XIII. — 1394-1409.

Après la mort de Clément VII (16 septembre 1394), la Cour de France aurait voulu profiter de la vacance du siège pour entamer des négociations avec Rome et essayer de faire l'accord avant la nomination d'un nouveau pontife à Avignon. Un chevaucheur rapide, porteur de lettres à cet effet, vint de Paris, en quatre jours ; il arriva avant l'ouverture du conclave ; mais les cardinaux repoussèrent la suggestion royale pour des motifs juridiques. Le cardinal Pierre de Luna, catalan d'origine, mais sujet du roi d'Aragon, fut élu et prit le nom de Benoît XIII (28 septembre 1394) ; il avait professé le droit canon à Montpellier et, devenu cardinal, s'était signalé dans plusieurs légations difficiles. C'était un petit vieillard de soixante-six ans, de caractère opiniâtre ; on disait qu'il était « têtu comme une mule de son pays ». Pendant le conclave, il s'était, comme tous les autres cardinaux, engagé à se démettre, s'il le fallait, pour faciliter l'union de l'Eglise. Après son élection, il se montra acharné à garder la tiare. Une ambassade française, conduite par les ducs de Berry, de Bourgogne et d'Orléans, vint sans succès lui rappeler sa promesse.

Sur le plan local, la situation restait trouble, des bandes armées parcouraient toujours le pays et, causant de continuelles alarmes, la lutte engagée par Raimond de Turenne se poursuivait encore dans le voisinage d'Avignon avec de multiples épisodes, parmi lesquels un long siège des Baux et la prise de Pertuis, enlevée à Raimond de Turenne en 1397.

Pendant ce temps, le pape, toujours aussi obstiné, subissait de nouvelles instances de la part du gouvernement royal et du clergé français qui, de guerre lasse, finirent par déclarer qu'ils se retiraient de son obédience (28 juillet 1398), décision qui fut suivie par la plupart des cardinaux, ainsi que par les Avignonnais et, un peu plus tard, par les Comtadins. Mais Benoît XIII conserva l'appui du roi d'Aragon et, à la Cour de France, celui du duc d'Orléans, frère de Charles VI.

Le premier siège du Palais des Papes.

Benoît XIII s'enferma au Palais des Papes, où un célèbre chef de bandes, Geoffroy le Meingre, dit Boncicaut, vint l'assiéger pour le compte des cardinaux et des Avignonnais. On batailla trois mois durant; une nuit, les assiégeants essayèrent de surprendre la place en pénétrant par l'égout des cuisines ; cette ruse ne réussit pas mieux que les tentatives d'assaut. L'incendie du bûcher adossé à la Tour des Trouillas, et qui brûla pendant trois jours et demi, ne parvint pas à mettre le feu au Palais. N'ayant pu avoir raison des assiégés par la force, on soumit le Palais à un blocus rigoureux ; puis, à partir d'avril 1399 — la petite garnison de 104 hommes d'armes ayant été évacuée à la suite d'un accord —, on se contenta de garder les issues pour empêcher le départ du pape. Quelques tentatives furent faites pour le délivrer ; le seigneur de Sault essaya de soulever le Comtat ; d'autre part, des galères catalanes avaient remonté le Rhône, mais s'étaient arrêtées près de Tarascon, par suite de la baisse des eaux.

En France, de fidèles partisans, parmi lesquels l'illustre Gerson, s'agitaient en faveur du reclus d'Avignon. Un revirement était donc en train de se dessiner lorsque, dans la nuit du 11 au 12 mars 1403, au bout de cinq ans de claustration, le pape réussit à s'évader du Palais par la porte de Notre-Dame, à gagner le port d'Avignon, où il s'embarqua, descendit le Rhône, puis remonta la Durance et gagna ainsi Châteaurenard, terre du comte de Provence, revenu depuis plusieurs mois à sa cause.

Avec la liberté, Benoît XIII recouvra tout son prestige. Les cardinaux, le Conseil d'Avignon, les Etats du Comtat, la France elle-même se soumirent derechef à son autorité.

Le pape évita cependant de rentrer à Avignon, que désolait une nouvelle peste. Il séjourna à Carpentras, puis au château de Sorgues. Enfin, le 1er octobre 1403, il quitta définitivement le Comtat pour la Provence, puis pour l'Italie, à la recherche d'un terrain d'entente avec le pontife de Rome (1407-1408). Mais, en 1409, le concile de Pise déposa les deux papes, aussi bien Benoît XIII que son concurrent Grégoire XII, et en nomma un troisième, Alexandre V, qui mourut quelques mois plus tard et fut remplacé par Jean XXIII (Balthazar Cossa).

Le second siège du Palais.

Malgré le départ de Benoît XIII, son neveu Rodrigue de Luna maintint les Etats pontificaux dans l'obéissance, même après la décision du concile de Pise. Ce n'est que l'année suivante qu'Avignon et le Comtat firent défection et se rallièrent à Jean XXIII qui avait été reconnu par la France. Toutefois, Rodrigue de Luna tenait encore Oppède et Malaucène, ainsi qu'à Avignon, le Palais des Papes, le Rocher des Doms, le Petit Palais et la tour du Pont, qui lui assurait un débouché sur le Rhône par où pouvaient lui arriver des secours. Il y eut alors un second siège du Palais des Papes que les chroniqueurs avignonnais appelèrent la *Guerre des Catalans*, à cause de la nationalité de Rodrigue et de ses soldats.

Depuis longtemps, sur l'ordre de Benoît XIII, on avait fait de grands préparatifs de défense. Dès 1404, on avait réuni par un grand mur la cathédrale et le Petit Palais ; on avait construit une tour sur le Rocher et, pour empêcher l'adversaire de cheminer à l'abri des maisons qui se pressaient alors au pied de la forteresse pontificale, on avait déblayé entièrement la vaste esplanade qui forme aujourd'hui la place du Palais.

Rodrigue de Luna se défendit avec opiniâtreté pendant dix-sept mois. Benoît XIII voulut envoyer à son aide une flotte catalane qui trouva le Rhône barré à Arles. Alors, affamé et désespérant de recevoir des secours, l'obstiné catalan se résigna à remettre le Palais des Papes au camérier François de Conzié qui représentait le pape Jean XXIII à Avignon (2 novembre 1411). Le château d'Oppède capitula également ; mais Malaucène ne fut rendue qu'en 1414, après un siège de deux mois.

La fin du Schisme.

Jean XXIII, dont l'autorité était contestée, songea un moment à s'établir à Avignon et ordonna la remise en état du Palais qui avait énormément souffert du premier et du second siège. On refit les toitures ; on répara les voûtes, les charpentes ; la chambre du pape fut restaurée et reçut pour la première fois des vitraux. Mais l'espoir des Avignonnais fut déçu. Au concile de Constance, un nouveau pape, Martin V, fut élu le 11 novembre 1417 par un vote unanime et rallia à lui toute la chrétienté. Benoît XIII, déposé une seconde fois, s'était réfugié chez son dernier partisan, le roi d'Aragon. Il mourut en 1424, à Peñiscola, sans avoir renoncé à la tiare.

II. — Avignon au temps des papes

Augmentation de la population. Crise des logements. Agrandissement de la ville.

« Peu de villes, a dit Renan, étaient moins préparées à servir de séjour à la cour pontificale. » C'était en effet une petite cité « en comparaison des villes du XXe siècle », mais pour le Moyen-Age, c'était une « grosse ville », quoique sa population, selon Yves Renouard, ne dépassât pas 5.000 à 6.000 habitants.

Dès la venue de Clément V, la population augmenta brusquement de façon considérable. Au Moyen-Age, la cour pontificale était la plus importante du monde. Chaque cardinal avait aussi, à l'imitation du pape, une petite cour, qu'on appelait sa famille (*familia*). En outre, le pouvoir d'attraction de la papauté était immense ; pape et cardinaux entraînaient, dans leurs déplacements, une foule cosmopolite composée de gens d'affaires, de trafiquants, de plaideurs et de quémandeurs qu'on désignait sous le nom de *curiaux,* de *courtisans* ou de *gens suivant la cour romaine*. Les Italiens étaient les plus nombreux, mais il y eut aussi beaucoup de Français, principalement des provinces du Sud-Ouest, d'où les papes d'Avignon ont été pour la plupart originaires. Il y avait également des Allemands — pour soutenir un procès, la ville de Hambourg maintint pendant dix-sept ans une sorte de légation —, des Catalans et des Aragonais, surtout au temps de Benoît XIII, et même des Anglais, mais en nombre restreint, des Scandinaves, des Grecs, voire des Levantins, etc.

D'après un contemporain, il y aurait eu à Avignon, sous Clément VI, plus de 100.000 étrangers. Un autre assure que la peste y fit, en 1348, 62.000 victimes, ce qui n'aurait été, d'après un troisième, qu'un peu plus de la moitié de la population de la ville. Avignon aurait donc eu 120.000 habitants, sous Clément VI. Ce chiffre, qui n'a pour base, est-il besoin de le dire, aucune statistique, doit être certainement exagéré, et il faut sans doute le réduire de plus des deux tiers pour arriver à une évaluation à peu près vraisemblable, même en tenant compte de l'extrême densité de la population au Moyen-Age, augmentée sans doute par la situation exceptionnelle de la ville, séjour du pape. Certaines maisons étaient d'une petitesse extrême ; on peut citer un immeuble qui avait deux cannes, c'est-à-dire quatre mètres seulement de façade et autant de profondeur ; des familles entières s'entassaient dans des logements étroits.

Quoi qu'il en soit, devant l'afflux des étrangers, les « originaires », c'est-à-dire les Avignonnais d'origine, fils d'une mère avignonnaise et inscrits sur le registre des « citoyens » (*in albo civium*), furent noyés dans le flot des nouveaux arrivants.

Comment fit-on pour loger tout le monde ?

Depuis un demi-siècle, la papauté avait pris l'habitude de la vie nomade. Quand elle voulait se fixer dans une ville nouvelle, elle envoyait en avant des sortes de fourriers qu'on appelait *assignatores domorum* ; d'accord avec le pouvoir local, ces officiers fixaient les logements à « assigner » aux membres de la cour pontificale.

On procéda de même à Avignon. Au pape Clément V, on donna le couvent des Dominicains, qui passait pour le plus somptueux de la ville ; c'était en tout cas le plus vaste, puisque tout un quartier, desservi par plusieurs rues (rue Victor-Hugo, Saint-Thomas-d'Aquin, etc.), occupe aujourd'hui son emplacement.

Le successeur de Clément V, Jean XXII, préféra le palais épiscopal qui était une « maison forte ».

Les cardinaux se firent la part du lion ; en 1316, un cardinal reçut trente et une maisons ou parties d'habitation ; un autre, en 1321, prit cinquante et une maisons. On appela *livrées* les maisons qui étaient ainsi « livrées » au pape ou aux cardinaux pour leur résidence ; les occupants des livrées cardinalices devaient déguerpir, moyennant toutefois une juste indemnité. Ainsi en 1344, l'agent de la ville de Hambourg fut expulsé par les écuyers du cardinal d'Autun, son immeuble, assuraient ceux-ci, faisant partie de la livrée du prélat ; dans ce cas toutefois, le cardinal, poursuivi « en la chambre du pape », fut débouté de ses prétentions.

Pour les simples « courtisans », les logements manquèrent ; en 1313, la famille de Pétrarque, arrivant à Avignon, ne trouva pas d'habitation en ville. Beaucoup, parmi les nouveaux venus, s'installèrent dans des cabanes construites dans les rues, sur les lices des remparts ou même dans les cimetières.

Il y eut, pendant plusieurs années, une très grave crise du logement. Les propriétaires émirent des prétentions exorbitantes, et d'autre part, les curiaux furent souvent mauvais payeurs ; le pape dut menacer de l'excommunication certains d'entre eux, même haut placés, des évêques notamment, qui partaient en se dispensant d'acquitter leurs loyers. Il se produisit ainsi des difficultés sans nombre, contre lesquelles on imagina, sous Jean XXII, une législation exceptionnelle. Chaque habitant dut se restreindre au nombre de pièces strictement indispensables aux besoins de sa famille et de son rang. Une sorte de *commission arbitrale* fut instituée, composée des *assignatores,* auxquels on adjoignit des *taxatores domorum* ; elle fut chargée de faire le recensement des logements disponibles, d'en taxer le loyer et de les distribuer à ceux qui demandaient un gîte, en tenant compte de la situation de chacun.

Par-dessus tout, on se mit à bâtir non seulement à l'intérieur de l'enceinte, mais encore à l'extérieur, car les papes favorisèrent l'extension de la ville, commencée à la fin du XIIIe siècle. Jean XXII et Clément VI déclarèrent que les maisons construites hors des vieux murs ne pourraient être prises pour faire partie d'une livrée et même que leur location serait exempte de taxe. C'étaient de très gros avantages. Aussi les *bourgs* ou *bourguets* se multiplièrent-ils rapidement — un des plus importants fut le Bourg neuf entre le portail Matheron et le portail Imbert. C'est ainsi que se bâtirent tous les quartiers compris entre l'enceinte romane dont nous avons défini le tracé et celle qui sera construite dans la seconde moitié du XIVe siècle.

Cet agrandissement se fit sans plan d'ensemble. Les constructions s'agencèrent suivant la fantaisie de chacun. Aussi les rues conservèrent-elles la sinuosité des chemins de campagne qui les avaient précédées. En outre, les bourgs gardèrent longtemps un aspect à demi-rural — il y avait plusieurs « bourgs des vignes ». La majorité des maisons avaient cour et jardin ; certaines étaient de véritables granges ; il y avait des maisonnettes formées d'une pièce (*camera*) ou deux, souvent bâties en pisé.

Transformation de la ville.

Ainsi la ville s'étend. A l'intérieur, elle se transforme ; la vieille cité romane devient une ville gothique.

Dès Jean XXII, on agrandit, on embellit la plupart des édifices religieux, Notre - Dame - des - Doms, Saint - Agricol, Sainte-Madeleine, les Carmes, les Dominicains, etc., grâce à de larges subventions pontificales ; sur l'*estel*, le pape fait construire la chapelle Notre-Dame-du-Miracle. Il restaure et développe le palais épiscopal où il réside. Ses successeurs, Benoît XII et Clément VI, trouvant cette demeure encore trop modeste, édifièrent le palais des papes actuel, « la plus belle et la plus forte maison du monde », suivant l'expression de Froissart.

A l'exemple du pape, l'évêque d'Avignon eut son palais crénelé (le Petit Palais) et les cardinaux transformèrent ou reconstruisirent leurs livrées. Ces demeures furent disposées, à l'intérieur, avec un grand souci de l'apparat ; comme celle du pape, elles eurent chambre de parement ou de réception, grand tinel ou salle des festins, *studium* ou cabinet de travail, chambres, chapelle et galeries, groupés autour d'un préau et desservis par un cloître à galeries superposées ; souvent, autour d'une deuxième cour, il y avait des logements pour les familiers ou les serviteurs, des écuries, des dépendances. A l'extérieur, les livrées, à l'imitation du Palais des Papes, prirent des airs de forteresse, avec une tour qui était, au Moyen-Age, le symbole de la puissance. Ces « tours orgueilleuses » — sur lesquelles Pétrarque appellera un jour la colère céleste — se multiplièrent donc à l'envi. Quelques-unes d'entre elles subsistent encore aujourd'hui : la tour de la livrée de Ceccano (inexactement appelée de la Motte, dans les bâtiment du Lycée), celle de la livrée de Canillac ou de Murol, place du Palais, celle de la livrée d'Albano ou tour de l'Horloge.

Les cardinaux s'intéressèrent à la reconstruction des églises d'Avignon. L'église Saint-Didier fut rebâtie grâce à un legs du cardinal Bertrand de Déaux, évêque de Sabine (1356-1359). C'est l'exemple le mieux conservé des églises de cette époque, caractérisées par une nef unique, des formes peu élancées, une décoration très simple. Ce type se retrouve — au moins dans les morceaux qui sont de ce temps — à l'église des Carmes, à l'église Saint-Pierre, rebâtie, en partie, en 1358, par le cardinal Pierre de Prato, à l'ancienne chapelle de l'hôpital Saint-Antoine (rue Figuière).

Les ordres mendiants voulurent avoir les plus grandes églises d'Avignon ; celle des Carmes est encore aujourd'hui la plus vaste nef de la ville ; celles des Cordeliers et des Dominicains — celle-ci avec nef et bas-côtés — eurent des dimensions plus considérables encore.

Les laïcs suivirent le mouvement de rénovation ; ainsi, le prince d'Orange eut un palais, rue du Four-de-la-Terre ; la reine Jeanne, comtesse de Provence, eut le sien, sur les Lices, près du portail Boquier. Mais le conseil de ville qui voulait avoir un palais « à l'instar des podestats de Lombardie », ne réalisa ce vœu qu'après le départ des papes.

Pour rivaliser avec les cardinaux, les nobles avignonnais levèrent de nouvelles tours ; la tour des seigneurs de Venterol existe encore aujourd'hui à l'intérieur d'un immeuble, place Costebelle. Les bourgeois à leur tour, favorisés par une prospérité commerciale inouïe, se firent bâtir d'opulentes demeures. Ces maisons étaient généralement à deux ou trois étages sur rez-de-chaussée, avec cour munie d'un puits. Au rez-de-chaussée, il y avait la dépense, le cellier, un réduit pour le bois et le charbon, parfois des écuries ; au premier étage, la « salle » et la chambre à coucher avec garde-robe et latrines contiguës, plus une ou plusieurs chambres, quelquefois un *studium* et une chapelle.

Sous Innocent VI, la ville changea d'aspect. Il fallut mettre la résidence pontificale à l'abri. Les routiers et les Grandes Compagnies, attirés par l'appât des richesses de la papauté, commençaient en effet leurs incursions dans la vallée du Rhône. En hâte, à partir de 1355, on construisit une nouvelle enceinte qui engloba non seulement les bourgs bâtis au XIVe siècle, mais encore de « nombreux jardins et lieux d'agrément », en vue d'un agrandissement qu'on jugeait devoir se poursuivre. Cette enceinte, terminée sous Urbain V (1362-1370), avait un périmètre de 4.330 mètres et limitait une superficie de 151 hectares 71 ares qui faisait d'Avignon, après Paris, dit Ferdinand Lot, « la ville la plus grande de France ». Elle aurait compté 30.000 habitants vers 1376 ; mais ensuite la population ira en diminuant, soit par suite des pestes, soit à cause de l'exode des curiaux et des courtisans après le départ de Grégoire XI ; un recensement effectué alors montre qu'il n'en était resté que 3.830 et encore, sur ce nombre, 1.471 seulement acceptèrent le droit de cité avignonnaise, se décidant ainsi à un établissement définitif.

Sous Clément VII, grand seigneur ami du faste, il y eut une reprise de la construction. L'église du couvent de Sainte-Catherine, transformée maintenant en garage, rue Arnaud-de-Fabre, et l'église de Saint-Martial, aujourd'hui temple protestant, datent toutes deux du temps de Clément VII. En 1394, sur le tombeau de Pierre de Luxembourg, on commença les Célestins, ancienne église française d'Avignon, la plus somptueuse de la ville, qui comptait parmi ses fondateurs le roi Charles VI et ses frères, les ducs d'Orléans et de Berry.

Les sculpteurs et les peintres suivirent les architectes. Les premiers, du moins les plus célèbres, Jean de Paris, Pierre de Roye, etc., furent Français, comme étaient les architectes du Palais, Pierre Poisson et Jean de Loubières. Mais c'est un Anglais, Hugues Wilfred, qui est l'auteur probable du tombeau de Jean XXII. Par contre, les peintres furent presque tous Italiens. Giotto n'est pas venu à Avignon, comme on l'a cru longtemps, mais Simone Martini, l'ami de Pétrarque et l'artiste italien alors le plus en vogue, fut appelé, en 1339, et aurait décoré le porche de Notre-Dame-des-Doms. Sous Clément VI, le peintre attitré du pape fut Matteo Giovanetti, de Viterbe, qui présida, avec de nombreux collaborateurs, à l'exécution dans le Palais de nombreuses fresques dont plusieurs subsistent encore. Sous Innocent VI, Giovanni Luca de Sienne serait, a-t-on prétendu, l'auteur de belles peintures de la Chartreuse de Villeneuve.

L'ameublement, les tapisseries, les verrières, occupèrent encore de nombreux artisans. Enfin, les ciseleurs et les orfèvres reçurent de magnifiques commandes ; un des plus connus parmi eux est Giovanni di Bartolo qui exécuta le fameux buste reliquaire de sainte Agathe, conservé dans l'église de Catane.

Les rues et les places.

Poètes et romanciers modernes, n'écoutant que leur imagination, ont fait d'Avignon, au temps des papes, une description enthousiaste, tandis qu'un témoin de l'époque — très partial, on le sait —, Pétrarque, l'appelait « la plus infecte des villes, horriblement venteuse, mal bâtie, incommode, enfer des vivants ».

Le pavage de galets appelé *calade,* inauguré au XIIIe siècle, était laissé à l'initiative des habitants. Chacun devait paver devant sa maison ; mais personne n'y mettait grand zèle. Aussi, la plupart du temps, le sol était-il défoncé. Beaucoup de rues importantes n'avaient même aucun pavage. La rue Grande-Fusterie ne fut pavée qu'en 1499.

Dans les rues remplies d'ornières, l'écoulement des eaux se faisait mal ; le sol était parsemé de flaques nauséabondes. Lorsqu'une charrette ou quelque bête de somme survenait, les passants se rangeaient en hâte, craignant soit de recevoir des éclaboussures, soit de froisser ou de salir leurs vêtements contre les murs des maisons. Pétrarque, qui nous rapporte ce trait, en profite pour appeler Avignon « l'égout de la terre !... De toutes les villes que je connais, ajoute-t-il, c'est la plus puante ! » Un médecin contemporain, Raymond Chalmel, de Viviers, auteur d'un célèbre *Traité de la Peste,* cite, parmi les principales causes de la propagation du fléau à Avignon, le mauvais état hygiénique de la ville, où les rues sont, « comme à Paris », remplies de boues et d'immondices.

Après l'effroyable peste de 1348, on paraît avoir fait un petit effort pour améliorer le pavage et nettoyer la ville. Mais les mauvaises habitudes sont tenaces. Il fallait une entrée de souverain, une procession particulièrement solennelle pour qu'on se décidât à refaire les calades et à « purger », de leurs saletés, les rues où devait passer le cortège.

Comme au XIIIe siècle, la surveillance du pavage et de la propreté de la ville appartenait à des magistrats municipaux appelés *maîtres des rues.* Ces officiers avaient en outre sous leur juridiction les questions d'édilité et la voirie publique. Ils étaient élus pour un an par le Conseil de ville, en même temps que les syndics.

Leur action, à en juger par les résultats, était peu efficace.

Comme au XIIIe siècle, les rues restaient étroites et tortueuses. Le nom de *magna carreria* est souvent donné à la rue de la Bancasse ou à celle de la Bouquerie ; plus tard, la « grande rue » d'Avignon, ce sera longtemps la rue de la Balance.

Sauf de rares exceptions, il n'y avait pas de rues droites. Si, dans les textes, on trouve souvent le terme de *carreria recta,* il ne faut pas songer à un tracé rectiligne. Un document de l'époque, soucieux de l'exactitude, a soin de dire à propos d'une de ces *carrerie recte, carreria recta que vadit curvatim et circulariter ! Carreria recta* signifie ici rue *directe* et non rue droite.

Ce n'était pas cependant que l'alignement fût chose inconnue. En 1362, les chanoines de Saint-Pierre demandèrent aux syndics de la ville l'autorisation de construire sur un vacant, derrière le chevet de leur église. On leur accorda cette permission, en ayant soin de fixer, « en tendant un fil », et l'alignement (*recta linea*) à observer, et la largeur — 2 cannes (4 mètres environ) — à laisser à la rue.

Mais l'alignement avait de nombreux adversaires. Les cardinaux d'abord qui en prenaient à leur aise avec l'édilité. Ces puissants personnages entouraient leurs livrées de clôtures de pierre ou de barrières de bois appelées *cancels* qui empiétaient sur la voie publique. Si une rue séparait deux maisons faisant partie de leur livrée, ils la barraient parfois à la circulation, ou, même, ils y faisaient bâtir. Le plus souvent, ils établissaient des ponts sur traverses de bois ou des arceaux de pierre pour passer d'une maison dans l'autre ; l'arceau actuel de l'hôtel de la Préfecture tient la place de celui qui réunissait autrefois la grande et la petite livrée de Poitiers.

Avec moins d'audace, les simples particuliers n'agissaient pas autrement. De toute façon, la maison faisait saillie. Au-dessus de la porte, on dressait de petits porches de pierre ou de charpente destinés à abriter les visiteurs de la pluie ; le seuil se prolongeait dans la rue par quelques marches ; le long de la façade, on disposait des bancs de pierre pour le travail ou la causerie en plein air ; des boute-roues écartaient les voitures. Dans les rues marchandes, les étalages des boutiques, appelés *tauliers*, débordaient de plusieurs décimètres, et des enseignes volumineuses menaçaient la tête des passants ; on y voyait *le Coq d'argent, la Géline, le Cerf-volant, le Renard qui taille, la Truie qui file, le Cheval Blanc, l'Ecu de France*, de *Normandie* ou d'*Aragon, le Chapeau d'or* ou *le Chapeau rouge, la Tête de Sarrazin, l'Image de Saint-Jacques* ou *de Saint-Christophe*.

Sur les demeures cardinalices et les maisons nobles, se détachaient des écussons armoriés ; souvent aussi, des cheminées, des tours d'escalier, des échauguettes formaient proéminence. Les fenêtres étaient encadrées de grosses moulures. Pour protéger la demeure, on aimait à placer, sur la façade, une Vierge dans une niche avec socle et dais historiés.

La maison, ainsi hérissée d'appendices divers, avançait parfois sur la rue ses étages en encorbellement. Une maison gothique de la rue Grande-Fusterie présente à un de ses étages cette disposition. Mais celle-ci était plus fréquente dans les maisons de bois, où le mur formé d'une ossature de montants, de traverses, d'écharpes, avec remplissage de maçonnerie grossière, appelée *pastouire*, était assez léger pour être posé en porte-à-faux sur l'extrêmité des poutres du plancher. Dans la terminologie locale, on réservait le nom d'*envants* ou d'auvents à ces « planchers saillants » dont un exemple du XVᵉ siècle subsiste encore à l'angle de la rue des Marchands et de la rue des Fourbisseurs.

Ils étaient autrefois très nombreux. « Certaines rues, dit Maxime Pazzis en 1808, avaient l'inconvénient d'être obscures par la singulière forme des maisons. En effet, chaque étage était saillant, dans la rue, de quatre ou cinq décimètres plus que l'étage inférieur, de telle sorte que les bords des toits des deux maisons en face l'une de l'autre finissaient presque par se réunir et se toucher, ce qui donnait des étages d'autant plus débordants qu'ils étoient plus éloignés du rez-de-chaussée ; d'où enfin contre la règle ordinaire, une maison était plus large en haut qu'en bas. » La correspondance de Datini (1), de la fin du XIVᵉ siècle, montre que, dans les rues

(1) Lettres adressées d'Avignon à Francesco Datini, très important marchand florentin (vers 1335-1410) dont les archives sont conservées à Prato, près de Florence. La correspondance de ses facteurs ou agents d'Avignon compte 160 registres ; Datini avait lui-même séjourné à Avignon de 1354 environ à 1382 et y avait fondé une boutique adonnée principalement au commerce des armes et harnachement de guerre.

bordées d'*auvents,* les incendies se propageaient avec facilité d'une maison à une autre (1).

Places et carrefours restaient, comme au XIIIe siècle, de dimensions fort restreintes. Il n'y avait pas de place devant le Palais des Papes, ni devant les églises. Autour de celles-ci, les seuls espaces libres étaient les cimetières ; un texte de 1398 ne dit-il pas : « la place Saint-Symphorien, *alias* le Cimetière » ? Ces cimetières n'étaient pas clos ; on s'y occupait d'affaires profanes, on y rédigeait et signait des actes notariés ; on y tenait des réunions (*parlementa*) et des foires. Tous les samedis, dans le cimetière Saint-Pierre, avaient lieu les encans et le marché aux bestiaux. On ensevelissait si peu profondément que les porcs découvraient et dévoraient les corps inhumés de fraîche date ; c'est en 1359 seulement qu'on fit cesser ce scandale. Au XVe siècle, on continua à se servir des cimetières comme places publiques ; c'est dans le cimetière Saint-Symphorien que fut joué, en 1470, le *Jeu de Sainte-Barbe,* la première sotie représentée à Avignon.

Les abords des églises et des cimetières, les plans et les carrefours étaient constamment encombrés. Les marchands y installaient leurs bancs ou *tauliers* et leurs *loges,* échoppes de pierre, de bois ou même de simple feuillage. La corporation des merciers occupait ainsi la vieille rue ou place des Champeaux devant le Palais des Papes ; la corporation des changeurs, la place du Change.

Derrière le chevet de Saint-Pierre, sur la place du Costel ou du Pilori, on continuait, comme au XIIIe siècle, à « exposer » les criminels. Mais les exécutions capitales avaient lieu, d'abord près de Notre-Dame-du-Miracle, sur l'*estel* ; puis, en dehors de la ville, près de la porte Saint-Lazare.

Dans beaucoup d'endroits, il y avait un puits qui a souvent laissé son nom plus ou moins déformé à une rue ; tels le puits des Bœufs, le puits de la Reille, le puits de la Rappe, le puits des Thoumes, etc.

Certains carrefours étaient décorés d'une croix. Ça et là, de petits oratoires en plein vent attiraient sans cesse les dévôts. Il y avait ainsi les Vierges des corporations, comme celle de la Petite-Fusterie, devant laquelle les Fustiers entretenaient depuis le XIIIe siècle, un « luminaire » perpétuel ; — les images miraculeuses, comme celles de Notre-Dame-d'Espérance, derrière Notre-Dame-la-Principale ; — les effigies de Saint-Christophe dont la vue préservait de la mort subite, etc., etc.

(1) « Le dernier jour du mois passé [31 mai 1401], la nuit, avant prime, quatre maisons ont brûlé devant chez nous..., exactement en face de la chambre du haut dans laquelle vous aviez coutume de dormir ; et puis, le feu fut chassé par vent contraire dans votre chambre et la brûla avec lit, courtines, quelques marchandises, écritures et autres choses, parce que le feu était fort et prit à une heure où tout le monde dormait, si bien que nous ne pûmes sortir ce qui était dans cette chambre, étant occupés à sauver des choses de plus grande valeur... »

Entre la vieille ville et les nouveaux quartiers du XIVe siècle, se dressaient les anciens remparts de la commune qui tombaient en ruines et sur lesquels, malgré les prescriptions contraires, on commençait à adosser des constructions. Mais on avait conservé la plupart des portes ; en 1324, en partant de la porte Eyguière, on rencontrait successivement sur les Lices, le portail de Pertuis (rue Saint-Etienne), le portail Briançon, le portail Boquier (à Saint-Martial), le portail du Pont-Fract (au Corps-Saint), le portail Magnanen, le portail Imbert (portail Peint), le portail Matheron, le *portale Infirmeriarum* et la porte Aurose, près du Rocher. En 1359, lors d'une menace des routiers, ces portes furent réparées et l'année suivante, occupées par des hommes d'armes ; avec les remparts en ruines, elles formèrent une seconde ligne de défense, en arrière de la nouvelle enceinte encore inachevée.

Les Sorgues, qui étaient les fossés de l'ancienne enceinte, coulaient à découvert. Sur leurs bords, étaient installés des abreuvoirs, des lavoirs, des établissements de bains ou étuves, des moulins et certaines industries, celles des tanneurs, des parcheminiers, des teinturiers.

Le nom des rues, inscrit nulle part, était plus facile à retenir qu'aujourd'hui, parce qu'il n'était pas conventionnel, mais toujours imposé par l'usage et emprunté à un fait caractéristique, indication de direction, édifice public, principal habitant ou particularité quelconque (arbre, puits, oratoire, etc.). Beaucoup de rues actuelles tirent leur nom de l'enseigne d'une ancienne auberge ou taverne : ainsi la rue Balance, la rue du Gal, la rue des Trois-Colombes, la rue des Trois-Faucons (autrefois des Deux-Faucons), etc. Enfin, un très grand nombre de rues du Moyen-Age portaient des noms de métiers ou de commerces.

Les marchés. Les rues de métiers.

Le marché principal se tenait toujours, comme au XIIIe siècle, au carrefour de la porte Ferruce, où aboutissaient les rues de la Boucherie, de la Poissonnerie et de l'Herberie. Mais il y avait aussi le marché de Saint-Pierre et celui de Saint-Symphorien dont les rues voisines s'appelaient rue du Marché aux raves, aux oignons, aux huiles, aux fromages, au fil. Sur un mur de l'église Saint-Pierre étaient fixés les étalons des mesures de longueur, la canne, l'aune, la dextre, ce qui indique un centre de transactions considérables.

Sur la place du Change, réservée, comme le nom l'indique, aux loges de changeurs, se trouvait le *Diamant* — appelé aussi le *Rodel,* probablement à cause de sa forme ronde. C'était une sorte de bourse pour le commerce des monnaies, des lingots et des pierres précieuses. Mais d'autres loges de changeurs s'installaient aussi partout où les affaires étaient importantes ; en 1328, il y en avait 17 sur la place du Change, 7 près du *macellum,* 5 près de Saint-Pierre, 4 sur la « place du Chevalier » (*platea militis*), derrière le chevet de Saint-Pierre, 3 dans la Saunerie, 3 au portail Matheron, 4 dans la Fusterie, etc. ; sur 43, 34 furent condamnés pour emploi de balances ou de poids frauduleux.

Dans une rue allant du Change à Saint-Pierre, il y avait la *loge des drapiers,* halle couverte et entourée d'une grille, où se tenait le marché aux draps. Le marché aux cuirs avait lieu, tous les mardis, sur la place et dans la rue de la Curaterie, aujourd'hui rue Bonneterie ; le marché au bois était à la place Saint-Didier ; le marché au parchemin, rue des Lombards, sur le devant de l'église Saint-Didier ; le marché aux chevaux, rue Courreterie-des-Chevaux (rue Philonarde).

La spécialisation commerciale ou industrielle avait valu leur nom à maintes autres rues ; ainsi la rue de la Garlanderie ou des marchands de garlandes (coiffure féminine) — elle deviendra par corruption la rue de la Galanterie, puis la rue Galante — ; les rues de l'Epicerie, de l'Argenterie, de la Pelleterie, de la Savaterie, de la Chausseterie, etc. Beaucoup de ces rues dont le nom remontait à la période précédente avaient dû perdre tout ou partie de leur spécialisation d'origine. Par contre, celle de la « Juiverie », s'était conservée : le quartier juif était fermé par trois portes ou *cancels* et desservi par trois ruelles qui se réunissaient au plan de la Synagogue. Une de ces rues portait le nom de la *Calandre,* vieux mot provençal qui signifie la presse à lustrer les étoffes ; les Juifs faisaient, en effet, un grand commerce de draps.

Le mouvement de la rue.

Les rues étaient toujours remplies d'animation. On y circulait avec difficulté et non sans contacts déplaisants. Pétrarque rapporte que les élégants avaient grand'peine à protéger leurs vêtements contre les heurts et les souillures.

Les spectacles de la rue attiraient les badauds. Le chroniqueur arlésien Bertrand Boysset nous décrit l'exhibition, dans la Grande-Fusterie, d'une femme sans bras, qui cousait, filait, jouait aux dés et à la pelote, en un mot exécutait avec les pieds tout ce qu'on peut faire d'ordinaire avec les mains.

Les rues d'Avignon virent de magnifiques défilés, processions où se déployait toute la pompe ecclésiastique, cavalcades comme celle qui suivait la remise de la rose d'or, « procession » du couronnement et funérailles des papes, « entrées » de souverains et d'ambassadeurs. Une des plus pittoresques de ces « entrées » fut celle des envoyés du « grand empereur des Tartares » en 1338 ; la plus somptueuse, à cause du luxe des vêtements orientaux, fut celle que délégua l'empereur de Constantinople, Jean Paléologue, en 1365 ; la plus solennelle avait été quelques jours auparavant l'entrée du plus grand souverain d'alors, l'empereur du Saint Empire romain germanique, Charles IV.

Les cortèges ou « chevauchées » du pape attiraient plus encore la foule, lorsque le pontife quittait le Palais pour se rendre dans une autre résidence, comme le château de Sorgues, ou lorsqu'il en revenait. L'ordonnance du défilé comportait, en tête, les chevaux blancs du pape tenus en mains par des palefreniers ; un chapelain et des écuyers portant le *pallium* et trois chapeaux rouges posés sur des hampes ; les deux barbiers pontificaux tenant chacun en mains une valise rouge renfermant l'une, des vêtements du pape, et l'autre, la tiare dans son étui ; un sous-diacre portant la croix et précédant une mule ou un cheval chargé du *Corpus Christi* ; enfin venait le pape monté sur un cheval blanc, entouré de six nobles ou notables l'abritant sous un dais et suivi d'un écuyer ayant avec lui un montoir (*montatorium*) destiné à aider le pape à descendre de cheval ou à y monter ; derrière le pontife, la suite nombreuse était composée du camérier, des officiers de la maison du pape, de prélats et d'abbés ; à la fin chevauchait l'aumônier du Saint-Père qui, à chaque arrêt provoqué par l'empressement de la foule, jetait de la menue monnaie (*missilia*) pour frayer le passage.

Dans ces occasions solennelles, les rues étaient sablées, pavoisées et tendues de toiles sur tout le passage du cortège. Le soir, on illuminait ; en 1389, pour la venue du roi de France, on illumina même le pont avec des chandelles de suif.

Au mois de juin 1400, les gens d'Avignon furent attirés par un spectacle plus exceptionnel : « Le 7 de ce mois, dit le correspondant de Datini, déjà cité (1), de nombreux artisans d'Avignon qui avaient de l'argent de reste ont représenté un jeu, c'est-à-dire la Passion de Notre Seigneur mis en croix, et cela pendant les trois jours de la Pentecôte. Il y a bien trois mois, ils avaient mis sur scène dans une fête ou dans un jeu la représentation du [siège de] Troie (2). Celle du duc d'Anjou ne s'était pas faite avec tant de bretèches, ni tant de bannières (3). Je vous raconterai brièvement les trois choses les plus importantes : d'abord, 200 hommes pour faire ce jeu, avec tant d'hommes costumés et tant d'hommes armés que personne ne pourrait le dire ; deuxièmement, aux Prêcheurs sur la place, tant d'estrades, pour contenir les hommes et les femmes qui, pendant deux jours, y assistèrent sans désemparer, avec tant de bannières, de tapis et de toiles peintes, que le roi de France ne pourrait pas donner un plus beau spectacle. Jamais on ne fit une fête aussi royale ; c'était

(1) Voir ci-dessus p. 55, note 1.

(2) Antérieure de plus de cinquante ans à la *Destruction de Troie la grant* de Jacques Milet (d'après Gustave Cohen).

(3) Allusion au décor garni de tours à bretèches et de bannières plus nombreuses que celles qui avaient été disposées lors d'un passage du duc d'Anjou

une chose magnifique que de la voir ! Il y avait 10 à 12.000 personnes pour voir cela. Ensuite, la ville d'Avignon donna l'ordre que 300 des meilleurs bourgeois et marchands, sous les ordres du maréchal [de la Cour romaine] et du viguier [de la cité], tous à cheval et armés de pied en cap, avec 300 pennons, tous aux mêmes armoiries, c'est-à-dire à celles de l'Eglise, chevaucheraient à travers la ville pour assurer la garde et c'était une belle chose de les voir !

« Ils chevauchèrent ainsi pendant deux jours, tant que dura ladite représentation, et on mit un homme en croix, comme Notre Seigneur. Il en coûta plus de mille écus à ce qu'on dit. Il y avait dix ans que ce jeu n'avait pas été donné. Nous, nous en reçûmes du tort, car nous eûmes à prêter pas mal d'armes sans bénéfice, et même avec perte » (1).

La police des rues.

La nuit, les rues n'étaient pas sûres. Comme au XIIIe siècle, bourgeois et « étrangers honnêtes » ne devaient sortir, après le couvre-feu, qu'avec une lanterne allumée à la main ; en cas de bruit dans la rue, les voisins mettaient une « lumière » à leur fenêtre. Chargés de la sécurité publique, les sergents du maréchal de la cour romaine et du viguier de la ville étaient assez douteux. En 1340, ils prêtèrent la main à l'enlèvement, par les gens du roi de France, de Nicolino Fieschi, agent du roi d'Angleterre. L'information sur la vie et les miracles du bienheureux Urbain V cite, comme un trait de la justice du saint pontife, l'épuration du personnel du maréchal et de celui du viguier, par la pendaison de quelques valets (*garsiones*) de police et le châtiment sévère des autres.

Pour la garde de la ville, le Conseil entretenait sur la plus haute tour du Palais — la tour de la Gâche, c'est-à-dire du guet — un veilleur qui cornait le soir en prenant son poste et le matin, à l'aurore. En cas de menace de guerre ou de troubles, les syndics faisaient tendre des chaînes, la nuit, à travers les rues ; ce privilège immémorial leur fut confirmé en 1415.

Conséquence d'un afflux extraordinaire d'étrangers, on vit se multiplier, au XIVe siècle, les auberges, les tavernes et les hôpitaux. Avignon, dit Pétrarque, regorgea d'hôtelleries. Les plus nombreuses furent près du portail Matheron, où arrivait la principale route de terre, et dans les Fusteries, à cause du voisinage du port. Il y eut des tavernes un peu partout, mais principalement autour des marchés.

Quant aux hôpitaux, leur nombre augmenta d'une façon surprenante. Avant le XIVe siècle, on en comptait déjà une douzaine, l'hôpital du Pont Saint-Bénezet, sorte d'asile pour les pauvres pèlerins et les voyageurs sans ressources, l'hôpital

(1) La boutique de Datini vendait principalement des armes et du matériel de harnachement.

du Pont-Fract, la maladrerie de Saint-Lazare, etc. Au temps des papes, il y eut jusqu'à trente-quatre hôpitaux, parmi lesquels l'hôpital Sainte-Marthe, fondé en 1354, par le chevalier jurisconsulte Bernard Rascas. En outre, les papes subventionnaient de leurs deniers l'aumône de la Pignotte qui distribuait gratuitement aux pauvres des vivres et des remèdes. Sous Jean XXII, cette institution donnait 65.000 pains environ par semaine.

Les ports. Les routes.

Le Rhône jouait alors dans la vie avignonnaise un rôle dont nous pouvons malaisément nous faire aujourd'hui une idée. D'un bout à l'autre de la ville, ses rives avaient l'animation d'un port très fréquenté.

Au sud-ouest, le fleuve dessinant une courbe plus accentuée qu'aujourd'hui, il y avait, près de l'emplacement actuel de l'abattoir, le port des Périers ou des tailleurs de pierre, réservé aux matériaux de construction. Mais le port principal était sous le pont, en face de la porte Eyguière (porte du Rhône actuelle). En dessus, près de la porte Aurose, c'est-à-dire en amont du Rocher, on débarquait les bois venus par eau. Enfin, on aménagea un troisième port, plus au nord, vers Saint-Lazare.

La vallée du Rhône et son prolongement, celle de la Saône, mettaient Avignon en communication facile avec le nord de la France, les Flandres, l'Angleterre, l'Allemagne. C'est par le Rhône que Jean XXII vint à Avignon après son élection et son couronnement à Lyon. Plusieurs visiteurs royaux ou princiers prirent la même voie pour se rendre auprès du pape.

Plus encore que des voyageurs, la route d'eau transportait des marchandises. Un texte de 1351 nous apprend que, par la route de terre, les convois mettaient ordinairement six jours entre Paris et Chalon, port d'embarquement sur la Saône. De là, par la voie d'eau et ralentis par l'obligation de s'arrêter à tous les péages, ils mettaient encore une vingtaine de jours pour atteindre Avignon.

Tout le long de la Saône et du Rhône, la route d'eau était doublée d'une route de terre qui épousait, comme aujourd'hui, toutes les sinuosités de la rive gauche. A partir de Vienne, les voyageurs avaient à leur disposition une autre route, parallèle à la précédente, mais plus éloignée du fleuve et par suite moins sujette à ses écarts et aux exigences des péagers. Elle passait par Romans, par Crest — où on l'appelait le « grand chemin d'Avignon » —, par Grignan, Saint-Paul-Trois-Châteaux, Vacqueyras, Carpentras. Par la route de terre, il était normal que les courriers du pape se rendissent à Paris en six jours ; les voyageurs ordinaires, en dix jours.

La voie d'eau restait quand même, au moins pour les transports lourds, l'essentiel. Aussi utilisait-on même les rivières, telles que l'Isère, l'Ouvèze, la Durance. Le fameux bas-relief de Cabrières d'Aygues (1) montre que des barques circulaient régulièrement sur cette dernière dès l'antiquité, et on se souvient que Benoît XIII, lors de son évasion du Palais des Papes en 1403, partit d'Avignon sur une barque qui descendit le Rhône et remonta ensuite la Durance jusqu'à Châteaurenard. Si l'on en croit Pétrarque, la Sorgue elle-même aurait permis d'aller par eau jusqu'à Vaucluse.

Le Rhône, en aval d'Avignon, assurait les communications avec la mer. Dès le XIIIe siècle, un commerce de cabotage existait entre Marseille et Avignon. En outre, les navires de haute mer à voiles (nefs) ou à rames (galères) remontaient jusqu'à Arles et certains, à moindre tirant d'eau, jusqu'au pied du Rocher des Doms. C'est ainsi que vinrent en 1356 les ambassadeurs de l'empereur de Constantinople pour négocier l'union des Eglises grecque et latine ; de même, en 1397, le roi d'Aragon pour rendre visite à son compatriote Benoît XIII.

Avignon était également reliée par la voie de terre aux ports de la côte méditerranéenne. De Marseille, le « grand chemin d'Avignon » passait par les Pennes, Salon, Orgon, Saint-Andiol et Noves, où on traversait en bac la Durance. Urbain V, à son retour d'Italie, après son élection à la papauté, débarqua à Marseille ; à son arrivée à Noves, il trouva la rivière en forte crue ; le batelier et ses aides, qui réussirent à le transporter sans encombre, reçurent une forte gratification de 15 florins.

D'Aigues-Mortes, port alors très fréquenté, on gagnait Avignon par Saint-Gilles et Beaucaire. En 1347, lors du voyage de la reine Jeanne en Provence, son cousin et époux Louis de Tarente, peu soucieux d'affronter l'hostilité des barons provençaux, préféra pousser jusqu'à Aigues-Mortes, d'où, par la rive languedocienne du Rhône, il se rendit à Villeneuve.

Les ports du Bas-Rhône ne mettaient pas Avignon en communication seulement avec l'Italie, mais aussi avec les ports de l'Orient méditerranéen (Alexandrie, Famagouste) et avec ceux de l'Océan Atlantique, jusqu'à Bruges et à Londres.

On venait aussi d'Italie par terre, soit par Nice — la route coupait droit, par Grasse et Draguignan, sur Aix et Salon —, soit par les routes des Alpes, celle du col de Larche, située en Haute-Provence, et celle du Mont-Genèvre, la plus célèbre, fréquentée depuis la plus haute antiquité. Au Mont-Genèvre, le col qui n'est qu'à 1.886 mètres était libre la plus grande partie de l'année ; en hiver, quand il était obstrué par les neiges, des corvées fournies par les villages voisins se hâtaient de déblayer le passage. Briançon, Embrun et les localités sur le parcours de la route s'enrichirent grâce au trafic

(1) Conservé au Musée lapidaire d'Avignon.

exceptionnel occasionné par le séjour de la papauté à Avignon. Primitivement, la route faisait un crochet pour passer par Gap, étape normale vers le Dauphiné. Mais les voyageurs et les convois à destination d'Avignon eurent tôt fait de créer un raccourci menant droit à la vallée d'Orpierre ; de là, les voyageurs pouvaient se diriger, soit sur Buis-les-Baronnies, qui connut également au temps des papes une grande prospérité, soit obliquer vers le sud par Séderon et Sault. Ce dernier itinéraire était celui des pèlerins qui se rendaient à Rome ; un « roumieu » de l'année sainte 1350 nous en a laissé le témoignage. C'était aussi la route des marchandises qu'on apportait d'Italie ; une correspondance contemporaine nous rapporte la mésaventure d'une caravane arrêtée et dispersée près de Sault par le neveu du seigneur du lieu, chef d'une bande armée ; aussi, aux temps troublés du Grand Schisme, les convois, avant même d'avoir atteint le Genèvre, avaient-ils soin d'aviser les destinataires d'Avignon qui leur dépêchaient aussitôt une escorte.

Du côté de l'Espagne, les communications par mer pouvaient se faire par le port d'Aigues-Mortes ; la voie de terre passait par Perpignan, Narbonne, Béziers, Montpellier et Nîmes. C'est par cette route qu'en 1340 les ambassadeurs du roi de Castille apportèrent à Benoît XII les trophées de la bataille de Tarifa.

Bordeaux et Toulouse avaient de nombreuses relations commerciales avec Avignon. De Bordeaux, le voyage se faisait généralement par eau jusqu'à Langon, sur la Garonne. Ensuite, il se continuait par terre ; cavaliers et voituriers s'éloignaient du fleuve pour suivre l'ancienne voie romaine jusqu'à Eauze. De l'ancienne capitale de la Novempopulanie, ils se dirigeaient par Vic-Fézensac sur Toulouse ; un seul texte parle d'une route plus directe par Nérac et Condom.

De Toulouse, la route passait comme aujourd'hui par Carcassonne, Narbonne, Béziers, Montpellier et Nîmes. C'était l'itinéraire qu'avait suivi Clément V en venant à Avignon en 1309 ; c'était aussi celui du pèlerinage de Saint-Jacques de Compostelle.

Au Puy, il y a depuis le Moyen-Age une porte d'Avignon, une route d'Avignon ; celle-ci descendait vers le Rhône par Montpezat et Bourg-Saint-Andéol.

Ainsi, au temps des papes, tous les chemins menaient à Avignon.

L'administration de la ville et du Comtat Venaissin.

Au Palais des Papes, se trouvaient, outre la Cour pontificale, la Chambre Apostolique — sorte de ministère des finances présidé par le camérier assisté du trésorier — et les Audiences. Les autres grands services, la Chancellerie et la Pénitencerie, n'avaient pu y trouver place et fonctionnaient en dehors.

Les Etats de l'Eglise relevaient du camérier qui suppléait le pape dans l'exercice des prérogatives souveraines. C'est ainsi qu'il recevait le serment des syndics d'Avignon et jurait en retour de respecter les privilèges de la cité.

Le viguier était une sorte de gouverneur, chef de l'administration et de la police. Il présidait les séances du conseil de ville, dont les membres étaient, dans le principe, choisis par lui ; mais les fonctions municipales étaient exercées par trois syndics, assistés d'un assesseur jurisconsulte, tous quatre désignés par le conseil.

Après la vente d'Avignon, la cour royale avait pris le nom de cour temporelle ou de Saint-Pierre, à cause du voisinage de la salle d'audience avec l'église de ce nom ; elle se composait de deux juges qui connaissaient de toutes les affaires civiles et criminelles des citoyens d'Avignon, avec appel au viguier, celui-ci exerçant la justice criminelle jusqu'à la peine de mort inclusivement.

Les fonctions étaient annuelles ; celles de viguier et de juges obligeaient au *syndicat,* c'est-à-dire à se présenter à la sortie de charge pour répondre des plaintes formulées par les justiciables.

Viguiers, syndics, conseil, juges de Saint-Pierre subsistèrent jusqu'à la fin de l'ancien régime, non toutefois sans quelques changements. Ainsi le Conseil, reflétant le cosmopolitisme de la population, se divisa jusqu'à la fin du XVIe siècle en trois groupes ou nations : les originaires ou Avignonnais d'origine, les citramontains ou étrangers venus de ce côté des Alpes et les Italiens ou Florentins ; les nominations des membres finirent par se faire par le conseil lui-même, sauf intervention fréquente du légat. Quant aux syndics, leur autorité et leur prestige allèrent sans cesse en augmentant ; aussi, en 1460, le pape Pie II les autorisa-t-il à faire revivre le titre ancien et plus honorifique de consuls. Le viguier avait été réduit peu à peu à un rôle décoratif de présidence et de représentation. C'étaient donc les syndics et, après eux, les Consuls qui, avec l'assistance du Conseil, administraient la « communauté », dont la principale ressource financière consistait, au XIVe siècle, dans le produit des *gabelles* ou droits sur l'entrée et la vente des marchandises.

L'évêque d'Avignon, plus tard archevêque, occupait une situation éminente, la première après le vicaire général du pape. Son diocèse s'étendait sur le territoire de l'ancienne *civitas* d'Avignon, c'est-à-dire, dans un rayon de 30 kilomètres environ, sur les parties du Languedoc, de la Provence et du Comtat qui avoisinent la ville.

Le *Comtat Venaissin,* tout en ayant le même souverain qu'Avignon, était doté d'une administration distincte dirigée par un recteur siégeant à Carpentras, assisté de divers officiers et d'une assemblée des trois ordres appelée *Etats.* Le pays était divisé en trois judicatures : Carpentras, L'Isle et Valréas.

Les lettres. — Pétrarque (1304-1374).

Les papes d'Avignon exercèrent un fécond mécénat, pour les lettres comme pour les arts.

Une partie importante du Trésor pontifical consistait dans la Bibliothèque, collections de manuscrits intéressant d'abord surtout la liturgie, la théologie et le droit, mais, à partir de Clément VI, on introduisit des textes de littérature latine, des livres d'histoire, des chroniques, des ouvrages hébreux, des traductions de traités arabes. Riche de mille manuscrits environ à l'arrivée à Avignon, elle doubla pendant le séjour dans cette ville, principalement grâce à l'action du « droit de dépouille » qui restituait à l'Eglise, à la mort des prélats, les biens acquis par eux sur les revenus de leurs bénéfices. Les cardinaux avaient aussi des bibliothèques semblables à celle du pape, mais plus réduites ; les plus riches comptaient de 150 à 200 manuscrits.

L'Université d'Avignon, créée en 1303, devint célèbre, surtout par ses Facultés de droit et de décret, où enseignaient les juristes les plus renommés, la plupart Italiens, tels que Baldo degli Ubaldi ou le canoniste bolonais Giovanni da Legnano. Les Facultés des arts et de médecine étaient moins réputées. La Faculté de théologie ne sera créée qu'en 1413. L'Université d'Avignon survécut en effet à la fin de la papauté avignonnaise et fonctionnera jusqu'à la chute de l'ancien régime. Des collèges y étaient adjoints pour les étudiants pauvres : Saint-Martial fondé en 1379, Saint-Nicolas d'Annecy en 1422 par le cardinal de Brogny, Saint-Michel en 1453, les collèges du Roure, de Jujon, de Notre-Dame-de-Pitié, de Sénanque et de la Croix à la fin du XVe siècle.

Le nom de Pétrarque est inséparable de celui de la papauté avignonnaise, bien qu'il en ait été, comme nous l'avons vu à plusieurs reprises, le plus véhément contempteur.

Pétrarque avait dix ans lorsque sa famille, proscrite à la suite d'une de ces révolutions si fréquentes à Florence, vint chercher un refuge à Avignon en 1313. Dans cette ville encombrée d'étrangers depuis l'arrivée de Clément V, les exilés ne purent trouver un gîte ; ils s'installèrent à Carpentras, où le futur poète resta quatre ans « suçant le tendre lait de la science enfantine ». Il fit ensuite ses études à Montpellier et à Bologne. Il revint en 1326 à Avignon, dont les papes avaient fait le centre intellectuel le plus important de l'époque. Il y avait aussi des cardinaux et des prélats lettrés. Pétrarque se lia d'amitié avec les deux cardinaux Colonna — il fut l'hôte de l'un d'eux pendant onze ans —, avec le cardinal Philippe de Cabassole, évêque de Cavaillon, avec le savant évêque de Saint-Paul-Trois-Châteaux, Jean Coti. Les papes, qu'il accabla d'invectives parce qu'ils étaient Français et délaissaient l'Italie, ne lui ménagèrent ni les prébendes ni les honneurs. Enfin c'est à Avignon que se pro-

[illegible]

[illegible] la littérature [illegible]

[illegible] Clément [illegible]

[illegible]

[illegible]

[illegible] et [illegible] traduit
[illegible] vers un [illegible] dans [illegible] de cette [illegible]

[illegible] que une politique [illegible] les Caraïbes [illegible] dans [illegible] départ [illegible] la [illegible] France [illegible] les [illegible] sont morts [illegible] population [illegible] qui [illegible] la [illegible] la population [illegible] et [illegible] pour les [illegible] les livres [illegible] de [illegible] pouvoir [illegible] population [illegible] avait [illegible] 20.000 [illegible] après [illegible] a en [illegible] tout de même [illegible] selon Ferdinand [illegible], la population [illegible] de [illegible]

[illegible]

[illegible] de [illegible] 31 décembre [illegible] IV [illegible] et [illegible] ville [illegible] de son [illegible] Alphonse [illegible] qui [illegible] d'Avignon. Plus tard encore, dans la situation souvent troublée de l'Italie, d'autres papes tournèrent les yeux vers Avignon comme vers un refuge. Aussi dans les actes de vente ou de location d'immeubles spécifiait-on toujours une révision du prix, en cas de retour du pape !

François de Conzié pratiqua une politique réparatrice. Il remit de l'ordre dans les institutions, fit restaurer le pont, la cathédrale, les remparts et tous les édifices endommagés pendant la longue « guerre des Catalans ». Mais pouvait-on empêcher les effets désastreux du départ de la papauté ? Un agent du grand commerçant italien Francesco Datini lui écrivait alors : « L'Avignon d'aujourd'hui n'est plus celle que vous avez connue ; ici, les choses paraissent mortes. » En effet, l'énorme population flottante qu'attirait la papauté avait déserté Avignon. La population originaire, décimée par la peste, diminua elle-même, malgré la persistance de certains courants d'immigration, venus surtout d'Italie et, pour les classes populaires, des régions alpines. Les livrées cardinalices et beaucoup de maisons, faute d'occupants, tombèrent en ruines ; en 1444, les syndics disaient que la ville était toute « dépeuplée et déformée » ; en 1453, le chapitre de Notre-Dame-des-Doms se plaignait de ne pouvoir louer ses immeubles « tant à cause de la peste que du petit nombre des habitants ». Un siècle après, la population, qui avait compté peut-être 30.000 âmes au temps des papes, n'en avait plus que 15.000 à peine, ce qui était tout de même alors, selon Ferdinand Lot, la population d'une « bonne ville » de France.

Révolte des Avignonnais (1432).

Après la mort de François de Conzié (31 décembre 1431), les Avignonnais demandèrent au pape Eugène IV de leur envoyer pour gouverneur un personnage éminent, un cardinal qui aurait rendu à la ville un peu de son lustre passé. Loin de déférer à ce vœu, le pape désigna un ancien apothicaire, son neveu Marc Condolmario, qu'il fit à la fois vicaire général du Saint-Siège, évêque d'Avignon et recteur du Comtat. Déçus et en outre irrités par les premiers actes du nouveau gouverneur, les Avignonnais s'adressèrent au concile de Bâle, en conflit avec le pape. Le concile s'empressa de confier le vicariat général au cardinal Alphonse Carillo, qui résidait habituellement à Avignon (20 juin 1432).

Eugène IV sacrifia alors son neveu qui fut remplacé par le cardinal de Foix, personnalité de premier plan, appartenant à une grande famille, sympathique d'ailleurs à Avignon où il avait séjourné à plusieurs reprises et dont il avait été le « protecteur » en cour de Rome (août 1432). Mais cette décision, malgré la précaution qu'on avait prise de l'antidater, arriva trop tard ; les émissaires du cardinal furent éconduits lorsqu'ils se présentèrent avec ses bulles. Il fallut organiser une petite expédition ; le Comtat se soumit sans coup férir (mai 1433) ; mais Avignon ne se rendit que le 8 juillet 1433, après un siège de près de deux mois.

La légation d'Avignon. Le cardinal de Foix (1432-1464).

Le pape Eugène IV donna alors au cardinal de Foix, non seulement le titre de vicaire général du Saint-Siège à Avignon et dans le Comtat, mais encore celui de légat *a latere* dans les provinces ecclésiastiques d'Arles, d'Aix, de Vienne, d'Embrun, de Narbonne, de Toulouse et d'Auch (24 novembre 1433). La légation d'Avignon était ainsi instituée.

Avignon, qui se qualifiait elle-même de « deuxième siège apostolique », redevint dès lors une sorte de petite capitale. Outre ses pouvoirs spirituels sur un grand nombre de diocèses, le légat avait le gouvernement temporel des Etats pontificaux avec des pouvoirs très étendus qui en faisaient un véritable vice-roi. Il résida au Palais des Papes, eut une chancellerie, un sceau ; au XVIe siècle, il battit même monnaie à son effigie ; tous les fonctionnaires et magistrats pontificaux furent sous ses ordres, y compris l'auditeur général de la légation, juge d'appel des procès civils et criminels, et le vice-gérent de la Chambre apostolique, juge d'exception institué, en 1413, pour connaître des procès domaniaux ou fiscaux et des affaires des personnes exemptes de l'ordinaire.

Avignon redevint également un centre d'attraction pour de nombreux étrangers, clercs en quête d'un bénéfice, artistes recherchant des commandes, réfugiés et proscrits pour la plupart Florentins, marchands d'Italie ou de la péninsule ibérique, simples laboureurs même descendus des Alpes ou du Jura à la poursuite d'un travail rémunérateur. Mais ce fut surtout la situation commerciale de la ville qui retrouva, dans la seconde moitié du XVe siècle, un essor remarquable.

La position géographique de la ville et le caractère cosmopolite de sa population hérité de l'époque pontificale en faisaient une des grandes places d'affaires de l'époque où les banques et les maisons commerciales d'Italie avaient leurs représentants, tandis que Marseille ne possédait encore ni banques ni changeurs établis à demeure. C'est d'Avignon que s'exerçait l'influence italienne sur l'activité du port de Marseille. Malgré l'ascension de cette dernière ville, Avignon resta jusqu'au XVIe siècle le relais entre le grand port et les « carrefours du commerce » de cette époque, Lyon et Genève. Aussi Avignon était-elle le rendez-vous de quantité de commerçants étrangers, parmi lesquels les Italiens et, parmi eux, les Florentins étaient les plus nombreux et les plus importants, tels les Medici, les Pazzi, les Peruzzi, les Cambi, les Buondelmonte, les Dini, les Delbene, les Anselmi, en attendant les Baroncelli, les Strozzi et les Doni. Toutes ces familles ne tardèrent pas à faire souche à Avignon.

Plusieurs faits montrent alors l'importance qu'avait conservée la cité.

[illegible]

[illegible] en grande partie [illegible] 1432 [illegible]

[illegible]

[illegible] pouvoir [illegible] sur un grand nombre [illegible]

[illegible] ses comptes de [illegible] pour connaître [illegible] ses [illegible] de [illegible]

A [illegible] de [illegible] nombreux [illegible] recherchant des [illegible] [illegible] pour [illegible] de la [illegible] dans la [illegible]

[illegible] de la population [illegible] et les [illegible] avaient leurs représentants [illegible] de [illegible] sur [illegible] port de [illegible] les [illegible] de cette époque [illegible] parmi [illegible] les plus nombreux [illegible]

Plusieurs faits montrent alors l'importance qu'avait con-[illegible]

[illegible]

[illegible] archevêque de [illegible] le cardinal [illegible]

[illegible] de la fin de la période [illegible]

[illegible] cathédrale [illegible] le chapitre [illegible] destruction de [illegible] Pierre Morel [illegible] Jean-Laurent [illegible] documents [illegible] architectes [illegible] artisans du [illegible] sculpteurs [illegible] Jacques Morel [illegible] Pierre Morel [illegible] l'ampleur des dra[illegible]

[illegible]

[illegible] de la [illegible] Provence [illegible]

par des lieutenants, ou gouverneurs, attentifs à appliquer sa politique. En 1494, s'étant mis en révolte contre le pape Alexandre VI, il fut relevé de ses fonctions. Courte disgrâce ; une réconciliation survint dès l'année suivante et, en 1498, Julien de la Rovère reçut à Avignon le fils du pape, César Borgia.

Après l'élection à la papauté de Julien de la Rovère, qui prit le nom de Jules II (1er novembre 1503), il y eut successivement trois légats français : le cardinal Georges d'Amboise, premier ministre de Louis XII (1503-1510), le cardinal Robert Guibé, archevêque de Nantes (1510-1513), le cardinal François-Guilhem de Clermont-Lodève (1513-1541).

L'Art à la fin de la période gothique.

Ville cosmopolite, ville de refuge, Avignon était restée, malgré la diminution de son importance politique, un centre d'art important, quoique d'une activité forcément plus réduite qu'au temps des papes. La construction de l'église des Célestins, entreprise par le Lyonnais Perrin Morel sur un plan grandiose et poursuivie par le Bourguignon Jean Laurent, occupa tout le premier quart du XVe siècle sans pouvoir être achevée. Dans les autres églises, on ajouta des chapelles : on construisit des autels, des retables et de grands monuments funéraires enrichis de sculptures et de statues, tel le fameux tombeau du cardinal de la Grange, dont on ne connaît pas les auteurs. Riches particuliers, confréries et couvents multiplièrent alors les commandes, ce qui attira en grand nombre architectes, lapicides, sculpteurs, artisans du bois ou du fer, venus pour la plupart des pays les plus divers. Avignon a fait travailler alors deux des plus grands sculpteurs gothiques, Jacques Morel, fils de Perrin Morel, et son neveu Antoine le Moiturier, celui-ci né à Avignon vers 1425 ; mais leurs œuvres dans cette ville ont été détruites ; ils avaient fait triompher dans la sculpture locale le style bourguignon, caractérisé par le réalisme des figures et l'ampleur des draperies.

Le cardinal de Foix fit construire une chapelle aux Célestins, protégea les artistes et se préoccupa de l'aménagement de la ville. Sous son impulsion, le Conseil de ville fit dégager et agrandir la place du Change (1448-1458)), acheta l'ancienne livrée d'Albano pour en faire l'hôtel de ville (1447) et prit en location sa tour, où on installera ensuite une horloge publique (1471), agrandit le carrefour de la porte Ferruce qui deviendra la place de l'Horloge ou plus brièvement « la Place », essaya d'organiser et d'améliorer le pavage et le nettoyage.

Aussi soucieux de la beauté de la ville, le cardinal-évêque Alain de Coëtivy entreprit la reconstruction du Petit Palais. Enfin, quoique ne faisant plus partie de la Provence, Avignon attirait néanmoins le roi René qui, en 1476, voulant y avoir sa maison, acheta l'ancienne livrée de Viviers, l'aménagea en demeure confortable et la fit décorer par son peintre Nicolas Froment. Il appela également d'autres artistes, tels le sculpteur Francesco Laurana, à qui il commanda, pour le grand autel des Célestins, un « Portement de Croix », la première œuvre exécutée en France dans le style de la Renaissance.

Mais ce qui, plus que tout, faisait la renommée d'Avignon, c'étaient ses peintres de panneaux et de vitraux. Le plus ancien d'entre eux, Bertrand de la Barre, travaillait pour le roi de France autant que pour les Avignonnais. Au milieu du XVe siècle, les peintres étaient nomades et ceux d'Avignon venaient presque tous du Centre ou du Nord de la France, quelquefois des Flandres ou des bords du Rhin ; leur réalisme franco-flamand supplanta l'idéalisme italien jusque-là prépondérant ; on trouve alors les noms célèbres d'Enguerrand Charonton, de Laon, et du Limousin Pierre Villate. Seul Nicolas Froment était Languedocien, originaire d'Uzès.

A la fin du XVe et au début du XVIe siècle, les principaux maîtres d'œuvre, comme ceux de la période précédente et comme les peintres, venaient du dehors. C'était Antoine Omède, originaire du diocèse de Clermont, gendre de Jean Laurent, Blaise Lécuyer, du diocèse de Genève, Antoine Carteron, du diocèse de Bourges, etc. Le sculpteur Ferrier Bernard est originaire du diocèse de Toul ; il travaille à Avignon de 1489 à 1500 et y meurt en 1510.

Non moins que ses prédécesseurs à la légation et à l'archevêché, Julien de la Rovère, le futur pape Jules II, avait des goûts de Mécène. Grand bâtisseur, il restaura de nombreux édifices, le Palais des Papes, le pont, les remparts ; la façade du Petit Palais est son œuvre.

La ville encourage en même temps les constructions privées, telles la maison de Pierre Baroncelli (le Palais du Roure) qualifiée d'utile à l'embellissement de la cité (*ad magnam decorationem civitatis*).

On commence également à se préoccuper de l'esthétique urbaine. Devant le nouveau Collège du Roure, on aménage une place (aujourd'hui place de la Préfecture). L'hôtel de ville est accru d'un bâtiment nouveau et embelli ; la place de l'Horloge, élargie. Devant les églises Saint-Pierre et Saint-Agricol qui s'allongent de travées nouvelles, on crée de larges parvis, « pour l'agrandissement de la place, dit-on à propos de la première, et la plus grande décoration de la cité » (1486). On entreprend également d'abaisser le dos d'âne rocheux de la rue Peyrolerie. Mais ces « nouveautés » sont quand même encore assez exceptionnelles, car étaient-elles du goût des Avignonnais ? Lors de l'établissement du parvis de Saint-Agricol, les voisins n'allèguent-ils pas que les places nouvelles ne servaient qu'à accroître la violence fastidieuse du vent, qu'à attirer les jeunesses bruyantes, à troubler l'intimité et la tranquillité des foyers !

[illegible] avant [illegible] complet [illegible] [illegible] par [illegible] [illegible] le grand autel des [illegible] de la [illegible] la première [illegible] en France dans [illegible] [illegible].

[illegible] plus [illegible] la réception d'Avignon [illegible] Bertrand de la [illegible] [illegible] du XIVe siècle [illegible] [illegible] [illegible] Clément VI [illegible] [illegible] Sainte-Marthe, [illegible] [illegible] Pierre Mignard [illegible] [illegible].

[illegible] Antoine [illegible] Clément [illegible] [illegible] Bernard [illegible] [illegible] en 1649.

[illegible] [illegible] de la [illegible] [illegible] [illegible] des [illegible] [illegible].

La ville [illegible] [illegible] [illegible] [illegible] [illegible] [illegible] [illegible] [illegible] [illegible].

[illegible] Devant le nouveau Collège du [illegible] [illegible] [illegible] [illegible] de la place [illegible] [illegible] [illegible] de la place [illegible] [illegible] et la plus grande [illegible] de la [illegible] (1891). [illegible] [illegible] [illegible] [illegible] [illegible] des Avignonnais [illegible] [illegible] de Saint-[illegible] [illegible] [illegible] [illegible] [illegible] et la tranquillité des [illegible].

[illegible] Chambre [illegible] (1627) [illegible]

[illegible] le contrat [illegible] avec le [illegible] ordinaire [illegible]

[illegible] chef [illegible] et [illegible] ont [illegible] même [illegible] peuple.

[illegible] la province du Venaissin [illegible] d'Avignon [illegible] la [illegible] effectuée dans le Midi [illegible] 1558 [illegible] tandis qu'au [illegible] le maréchal de Bellegarde [illegible] la ville aux États [illegible]

[illegible] administrative fut également [illegible] sur le modèle de [illegible] conseil [illegible] d'Avignon [illegible] les diocèses [illegible] d'Avignon.

[illegible] de [illegible] administration [illegible] de la ville [illegible] les [illegible] les charges [illegible] conseil [illegible] les [illegible] aux bourgeois [illegible] Ces [illegible] toujours [illegible] les municipalités [illegible] toujours [illegible] même [illegible] de cardinal [illegible] (1652 [illegible]) [illegible] la municipalité [illegible] les [illegible] le [illegible] prélat, [illegible] l'époque [illegible] contre les protestants [illegible] (1560).

II. — [illegible] XVIIIe SIÈCLE

[illegible] du XVIIe siècle (1[illegible] [illegible])

[illegible] du XVIe siècle [illegible] alors [illegible] encore [illegible] été au temps des [illegible] est le [illegible] du cardinal Charles de Bourbon, son cousin, le futur roi de la Ligue. Charles de Bourbon (1565-1590) ne résida pas plus que son prédécesseur et eut, pour remplaçant, un autre Français, le cardinal Georges d'Armagnac, qui fut, de 1565 à 1585, avec le titre de colégat, le véritable gouverneur des Etats pontificaux. Désormais, la France participa à la protection des Etats de l'Eglise.

Le roi Henri III séjourna à Avignon du 23 décembre 1574 au 10 janvier 1575 ; il y prit diverses mesures militaires et assista à une procession de Pénitents blancs restée mémorable.

D'Armagnac a joué un grand rôle politique ; il fit d'Avignon le centre de la résistance catholique dans le Midi ; en 1578, il éventa un complot tramé par le maréchal de Bellegarde pour livrer la ville aux protestants.

Son œuvre administrative fut également considérable. En 1566, il fit instituer le tribunal de la Rote, sur le modèle de la Rote romaine. Présidée par l'auditeur général, cette juridiction devait juger en appel tous les procès civils et criminels des habitants d'Avignon et du Comtat, ainsi que tous les différends ecclésiastiques survenus dans les diocèses dépendant de la légation d'Avignon.

Il ne fut pas moins attentif à l'administration de la ville. Sous son impulsion on révisa les statuts en 1562 et 1568. L'administration municipale fut réorganisée ; le Conseil de ville, jusque-là divisé en trois « nations », le fut désormais en trois classes ou « mains », la première réservée à la noblesse, les deux autres aux bourgeois et artisans. Des mesures, peu efficaces d'ailleurs, furent prises pour assainir la ville, toujours « fort inclinée aux maladies contagieuses » ; on interdit le vagabondage des oies, des porcs et de tout le « bétail menu » ; on prescrivit en 1562 la démolition des « auvents » ou encorbellements des maisons quand ils menaçaient ruine et même s'ils étaient soutenus par des piliers ; on défendit d'en construire d'autres (1562-1568). On agrandit la place Pie créée sur l'emplacement de la maison de Parpaille et on commença d'y construire une halle, « faisant ainsi de belles places, dit le chroniqueur Pérussis, pour embellir, rendre claire et espacieuse la commune commodité. »

Le cardinal d'Armagnac fut remplacé par un prélat guerrier, le vice-légat Dominique Grimaldi, ancien commissaire général des galères pontificales à la bataille de Lépante, qui guerroya en personne contre les protestants (1585-1589).

III. — Le xviie et le xviiie siècle

Avignon au début du XVIIe siècle (le plan de 1618).

Un plan, du début du xviie siècle, nous permet de nous faire une idée assez vivante de ce qu'était alors Avignon, encore très semblable à ce qu'elle était au temps des papes. C'est le magnifique plan de 1618, œuvre de Marco Antonio

Gandolfo, « mathématicien de Palerme », et de Théodore Hoochstraten, graveur de La Haye, dessin cavalier très minutieux qui nous montre une ville encore toute gothique ; on n'y voit qu'une coupole, celle du Noviciat des Jésuites, récemment édifiée.

La ville est représentée avec son enceinte, ses fossés, ses portes dont quatre précédées d'ouvrages fortifiés. Le Palais des Papes dresse ses tours majestueuses, non découronnées encore. Le Rocher a gardé ses monuments d'autrefois, le fort Saint-Martin, ancien château de la commune, la chapelle Sainte-Anne, la cathédrale ; après les papes, on n'avait ajouté qu'une croix couverte, au XVe siècle, et des moulins au XVIe.

Deux zones apparaissent dans le fouillis des rues ; une très dense, autour du Rocher, est limitée par le mince ruban des rues occupant le tracé de l'ancienne enceinte — la *Grande Fusterie,* les *Lices,* la *Courreterie des Chevaux* (rue Philonarde) — et jalonné aux principaux carrefours par de petits arcs représentant les anciennes portes. L'autre zone, concentrique à la première, montre d'abord des maisons de plus en plus clairsemées, puis à la périphérie une large bande de jardins et de terrains non bâtis.

On peut distinguer la plupart des édifices importants souvent désignés par une légende. De certains d'entre eux aujourd'hui disparus, nous ne connaissons les anciennes dispositions que par ce document capital, tels le couvent des Prêcheurs ou Dominicains, celui de Saint-François ou des Cordeliers, celui des religieuses de Sainte-Claire, les églises de la Madeleine et de Saint-Symphorien, la Vice-Gérence (au sud du Palais des Papes), un ensemble un peu confus de constructions constituant la livrée de Florence et Saint-Jean-le-Vieux (au nord-ouest de la place Pie).

On reconnaît, à leurs tourelles et à leurs façades crénelées, le Petit Palais, alors archevêché, les anciennes livrées cardinalices — une légende signale le Collège du Roure, ancienne livrée de Poitiers —, l'hôtel de Baroncelli, etc.

On distingue les cimetières entourant les églises — celui de Saint-Agricol avec sa grande porte cintrée et ses arbres ; celui de Saint-Didier, avec sa croix couverte triangulaire ; celui des Juifs sur un piton rocheux au nord de la place Pignotte — ; les puits, celui de la « Place » paraissant surmonté d'une ferronnerie, celui de Saint-Agricol encadré de deux piliers portant une petite toiture ; les arceaux enjambant les rues — en 1623, on en comptera plus de trente-sept — ; les arbres, celui de la place Saint-Didier, les deux de la place des Carmes, ceux en bordure des Sorgues, celles-ci coulant en grande partie à découvert, la grande allée des Mûriers de la place du Palais ; les croix couvertes — celle du Plan de Lunel et la Belle Croix de la Carreterie très nettement dessinées —, la grande croix de l'Observance ; les frondaisons des jardins privés et de la zone verte de la périphérie.

[illegible]

[illegible] exclusive [illegible] (1786) [illegible] [illegible] de [illegible] [illegible] l'agriculture [illegible] [illegible] de leurs [illegible].

Le [illegible] [illegible]

Pendant les deux derniers siècles de l'Ancien Régime, [illegible] [illegible] que les Comtadins [illegible] la [illegible] [illegible] [illegible] quelques [illegible] [illegible] [illegible] [illegible] [illegible] et des [illegible] [illegible] [illegible] [illegible] contrebande des [illegible] [illegible] la contrebande du tabac, du sel, de la poudre [illegible] des cuirs, etc., [illegible] des [illegible] [illegible] [illegible] [illegible] [illegible] les sujets [illegible] des salines [illegible] plus de [illegible] [illegible] [illegible] pour le [illegible] [illegible] de la [illegible] de France ? La population [illegible] [illegible] [illegible] [illegible] [illegible] [illegible] que [illegible] le [illegible] de 1697.

[illegible] du XVIIIe siècle, [illegible] [illegible] [illegible] [illegible] [illegible] [illegible] [illegible] [illegible] enclavés dans le royaume, [illegible] les Élus du Comtat en [illegible] et [illegible] [illegible] [illegible] [illegible] [illegible] nécessaires [illegible] [illegible] que nous [illegible] [illegible] [illegible] [illegible] [illegible] [illegible] [illegible] [illegible] [illegible] [illegible] [illegible] [illegible] [illegible] sur le [illegible] [illegible] [illegible] les plus [illegible]. [illegible] [illegible] de [illegible] la [illegible] des indiennes [illegible] [illegible] [illegible] dans le Comtat [illegible] [illegible] [illegible] [illegible] [illegible] [illegible] [illegible] [illegible] [illegible] [illegible] [illegible] [illegible] [illegible] la [illegible] des [illegible] [illegible] de [illegible] [illegible] [illegible] [illegible] d'Avignon [illegible] la [illegible] de [illegible] et [illegible] de la ville [illegible] [illegible] [illegible] ne [illegible] pas sans [illegible].

La [illegible] [illegible] [illegible]

[illegible] [illegible] dans la [illegible] [illegible] pouvait [illegible] avec la même [illegible] [illegible] [illegible] [illegible] [illegible] avec [illegible] [illegible] [illegible] [illegible] [illegible] [illegible] [illegible] [illegible] [illegible] [illegible] l'administration [illegible] [illegible] [illegible] [illegible] [illegible] [illegible] [illegible] [illegible] [illegible] [illegible] [illegible] [illegible] [illegible] [illegible] [illegible] [illegible] [illegible] 7 [illegible] [illegible] [illegible] [illegible] [illegible] [illegible] [illegible] [illegible] 1777 [illegible] [illegible] [illegible] [illegible].

aux troupes françaises pour rétablir son autorité (1665). Les instigateurs de la « sédition », qui avaient réussi à s'enfuir, subirent la confiscation de leurs biens et une longue proscription.

La vie économique.

Pendant les deux derniers siècles de l'ancien régime, les Avignonnais, de même que les Comtadins, ignorèrent la guerre étrangère, le service militaire et les impôts d'Etat. En dépit de quelques crises, leur économie fut longtemps prospère ; l'industrie de la soie et des indiennes, l'imprimerie — qui faisait surtout la contrefaçon des ouvrages publiés en France —, la contrebande du tabac, du sel, de la poudre de chasse, des cartes à jouer, des cuirs, etc., connurent des périodes brillantes. N'accusait-on pas notamment les sujets du pape d'importer des salines royales dix fois plus de sel qu'ils n'en consommaient, pour le revendre, au mépris de la Gabelle, à leurs voisins de France ? La population, d'un peu plus de 15.000 habitants au XVIe siècle, passa à 22.000 environ, moyenne que fournit encore le recensement de 1801.

Au cours du XVIIIe siècle, un véritable blocus douanier imposé par les Fermiers généraux rendit la situation moins favorable. « Nous sommes enclavés dans le Royaume, remarquent les Elus du Comtat en 1733, et nous ne saurions nous passer des choses nécessaires à la vie que nous sommes obligés de faire venir du dehors. Cependant nous avons été tellement enserrés et si rigoureusement gardés par les troupes que nous nous sommes vus sur le point de périr faute des aliments les plus nécessaires. » Néanmoins un concordat de 1734 interdit la fabrication des indiennes, ainsi que la culture du tabac dans le Comtat, et d'étroites mesures protectionnistes réclamées par Lyon et Nîmes entravèrent l'entrée dans le royaume des articles de soie avignonnais. Dès lors la Ferme générale et la régie des tabacs eurent un bureau à Avignon ; le contrôleur des monnaies de Villeneuve eut ses entrées à la Monnaie d'Avignon et fit la visite des poids et mesures ; les murs de la ville se couvrirent d'affiches *De par le Roy*, ce qui n'était pas sans surprendre les visiteurs étrangers.

Les hôtes d'Avignon. Les mœurs avignonnaises.

Avignon, enclavée dans la puissante France monarchique, ne pouvait plus exercer avec la même liberté qu'autrefois le droit d'asile si fièrement revendiqué au XVe siècle. Si quelques proscrits célèbres y résidèrent aux XVIIe et XVIIIe siècles, ce fut presque toujours par ordre ou avec l'autorisation du gouvernement royal. Parmi ces exilés de marque, il faut citer Richelieu, qui habita la maison du chanoine de Beaumont, rue de la Croix, du 15 mai 1618 au 7 mars 1619 et le prétendant Jacques III Stuart qui séjourna à Avignon du 2 avril 1716 au 6 février 1717. Après le départ de ce dernier,

PLAN DE 1618

(Voir la notice de ce plan dans le texte p. 76-78 et p. 392)

I

Le Rhône avec une partie de l'ancienne île du Mouton. — Bateaux-moulins amarrés aux rives de l'île et sur la rive droite.

Dans l'angle supérieur gauche, la tour de Villeneuve (tour Philippe-le-Bel) et les bâtiments annexes (aujourd'hui détruits).

Le pont (les deux arches qui manquent s'étaient écroulées en 1605) ; à droite, partie de l'île d'Argenton (depuis île de la Barthelasse).

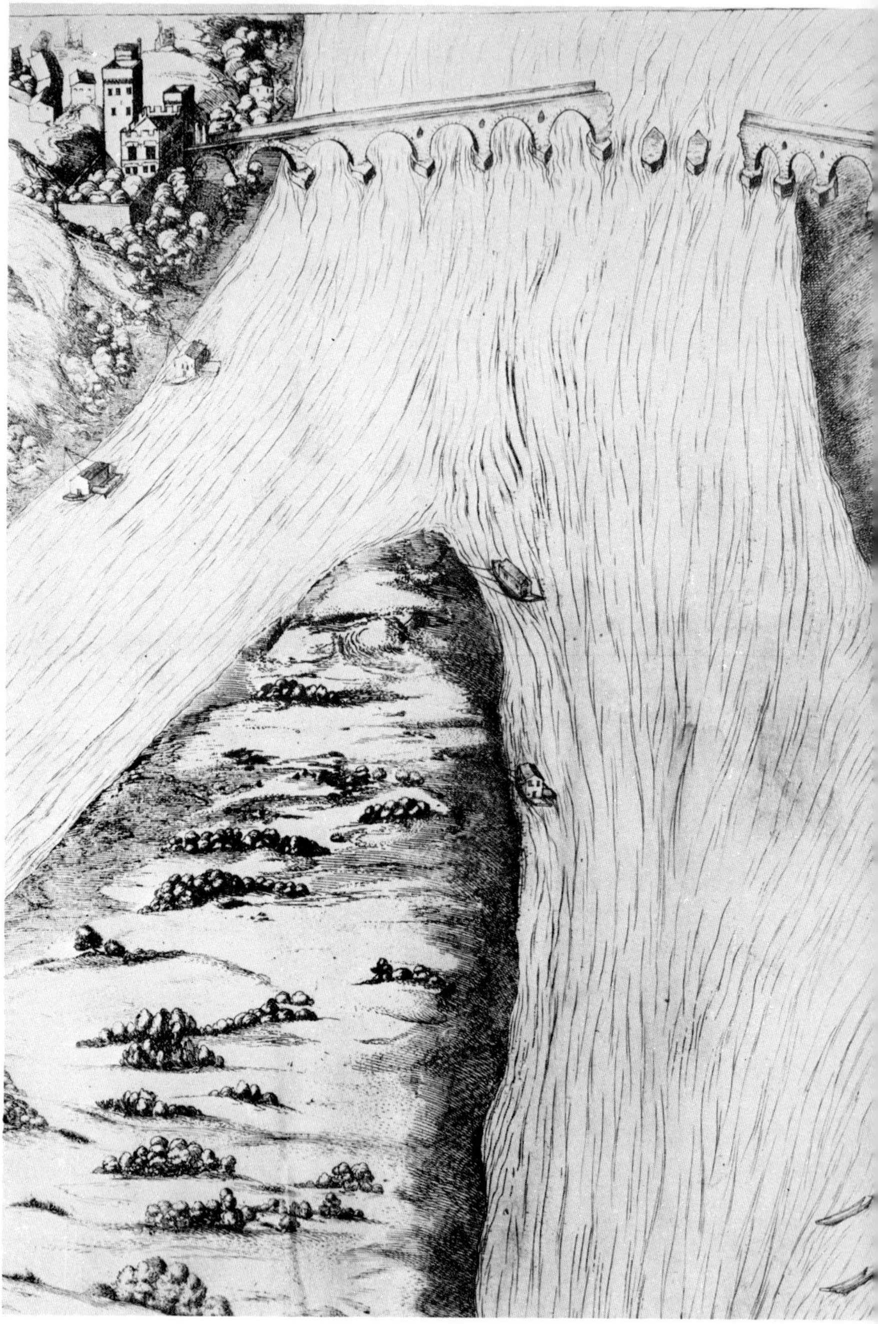

Petit Palais

II

Au sommet, armoiries du pape Paul V.

Partie de l'île d'Argenton (la Barthelasse), le pont (une arche détruite en 1603), la chapelle, la tour du pont avec la descente dans la rue de la Grande-Fusterie. — *Le Petit Palais* flanqué de la grande tour qui s'est écroulée en 1767. — Le Rocher des Doms (surmonté de trois moulins à vent et du fort Saint-Martin).

En aval du pont sur la rive d'Avignon, le port de la porte Eyguière (porte du Rhône).

Rues mentionnées (de gauche à droite) : *Le Limas* (rue du Limas). *La Grande Fusterie. La Petite Fusterie. Les Grottes* (rue des Grottes). *La Reille* (rue de la Balance). *Le Puis de Beufs* (place du Puits-des-Bœufs). *La Place* (place de l'Horloge).

Edifices (de bas en haut). — En bas, vers le milieu : *S. Agricol. Maison de ville. M*(onastère) *S. Laurens, Manaleine* (*église* Sainte-Madeleine). — A droite : Le Grand Palais (au-dessous, contre l'arc-boutant : la Vice-Gérence). — Au-dessus du Grand Palais : *Nostre-Dame* (Notre-Dame-des-Doms), *S. Anna* (chapelle Sainte-Anne).

les principaux jacobites continuèrent à résider à Avignon, tels le duc d'Ormond, qui acheva d'y dépenser les restes d'une immense fortune, le comte d'Inverness et Jacques Keith, dit lord Maréchal. « C'est le séjour des vieux ruinés », disait le président de Brosses.

D'autres Anglais viennent demander au climat d'Avignon le rétablissement de leur santé. Le duc de Cumberland, frère du roi d'Angleterre, y séjourne ainsi en 1784 et 1785 ; il est soigné par le médecin Gastaldy. D'après un visiteur, il y a alors à Avignon « plus de cent Anglais qui y font demeure ».

Au début de la fortune de Mme de Pompadour, son mari, Le Normant d'Etioles, avait été « relégué » à Avignon pendant un an. A la fin du XVIIIe siècle, Avignon servit d'asile au graveur Balechou, chassé de l'Académie pour violation des règlements, et à la veille même de la Révolution, elle recueillit les « illuminés » persécutés, Dom Pernety, le Polonais Grabianka, le baron de Corberon.

Tous les visiteurs étrangers se plaisaient à vanter les agréments de la ville et de l'accueil qu'ils y recevaient. Lorsque le comte de Grignan y vient comme gouverneur, lors de l'occupation de 1688, Mme de Sévigné déborde d'enthousiasme : « Quel séjour ! Quelle douceur d'y passer l'hiver ! Quelle bénédiction que ce revenu dont vous faites un si bon usage ! »

Mme Dunoyer, dans ses *Lettres historiques et galantes*, a fait un tableau bien souvent cité de la société avignonnaise. « Tout le monde y est riche et tout le monde y respire la joie. Les dames sont galantes ; les messieurs font de la dépense ; le jeu, qu'on peut appeler le plaisir universel, est poussé ici aussi loin que l'on veut. Outre les paisibles parties d'hombre, on en trouve de bassette et de lansquenet dans les maisons de condition, où toutes les après-midi la compagnie de l'un et l'autre sexe se rassemble. On voit là de très belles dames, mises de fort bon air ; les unes coupent au lansquenet, les autres pontent à la bassette ; et les autres se donnent des airs penchés sur des canapés et poussent les beaux sentiments avec des cavaliers bien tournés. Outre ceux du pays, il y a toujours ici quantité d'étrangers que la curiosité attire et que l'agrément retient... Enfin, il y a ici quantité de femmes de condition ; le sang y est chaud et l'occupation la plus sérieuse dans le pays, c'est de chercher à plaire ; l'amour n'y est point malfaisant ; on ne connaît ni jalousie, ni désespoir ; les maris mêmes pour la plupart sont traitables là-dessus et laissent à leurs femmes la liberté qu'ils prennent eux-mêmes. Jugez, Madame, si dans un pays qu'on pourrait appeler l'île de Cythère ; où les Ris et les Jeux que la misère du temps a chassés de la France, se sont réfugiés ; où l'on fait bonne chère, où l'on boit du vin de l'Hermitage et de Cante-Perdrix, qu'on peut appeler le vin des dieux, puisque c'est le même qu'on envoie à Rome pour la bouche du Saint-Père, jugez, dis-je, si dans un pays si délicieux je puis beaucoup m'ennuyer... »

comme celle de la Visitation [illegible] le style baroque est [illegible] pendant plus d'un siècle [illegible] aux façades [illegible] fenêtres [illegible] saillantes et [illegible] ces constructions [illegible] aspect italien.

Plusieurs noms illustres sont alors à relever. Le célèbre Étienne Martellange, né à Lyon (1569-1641), n'a fait son noviciat de frère jésuite à Avignon. Après un long séjour à Rome, il était devenu l'architecte itinérant de son ordre, ce qui le conduisit à plusieurs reprises à Avignon pour donner des projets ou inspecter des travaux. Mais c'est à l'Avignonnais François de Royers de la Valfenière (1575-1667) qu'on doit la plupart des édifices construits à cette époque. Sa renommée s'étendit au Comtat et même à toute la vallée du Rhône ; à soixante-dix ans, il fut appelé à Lyon pour construire le palais abbatial des Dames de Saint-Pierre. Son fils François († avant 1669) continua ses travaux et son collaborateur, Jean-André Borde, Avignonnais également (1621-1681) fut à la fois sculpteur et architecte.

Quelques Italiens se trouvent alors à Avignon : le sculpteur Simone Bartolomei, de Florence, qui s'y marie en 1617 et y meurt en 1637 ; il pourrait être l'auteur de la façade de l'Hôtel des Monnaies.

Dominique Borboni, de Bologne, a résidé de 1647 à 1657 à Avignon et on l'appelait Dominique Bourbon ; on lui doit la construction de l'Hôtel de Crillon.

Dans le même temps, Avignon ne cesse d'attirer les peintres : en dehors du passage de ceux qui vont à Rome ou qui en reviennent, ainsi [illegible] Ernest Grève, venu de [illegible] avant 1612, abondant producteur de tableaux d'églises († 1636), ou Nicolas Mignard de Troyes (1606-1668) qui se marie en 1632 à Avignon et y fait une bonne partie de sa carrière, exécutant des décorations d'hôtels, des tableaux religieux et de beaux portraits. Mignard, qui avait [illegible] pendant qu'il [illegible] à Paris, où on l'appela Mignard d'Avignon pour le distinguer de son frère Pierre Mignard dit le Romain.

Dans le premier tiers du XVIIIe siècle on continue à bâtir de grands hôtels avec façades [illegible] de pilastres et à frontons [illegible] Pierre Mignard (1640-1725), fils de Nicolas, est à la tête du mouvement artistique. Il s'était établi à Paris et membre de l'Académie royale d'architecture, il finit par se fixer à Avignon, sa ville natale [illegible] plus sobre que le style italien jusque-là prédominant. C'est aussi à la même époque [illegible]

Jésuites et de la Visitation, etc. L'aspect de certaines rues se modernise. Le style gothique est abandonné pour le style italien qui régnera sans partage pendant plus d'un demi-siècle ; on dresse de hautes façades carrées, aux ornements surabondants, aux fortes corniches, aux fenêtres régulières encadrées de moulures saillantes et couronnées d'un fronton ; les édifices religieux adoptent le style jésuite. Frappé par ces constructions, un visiteur, en 1672, trouve à la ville un aspect italien.

Plusieurs noms d'artistes sont alors à retenir. Le célèbre Etienne Martelange, né à Lyon (1568-1641), avait fait son noviciat de frère jésuite à Avignon. Après un long séjour à Rome, il était devenu l'architecte itinérant de son ordre, ce qui le ramena à plusieurs reprises à Avignon pour donner des projets ou inspecter des travaux. Mais c'est à l'Avignonnais François de Royers de la Valfenière (1575-1667) qu'on doit la plupart des édifices construits à cette époque ; sa renommée s'étendit au Comtat et même à toute la vallée du Rhône ; à soixante-dix ans, il fut appelé à Lyon pour construire la vaste abbaye des Dames de Saint-Pierre. Son fils François († avant 1688) continua ses travaux et son collaborateur, Jean-André Borde, Avignonnais également (1604-1667), fut à la fois sculpteur et architecte.

Quelques Italiens se fixent alors à Avignon, tel le sculpteur Simone Bartolacci, de Florence, qui s'y marie en 1612 et y meurt en 1647 ; il pourrait être l'auteur de la façade de l'Hôtel des Monnaies.

Domenico Borboni, de Bologne, a résidé de 1645 à 1663 à Avignon où on l'appelait Dominique Bourbon ; on lui doit la construction de l'Hôtel des Crillon.

Dans le même temps, la ville ne cesse d'attirer les peintres, de retenir au passage ceux qui vont à Rome ou qui en reviennent, ainsi Guillaume-Ernest Grève, venu de la « Germanie basse » avant 1612, abondant producteur de tableaux d'églises († 1639) ou Nicolas Mignard, de Troyes (1606-1668) qui se marie en 1637 à Avignon et y fait une bonne partie de sa carrière, exécutant des décorations d'hôtels, des peintures religieuses et de solides portraits. Mazarin, qui avait dû le connaître pendant qu'il séjournait comme vice-légat, le fit venir à Paris, où on l'appela Mignard d'Avignon, pour le distinguer de son frère, Pierre Mignard, dit le Romain.

Dans la seconde moitié du XVIIe siècle, on continua à bâtir de grands hôtels avec façades décorées de pilastres et de frontons ; à la fois peintre et architecte, Pierre Mignard (1640-1725), fils de Nicolas, est à la tête du mouvement artistique. D'abord établi à Paris et membre de l'Académie royale d'architecture, il était revenu se fixer à Avignon, sa ville natale ; il y allège l'architecture et introduit le goût français, plus sobre que le style italien jusque-là prédominant. C'est aussi de la même époque que date la dynastie des Péru, à la fois sculpteurs et architectes, issus de Michel Péru, originaire de Médonville (Vosges), qui a deux fils, Pierre Péru (1649-1723), connu surtout par ses sculptures à Notre-Dame-des-Doms, et Jean Péru (1650-1729), dont l'œuvre d'architecture est alors la plus importante après celle de Pierre Mignard. Ils seront suivis de Jean-Baptiste Ier (1676-1744) et de Jean-Baptiste II (1707-1790), fils et petit-fils de Jean Péru.

Le XVIIIe siècle.

Au XVIIIe siècle, c'est le style français qui règne sans partage. On trouve alors au premier rang une autre dynastie, celle des Franque. Elle est issue d'un maçon de Villeneuve, François Franque (1652-1732), fixé ensuite à Avignon où il s'associe avec son fils, Jean-Baptiste Franque (1683-1758). Ce dernier bientôt travaille seul et, prenant pour modèle « les beautés de Paris », construit la plupart des édifices du XVIIIe siècle à Avignon et attache son nom à maints ouvrages de la région, à Villeneuve, à Montmajour, à Viviers, à Beaucaire, à Tarascon. Son fils, François II Franque (1710-1793), fixé à Paris et membre de l'Académie royale d'architecture, vient cependant collaborer avec lui, et c'est à ce concours qu'on attribue le grand air des constructions de J.-B. Franque, remarquables en outre par leurs voûtes plates et leurs parfaites stéréotomies. Son autre fils, Jean-Pierre Franque (1718-1810), continue la lignée.

Nous aurons à signaler également l'œuvre de deux autres architectes, l'un de passage, l'autre venu s'établir à Avignon, François Delamonce (1678-1753), né à Munich, mais Lyonnais de formation et de carrière, auteur des plans de la chapelle de l'Oratoire, et le Parisien Thomas Lainée (1682-1739), qui, après avoir été employé au château de Versailles, a travaillé à Aix en même temps qu'à Avignon, où il construit la Comédie et donne le dessin de la façade des Pénitents noirs. Plus modestes, sinon moins actifs, sont Jean-Ange Brun, de l'Isle-sur-Sorgue (1702-1793) (1), Joseph-Abel Mottard (1705-1778), Pierre Bondon et Pierre Thibault, tous deux architectes ou ingénieurs de la Chambre Apostolique, etc.

Parmi les peintres, après le banal et froid Reinaud Levieux, Nîmois d'origine (vers 1625 † vers 1698), on note Louis Parrocel (1634-1703) et ses fils, Ignace Parrocel (1667-1722) et le fameux Pierre Parrocel (1670-1739) dont les tableaux d'un art un peu trop facile ont gardé cependant une aimable fraîcheur de coloris ; la suite de Pierre Parrocel, Pierre Courtois, François Palasse (1717-1790), Philippe Sauvan (1698-1792). Quelques peintres étrangers sont en séjour temporaire ou intermittent, tels Philipp-Peter de Roos, dit Rosa de Tivoli ; Jean-Pierre Verdussen, à Avignon de 1748 à 1756 ; Jean Pillement, peintre de la reine Marie-Antoinette, qui possède une maison de campagne dans les environs. On

(1) Qu'on confond assez souvent avec son frère Esprit-Joseph Brun (1710-1802), gendre de Jean-Baptiste Franque, auteur des maisons de la Canebière et du château Borély, à Marseille.

Les troubles [illegible] continuent [illegible] [illegible] [illegible] [illegible] [illegible] [illegible] [illegible] [illegible] [illegible] [illegible] [illegible] [illegible] [illegible] [illegible] [illegible] [illegible] 1791 [illegible] [illegible] [illegible] [illegible] [illegible] partie intégrante de l'Empire français.

A [illegible] devant [illegible] [illegible] [illegible] [illegible] [illegible] [illegible] [illegible] [illegible] [illegible] [illegible] [illegible] [illegible] 1791 [illegible] [illegible] [illegible] [illegible] dans l'église des Cordeliers [illegible] [illegible] [illegible] [illegible] [illegible] [illegible] [illegible] [illegible] [illegible] [illegible] [illegible] [illegible] [illegible] [illegible] [illegible] [illegible] [illegible] [illegible] [illegible] comme les [illegible] [illegible] [illegible] [illegible] [illegible] [illegible] [illegible] [illegible] [illegible] [illegible] [illegible] [illegible] dans la nuit du [illegible] des troupes commandées par le général [illegible] [illegible] [illegible] [illegible] et les [illegible] furent [illegible] [illegible] [illegible] [illegible] [illegible] [illegible] [illegible] par l'Assemblée législative.

Pendant l'insurrection girondine, Avignon [illegible] parti pour la Convention [illegible] [illegible] le 28 juin 1793. [illegible] sur les bords de la Durance, dans [illegible] [illegible] [illegible] [illegible] [illegible] [illegible] [illegible] [illegible] Mais le 26 juillet 1793, le général Carteaux [illegible] Avignon. [illegible] [illegible] [illegible] [illegible] Bonaparte [illegible] Sabin Tournal [illegible] [illegible] [illegible] [illegible] [illegible] [illegible] [illegible] [illegible] [illegible].

[illegible] [illegible] [illegible] [illegible] [illegible] [illegible] [illegible] [illegible] [illegible] [illegible] [illegible] [illegible] [illegible] la Commission populaire d'Orange [illegible] [illegible] 1794 [illegible] [illegible] [illegible] [illegible] [illegible] [illegible] [illegible]

Les troubles continuèrent cependant, mais les médiateurs réussirent à rassembler à Bédarrides des délégués élus par Avignon et par la plupart des communes du Comtat ; cette assemblée vota la réunion à la France, à une grande majorité (18 août 1791). Le 14 septembre 1791, la Constituante se décida donc à proclamer les Etats d'Avignon et du Comtat, « partie intégrante de l'Empire français ».

Avignon devint chef-lieu d'un district de Vaucluse, rattaché plus tard au département des Bouches-du-Rhône. Mais l'ordre ne fut pas rétabli pour cela. Le 16 octobre 1791, le patriote Lescuyer était assassiné par les papistes, dans l'église des Cordeliers. Duprat aîné, colonel de la garde nationale, et le célèbre Jourdan, commandant du *fort* — c'était ainsi qu'on appelait maintenant le Palais des Papes — firent aussitôt arrêter une soixantaine de personnes, considérées comme les auteurs ou les complices du meurtre de Lescuyer. Enfermés dans les prisons du Palais, les prisonniers furent, dans la nuit du 16 au 17 octobre, massacrés et leurs corps jetés dans la fosse des latrines, devenue la « glacière » des vice-légats, d'où le nom de « massacre de la Glacière » resté à cet événement qui souleva par toute la France une émotion très vive. Le gouvernement dépêcha aussitôt trois « commissaires civils » et des troupes commandées par le général Choisy. Des arrestations et des poursuites eurent lieu ; mais, le 19 mars 1792, une amnistie fut décrétée par l'Assemblée législative.

Pendant l'insurrection girondine, Avignon prit parti pour la Convention, ce qui lui valut, le 25 juin 1793, d'être détachée des Bouches-du-Rhône où le fédéralisme triomphait et de devenir le chef-lieu d'un nouveau département, celui de Vaucluse. Cette mesure eut pour effet d'empêcher la jonction des insurgés lyonnais et de l'armée marseillaise, malgré un court succès de cette dernière, l'occupation d'Avignon, le 7 juillet 1793, sans autre résistance qu'une courte escarmouche sur les bords de la Durance, dans laquelle périt un jeune soldat vauclusien de treize ans, Agricol Viala. Mais, dès le 26 juillet 1793, le général Carteaux reprenait Avignon. Une légende locale veut que Bonaparte, alors simple capitaine, ait contribué au départ des Marseillais en bombardant leur artillerie du haut du Rocher de la Justice, placé en face de la ville, sur la rive droite du Rhône ; en réalité, Bonaparte ne faisait pas partie de l'armée de Carteaux. Chargé d'organiser des convois de poudre à destination de l'armée d'Italie, il séjourna cependant à deux reprises quelques semaines à Avignon à cette époque. C'est alors qu'il publia, chez l'imprimeur Sabin Tournal, son fameux *Souper de Beaucaire*, brochure de propagande jacobine où il célébrait la défaite du fédéralisme.

Sous la Terreur, il y eut la mission de Maignet, marquée par l'incendie et le massacre de Bédoin et par les exécutions de la Commission populaire d'Orange (mai à juillet 1794, floréal à thermidor an II). Aussi la réaction anti-terroriste de l'an III se manifesta-t-elle dans la région par des représailles sanglantes.

Comme Paris, Avignon eut ses journées royalistes de vendémiaire an IV ; l'ordre fut rétabli par le représentant Boursault (septembre-octobre 1795).

L'équipée d'un officier de Condé, le baron de Saint-Christol, qui tenta de soulever le Comtat en fructidor an V, n'eut pas d'écho à Avignon. Mais les luttes entre « anarchistes » et royalistes donnèrent lieu à des échauffourées meurtrières en pluviôse de la même année (février 1797). La pacification complète ne se fit que sous le Consulat.

L'annexion d'Avignon et du Comtat avait été acceptée par le pape dans le traité de Tolentino (19 février 1797) ; elle sera également reconnue dans le traité du 30 mai 1814 conclu avec les puissances coalisées.

Les événements de 1814-1815.

Malgré le rétablissement de l'ordre et diverses mesures bienfaisantes (remise en état des routes, construction d'un pont sur la Durance, à Bonpas, et, sur le Rhône, à Avignon, etc.), la population montra peu de sympathie pour le régime impérial. Aussi la nouvelle de la chute de Napoléon et de la proclamation de Louis XVIII fut-elle accueillie avec joie. En route pour l'île d'Elbe, l'empereur faillit être à Avignon victime de la fureur populaire (25 avril 1814). La populace déchaînée et des officiers espagnols, libérés la veille du Palais des Papes où ils étaient détenus, tentèrent de s'emparer de lui, pendant qu'on relayait les chevaux de sa berline, à la porte Saint-Lazare ; l'attelage put partir enfin au galop et la voiture fut criblée de pierres et de boue. Quelques mois après, la ville faisait un accueil triomphal au comte d'Artois (27 septembre 1814).

Dans les premiers jours de la Restauration, de graves désordres, représailles contre la Révolution et le régime napoléonien, troublèrent de nouveau Avignon. Le 2 août 1815, le maréchal Brune fut assassiné dans l'hôtel du Palais Royal, près de la porte de l'Oulle, et son corps jeté au Rhône. Ensuite, il y eut l'occupation étrangère ; le 5 août, des troupes autrichiennes entrèrent à Avignon où elles tinrent garnison jusqu'en octobre. Un supplément d'impôt de 25 centimes par franc frappa tous les contribuables pour faire face aux frais d'occupation ; en outre, de lourdes réquisitions en nature furent prélevées par les occupants. Lorsque ceux-ci se retirèrent, le prince héritier d'Autriche vint en personne à Avignon assister au départ de ses troupes (14-15 octobre). Quelques jours après, le duc d'Angoulême faisait son entrée dans la ville libérée.

De 1815 à 1944.

Après la chute de Napoléon, il avait été stipulé dans le traité du 30 mai 1814 que « les cours alliées assuraient à la

Des [illegible] dessous le [illegible] Saint-Laurent [illegible] [illegible] politique [illegible] dans [illegible] [illegible] des conditions [illegible] [illegible] [illegible] clergé [illegible] de la ville [illegible] [illegible] [illegible] second [illegible] [illegible] [illegible] [illegible] [illegible] [illegible] [illegible] [illegible] [illegible] [illegible] [illegible] [illegible] [illegible] sont [illegible] [illegible] [illegible] qu'au souvenir [illegible] [illegible] [illegible] [illegible] [illegible] mais que la [illegible] de [illegible] [illegible] population dans les deux [illegible] [illegible] [illegible] du [illegible] [illegible] [illegible] [illegible] au bord du [illegible] de la ville [illegible] du [illegible] [illegible] de la porte de [illegible] [illegible] [illegible] [illegible] [illegible] [illegible] [illegible] [illegible] [illegible] [illegible] [illegible] l'[illegible] de [illegible] [illegible] qui [illegible] [illegible] [illegible] [illegible] [illegible] par la suite d'autres [illegible] [illegible] [illegible] [illegible] [illegible] [illegible] [illegible] [illegible] [illegible] (1822-1853) a été [illegible] [illegible] [illegible] elle [illegible] la rue de la [illegible] rue Bonaparte [illegible] [illegible] [illegible] [illegible] de nombreuses [illegible] [illegible] jardin [illegible] [illegible] [illegible] [illegible] [illegible] [illegible] [illegible] [illegible] [illegible] [illegible] autres [illegible] [illegible] [illegible] [illegible] [illegible] [illegible] [illegible] [illegible] [illegible] [illegible] [illegible] [illegible] [illegible] [illegible] [illegible] [illegible] [illegible] [illegible] de plusieurs [illegible] [illegible] [illegible] [illegible] [illegible] comme [illegible] [illegible] [illegible] [illegible] [illegible] [illegible] [illegible] de la [illegible] [illegible] [illegible] [illegible] depuis, [illegible] [illegible] [illegible] [illegible] [illegible] [illegible] sont [illegible] [illegible] [illegible] [illegible] [illegible] [illegible] [illegible] [illegible] [illegible] [illegible] [illegible]

[illegible] la population [illegible] est [illegible] de 30 000 [illegible] [illegible] [illegible] [illegible] [illegible] [illegible] [illegible] [illegible] [illegible] [illegible] de [illegible] dans [illegible] [illegible] [illegible] [illegible] [illegible] [illegible] [illegible] [illegible]

Dès 1823, on démolit le couvent des Dames de Saint-Laurent qui remontait à l'époque romane. Sous Louis-Philippe, de nouvelles démolitions permirent d'agrandir la place de l'Horloge ; le charmant hôtel de ville gothique fut abattu pour faire place à un nouvel édifice achevé sous le Second Empire ; un quartier moderne s'éleva sur l'emplacement du magnifique couvent des Dominicains. Le pont suspendu sur le Rhône qui ne sera bientôt plus qu'un souvenir est également de la même époque (1841-1843), ainsi que la ligne de chemin de fer ouverte définitivement à la circulation dans les deux sens en 1856. Le projet primitif du célèbre ingénieur Talabot (1856) plaçait la voie ferrée au bord du Rhône, entre le fleuve et la ville, à la place du rempart ; la gare aurait été à la porte de l'Oulle ; un tunnel aurait traversé le Rocher des Doms. Ce plan avait enthousiasmé le Conseil municipal ; il n'échoua que grâce à l'obstination de Prosper Mérimée, qui provoqua une violente campagne de presse contre ce projet insensé ; par la suite, d'autres menaces, jusqu'ici heureusement vaines, surgiront contre les remparts.

L'œuvre de la municipalité Pamard (1853-1865) a été considérable. De 1856 à 1867, elle a percé la rue de la République (alors la rue Bonaparte), terminé la place de l'Horloge, rectifié de nombreuses rues, aménagé en jardin le Rocher des Doms, restauré les remparts qui furent doublés alors d'un contre-mur intérieur pour servir de défense contre les inondations. A la fin du XIXᵉ siècle, de nouveaux travaux eurent lieu ; plusieurs rues et places furent élargies, le pavage amélioré, des quartiers abattus. Malheureusement, bien de ces « embellissements » ont été malencontreux ; on leur doit la disparition déplorable et sans utilité de plusieurs édifices marquants ; la destruction de l'ancienne commanderie de Saint-Jean-le-Vieux et la construction des halles (1896-1899) ont banalisé le quartier de la place Pie, jadis d'aspect si curieux. D'autres destructions ont eu lieu depuis, même tout récemment ; de nouveaux « embellissements » sont projetés. Comment donc ne pas souhaiter que des mesures sérieuses soient enfin prises pour conserver ce qui reste du paysage traditionnel de la ville ?

Au cours du XIXᵉ siècle, la population d'Avignon est passée de 20.000 âmes environ en 1801, à 48.312 en 1906, à 59.472 en 1936, à 62.768 en 1954. Pour loger le surcroît de population, des quartiers nouveaux se sont créés à l'extérieur des remparts, comme au XIVᵉ siècle ; en l'absence d'un plan d'ensemble, ils ont été mal tracés et médiocrement bâtis. En partie détruits par les bombardements qui ont précédé la fin de la dernière guerre (mai-août 1944), leur reconstruction, trop peu soucieuse d'esthétique, sera bientôt terminée. D'autres quartiers périphériques ont été commencés ou projetés ; leurs « gratte-ciel », inattendus dans ce cadre, risquent d'altérer gravement un site historique consacré par sa renommée universelle.

DEUXIÈME PARTIE

LE PALAIS DES PAPES
LA PLACE DU PALAIS
LE ROCHER DES DOMS

[illegible] le cours de même [illegible] deux [illegible] (1) avait [illegible]

[illegible] à Avignon [illegible] se [illegible] dans le [illegible] [illegible]

Le donjon [illegible] aussi [illegible] et de [illegible] Saint-[illegible] la ville [illegible] la [illegible] Le [illegible] la pièce [illegible] le présent [illegible] de [illegible] certains [illegible] au [illegible] les [illegible] de [illegible] autres [illegible].

Dans ce [illegible] le pape eut [illegible] de [illegible] ment [illegible] grand Tinel [illegible] de travail [illegible] consistoire, [illegible] la chapelle où [illegible] garde-robe de Benoît XII. Mais ce palais n'était pas suffisant pour les besoins [illegible] maisons et des jardins particuliers, sur l'emplacement desquels [illegible] la construction [illegible] et [illegible] pour [illegible] les constructions [illegible] de [illegible] la statue de Benoît, qui [illegible] la salle.

Le Palais de Benoît XII ou Palais Vieux.

C'est dans ce palais de Jean XXII que [illegible] Benoît XII (1334-1342) [illegible] à Avignon [illegible] [illegible] pour faire d'importants achats [illegible] de construction [illegible] du Palais [illegible] Armand [illegible] neveu de son prédécesseur [illegible] avec l'abri d'un coup de main comme celui dont Boniface VIII avait été victime à Anagni et qu'il fût même, dans ces temps troublés, en mesure de résister à un siège en règle. Le manoir épiscopal offrait cette sécurité. Déjà Clément V qui s'était installé dans le couvent des Dominicains lors de son arrivée à Avignon, s'était empressé de se réfugier dans le Palais de l'évêque un jour qu'il s'était senti pressé avec trop d'insistance par les ambassadeurs du roi de France.

Ce château épiscopal, nous l'avons dit antérieurement, était situé au sud de la cathédrale ; il se composait de quatre bâtiments disposés autour d'un cloître et dominés par la tour de la Campane. L'église Saint-Etienne, paroisse de la ville, occupait le côté nord ; le pape se l'appropria pour en faire sa chapelle. Le préau du cloître devint la *platea palatii*, la place du Palais ; les galeries supérieures ouvertes sur le préau, étaient décorées de retables (*tabulae pictae*) ; certains jours de fête, notamment lors des canonisations, le pape, entouré des cardinaux et de prélats, prêchait à la foule du haut de ces galeries.

Dans ce palais épiscopal, le pape eut sa chambre de parement, son grand Tinel, son *studium* ou cabinet de travail, son consistoire, ce dernier dans l'aile orientale où sera construit le consistoire de Benoît XII. Mais ce palais n'était pas suffisant pour les besoins pontificaux ; aussi le pape fit-il acheter des maisons et des jardins particuliers, sur l'emplacement desquels il prolongea, au sud, l'aile du consistoire par la construction d'une Trésorerie et édifia, parallèlement au Palais épiscopal, une Audience dont on a retrouvé, dans la grande cour du Palais actuel, les substructions creusées à même le rocher ; on y voit encore la banquette de pierre, jadis revêtue de boiseries, qui faisait le tour de la salle.

Le Palais de Benoît XII ou Palais Vieux.

C'est dans ce palais de Jean XXII que fut élu son successeur Benoît XII (1334-1342). Celui-ci, bientôt résolu à un établissement durable à Avignon, ne voulut pas se contenter d'un logement d'emprunt. « Nous avons pensé, dira-t-il, et mûrement considéré qu'il importe beaucoup à l'Eglise romaine d'avoir dans la cité d'Avignon, où réside depuis longtemps la cour romaine et où nous habitons avec elle, un palais spécial où le pontife romain puisse demeurer quand et aussi longtemps qu'il lui paraîtra nécessaire. » Sa résolution avait été prise dès les premiers temps de son pontificat, car le 9 février 1335 il avait déjà écrit au dauphin de Viennois pour lui recommander un religieux envoyé en Dauphiné pour faire d'importants achats de bois de construction. Il fit en outre l'acquisition du Palais épiscopal ; à cet effet, il acheta la livrée cardinalice qu'Arnaud de Via, neveu de son prédécesseur, avait fait construire au pied du Rocher des Doms et la céda à l'évêque d'Avignon en échange du palais de celui-ci (17 juin 1336). Il put dès lors poursuivre avec une activité redoublée les travaux déjà commencés et dont le bénéfice devait rester à l'Eglise romaine.

Les constructions avaient débuté, sous la direction du maître d'œuvre Pierre Poisson, dès le mois d'avril 1335, par la construction de la *Grande Tour* ou *Tour du pape,* appelée aujourd'hui *Tour des Anges,* et par celle d'« une *chapelle* à la suite de l'autre » c'est-à-dire par l'allongement de la chapelle de Jean XXII. Puis, dès 1336, on commença à démolir les divers édifices précédents pour rebâtir successivement, autour du cloître, l'aile méridionale (*aile des hôtes* ou *du Conclave*) et, du côté sud, la tourelle dite *du Cardinal blanc* (1337-1338), l'aile orientale (*Consistoire* et *grand Tinel*), la *Tour des Chapelles* et celle *des Latrines* (1338-1339), et enfin l'aile occidentale (*aile des Familiers*) et la *Tour de la Campane* (1339-1340) ; on construisit également les galeries du *cloître* à deux étages, son escalier dans le préau et la grande *cuisine* (1338-1340) ; l'*aile des appartements privés* avait été ajoutée au bâtiment préexistant de la Trésorerie en 1337-1338. Le *rempart,* en avant du Palais, et la *porte majeure* dataient de 1341. Seule la *Tour de Trouillas,* commencée en cette même année 1341, était encore inachevée à la mort du pape.

Devant la grandeur de cette œuvre, un chroniqueur contemporain, Jean de la Porte, dira de Benoît XII : « Il arrêta le torrent des dépenses de l'Eglise, mais pas pour longtemps, car la maison qu'il entreprit d'édifier est grande ; il la construisit depuis les fondations, l'amplifia d'une façon étonnante et y dépensa un énorme trésor. »

Le Nouvel Œuvre ou Palais Neuf de Clément VI.

L'édifice construit par Benoît XII, à la fois palais et forteresse, fut jugé insuffisant ou trop modeste par son successeur, le fastueux Clément VI (1342-1352), mieux initié par son séjour en France aux grandes réalisations de l'art gothique. Il commença par compléter les constructions de Benoît XII, appelées désormais le « Palais vieux », en faisant édifier en premier lieu une *Tour des cuisines* destinée à servir d'annexe à la « grande cuisine » du pontificat précédent (1342-1343) ; la *Tour de la Garde-Robe,* ajoutée aux appartements pontificaux, suivit presque en même temps ; en 1344, on reprit la *Tour de Trouillas* qui fut terminée en 1346. Mais on avait déjà commencé la grande entreprise du pontificat, l'*opus novum* ou « palais neuf » consistant en deux grands bâtiments qui fermèrent au sud et à l'ouest une vaste cour appelée désormais la *platea Palatii,* la place ou cour du Palais. Le maître d'œuvre de l'*opus novum,* Jean de Loubières, débuta, en 1345, par la *Grande Audience,* c'est-à-dire par le bâtiment sud ; dès l'année suivante, il s'attaquait à la *Grande Chapelle,* en même temps qu'à l'*Escalier* qui devait être surmonté d'un « *Promenoir* » et de terrasses. L'aile occidentale, dénommée aujourd'hui l'*aile des Grands Dignitaires,* en façade de la place du Palais actuelle, avait été commencée également en 1345 ; la « tour d'angle » était achevée dès l'année suivante. La *porte Notre-Dame* était terminée également ; la *porte de la Peyrolerie* peu après ; les constructions dont faisaient partie ces deux portes formaient la charnière, au nord-ouest et au sud-est, entre les deux Palais. L'aile méridionale, menée plus lentement, ne fut achevée qu'en 1351 par la pose, le 21 octobre de cette année, de la dernière clef de voûte de la *Grande Chapelle.*

En même temps que s'élevaient ces constructions, le pape se préoccupait du décor des salles. Mais si pour l'architecture, il s'était adressé au provençal Jean de Loubières, c'est à un Italien qu'il fit appel pour la peinture ; nous verrons que, sous son pontificat et le suivant, Matteo Giovanetti fut le « peintre du pape ».

Clément VI ne fut pas critiqué comme son prédécesseur et son œuvre suscita, dès son époque, une admiration universelle. Un chroniqueur contemporain notait : « Quoique dans cette partie du Palais, tous les édifices soient d'une majesté et d'un aspect admirables, trois parties surpassent cependant toutes les autres : l'Audience, la Grande Chapelle et les terrasses supérieures, toutes trois si remarquablement ordonnées qu'aucun palais au monde n'en possède de pareilles. »

Travaux d'Innocent VI, d'Urbain V et de Jean XXIII.

Après Clément VI, le Palais des Papes était, peut-on dire, terminé. Innocent VI (1352-1362) se borna donc à compléter l'œuvre de son prédécesseur en achevant les fameuses terrasses et en consolidant la Grande Chapelle par la construction de deux tours, l'une au sud-est, la « Tour de la Peyrolerie », appelée aujourd'hui *Tour Saint-Laurent* ; l'autre, au nord-ouest, la « Tour de l'Audience », nommée ensuite *Tour de la Gâche* ; le prix-fait de ces deux tours fut conclu le 6 avril 1353 ; mais le travail ne fut terminé qu'en 1358 après la mort de Jean de Loubières. Une troisième tour prévue contre l'angle sud-ouest de la Grande Chapelle ne fut pas édifiée et fut remplacée par le *Grand Arc-boutant* de la rue Peyrolerie (1357-59). Innocent VI fit d'autres travaux secondaires : réfection du sommet de la Tour de Trouillas après un incendie (1356), reprise en sous-œuvre et réfection du *portail de la Grande-Chapelle* (1358-1359), élargissement de la *Galerie du Conclave* (1359) et enfin établissement d'un « *pont* » entre les appartements privés et la sacristie de la Grande Chapelle (1360).

De la « *Roma* », galerie de repos édifiée par Urbain V dans les jardins (1364-1366), il ne reste que des vestiges.

Pendant le Grand Schisme, rien ne fut ajouté au grand édifice, qui subit de nombreux et graves dégâts pendant les deux sièges mémorables de l'époque de Benoît XIII. Aussi, dès que le pape du concile de Pise, Jean XXIII, songea à venir s'installer à Avignon, de grands travaux de remise en état furent-ils entrepris ; on refit les toitures des bâtiments autour du cloître, on répara des voûtes ; la Chambre du pape fut restaurée et reçut pour la première fois des vitraux. Mais l'aile du consistoire ravagée par un incendie en 1413 eut seulement sa couverture refaite et resta jusqu'à la fin de l'ancien régime la « *salle brûlée* ».

Du XVe au XXe siècle.

D'autres travaux de réparation ou de réfection furent faits au XVe siècle par les deux grands légats de cette époque, les cardinaux Pierre de Foix (1432-1464) et Julien de la Rovère (1476-1503). En 1516, le pape Léon X accorda un subside pour l'entretien du Palais qu'il déclarait avoir vu « de ses propres yeux » et qualifiait de « demeure magnifique et somptueuse ». D'importantes restaurations furent effectuées alors par le cardinal François de Clermont-Lodève (1513-1541) — qui construisit en outre une salle nouvelle, *la Mirande,* dans les jardins (1518) — et plus tard, par le cardinal Georges d'Armagnac (1565-1585). Les vice-légats des XVIIe et XVIIIe siècles eurent trop peu de ressources pour entretenir l'immense édifice, qui se dégrada petit à petit. Cependant, en 1659, le vice-légat Lascaris rebâtit l'escalier de la Grande Chapelle ; mais trois ans plus tard, à la suite de la « sédition » des Avignonnais, le vice-légat Colonna fit découronner les tours du Palais pour employer les pierres à la construction, devant la porte principale, d'un avant-corps fortifié, plus important que celui qui existait depuis le Moyen-Age, et dont l'exécution fut laissée au vice-légat suivant Lomellini.

Au moment de la seconde « réunion temporaire », le comte de Grignan jugeait le Palais, une « masure inhabitable ». Au XVIIIe siècle, la décadence s'accentua ; ainsi, les échauguettes qui couronnaient la porte d'entrée menaçaient ruine et furent abattues par précaution en 1770.

Sous la Révolution, le Palais des Papes, qualifié de « Bastille du Midi », appelé aussi « le Fort », servit de prison et de logement pour les troupes, et fut livré à la dévastation, ainsi qu'au pillage, avant d'être transformé définitivement en caserne sous le Consulat. C'est en tant que caserne que le Palais des Papes, d'abord propriété nationale, fut cédé par l'Etat à la ville d'Avignon, à charge par celle-ci d'en assurer l'entretien (1810). Les grandes transformations et destructions eurent lieu principalement entre 1814 et 1848, malgré des protestations telles que celle de Montalembert, indigné d'un telle « barbarie ».

Les bâtiments au nord du cloître restèrent utilisés comme prison jusqu'en 1871 et furent affectés ensuite au service des Archives départementales. En 1860, Viollet-le-Duc avait dressé un projet de restauration surprenant ; l'Audience et la Grande Chapelle devaient être réunies en un seul vaisseau — par la suppression des belles voûtes de la première de ces salles —

pour former une nouvelle cathédrale. Mais le Palais des Papes continua — on peut presque dire heureusement — à être utilisé en caserne jusqu'en 1906, date à partir de laquelle, enfin évacué, il fut mis à la disposition des Monuments historiques pour sa restauration, qui est encore aujourd'hui bien loin d'être achevée.

II. — Les maitres d'œuvre et les peintres

Fonctions du maître d'œuvre.

D'après les « Avis pour le règlement des officiers pontificaux » (*Awisamenta pro regimine officiariorum Palatii*) rédigés en 1409 par François de Conzié et publiés par Muratori, la direction des travaux du Palais des Papes appartenait au maître d'œuvre. Voici ce que dit ce document :

« Il y a d'habitude au Palais apostolique un officier appelé maître d'œuvre. Il a charge de tous les travaux qui se font au Palais ou ailleurs, partout où réside le pape, et là aussi où Sa Sainteté l'envoie. Qu'il s'agisse d'ouvrages de pierre ou de bois, il règle les salaires et convient du prix des matériaux, ayant pris toutefois mandat du Camérier ou de ses gens à ce spécialement désignés, si l'importance ou la somptuosité de l'œuvre l'exigent. Il lui est assigné, dans le Palais, un local pour enfermer les bois des échafaudages et autres engins qui lui sont nécessaires. Il reçoit un traitement porté sur les registres de la Chambre, mais il n'a pas au Palais le logement ni la nourriture. »

Pierre Poisson.

Sous Benoît XII, le personnage à qui le pape confia en premier lieu la direction des travaux s'appelait Pierre Poisson. Il était originaire de Mirepoix dont Benoît XII avait été évêque (1326-1327). Il eut le titre d'écuyer du pape et même de familier. Il avait un frère prénommé Jean, qui était entré dans les ordres, devint chanoine de Narbonne et fut envoyé à Rome pour administrer les travaux de restauration de Saint-Pierre et du Vatican. Mais il n'était pas architecte, tandis que Pierre Poisson, qui était laïc, a son nom toujours précédé du titre de maître (*magister*) ; il apparaît bientôt avec celui de *magister operum seu edificiorum*, maître des œuvres et édifices du pape ; plus tard, lorsqu'il a un rôle moins actif, on le dit *moderator operum*, c'est-à-dire contrôleur et estimateur des travaux. Au cours de la période pendant laquelle il dirigeait effectivement les travaux (1335-1337), il présentait des comptes hebdomadaires au trésorier pontifical ; son rôle redevint actif en 1341. Entre temps, les comptes avaient été tenus par un notaire de Narbonne, Bernard Canelle. Par la suite, le trésorier paya directement les entrepreneurs : les plus fréquemment nommés sont Pierre Clair, Bertrand Gafeuil, Jean Mathe, Jacques Alasaud, Arnaud Escudier, Jean Foucaud, etc. ; un fustier, Rostan Berc, de Noves (diocèse d'Avignon), fut assez important pour être assimilé aux sergents d'armes du pape ; un compatriote de Pierre Poisson, Bernard Olier, est qualifié en 1339 de directeur des manœuvres.

Jean de Loubières.

C'est à l'occasion de la construction de la Tour de la Garde-Robe qu'apparaît au premier plan le célèbre architecte de Clément VI, Jean de Loubières, sur lequel on n'a pu réunir que fort peu de renseignements.

On suppose qu'il était de la région, car son nom était commun en Provence ; il y avait ainsi une famille de Lubières à Tarascon. Il débuta au Palais comme maçon (*lathomus*) et sculpteur.

Sa première entreprise importante — il resta jusqu'à la fin entrepreneur en même temps qu'architecte — fut la Tour de la Garde-Robe commencée dans les derniers mois de 1342. La tour terminée, ses comptes donnèrent lieu à une expertise ; mais Clément VI lui fit grâce du remboursement d'un trop-perçu de 270 florins et 31 livres. Il avait donc su plaire au pontife qui lui conféra bientôt, avec le titre de maître des œuvres du Palais apostolique et la qualification honorifique de sergent d'armes du pape (1345), la direction effective de tous les travaux ; il était encore en fonction lorsqu'il mourut en 1358.

A côté de lui, trois fustiers employés déjà sous le pontificat précédent, Rostan Berc, Pierre Gautier, Arnaud Escudier, jouèrent un rôle important. Les travaux de ferrure et de serrurerie eurent pour principal artisan le forgeron Pierre Chaulet ; pour la ferronnerie, on cite aussi Bertrand de Canaux, de Pernes, et Guillaume Rostan, d'Avignon.

Le peintre Matteo Giovanetti, de Viterbe.

« Les papes, a dit Emile Mâle, étaient de bons connaisseurs ; ils demandaient leurs architectes à la France, leurs peintres à l'Italie. »

Dès le début des travaux de la Garde-Robe, exactement le 22 septembre 1343, on constate pour la première fois la présence à Avignon de celui qui allait devenir le peintre par excellence du Palais des Papes, Matteo Giovanetti. Originaire de Viterbe, il était peut-être élève de Simone Martini, en tout cas de formation artistique siennoise. Bien que prêtre et prieur de l'Eglise San Martino de Viterbe (1336), plus tard archiprêtre de Verceil (1348), il portait le titre de « maître » (*magister*) qui n'était donné qu'à des techniciens pourvus de la « maîtrise » de leur art. Devenu le « peintre du pape » (*pictor pape*), il ne sera plus question que de lui. Les autres artistes ne seront désormais que ses collaborateurs ; dans les comptes qu'il fournira régulièrement à la Chambre apostolique, il ne les désignera que par leurs prénoms, comme il le fait d'ailleurs pour lui-même dans ces documents.

III. — Particularités architecturales

Situation de l'édifice.

Le Palais des Papes, couvrant plus de 6 400 mètres carrés de superficie, est assis sur la déclivité méridionale du Rocher des Doms, de sorte que le rez-de-chaussée des parties les plus anciennes, voisines de la cathédrale, est au niveau de l'étage des parties construites en dernier lieu, du côté sud.

Le plan ne comporte ni régularité, ni symétrie. Il affecte la forme d'un trapèze accolé à un grand rectangle ; le trapèze comprend les bâtiments édifiés autour du cloître ; le rectangle, les édifices entourant la cour ou *platea palatii.*

Palais-forteresse où s'équilibrent la fonction militaire, la fonction résidentielle et la fonction administrative, la première est particulièrement accusée dès l'extérieur par le puissant appareil de défense.

Les fortifications.

Elles furent surtout puissantes par leur assiette, le rocher, qui défiait la sape — ce qui évita d'entourer l'édifice de fossés — et par leur épaisseur ou leur masse, que les moyens de l'époque n'arrivaient pas à ébranler. Mais elles ne représentaient pas un progrès dans l'art militaire. En effet, les maîtres d'œuvre du Palais sont restés fidèles à des particularités architecturales qui dénotent leur formation méridionale, telle la préférence donnée aux tours carrées alors que le progrès tactique avait fait adopter les tours rondes par les architectes du Nord plus évolués ; tel également l'emploi des larges mâchicoulis sur contreforts qui donnent aux façades du Palais leur aspect caractéristique et passent même pour une particularité de cet édifice, alors qu'en usage dès l'époque romane, ils n'étaient plus au XIVe siècle qu'un procédé archaïque.

Distribution des salles.

La distribution des salles du Palais paraît très compliquée, disons même désordonnée. Cela tient à ce que l'itinéraire qu'on suit aujourd'hui pour visiter l'édifice ne correspond pas aux nécessités pour lesquelles il avait été construit et divisé intérieurement. Au XIVe siècle, le plan correspondait parfaitement à la double fonction résidentielle et administrative du Palais.

De la cour, on avait un accès des plus faciles à toutes les parties importantes. La porte de la salle de Jésus, antichambre des appartements du Pape, s'ouvrait elle-même sur cette cour. Les Audiences qui attiraient plaideurs et gens de loi étaient également au rez-de-chaussée. Quant aux autres salles qu'il fallait pouvoir atteindre facilement, elles étaient desservies par des escaliers spéciaux, larges et droits, comme celui « qui montait à la Chapelle » et ceux qui conduisaient aux appartements des grands dignitaires de la Chambre Apostolique, le Camérier et le Trésorier. De la cour, on gagnait également le Cloître où le Consistoire se trouvait au rez-de-chaussée, tandis qu'un escalier droit, maintenant disparu, menait à la galerie haute sur laquelle s'ouvraient la chapelle de Benoît XII, le grand Tinel, l'appartement des hôtes, les chambres des familiers. Réservés au personnel, d'autres escaliers, très étroits — droits sous Benoît XII, généralement à vis sous son successeur — et un dédale de couloirs resserrés assuraient les communications pour le service et la défense.

Différences entre les deux « Palais ».

Mais si les deux « Palais » présentent entre eux certains caractères uniformes, ils ne sont pas sans offrir plusieurs traits distinctifs très accusés.

Benoît XII, d'origine modeste, d'une grande simplicité de mœurs et de formation cistercienne, a fait un palais semblable à un couvent, d'une austérité absolue, sans le moindre ornement sculpté. Les plafonds de charpente y dominent, comme dans la région pyrénéenne d'où le pape et Pierre Poisson étaient originaires. (Pour ces charpentes, on avait surtout employé le chêne du Comtat ou du Vivarais ou le mélèze de Savoie.) A cause de ces amas de bois, les incendies ont été fréquents dans cette partie du Palais et les installations anciennes ont été plus faciles à détruire lors de la transformation de l'édifice en caserne, ce qui explique la moins bonne conservation de l'œuvre de Benoît XII. En outre, celle-ci « appartient à l'architecture française du Midi, a dit Viollet-le-Duc, à cette architecture gothique qui se débarrasse difficilement de certaines traditions romanes ».

L'*opus novum* se rattache plus franchement au gothique du Nord, familier à Clément VI qui avait longtemps séjourné en Normandie et dans l'Ile-de-France. La voûte d'ogives y a été presque exclusivement employée, non toutefois sans quelques archaïsmes méridionaux (tracé souvent à peine brisé des nervures des voûtes ; plein cintre fréquent des doubleaux ; croisées d'ogives parfois surbaissées). Par contre, on trouve dans cette partie du Palais quelques innovations alors encore peu courantes, surtout dans le Midi, telles que les nervures à pénétration de certaines salles et la clef pendante de la porte des Champeaux.

Autre différence fondamentale entre les deux Palais, la sculpture, loin d'être proscrite, comme dans le palais de Benoît XII, fidèle à sa formation cistercienne, joue dans celui de Clément VI un rôle mesuré, mais marquant et elle est d'une haute qualité.

CHAPITRE II

DESCRIPTION DU PALAIS DES PAPES

I. — LE « VIEUX PALAIS » DE BENOÎT XII : L'HABITATION PONTIFICALE. — *La Tour du Pape ou Tour des Anges. Les appartements pontificaux ; la Tour de l'Etude.* — *La Trésorerie.* — *La Tour de la Garde-Robe ; ses peintures.*

II. — LE « VIEUX PALAIS » : LE CLOÎTRE ET SES ÉDIFICES. — *Le rempart ; la première porte. Le cloître : les galeries.* — *a*) Le rez-de-chaussée des bâtiments du cloître : *Le Consistoire. La Chapelle du Consistoire (les fresques de la* Vie des deux saints Jean). *Les offices. Les salles basses ; le cellier.* — *b*) Les tours au nord-est du cloître : *La Tour de Trouillas, la Tour des Latrines ou de la Glacière. La Tour des Cuisines.* — *c*) L'étage des bâtiments du cloître : *Le grand Tinel. La Chapelle du Tinel (les fresques de l'*Histoire de saint Martial). *La chapelle de Benoît XII. La Tour de la Campane. L'aile des familiers. L'appartement des hôtes.*

III. — LE « NOUVEL ŒUVRE » OU « PALAIS NEUF » DE CLÉMENT VI. — *La façade sur la place du Palais. La porte des Champeaux. La grande cour ou « place du Palais ». La Grande Audience, ses peintures. La Petite Audience. Le Grand Escalier. La Grande Chapelle. L'étage des Grands Dignitaires ; la Tour de la Gâche.*

I. — LE « VIEUX PALAIS » DE BENOÎT XII L'HABITATION PONTIFICALE

La Tour du Pape ou Tour des Anges.

Tout le côté oriental de la cour (face à l'entrée) constituait les appartements pontificaux. Sur la « grande tour » ou « Tour du Pape », appelée plus tard « Tour des Anges », à mi-hauteur, à droite, une petite baie en plein cintre est la fenêtre de ventilation de la « Chambre du Pape ». Un peu plus haut, à gauche, deux autres baies géminées signalent la « librairie » et le « trésor haut » installés à l'étage au-dessus de la chambre pontificale, tandis qu'au bas de la tour, le trésor principal ou « trésor bas » était enfermé dans une salle à demi-enterrée par rapport à la cour et sans communication avec elle.

« Tour du Pape » et aussi « Tour du Trésor », cette tour monumentale, une des mieux conservées du Palais, était aussi une tour de défense ; elle a des murs de trois mètres d'épaisseur renforcés aux angles et au milieu par des contreforts ; elle mesure intérieurement 10 m 20 sur 9 m 65 ; sa hauteur est de 46 m 50. Son cinquième étage était affecté aux sergents d'armes, formant la garde du Palais ; elle est couverte d'une terrasse entourée d'un parapet crénelé et portant en retrait un châtelet.

La chambre « où dort le pape » a un plafond de charpente apparente, deux fenêtres rapprochées dans l'angle sud-est — d'où son médiocre éclairage —, une cheminée dans l'angle opposé, surmontée de la fenêtre de ventilation visible de la cour, trois portes permettant de communiquer avec toutes les parties du Palais. Sa décoration peinte à la détrempe, *a tempera,* a été retrouvée sous le badigeon militaire et restaurée ; elle consiste en rinceaux de branchages d'un rouge éteint sur fond bleu ; dans les embrasures des fenêtres, des cages d'oiseaux peintes rappellent les « oiseaux de la Chambre du Pape » dont il est souvent fait mention dans les comptes ; la frise présente une suite de quadrilobes dont les sujets sont maintenant indistincts ; un décor géométrique orne les poutres du plafond.

Les fenêtres, pendant tout le XIVe siècle, étaient closes par des « toiles cirées » tendues sur des châssis de bois ; ce n'est que lors des réparations ordonnées par Jean XXIII qu'elles furent garnis de vitraux aux armes de ce pontife (les vitraux actuels en sont une restitution).

Les Appartements pontificaux. La Tour de l'Etude.

Le reste des appartements s'est moins bien conservé. Un bâtiment — l'aile occidentale — empiétant sur la cour a été détruit au début du XIXe siècle ; celui qui subsiste — l'aile orientale — est en ruines et dissimule sous un rideau de lierre sa façade refaite par le Génie militaire. Ainsi ont disparu, à peu près au niveau de la chambre du pape, la « *chambre de parement* » ou d'apparat (dans le bâtiment en ruines), le « *petit Tinel* » ou salle à manger particulière et la *cuisine secrète* (dans la construction disparue). Sous la Chambre de parement, la « *Salle de Jésus* », décorée de monogrammes du Christ, formait vestibule, avec porte d'entrée dans l'angle nord-est de la cour, à côté de la porte du cloître ; de ce vestibule, on montait à la « Chambre de parement » par un escalier aménagé dans le mur séparant les deux bâtiments juxtaposés des appartements pontificaux. Mieux conservée est la petite Tour de l'Etude, du côté des jardins ; on y reconnaît le *studium* ou étude de Benoît XII communiquant avec la Chambre de parement et, par un couloir, avec la Chambre du Pape ; la salle au-dessous du

Palais des Papes. — Rez-de-chaussée

Les parties en grisé sont détruites

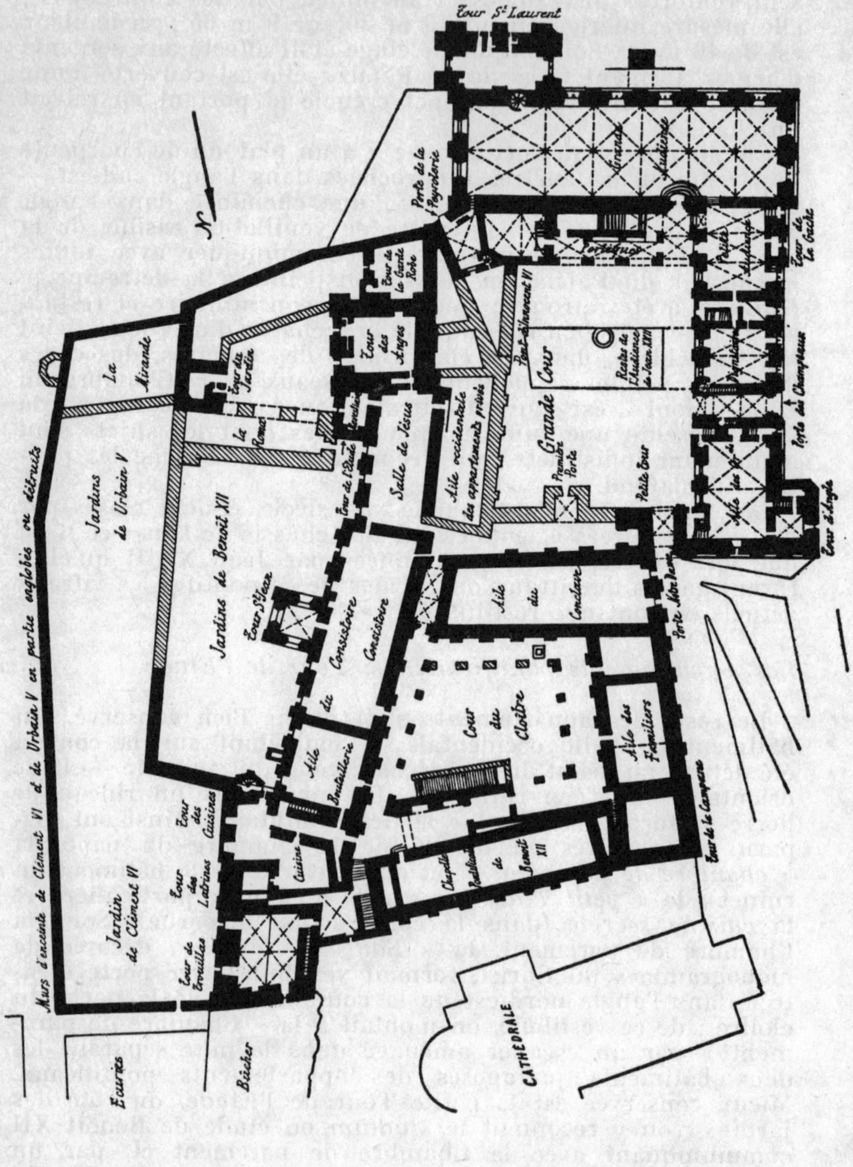

Palais des Papes. — Etage

Les parties en grisé son détruites

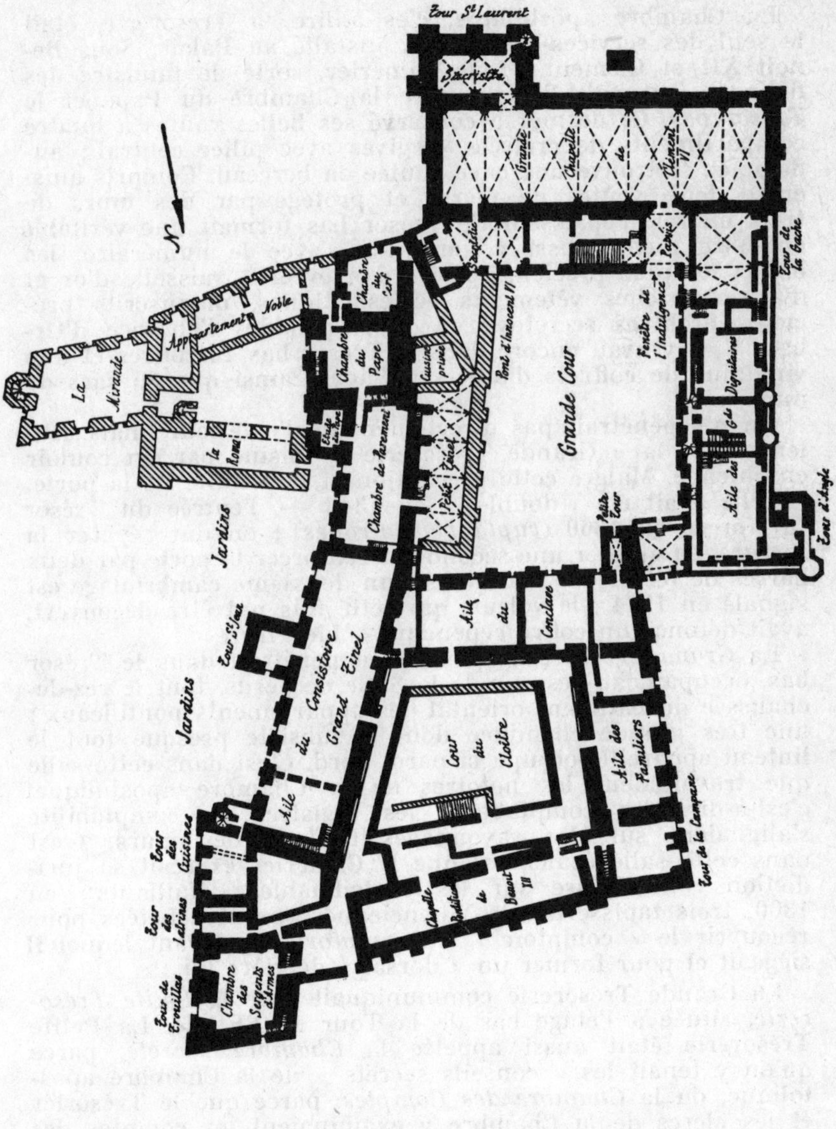

studium servait à la fois de dépôt aux registres des lettres secrètes depuis le XIIe siècle et de « revestiaire » au pape quand il se rendait au consistoire.

La Trésorerie.

La Chambre apostolique, c'est-à-dire la Trésorerie, était le seul des services pontificaux installé au Palais. Sous Benoît XII et Clément VI, le Camérier, sorte de ministre des finances, occupait l'étage entre la Chambre du Pape et le *Trésor bas*. Ce dernier a conservé ses belles voûtes à quatre compartiments de croisées d'ogives avec pilier central ; au-dessous, se trouve une cave voûtée en berceau. Compris ainsi entre deux voûtes de pierre et protégé par des murs de trois mètres d'épaisseur, le Trésor bas formait une véritable chambre forte. Aussi y gardait-on, avec le numéraire, les objets les plus précieux, pièces d'orfèvrerie, vaisselle d'or et d'argent, riches vêtements ecclésiastiques, manuscrits précieux, archives secrètes ; en 1369, pendant l'absence d'Urbain V, il y avait encore dans le Trésor bas 42 coffres et une vingtaine de coffrets d'objets précieux, ainsi que 36 sacs de numéraire.

On n'y pénétrait pas directement de l'extérieur, mais seulement de la « Grande Trésorerie » voisine par un couloir en chicane. Malgré cette précaution et la solidité de la porte, — elle avait été « doublée » en 1343 —, l'entrée du Trésor fut forcée en 1360 (*rupta per latrones*) ; on dut réparer la serrure, en ajouter une seconde et renforcer la porte par deux barres de fer et des crampons ; un deuxième cambriolage est signalé en 1374 ; le voleur, qui cette fois put être découvert, avait défoncé un coffre cependant « bien ferré ».

La *Grande Trésorerie,* par où on pénétrait dans le Trésor bas, occupait, au-dessous de la Salle de Jésus, tout le rez-de-chaussée du bâtiment oriental des appartements pontificaux ; une très grande cheminée dont il subsiste presque tout le linteau appareillé occupe la paroi nord. C'est dans cette salle que travaillaient les notaires de la Chambre apostolique, c'est-à-dire les comptables ; les registres de comptabilité s'alignaient sur des rayonnages le long des murs. C'est dans cette salle également que le Camérier exerçait sa juridiction contentieuse sur les contribuables défaillants ; en 1360, trois tapisseries de Valenciennes furent achetées pour recouvrir le « comptoir » (*computatorium*) devant lequel il siégeait et pour former un « dorsal » derrière lui.

La Grande Trésorerie communiquait avec la *Petite Trésorerie,* située à l'étage bas de la Tour de l'Etude. La Petite Trésorerie était aussi appelée la *Chambre secrète,* parce qu'on y tenait les « conseils secrets » de la Chambre apostolique, ou la *Chambre des Comptes,* parce que le Trésorier et les clercs de la Chambre y examinaient les comptes des collecteurs suspectés d'irrégularités. A côté de l'entrée de la Petite Trésorerie, une porte donnait accès à *l'escalier du jardin* (à peu près sur le même emplacement où il est aujourd'hui).

Au troisième étage de la Tour du Pape, le *Trésor haut* contenait des objets précieux ; la moitié nord de la salle limitée par une cloison était affectée à la *Bibliothèque* pontificale.

La Tour de la Garde-Robe.

Clément VI trouva sans doute les appartements de son prédécesseur insuffisants, son *studium* trop exigu, sa chambre inconfortable et sombre, car dès la première année de son pontificat il ajouta à la Tour du Pape la « Tour de la Garde-Robe » (1342). Celle-ci, au rez-de-chaussée de laquelle le pape eut son « étuve » ou salle de bains, comprit deux étages de garde-robes, garnies d'armoires, puis, au niveau de la Chambre du Pape, mais mieux exposée et éclairée que celle-ci, une sorte de salle de séjour, la célèbre « Chambre du cerf » entièrement décorée de fresques retrouvées sous le badigeon militaire.

Ces peintures représentent, non des scènes religieuses, comme celles qui seront exécutées dans d'autres salles, mais des sujets profanes, alors fort à la mode, c'est-à-dire les plaisirs de la vie champêtre et particulièrement ceux qu'on prisait le plus, les « déduits de fauconnerie ou d'oiseaux et les déduits de vénerie ou de chiens ». Dans ce rare ensemble, visiblement inspiré des tapisseries de l'époque, les sujets à plusieurs personnages s'enlèvent sur des fonds de verdure et sont disposés dans l'ordre indiqué dans le tableau ci-contre.

La frise donne une suite de blasons de Clément VI et de ses proches ; le plafond à bois apparent est également décoré de plantes ou d'arbustes.

C'est la Chasse au cerf qui a évidemment donné à la salle son nom figurant dans les textes dès le XIVe siècle (1).

Ces peintures sont remarquables autant par les sujets que par certaines recherches d'effets plastiques ; diverses figures réservées sur le fond ne sont pas toujours peintes, mais simplement esquissées par quelques traits d'ocre ou de sanguine. Elles ne sauraient être attribuées à Matteo Giovanetti, mais on n'a aucune preuve qu'elles soient l'œuvre de deux autres Italiens, Riccone d'Arezzo et Pietro de Viterbe, signalés comme travaillant dans la Tour de la Garde-Robe en 1344.

Au-dessus de la Chambre du Cerf, la *chapelle particulière* du Pape, dédiée à saint Michel, avait été décorée par Matteo Giovanetti (1345) d'une fresque représentant, dit un texte,

(1) L'image du cerf avait alors un sens symbolique, celui de la majesté royale associée à l'idée de la richesse et à celle de la justice ; à Paris, un cerf était peint « dans la Grand'Sale du Palais ». Au Palais des Papes, ce serait donc le voisinage du Trésor qui aurait valu à la Chambre du Cerf son appellation.

FRESQUES DE LA CHAMBRE DU CERF

PAROI NORD			
Chiens courants. Dénicheurs d'oiseaux ? (Deux personnages dont un enfant grimpant dans un arbre.)	*Pêche dans le vivier* Quatre personnages ; celui de gauche tirait de l'arc (l'arc sans doute doré a disparu).	*Chasse à la pipée* Le chasseur porte un sifflet à sa bouche ; dans sa main gauche, un bâton surmonté d'une chouette.	
PAROI EST			
Chasse au miroir ou cueillette de fruits (Scène à trois personnages.)	Enfant juché dans un arbre (Fenêtre)	*Départ ou retour de la chasse au faucon* (Deux personnages dont un tient le faucon sur le poing droit.)	
PAROI SUD			
(Fenêtre)	*Femmes au bain*	Enfant juché dans un arbre. (Fenêtre)	*Chasse au furet*
PAROI OUEST			
Enfant juché dans un arbre (Cheminée XVIIIe siècle)	*Restes de la chasse au cerf* (On ne voit plus que l'arrière-train de l'animal mordu par un chien et suivi de deux chasseurs.)		

l'« Histoire des Anges de toutes les provinces » ; cette peinture a disparu, mais non sans avoir donné son nom à la Tour des Anges voisine, si étroitement liée à la Garde-Robe.

II. — Le « vieux palais » : le cloître et ses édifices

Le rempart du Palais de Benoît XII. La première porte.

On ne pénétrait dans l'habitation pontificale que nous venons de décrire qu'après avoir franchi l'entrée fortifiée du Palais, appelée *porte majeure* ou *première porte,* percée dans un rempart dont il reste un pan de mur, épais de deux mètres accolé à la petite tour dite du Cardinal blanc. Ce *rempart* parallèle à l'aile des hôtes ou du conclave s'appuyait à l'est sur le bâtiment disparu du petit Tinel ; un autre rempart, construit dans les débuts de Pierre Poisson, ceinturait la Tour du Pape et clôturait le verger ou jardin en contre-bas et à l'est du Palais.

La « première porte » était précédée de la petite *place des Cancels,* ainsi nommée parce qu'elle était limitée par des barrières (*cancelli*). La tour dans laquelle la porte était aménagée, datait de 1340 ; c'était un massif carré, en saillie sur le rempart ; la baie elle-même était surmontée de l'écusson du pape et de quatre gargouilles figurant « des babouins à forme humaine » sculptés par Jean de Loubières (1344).

Le cloître. Les galeries.

Des dispositions primitives de l'entrée du Vieux Palais, il ne subsiste que la rampe qui, le long de l'aile méridionale, monte à l'entrée du cloître, celle-ci dite « *seconde porte* du Palais ». A côté, nous avons dit que se trouvait l'entrée de la Salle de Jésus, vestibule des appartements pontificaux.

L'*entrée du cloître,* passage autrefois voûté de deux croisées d'ogives, était fermée à ses deux extrémités par un mâchicoulis, une herse et une porte à deux vantaux.

Le cloître entouré de galeries à deux étages a beaucoup souffert de son utilisation en prison sous l'ancien régime et au XIXe siècle. Il a perdu sa galerie méridionale (avant 1810), ainsi que l'*escalier* (plaqué contre la galerie septentrionale) qui permettait d'atteindre la galerie haute (détruit en 1820). Ce qui reste du cloître montre, au rez-de-chaussée, de grandes arcades sans aucun ornement et, à la galerie haute, une suite de fenêtres alternées, les unes à double baie étroite et allongée, les autres à baie simple plus large et à un niveau plus élevé. Le sol du *préau,* autrefois plus bas de près d'un mètre et demi, et celui des galeries inférieures étaient pavés d'une *calade,* c'est-à-dire de galets ; les galeries hautes étaient à plancher de charpente ; les toitures, de tuiles et de lauses. L'ensemble, dû à Benoît XII, ne pouvait être que d'une austérité cistercienne.

Sur l'emplacement de la galerie sud, subsiste le *puits* profond de 29 mètres et entièrement creusé dans le roc ; en 1352, il fut muni d'une roue (*rota*) élévatoire qui alimentait une double canalisation, l'une en étain desservant la fontaine (*lavatorium*) du cloître, puis les cuisines ; l'autre en plomb dirigé vers les jardins.

Près des vestiges de l'escalier, dans l'angle nord-est, on a retrouvé le départ d'un *égout* qui recevait les eaux pluviales du cloître et les conduisait, en sous-sol de la bouteillerie, vers le jardin où il se déversait dans le grand égout des cuisines.

Comme toutes les autres parties du Palais, le cloître était fortifié. Sur trois côtés, les bâtiments qui l'entouraient présentaient un double étage de mâchicoulis sur contreforts ; l'un à la partie supérieure a été arasé en même temps que le crénelage ; l'autre placé sous le plafond de la galerie basse subsiste, le parapet se continuant au niveau de la galerie haute et servant de gaîne pour le passage des projectiles. Des documents graphiques anciens montrent que le mur septentrional, celui de la chapelle, aux contreforts trop espacés, n'avait pas les mêmes dispositions que les trois autres, mais une ligne de simples créneaux sans mâchicoulis (1).

Malgré ses détériorations, le cloître, dominé par la Tour de la Campane et par le campanile dit de la Cloche d'argent, offre encore un aspect des plus imposants.

C'est par les galeries qu'on avait accès aux salles des quatre bâtiments qui formaient les côtés du cloître. Au rez-de-chaussée, en dehors du Consistoire, ce n'étaient, comme il était d'usage dans les châteaux, que des pièces de service, cellier ou magasins. A l'étage se trouvaient, avec la chapelle, les pièces d'apparat ou de réception, grand Tinel, appartement des hôtes et des familiers.

A) *LE REZ-DE-CHAUSSEE DES BATIMENTS DU CLOITRE*

Le Consistoire.

La salle du Consistoire est une pièce rectangulaire de 34 m de long sur 10 m 50 de large. Elle a un plafond en charpente (restitué), deux portes — celle du pape dans l'angle sud-ouest —, quatre fenêtres à croisées et une en tiers-point relevée éclairant la partie où se trouvait l'estrade pontificale. Il y avait, au milieu du mur oriental, une cheminée indiquée sur un ancien plan et dont on a retrouvé des vestiges. Un texte parle de bancs de pierre mis en place en 1339. Sur les murs, Matteo Giovanetti et son équipe avaient peint de grandes figures de saints personnages groupés autour du Dieu de Majesté et portant des phylactères sur lesquels étaient reproduites, en lettres rouges assez grandes, pour être lisibles à distance, des maximes sur le droit et la justice ; une autre

(1) Les mâchicoulis qui couronnent actuellement le mur septentrional sont une « restauration » due à l'architecte Révoil en 1882.

composition représentait le Couronnement (de la Vierge) avec quatre papes, sans doute Clément VI lui-même avec ses trois prédécesseurs avignonnais.

Ces peintures ont disparu lors de l'incendie qui dévasta en 1413 l'aile orientale. Appelée désormais la « salle brûlée » — les murs au levant ont conservé la teinte rose de la pierre cuite —, cette aile sera transformée au XVIe siècle en jeu de paume.

La chapelle du Consistoire.

La chapelle du Consistoire a conservé ses fresques de la vie des deux saints Jean. Sur les voûtes, de grandes figures sont groupées deux par deux, exhaussant par leurs proportions les lignes ascendantes de la chapelle. Sur les murs, en deux registres superposés, sont représentées les scènes de la vie de saint Jean-Baptiste (parois est et nord) et de celle de saint Jean l'Evangéliste (parois sud et ouest) ; le tableau ci-contre donne une indication plus précise des sujets. Ces peintures qui, au moins dans leurs parties supérieures, rappellent le grand style de Simone Martini, sont de l'époque de son séjour à Avignon (1339-1344), mais ne sauraient lui être attribuées, les comptes de la Chambre Apostolique, si explicites d'ordinaire, ne donnant aucune indication à cet égard et Simone n'y étant même pas mentionné. Ils signalent seulement la présence, en 1347, dans la chapelle du Consistoire de l'équipe de Matteo Giovanetti, qui aurait pu travailler au registre inférieur, évidemment postérieur aux autres parties de ce grand ensemble et de caractère moins éminent.

Les offices.

La salle de la *bouteillerie* et de la *paneterie* faisait partie de l'aile du Consistoire, mais était séparée de celui-ci par un mur d'un mètre d'épaisseur (restitué). On y préparait le pain et le vin portés ensuite au grand Tinel et, en temps ordinaire, on y faisait les distributions aux ayants droit à la subsistance.

La *cuisine basse* était coiffée d'une voûte conique analogue à celle qui subsiste dans la « cuisine haute ». Ses dispositions intérieures ont complètement disparu ; mais on a retrouvé et dégagé l'escalier qui, du couloir de la cuisine montait au grand Tinel.

Il est souvent fait mention d'une *Chambre des raisins* dont on ne saurait localiser l'emplacement ; les raisins, apportés de Barbentane, y étaient conservés, suspendus à des baguettes de bois.

Au nord de la cuisine basse, la *Chambre du charbon*, entre le chevet de la chapelle et la Tour de Trouillas, est maintenant à découvert ; elle communiquait avec l'extérieur par une porte dont le seuil était plus élevé que le sol actuel, abaissé par le Génie militaire. C'est par cette porte qu'on introduisait le bois qu'une « roue » montait d'un grand *bûcher* disposé

FRESQUES DE LA CHAPELLE SAINT-JEAN

	NORD		EST	
VOUTE	Saint Jean-Baptiste	Sainte Elisabeth Mère de saint Jean-Baptiste.	Zacharie Père de saint Jean-Baptiste. (Tête enlevée.)	Ismérie Grand-mère maternelle de saint Jean-Baptiste. (Tête enlevée.)
REGISTRE SUPÉRIEUR	Dieu le Père, Colombe du Saint-Esprit Le Christ en prières Baptême du Christ par saint Jean.	Saint Jean interrogé par les prêtres et les lévites.	Naissance de saint Jean Zacharie écrit le nom de son fils sur un phylactère.	Sacrifice de Zacharie et apparition de l'Ange Gabriel.
REGISTRE INFÉRIEUR	Festin d'Hérode à qui le bourreau apporte la tête de saint Jean. (Dans l'embrasure : Salomé présente à sa mère Hérodiade la tête de saint Jean.)	Décollation de saint Jean-Baptiste.	Saint Jean-Baptiste allant au-devant du Christ.	Le Christ suivi de deux anges se dirigeant vers saint Jean-Baptiste.

Les sujets sont disposés en allant de droite à gauche.

FRESQUES DE LA CHAPELLE SAINT-JEAN

	SUD		OUEST		
VOUTE	Sainte Anne Grand-mère maternelle de saint Jean l'Evangéliste.	Zébédée Père de saint Jean l'Evangéliste. (Tête enlevée.)	Marie Salomé Mère de saint Jean l'Evangéliste. (Figure entièrement détruite.)	Saint Jean l'Evangéliste	
REGISTRE SUPÉRIEUR	Zébédée pêchant dans sa barque avec ses deux fils, Jacques et Jean, qui rament.	Le Christ, suivi des disciples Pierre et André, détermine la vocation des fils de Zébédée.	La Crucifixion avec la Recommandation de la Vierge à saint Jean.		
REGISTRE INFÉRIEUR	Vision de saint Jean à Patmos (d'après l'Apocalypse). Apparition du Christ avec l'épée à deux pointes dans la bouche, les clefs et les sept étoiles d'or dans les mains, les sept chandeliers d'or derrière lui.	Résurrection de Drusiana par saint Jean l'Evangéliste à Ephèse. (D'après la Légende dorée.)	Scène détruite.	Scène en partie détruite : Supplice de saint Jean plongé dans l'huile bouillante près de la Porte latine.	Scène en partie détruite : Disparition de saint Jean dans la tombe qu'il s'était fait creuser au pied de l'autel.

Les sujets sont disposés en allant de gauche à droite.

contre la Tour de Trouillas ; pendant le siège du Palais, en 1398, les assiégeants mirent le feu à ce bûcher ; l'incendie ne dura pas moins de trois jours et de quatre nuits.

Les salles basses. Le cellier.

En dehors de l'entrée du consistoire, on apercevait, en parcourant les galeries du cloître, des portes de celliers, de magasins, d'entrepôts ; la *chapelle basse* elle-même fut très vite transformée en dépôt de matériaux et fut appelée *la chapelle obscure*. L'étage bas de la *Tour de la Campane,* voûté en berceau, a servi de réserve d'objets précieux, puis de prison, peut-être dès le temps des papes et certainement après eux. Sur le côté méridional, dans l'*aile des hôtes* dite aussi du conclave, se trouvait une vaste cave, en partie creusée dans le roc et surmontée d'un plafond de charpente soutenu par des piliers ; sa porte sur la galerie (aujourd'hui démolie) est enterrée aux trois quarts par suite de l'exhaussement du préau. On l'appelait le *grand cellier* ou le « cellier devant le puits », à cause de la proximité du puits du cloître. Au-dessus, un entresol formait la *chambre des bouteillers et de panetiers ;* un texte de 1340 mentionne les trois escaliers menant aux trois portes de cette « chambre » ; ces escaliers se trouvaient dans la galerie méridionale.

B) *LES TOURS AU NORD-EST DU CLOITRE*

A l'extrémité de l'aile du Consistoire et du bâtiment de la cuisine, sont groupées trois tours, tours de défense ou de service : la Tour de Trouillas, la Tour des Latrines et la Tour des Cuisines.

La Tour de Trouillas.

La Tour de Trouillas commande l'angle nord-est du Palais ; elle déborde au point qu'on peut se demander si elle était prévue à l'origine ; elle a dû être jugée nécessaire sur ce point que domine le Rocher des Doms. La Tour de Trouillas apparaît donc comme un puissant donjon ; elle mesure 52 m 50 de haut — c'est la plus élevée du Palais — et 20 m sur 17 à la base, avec des murs allant jusqu'à 4 m 50 d'épaisseur ; construite en partie seulement sur le Rocher, sa solidité a donné autrefois des inquiétudes à plusieurs reprises.

Elle compte un rez-de-chaussée et cinq étages. Les deux étages inférieurs servaient de caves ; ils sont en contre-bas du cloître et desservis par un escalier souterrain extérieur à la tour. L'étage correspondant au rez-de-chaussée du cloître ne communiquait pas autrefois avec celui-ci — on y accédait seulement par l'escalier qui descend de l'étage supérieur — ; il est couvert d'une voûte à quatre compartiments de croisées d'ogives avec pilier central (restituée) semblable à celle du

Trésor bas ; à cette salle s'attache le souvenir du fameux tribun de Rome, Cola di Rienzo, qui y aurait été détenu pendant sa captivité de treize mois au Palais des Papes (1352-1353). Les étages supérieurs qui n'étaient pas voûtés comprennent : la « chambre des sergents d'armes », qui communiquait avec la terrasse de la « porte de fer » (1), — les vestiges de formerets sont ceux d'une voûte construite à la fin du XVe siècle, au temps du cardinal Julien de la Rovère » — et les deux derniers étages servant de « chambres d'artillerie ». La toiture était primitivement surmontée d'un châtelet.

La Tour des Latrines ou de la Glacière.

A l'origine, la Tour des Latrines débordait l'enceinte à l'angle nord-est. Son nom indique sa destination. A part la chambre voûtée du sommet de la tour où logeait le châtelain ou capitaine du Palais, il y avait deux étages de latrines, correspondant aux deux galeries du cloître. Les latrines supérieures tenaient tout un étage, tandis que les latrines inférieures, dont le plancher était porté par un arc en pierre, n'occupaient qu'un tiers du leur ; par rapport à celles-ci, la fosse avait 17 mètres de profondeur et 22 mètres par rapport aux latrines supérieures. Cette fosse a servi de glacière au temps des vice-légats ; de là le nom de *Tour de la Glacière,* qui lui était donné au moment du massacre de la nuit du 5-6 octobre 1791 (2).

Au temps des papes, la fosse était irriguée par les eaux pluviales du cloître amenées par l'égout dont nous avons déjà parlé et qui était continué, à la sortie de la fosse, par le « grand égout des cuisines », assez haut pour permettre le passage d'un homme ; il fut refait en 1345 ; il conduisait les eaux ménagères et pluviales jusqu'à la Durançole et de là au Rhône.

La Tour des cuisines.

Ajoutée par Clément VI dès le début de son pontificat (1342) et assise en partie sur le rempart, la *Tour des cuisines* comportait un rez-de-chaussée et trois étages. Le rez-de-chaussée s'ouvrait sur le jardin et servait de cave ; les deux premiers étages constituaient l'un un magasin à vivres ou *garde-manger* ; l'autre, une annexe de la cuisine basse. Le troisième étage était la *cuisine haute* qui a conservé sa voûte-cheminée en forme de pyramide octogonale sur trompes ; elle surmontait le fourneau et était assez semblable à celle de la cuisine

(1) Au-dessus de la Chambre du charbon, une voûte d'ogives (dont il ne subsiste que quelques vestiges des formerets) portait une *terrasse* couverte faisant suite aux galeries du cloître ; une porte, la *porte de fer,* y donnait accès sur l'extérieur, derrière le chevet de Notre-Dame-des-Doms ; cette porte était gardée nuit et jour par des huissiers et par un poste de sergents d'armes installés dans la Tour de Trouillas.

(2) Voir ci-dessus p. 88.

basse. En saillie contre le mur sud de la tour, la *vis des cuisines* touche à son pied la poterne qui menait à la rue et aux marchés de la ville ; elle dessert les étages de la tour et, avant d'être raccourcie, montait jusqu'à la cuisine haute et à la terrasse couverte qui faisait communiquer celle-ci avec le grand Tinel.

La cuisine haute a été, pendant le siège de 1398, le théâtre d'un incident mémorable. Un chroniqueur catalan, Martin de Alpartils, très favorable à Benoît XIII dont il compare les tribulations à la Passion du Christ, rapporte qu'un groupe d'adversaires avait réussi à pénétrer dans l'enceinte du Palais par l'égout des cuisines ; puis, par l'escalier à vis, dont il vient d'être question, à atteindre la cuisine haute. Mais les défenseurs du pape enfin alertés engagèrent un combat furieux, faisant pleuvoir sur les intrus des pierres détachées du sommet de la cheminée pyramidale et des fascines enflammées. Coupés de leur retraite, les assaillants ne purent s'échapper. Ce récit est curieusement confirmé par une autre source. Le « facteur », ou gérant de la succursale que le célèbre commerçant florentin Francesco Datini avait à Avignon, écrivait en effet à son patron : « Hier, 25 [octobre], nous étions ce soir-là à table, lorsqu'il vint un chevalier espagnol qui s'arma dans la boutique ; nous eûmes bien de lui 200 florins. » Questionné, l'acheteur annonça qu'il allait se produire « un grand événement », qu'on allait pénétrer dans le Palais par l'égout des cuisines, etc. « Bref, à minuit, 50 à 60 des meilleurs qui se trouvaient là entrèrent par ce passage. » Mais, ajoute le correspondant de Datini, « lorsque tous ces gens furent dedans, une échelle, dit-on, se renversa et la chose fut découverte, sans qu'ils puissent retourner en arrière... Le résultat fut que tous les nôtres furent faits prisonniers, la plupart blessés,... et que l'un d'eux fut tué... » Le narrateur attribue l'échec de la tentative au « trop de précipitation » de ses auteurs. « Ils étaient, dit-il, si désireux d'entrer dans ce palais, et Dieu sait si c'était une belle proie ! Pensez qu'il y a dedans plus d'un million d'or ! Depuis quatre ans, ce pape a toujours amassé de l'or. Ils eussent été tous riches, et maintenant ils sont prisonniers, ce qui afflige beaucoup toute la ville d'Avignon. »

C) *L'ETAGE DES BATIMENTS DU CLOITRE*

Le grand Tinel.

Le mot « tinel » (*tinellum*) venait du bas-latin *tina* qui veut dire tonneau ; il était employé en Italie et dans le Midi de la France pour désigner la salle à manger. Le grand Tinel du Palais des Papes occupe tout l'étage de l'aile orientale du cloître, au-dessus du consistoire et de la bouteillerie-paneterie. C'est une des plus vastes salles du grand édifice, longue de 48 mètres sur 10 m 25 de large. Elle a été dévastée par le grand incendie de 1413 dont nous avons parlé à propos de la salle du Consistoire. Le plafond actuel à caissons est une restitution récente. Le plafond primitif était recouvert de toiles collées peintes (ciel d'azur constellé d'étoiles d'or) exécutées par l'équipe de Matteo Giovanetti. Ce dernier avait décoré les murs de peintures dont les sujets, disparus également en 1413, ne sont pas connus, à l'exception d'une Vierge portant l'Enfant qu'un texte mentionnait au-dessus de la porte de la chapelle.

Le grand Tinel est éclairé sur le jardin par six fenêtres à croisées, surmontées d'un rang supérieur de cinq petites fenêtres d'aération auxquelles font vis-à-vis sur le mur ouest quatre petites fenêtres semblables s'ouvrant au-dessus de la toiture du cloître.

La salle avait deux cheminées, l'une au milieu du mur ouest, sans relief extérieur et avec vantaux de fermeture — c'est le type de la plupart des cheminées du Palais —, l'autre, surmontée d'une hotte restituée à son emplacement sur le mur nord d'après le modèle de la cheminée du deuxième étage de la Tour de la Campane.

Près de cette cheminée, devaient être placés à l'origine des meubles appelés « dressoirs », sur lesquels on « dressait » les plats avant de les porter au pape. Pour soustraire à la vue ces apprêts, on imagina, en 1343, d'aménager à la sortie de l'escalier des cuisines un office qui reçut lui aussi le nom de *dressoir*. Prenant huit mètres sur la salle, le dressoir était fermé par une cloison dont la partie supérieure était portée par un arc de pierre dont on a retrouvé les prises dans les deux murs est et ouest du Tinel ; au-dessous, s'ouvraient quatre portes. Au dressoir, aboutissaient, d'une part, l'escalier montant de la cuisine basse, et de l'autre, une petite galerie extérieure qui donnait accès à la « cuisine haute ».

Le grand Tinel servait aux banquets de cérémonie ; la table du pape était « mise » devant le côté sud ; celles des convives devant les longs côtés.

Lors des élections pontificales, le grand Tinel formait une partie importante du local du conclave. De grands arcs visibles dans ses murs sud et ouest, dégagés pour la circonstance de leur maçonnerie assuraient une large communication avec les deux salles voisines : au sud, la Chambre de parement des appartements pontificaux dont nous avons parlé précédemment, et à l'ouest, l'appartement des hôtes dont il va être question. C'est dans ce local ainsi obtenu et soigneusement isolé que se tenait le conclave.

La chapelle du Tinel.

Les délibérations et les votes des cardinaux avaient lieu dans la « Chapelle du Tinel » qui a conservé ses fresques de la *Vie de saint Martial,* sujet souvent traité par les artistes du Moyen-Age et choisi ici sans doute à cause des origines limousines du pape Clément VI et de son entourage. Ces délicieuses peintures, œuvre de Matteo Giovanetti de

FRESQUES DE L'HISTOIRE DE SAINT MARTIAL

	NORD		EST	
Registre inférieur	A *Enfance et Jeunesse* Entouré de sa famille, saint Martial entend la prédication du Christ. Son baptême par saint Pierre.	B Le Christ entouré des apôtres impose les mains à saint Martial.	C *Mission en Gaule* Mission de saint Martial en Gaule ordonnée par le Christ à saint Pierre. Elle est révélée par celui-ci à saint Martial.	D Saint Pierre remet son bâton miraculeux à saint Martial. Celui-ci ressuscite son compagnon Austriclinien, par l'attouchement du saint bâton.
Registre supérieur	I *Miracles à Limoges* dans la maison de Suzanne, mère de Valérie Guérison d'un « frénétique » par saint Martial. Conversion de Suzanne et de Valérie.	Résurrection par saint Martial de deux prêtres païens foudroyés pour l'avoir maltraité.	K *Martyre de sainte Valérie* Sa décapitation par ordre d'Etienne, duc des Gaules, dans l'embrasure : elle ramasse sa tête pour l'offrir à saint Martial).	L Le bourreau de Valérie tué par un ange est ressuscité par saint Martial. Conversion du duc Etienne.
Voute	Q *Evangélisation des Gaules* Dans la cathédrale de Limoges, saint Martial ordonne son disciple et futur successeur, saint Aurélien.	Les treize églises fondées par saint Martial.	R *Mort de saint Martial* Le Christ lui annonce sa fin prochaine.	S Mort de saint Martial. Son âme emportée par deux anges. Elle est accueillie par le cortège céleste.

FRESQUES DE L'HISTOIRE DE SAINT MARTIAL

<table>
<tr><th></th><th colspan="2">SUD</th><th colspan="6">OUEST</th></tr>
<tr><td rowspan="2">VOUTE</td><td>E</td><td>F</td><td colspan="3">G</td><td colspan="3">H</td></tr>
<tr><td colspan="2">Miracles à Tulle
Délivrance d'une possédée.</td><td style="display:none"></td><td colspan="6">Miracles à Agen</td></tr>
<tr><td></td><td>Délivrance d'une possédée.</td><td>Résurrection du fils du seigneur de Tulle.</td><td colspan="3">Saint Martial force le diable à sortir de la statue de Jupiter et à briser l'idole. Il guérit quatre prêtres païens qui l'avaient molesté.</td><td colspan="3">Guérison d'un paralytique. Le Christ enjoint à saint Martial de se rendre à Limoges.</td></tr>
<tr><td rowspan="3">REGISTRE SUPÉRIEUR</td><td>M</td><td>N</td><td colspan="6">O</td></tr>
<tr><td colspan="2">Voyage du duc Etienne</td><td colspan="6">Miracles du saint Bâton</td></tr>
<tr><td>Venu en Italie avec ses légions, le duc Etienne reçoit à Rome l'absolution de saint Pierre.</td><td>Campement du duc Etienne au bord de la Vienne. Saint Martial ressuscite le fils du comte de Poitiers noyé par le démon Neptune.</td><td colspan="2">Destruction des idoles par le duc Etienne.</td><td colspan="2">Guérison du comte de Bordeaux, paralytique, par l'attouchement du saint bâton.</td><td colspan="2">Incendie de Bordeaux arrêté par la présentation du saint bâton.</td></tr>
<tr><td rowspan="3">REGISTRE INFÉRIEUR</td><td>T</td><td>V</td><td colspan="6">P</td></tr>
<tr><td colspan="2">Funérailles de saint Martial</td><td colspan="6">Martyre des saints Pierre et Paul</td></tr>
<tr><td>Chœur des anges et cortège funéraire avec guérison d'un paralytique par l'attouchement du cercueil.</td><td>Miracles opérés par le suaire de saint Martial.</td><td colspan="3">Le Christ en fait l'annonce à saint Martial.</td><td colspan="3">Saint Martial en a la vision.</td></tr>
</table>

Viterbe (1344-1345), autrefois rehaussées d'or, forment, malgré quelques mutilations, un ensemble d'une fraîcheur et d'une conservation remarquables. La Crucifixion peinte en face de la porte d'entrée indique l'emplacement de l'autel ; le soubassement est orné d'imitations de marbres et d'arcatures gothiques. Les scènes se succèdent sur la voûte et sur les murs — en deux registres superposés — ; elles sont numérotées par les lettres A à V et des inscriptions latines donnent le sujet de chacune d'elles.

« Saint Martial, dit Emile Mâle, fut vénéré de bonne heure, comme l'apôtre du Limousin, mais jusqu'au XIe siècle, on sut peu de chose de son histoire. C'est alors que fut écrite sa merveilleuse légende. On l'attribua à saint Aurélien, le premier de ses successeurs... Ce récit s'embellit encore, et il se forma, autour de saint Martial, tout un cycle de poétiques légendes. Il ne fut plus un simple missionnaire, il devint un contemporain, un disciple du Christ ; tout enfant, il avait entendu sa parole... ; plus tard, il avait accompagné saint Pierre à Rome. Saint Pierre lui donna son bâton et l'envoya évangéliser la Gaule ; avec ce fameux bâton, qui fut longtemps conservé dans l'église Saint-Seurin de Bordeaux, saint Martial ressuscitait les morts. Il entra en conquérant dans l'Aquitaine ; partout où il passait une église naissait... »

« La légende nous montre encore auprès de saint Martial une jeune vierge, sainte Valérie. Elle... était fiancée au proconsul romain ; mais elle avait entendu saint Martial et reçu le baptême : elle aspirait à la perfection. Elle refusa d'épouser le proconsul qui dans sa colère la fit mettre à mort. Un centurion lui trancha la tête ; la sainte la prit dans ses mains et alla la présenter à saint Martial qui célébrait la messe dans l'église de Limoges. »

Matteo Giovanetti a représenté, outre ces diverses scènes, celles de la conversion et du repentir du proconsul — le duc Etienne — ainsi également que celles des derniers miracles et de la mort de saint Martial. « Au milieu de ces belles légendes, qui se détachent sur le bleu profond du ciel, on se croirait à Assise », dit encore Emile Mâle.

La chapelle de Benoît XII.

Sur le côté nord du cloître, se trouvait la chapelle, construite à deux étages, comme une chapelle de château. Mais la *chapelle basse* ou « chapelle obscure » cessa de bonne heure d'être utilisée pour le culte, tandis que la *chapelle haute* servait de « grande chapelle ». Celle-ci, de 40 mètres de long sur 8 de large, était couverte d'un lambris en forme de voûte, avec charpente apparente à laquelle Benoît XII fit suspendre les étendards musulmans pris par le roi de Castille à la bataille de Tarifa (1340). Ce vaisseau, délaissé après le départ de la papauté, était à découvert au XVIIe siècle ; il fut alors transformé en partie en sacristie de la cathédrale et, au XIXe siècle, converti en préau de prison. Il a été restauré par l'architecte Révoil, en 1882, sans sa division intérieure et sans sa couverture en charpente, remplacée par une voûte de pierre en berceau brisé de formule romane ; il sert depuis lors de dépôt principal aux Archives départementales.

La Tour de la Campane.

A l'ouest de la chapelle, la *Tour de la Campane* fait pendant à la Tour de Trouillas et concourt avec elle à la défense du front nord du Palais. Par la galerie haute du cloître, où on a retrouvé des vestiges des peintures à la détrempe (quadrilobes et armoiries) exécutées dans tout le cloître, par Matteo Giovanetti (1345-46), on a accès au premier étage de la Tour de la Campane, dans lequel logeait le maître d'hôtel du Palais. La salle au-dessus a conservé une cheminée avec jambages moulurés, « de tradition romane » qui a servi de modèle pour la reconstitution de la cheminée du grand Tinel. Au troisième et au quatrième étage, un escalier en encorbellement gagne la terrasse supérieure qui était autrefois surmontée d'un châtelet, comme les autres grandes tours du Palais ; le couronnement en mâchicoulis sur consoles a été restitué par l'architecte Révoil.

L'aile des familiers.

L'aile occidentale, en façade sur la montée de Notre-Dame, était affectée aux logements des familiers et officiers du pape ; elle est la seule à avoir deux étages. Après sa construction, Benoît XII s'y fit installer un *studium*. Des marques de reprise sur le mur ouest permettent de penser que certaines parties du Palais épiscopal avaient été conservées. C'est au sommet du mur est qu'a été construit le *campanile* dont la cloche annonçait les cérémonies consistoriales ; on finit par appeler celle-ci la « Cloche d'argent » sans que rien ne justifiât cette dénomination.

Tout ce côté (Tour de la Campane et aile des familiers) a servi de prison dès le XVIe siècle.

L'appartement des hôtes.

L'appartement des hôtes occupait l'étage de l'aile méridionale du palais de Benoît XII, aile non encore restaurée et à laquelle est resté attaché, depuis le XVe siècle, le nom d'*aile du conclave.* La porte principale de l'appartement des hôtes se voit au niveau de la galerie haute du cloître.

Le bâtiment dans œuvre mesure 38 mètres de long sur 9 m 60 de large ; il était diminué, du côté du grand Tinel, par un passage communiquant avec les appartements pontificaux par un arceau ou pont couvert. Le reste de l'étage, à part une chambre à l'ouest, constituait l'appartement des hôtes. Il était divisé par des cloisons au moins en trois pièces, mais n'avait qu'une cheminée. L'éclairage était distribué au midi par six fenêtres, à croisées de pierre et bancs intérieurs, surmontées de baies de ventilation, pratiquées également à ras de plafond dans le mur opposé ; ces dispositions étaient semblables à celles que nous avons signalées dans le grand Tinel. L'appartement des hôtes est appelé dans les comptes, la *Chambre du Roi,* jusqu'au séjour de Charles IV de Bohême (1365), à la suite duquel il est désigné sous le nom de *Chambre de l'Empereur.* Parmi les hôtes qui ont occupé cet appartement, il faut mentionner, outre Charles IV, les rois de France, Jean le Bon et Charles VI ; Pierre IV, roi d'Aragon ; le duc Louis II de Bourbon ; les ducs d'Orléans, de Berry, de Bourgogne, etc.

La chambre sise au couchant, qui ne faisait pas partie de l'appartement des hôtes, avait une porte communiquant avec l'aile des familiers. Une autre porte donnait accès, sur la façade sud, à la tourelle (*turella*) appelée traditionnellement la « Tour du Cardinal blanc », non à cause du pape Benoît XII lui-même, bien qu'il eût conservé la robe blanche des Cisterciens, mais à cause de son neveu, Guillaume Curti ou Courthieu, promu cardinal en 1338 et connu sous le nom de « Cardinal blanc ».

III. — Le « nouvel œuvre » ou « palais neuf » de Clément VI

La façade sur la place du Palais.

La façade occidentale du « Nouvel Œuvre » domine la place du Palais créée, on se le rappelle, en 1404, sur l'ordre de Benoît XIII. Auparavant les maisons se pressaient jusqu'au pied de la forteresse et formaient tout un quartier très dense desservi par plusieurs rues (rue du Maréchal, rue des Champeaux, rue de Notre-Dame, etc.). Benoît XIII fit raser toutes ces constructions pour assurer devant le Palais un glacis à découvert. La place du Palais actuelle fournit ainsi le recul pour voir l'ensemble du monument et constater dès l'extérieur la distinction entre le Palais vieux de Benoît XII et le Nouvel Œuvre de Clément VI. Le premier, aligné sur la cathédrale et d'aspect plus archaïque ou plus sévère, est fortement en retrait du second dont le frontispice s'anime de détails pittoresques, comme la tour d'angle et son échauguette pentagonale, comme aussi les tourelles en encorbellement qui surplombent la porte d'entrée. La façade était dominée autrefois par la *Tour de la Gâche* ou tour du guet, découronnée en 1664, mais dont il subsiste encore un puissant massif de maçonnerie renforcé par un contrefort très saillant.

La porte des Champeaux.

Contrebattue par la tour d'angle, précédée autrefois d'un avant-corps — refait à la fin du XVIIe siècle avec les pierres descendues de la Tour de la Gâche —, la porte principale était appelée *porte des Champeaux* (du nom de la rue qui y aboutissait). Ses deux *tourelles* de défense détruites en 1770 ont été restituées en 1933. Des mâchicoulis sur contreforts l'encadrent et portent le parapet autrefois crénelé qui coupe la façade à mi-hauteur. Surmontée de l'écusson aux armes de Clément VI, la porte des Champeaux présente un large ébrasement encadré de colonnettes et d'une archivolte moulurée et ornée ; elle était barrée par un mâchicoulis, une herse et deux vantaux.

Le *vestibule* qui suit est voûté de deux croisées d'ogives et encadré de deux salles, dont l'une, celle du nord, communiquait seule autrefois avec le passage et servait de corps de garde. Celle du sud (actuellement conciergerie et salle de vente) se fait particulièrement remarquer par la beauté de ses deux croisées d'ogives et de ses culs-de-lampe sculptés — l'un d'eux à sept personnages figure le Jugement de Salomon. Ses peintures, datant du XVIIe siècle, représentent, d'un côté, le pape Urbain VIII entre deux personnages portant les attributs de la Justice et de la Prudence ; de l'autre, cinq écussons que dominent, timbrés des trois abeilles des Barberini, ceux du pape Urbain VIII, et de son neveu le cardinal François Barberini, légat d'Avignon, accompagnés de ceux du vice-légat, du général des armes et d'un autre dignitaire, tous membres de la célèbre famille.

La grande cour ou « place du Palais ».

A l'entrée de la cour, le vestibule était muni d'une autre herse et d'une porte dont les vantaux se déployaient dans une travée à « clef pendante » formant embrasure. La cour, appelée au XIVe siècle, la « place du Palais » (*platea palatii*), est bornée à l'est et au nord par le « Palais vieux », au sud et à l'ouest par le « Nouvel Œuvre ». Aux points de jonction, sont aménagées deux portes secondaires, la *porte de la Peyrolerie* (au sud-est) et la *porte Notre-Dame* (au nord-ouest). La grande excavation qui occupe une partie de la cour est, on se le rappelle, un vestige de l'*Audience de Jean XXII* ; le *puits* de 27 mètres de profondeur date du pontificat d'Urbain V ; les autres substructions sont celles du « *pont d'Innocent VI* » qui reliait les appartements pontificaux à la Grande Chapelle de Clément VI.

Dans l'angle sud-ouest de la cour, une *galerie à trois arcades* est pourvue dans chacune de ses travées d'un « montoir » de pierre pour les cavaliers — courriers ou visiteurs du pape — qui y abritaient leurs montures. A côté, un *porche* monumental donne accès à la Grande Audience.

La Grande Audience.

La Grande Audience, qu'un texte contemporain de sa construction appelle le « nouveau grand palais des causes », est le chef-d'œuvre de Jean de Loubières (1345-1346). Elle mesure 52 mètres de long et 15 m 80 de large ; ses voûtes sont à 11 mètres de hauteur. Elle est partagée en deux nefs par une ligne médiane de cinq piliers, division habituelle aux salles basses des châteaux et aux salles capitulaires des couvents, sans qu'il ait été nécessaire, comme on l'a soutenu, de prendre modèle sur la grande salle d'Enguerrand de Marigny au Palais de Paris.

Le long des murs, les nervures des voûtes d'ogives retombent sur des culs-de-lampe sculptés de sujets de bestiaires ; une des clefs de voûte présente les armoiries de Clément VI ; une autre les initiales S. P. Q. R. (*Senatus populusque Romanus*).

Dans la double travée du chevet oriental, plus large que les autres et séparée du reste de la salle par une barrière, se tenait l'audience des « auditeurs du Sacré palais apostolique » qui finit par s'appeler, dès le milieu du XIVe siècle, le tribunal de la Rote, à cause de la disposition « en roue » (*rota*) du « parc » des auditeurs. La *rota* était en effet une enceinte circulaire en maçonnerie, garnie intérieurement de sièges lambrissés et « fourrés », c'est-à-dire rembourrés. Des bancs étaient disposés autour de la *Rota* pour les gens de loi et les plaideurs, en même temps qu'une banquette de maçonnerie courait au bas des murs sur tout le pourtour de la salle.

Un texte de 1353 attribue formellement à Matteo Giovanetti de Viterbe la peinture d'un « arc » de la travée où siégeaient les auditeurs. De cette décoration, il subsiste sur la voûte, vingt figures de prophètes ou de personnages de l'Ancien Testament, aux corps tassés, aux visages sans beaucoup d'expression, s'enlevant sur un fond bleu constellé d'étoiles d'or. Ils portent des phylactères ou banderoles contenant des sentences, extraites de leurs livres vrais ou supposés, relatives à la justice divine et aux promesses à la Résurrection. Ce sont, à gauche :

Ezéchiel - Jérémie - Isaïe - Moïse
Abdias - Michée - Nahum
Abacuch - Malachie
Anne (1)

A droite :

Enoch - Job - Salomon - David
Daniel - Osée - Amos
Sophonias - Johel
Sibylle (2)

Le mur en-dessous de la fresque des Prophètes était entièrement recouvert d'une fresque du Jugement dernier où s'étageaient, en cinq registres superposés, les réprouvés précipités vers l'enfer, les élus conduits par les anges gravissant une colline fleurie, et enfin dans un registre supérieur, la

(1) Anne, mère du roi Samuel.

(2) La Sibylle d'Erythrée, souvent représentée au Moyen-Age.

Vierge et saint Jean, les apôtres et des saints dominés par la figure du Christ rédempteur. Cette monumentale composition a été détruite en 1822 (1), en même temps qu'une autre peinture placée entre les deux fenêtres du mur oriental, au-dessus d'un autel, et représentant le Christ en croix, la Vierge, saint Jean et quatre évêques thaumaturges. L'esquisse à la sanguine qui subsiste de cette dernière offre un très grand caractère (2).

La Petite Audience.

A l'extrémité ouest de l'Audience (3), un escalier de quelques marches et une large porte en tiers-point donnent accès à la « Petite Audience » ou « Audience des Contredites », belle salle voûtée de deux croisées d'ogives inégales, la plus grande sexpartite. L'embrasure près de l'entrée, servait d'oratoire, comme le montrent les cavités du tabernacle et de la piscine qui ont été conservées ; à l'opposé, un passage avec degrés a servi d'entrée provisoire au Palais pendant la période de construction — le sol extérieur était alors plus haut de deux mètres. On a restitué l'estrade maçonnée sur laquelle siégeait l' « Auditeur des Contredites », ainsi nommé parce qu'il jugeait les incidents accessoires ou « contradictions » soulevés dans les procès, principalement au sujet de la validité ou de l'authenticité des « lettres » (documents) produites par les parties.

Au début du XVIIe siècle, cette salle fut fransformée en « salle d'armes » ; les peintures en grisaille décorées de trophées militaires et la porte à linteau horizontal ouverte sur le porche datent de cette époque.

Le Grand Escalier.

C'est du porche de l'Audience que part « le grand escalier par où l'on monte à la grande chapelle nouvelle ». Edifié en même temps que celle-ci, il se fait remarquer par ses volées droites et larges — ce qui était une nouveauté à l'époque —

(1) La chute de l'enduit du Jugement dernier a mis à jour une inscription peinte qui se lit ainsi : *Locus domini Bernardi Hugonis de Cardalhaco.* Bernard Hugues de Cardalhac, parent de Jean XXII, a été auditeur de 1316 à 1355. D'autres inscriptions du même genre ont laissé des traces en d'autres points de la salle ; elles indiquaient des emplacements réservés aux greffiers des auditeurs.

(2) D'autres peintures plus modernes ont laissé des vestiges près de la porte d'entrée (Saint Christophe portant l'Enfant Jésus, XVe siècle ; Trois guerriers casqués, même époque ; Couronnement de la Vierge, XVe siècle, avec encadrement du XVIIe).

(3) Sous l'Audience, la dénivellation du terrain a permis de profiter d'une double déclivité pour établir en sous-sol, du côté ouest, une *cave* et du côté est, une vaste salle — couverte d'une voûte d'ogives à quatre compartiments avec pilier central — affectée à l'*Ecole de théologie ;* on accède à cette dernière par l'extérieur (place de la Mirande), mais elle a deux communications étroites et faciles à couper avec l'intérieur du Palais.

et par le pittoresque de ses voûtes étagées surmontées de chambres. Il était placé sous la surveillance d'un gardien ou portier, *ne polluatur*, disent les textes. Une inscription relate sa réfection par le vice-légat Lascaris en 1659, à la veille de la visite de Louis XIV.

Le dernier palier formait parvis de la Grande Chapelle et dominant la cour ou « place du Palais » était utilisé, comme aujourd'hui la loggia de la basilique Saint-Pierre à Rome, soit pour la bénédiction donnée par le pape du haut de la « fenêtre de l'Indulgence », soit, lors du couronnement d'un nouveau pape, pour l' « imposition de la tiare ». La vaste baie — dont les dispositions actuelles sont l'œuvre de la restauration en 1913 — était à l'origine entièrement dégagée pour laisser apparaître le pontife et ses assistants, ainsi que, sur une peinture de Giotto conservée au Latran, le pape Boniface VIII est montré sur un balcon à découvert, proclamant les indulgences du Jubilé.

Les dégradations du portail de la Grande Chapelle n'ont laissé subsister qu'un fragment du « Jugement dernier » (les réprouvés poussés dans la gueule béante de Léviathan) et qu'une statue mutilée, celle de saint Pierre. De l'encadrement, les soubassements des piédroits seuls bien conservés rappellent ceux du portail des Libraires à la cathédrale de Rouen et ceux de la façade de la cathédrale Saint-Jean à Lyon ; deux sculpteurs, Guichard et Siffrein, de Lyon, ont été signalés à Avignon à l'époque de l'exécution du portail de la Grande Chapelle et sont présumés y avoir travaillé (1358-1359).

La Grande Chapelle.

Le jour de Toussaint 1352, le pape Clément VI officia solennellement pour la première fois dans la « Grande Chapelle » du Palais, appelée alors la « Chapelle neuve ».

Construite par ce grand pape, la chapelle avait été commencée en 1346 ; les travaux, ralentis sans doute par la terrible peste de 1348, durèrent plus de cinq ans. Enfin, le 21 octobre 1351, la pose de la dernière clef de voûte avait valu aux maîtres d'œuvre de Jean de Loubières, directeur de l'entreprise, une gratification de 100 florins.

Il restait encore à exécuter le dallage, à poser la menuiserie des portes, à garnir de vitraux les fenêtres, à installer l'autel. Le dallage en « bards » de Caromb et la mise en place des portes étaient terminés avant juillet 1352. Les vitraux avaient été commandés à Christian de Canturane, verrier d'Avignon, mais ils étaient encore en cours d'exécution. On les avait remplacés provisoirement par des « toiles cirées » transparentes tendues sur des châssis de bois et que Matteo Giovanetti, le peintre attitré du pape, avait rehaussées d'arabesques en trois tons, rouge, jaune et vert.

Surmontant la salle de l'Audience, la Chapelle présente à peu près les mêmes dimensions, 52 mètres de long et 15 mètres de large. Cette largeur est la même que celle de la nef de la cathédrale d'Amiens, mais celle-ci a 42 mètres de hauteur, tandis que la chapelle de Clément VI n'en a que 19,50. Une élévation modérée était seule possible dans une chapelle d'étage ; elle était d'ailleurs tout à fait conforme aux principes du gothique méridional qui visait à l'ampleur plutôt qu'aux formes élancées.

La chapelle comporte sept travées voûtées de croisées d'ogives — une de plus que l'Audience — la dernière à l'est moins large que les autres. De minces faisceaux de colonnettes — procédé exceptionnel dans le Palais — prolongent jusqu'au sol les nervures de la voûte et encadrent neuf fenêtres en tiers-point à ébrasement concave.

Le lendemain de la Pentecôte précédant l'inauguration, deux « périers » (tailleurs de pierre) avaient été envoyés dans les environs de Nîmes en quête d'une carrière d'où on pourrait tirer la pierre de l'autel. Celle-ci extraite et « levée » aussitôt que choisie, avait été « conduite » à Avignon et placée dans la chapelle ; c'est du moins ce que nous affirme un règlement de comptes du 2 février 1353 qui régularisait des opérations effectuées plusieurs mois auparavant. Nous nous en autorisons pour penser que la grande dalle monolithe, retrouvée mutilée lors de la restauration de la chapelle, y était déjà installée pour la cérémonie de Toussaint 1352. Complète, elle mesurait une canne sur deux (2 mètres sur 4 mètres environ) ; elle a conservé, sur un côté, deux de ses croix de consécration, en son milieu la cavité carrée pour recevoir les reliques et sur le bord antérieur, des trous de taquets pour la fixation du « frontal » (tissu de devant l'autel). Elle était montée sur des murs de « bugets » (pierres de taille), sur tout son pourtour (*in circuitu*), et placée probablement sous le doubleau de la dernière travée. Il n'y avait pas de grille du chœur, mais seulement une barrière ou « cancel » qui, lors du couronnement d'Innocent VI, fut renforcée d'une poutre ou « saumier » faite d'une seule pièce de « fuste » ; ce cancel constituait peut-être une sorte de jubé.

Ornée de tentures et de tapisseries les jours de cérémonie, la chapelle n'avait pas reçu de décoration peinte au XIVe siècle ; les quelques vestiges d'armoiries et d'emblèmes qui subsistent sont de l'époque des vice-légats.

Le chevet oriental de la chapelle est encadré de deux sacristies : l'une au sud, le « Revestiaire », dans la Tour Saint-Laurent — haute tour à plusieurs étages destinée à la défense et à contre-buter les voûtes de la chapelle (1) — ; l'autre au nord, dans une salle où aboutissait le « pont »

(1) La *Tour Saint-Laurent* avait été disposée, au rez-de-chaussée, pour former un passage enjambant la rue de la Peyrolerie, avec porte fortifiée aux deux extrémités. Ce passage, qui pouvait être coupé au gré du pouvoir pontifical, parut-il contraire aux « libertés » de la ville ? On peut le croire, car il resta fermé d'un côté et la rue fut détournée suivant son tracé actuel.

couvert qu'Innocent VI avait fait bâtir pour lui permettre de se rendre de plain-pied à la Grande Chapelle (1).

A l'opposé, dans le chevet occidental de celle-ci, une porte ouverte au XVIIe siècle donne accès à l'ancien appartement du Camérier (2).

L'Etage des Grands Dignitaires.

Après la construction sous Clément VI de l'aile occidentale, appelée quelquefois à l'origine la « Grande Trésorerie », le Camérier et le Trésorier — les « Grands Dignitaires » de la Chambre Apostolique — ainsi que les notaires du Trésorier ou comptables s'y étaient transportés et avaient occupé tout l'étage. La grande salle au nord, probablement divisée par des cloisons, était la « *chambre du Trésorier* ». Ensuite venait la « *chambre des herses* » de la porte des Champeaux, puis la « *chambre des notaires du Trésorier* » — ils y travaillaient, mais couchaient dans la chambre des herses voisine — et enfin au sud, la « *chambre du Camérier* », divisée en trois pièces par des cloisons. Tout l'étage est desservi par le chemin de ronde extérieur et un étroit couloir aménagé dans le mur du côté de la cour.

Des escaliers droits mettent directement en communication, avec la cour, la chambre du Camérier et celle du Trésorier, celle-ci toutefois par l'intermédiaire du corps de garde de la porte des Champeaux, où les visiteurs pouvaient être reconnus et examinés au passage.

D'autres escaliers à vis encadrent la porte des Champeaux ; ils étaient utilisés pour le service et la défense, permettant de gagner la chambre des herses et les défenses supérieures. Ils aboutissent à un long couloir, monté en partie en encorbellement sur la cour et appelée la « *Galerie du conclave* » ; celle-ci doit sa réputation à l'élégance de ses minuscules croisées d'ogives, seul exemple dans le Palais du style lancéolé du XIVe siècle. C'est ce dégagement, éclairé sur la cour par de petites fenêtres, qui, à cet étage supérieur, assure les communications entre le Palais vieux (appartement des hôtes) et les parties hautes du Palais neuf : *Tour de la Gâche* — au-dessus de la chambre du *Camérier* — et *Grand Promenoir* — au-dessus du Grand Escalier.

---

(1) La sacristie communiquait par un arceau, aujourd'hui muré, avec le « *bâtiment au-dessus de la porte de la Peyrolerie* » dont les dispositions intérieures, entièrement détruites, comprenaient un escalier droit, montant à la Tour de la Garde-Robe, et continué par un second escalier — celui-ci à vis et dont la cage est reconnaissable dans le mur ouest —, d'où partait un troisième escalier qui aboutissait au *Grand Promenoir*, très vaste salle rectangulaire située au-dessus de la sacristie et du Grand Escalier.

(2) Dans cette même travée occidentale, sur le mur sud, une petite porte en tiers-point murée avait été prévue pour assurer la communication avec une tour qui n'a pas été construite — *la tour « soi-disant effondrée »* — dont l'emplacement est marqué à l'extérieur par des pierres d'attente.

La *Tour de la Gâche* était, avant son rabaissement en 1664, la plus haute tour du Palais ; aussi, comme son nom d'origine provençale l'indique, était-ce la tour du guet. D'après une constitution de François de Conzié (1426), deux guetteurs, l'un « mime », l'autre « trompette » (1), devaient monter tous les soirs sur la Tour de la Gâche ; le second sonnait de son instrument quand ils prenaient le guet et, le matin, quand ils le quittaient. Ensemble, ils devaient surveiller la ville et signaler les incendies. Plus tard, par économie, il n'y eut plus qu'un guetteur, celui « touchant la trompette et le cornet ».

(1) La ville subventionnait alors une troupe de « mimes ou ménétriers » et de joueurs de trompe qui figuraient dans les cortèges publics, les processions et les cérémonies.

CHAPITRE III

LA VIE PONTIFICALE A AVIGNON
LA VIE DU PALAIS APRES LES PAPES

I. — LA VIE PONTIFICALE. — *Le décor de la vie pontificale. La « maison du Pape ». Le Conclave. Le costume du pape ; la tiare à trois couronnes. La vie quotidienne. Repas et banquets de cérémonie. Le ravitaillement. Maladie et mort du pape. Les funérailles.*

II. — LA VIE DU PALAIS APRÈS LES PAPES. — *Les appartements de la Légation. L'entrée ; la salle des Suisses. La salle des Cavaliers ou des Légats. L'appartement d'été. L'appartement d'hiver. L'appartement noble. La Mirande ; banquets, bals et concerts. — Logement des dignitaires de la Légation ; salles diverses. — La cour du Vice-légat.*

I. — LA VIE PONTIFICALE AU XIVe SIÈCLE

Le décor de la vie pontificale.

Comme toutes les grandes demeures du Moyen-Age, le Palais d'Avignon « offrait un singulier mélange de somptuosité et de simplicité ». Les fenêtres n'étaient closes de vitraux que dans les chapelles et le Consistoire ; dans les autres salles, même dans la chambre du pape, elles étaient fermées par des châssis garnis de toile enduite de cire. Des nattes, et même de l'herbe fraîche ou de la paille, du jonc ou du romarin, recouvraient le dallage des salles.

Le luxe se manifestait dans le décor mural. De nombreuses peintures furent exécutées au temps de Benoît XII, de Clément VI et d'Innocent VI. Nous les avons mentionnées dans l'exposé ci-dessus et avons décrit celles qui ont été conservées.

Les tapisseries et les draps d'or ou de soie, ceux-ci fabriqués en Orient ou en Italie, concouraient également à la décoration des murs. Dès Jean XXII et jusque sous Benoît XIII, les ateliers de Paris, puis de Valenciennes fournirent à diverses reprises des tentures d'un modèle uniforme à décor de roses rouges sur fond vert. On se procurait aussi des pièces plus somptueuses. Les comptes de la Chambre Apostolique nous apprennent que Clément VI acheta, en 1342-1343, neuf tapisseries d'Espagne et en 1347, il reçut quarante draps d'or qu'il avait commandés à Damas, par l'intermédiaire d'un marchand de Montpellier. Mais dès cette époque commençaient à se répandre les tapisseries de haute lisse provenant des fameux ateliers d'Arras et de Paris ; on a vu que la mode nouvelle nous a valu les peintures de la Tour de la Garde-Robe. Innocent VI fut le premier à acquérir des tapisseries à personnages. Plus tard, Clément VII montra un pareil engouement ; le Palais des Papes se monta ainsi de nombreuses tapisseries, soit à sujets religieux, soit à sujets profanes, comme l'*Histoire des Neuf Preux* ou celle de *Lancelot du Lac et de la reine Genièvre,* soit à sujets historiques (Histoire de Clovis, de Godefroy de Bouillon, de la prise de Jérusalem, etc.).

Le luxe s'affirmait encore ailleurs. La vaisselle du pape était d'or ou d'argent, — celle de Clément VI pesait 862 marcs 5 onces (196 kilos environ) ; — de somptueuses orfèvreries, de magnifiques vêtements liturgiques emplissaient son trésor. Quelques meubles étaient d'une grande richesse, tels des chaires (*cathedre*) ou sièges pontificaux revêtues de plaques d'argent ou incrustées d'ivoire ou rehaussées de peintures et de dorures. Mais le mobilier en général se réduisait à des meubles simples, de chêne ou de noyer, et peu nombreux : des dressoirs ou buffets, des armoires pour les livres, des tables formées de plateaux posés sur des tréteaux, des « tauliers » ou tables de tavail à dessous coffré, des chaires (*cathedre*) à accoudoirs et haut dossier, des escabeaux et des bancs, — dans la Grande Chapelle, les cardinaux eux-mêmes prenaient place sur des bancs, — et enfin des lits entourés de courtines, c'est-à-dire de rideaux suspendus à un ciel ou plafond qui permettaient de s'isoler. Ces courtines étaient le plus souvent en serge, mais quelquefois en taffetas ou en velours. Dans les comptes, ces lits monumentaux sont appelés « chambres » (*camere*) ; on en trouvait dans presque toutes les salles, même dans les pièces de réception, comme la chambre de parement. Lors de la visite de l'empereur Charles IV en 1365, sa « chambre » était garnie de courtines et d'un ciel de taffetas vert, ornés d'aigles et d'écussons brodés ; la couverture de soie azur était décorée « à compas », c'est-à-dire de cercles ; la paire de draps avait nécessité 36 cannes de toile de Reims. Sous Clément VII, d'après un inventaire dressé en 1379, la « chambre » du pape était de velours cramoisi avec courtines de taffetas vert.

La « maison » du Pape.

Les officiers attachés à la personne du pape constituaient sa « maison ». A leur tête, le maître d'hôtel (*magister hospicii*) était un laïque, de naissance noble, souvent apparenté au pape, toujours d'assez haut rang pour être chargé par le Saint-Père d'accueillir ses hôtes ou même de traiter ceux que Sa Sainteté ne pouvait recevoir elle-même à sa table ; pour cette raison, il disposait d'un logement important, le premier étage de la Tour de la Campane.

Les écuyers ou *damoiseaux,* directement placés sous ses ordres, sortaient aussi de familles nobles. Ils remplissaient des rôles multiples. Ils servaient le pape à table. Se déplaçait-il à l'intérieur du Palais ? L'un d'eux le précédait. Se rendait-il à Villeneuve ou dans quelque autre résidence pontificale ou partait-il en voyage ? Des écuyers faisaient partie du cortège ; deux d'entre eux marchaient en tête portant chacun un chapeau rouge au sommet d'une hampe. C'était encore l'un d'eux qui dirigeait les écuries pontificales avec le titre de maître de la palefrenerie.

Les cubiculaires (*cubicularii*) ou chambellans étaient tous d'Eglise, car aucun laïque n'était admis dans la chambre pontificale. Ils assuraient le service de la chambre et des audiences. Quatre d'entre eux étaient prélats, avaient le titre de « familiers » du pape et étaient souvent commis à des missions importantes ; l'un d'eux assurait le service de la signature des suppliques. Les autres avaient la garde des lettres missives et secrètes du pape, de ses bijoux, de ses vêtements, linge et objets personnels, en particulier de ses confitures, épices et médecines ; ils portaient les flabels (1) dans les solennités.

Un ou deux barbiers, un ou plusieurs médecins ou physiciens, — Clément VI en eut jusqu'à trois ou quatre, — un apothicaire veillaient sur la santé du pape.

Le *fourrier* était chargé des vêtements, de la literie, des tapisseries et des tentures ; le *maître de la cire,* du ravitaillement en luminaire et de l'éclairage des chambres ; le balayeur du pape (*scobator pape*), de l'entretien, de la propreté, du chauffage et, quand le pape se déplaçait, du transport de tout ce qui lui était nécessaire ; aujourd'hui encore au Vatican, le *scopatore segreto* assume le même office.

Les chapelains étaient au nombre d'une trentaine. Les chapelains commensaux (*capellani commensales*) disaient les heures avec le pape ; dans les cortèges pontificaux, l'un d'eux portait la croix ; il avait le titre de sous-diacre du pape. Les chapelains chargés du service de la chapelle particulière ou secrète s'appelaient *capellani capelle intrinsece* ou *capellani intrinseci.* Il y avait en outre un maître de chapelle et un chœur de douze chantres ; un confesseur du pape ; un aumônier (*elemosinarius*), à qui incombait le soin des charités pontificales. Un maître en théologie appelé *magister palatii,* toujours dominicain, professait dans la salle située sous la Grande Audience et argumentait devant le pape lors des collations offertes par celui-ci les jours de solennité.

Les huissiers ou portiers (*ostiarii vel porterii majores*) veillaient à la porte du pape et aux entrées du Palais. Dans la chambre de parement, il y avait nuit et jour deux de ces grands huissiers, prêts à introduire les visiteurs ou à répon-

(1) Eventails de plumes de paon adaptés à un long manche et portés dans les cortèges pontificaux.

dre à l'appel du pape. D'autres huissiers mineurs (*ostiarii minores*) se tenaient aux portes secondaires. Il y avait aussi un « garde de la porte de l'escalier par lequel on monte à la grande chapelle ». Les *sergents d'armes* assuraient la défense du Palais ; ils étaient 58 en 1341, 74 en 1357 ; pour plusieurs, le titre n'était qu'honorifique ou destiné à servir des émoluments pour d'autres fonctions ; ainsi Pierre Poisson, maître des œuvres du Palais, a été sergent d'armes du pape ; de même Jean de Loubières.

Le ravitaillement et la cuisine nécessitaient 2 panetiers, 2 bouteillers ou sommeliers (*buticularii*), un maître de l'eau, un gardien de la vaisselle, un maître de la cuisine, un acheteur et un gardien des vivres, 10 cuisiniers, des aides de cuisine et des marmitons. Le service des écuries comprenait, outre le maître de la palefrenerie, le maréchal des chevaux, le maître de la maréchalerie, de nombreux palefreniers, des charretiers, un proviseur ou scribe de la palefrenerie. Il y avait encore des courriers du pape, un sonneur de la cloche, un gardien des cerfs et des animaux sauvages, des jardiniers, des balayeurs, une lavandière, — c'était la seule femme, — pour le linge du pape, etc. Tout ce personnel, — 3 à 400 personnes environ — avait droit à un traitement, sauf toutefois les clercs, — et c'étaient les plus nombreux, — qui étaient pourvus d'un bénéfice ecclésiastique ; on a beaucoup reproché à Jean XXII d'avoir abusé de cette façon économique de rétribuer son personnel.

La nourriture (*victus*) n'était assurée qu'à quelques privilégiés, le maître d'hôtel, les 8 ou 10 écuyers de service, les cubiculaires, le médecin, le balayeur, les huissiers et les courriers de service, le sonneur de la cloche, le maître de la palefrenerie, etc.

Des vêtements d'hiver ou d'été étaient attribués aux écuyers, aux huissiers, aux sergents d'armes, au maître de la palefrenerie.

Quelques officiers étaient logés au Palais et avaient droit à une chambre particulière (le maître d'hôtel ; sous Clément VI, le cubiculaire Bernard de Saint-Etienne). Mais les autres avaient des chambres communes ; les textes citent la chambre des cubiculaires, celle des chapelains, celle des écuyers, cette des panetiers et des bouteillers.

En dehors de la « maison » du pape, seuls le Camérier, chef de la Chambre Apostolique, sorte de ministère des finances pontificales, le Trésorier, son adjoint, et leurs clercs, étaient logés au Palais. Les autres grands services pontificaux, la chancellerie et la pénitencerie, avaient leurs bureaux en ville. Les auditeurs du Palais apostolique tenaient leurs audiences au Palais, mais habitaient au dehors.

Quant aux cardinaux, ces « colonnes de l'Eglise », ils occupaient, nous l'avons vu, des palais fortifiés appelés « livrées » dont il reste encore des vestiges dans les vieilles rues d'Avignon. Ils ne résidaient au Palais des Papes que pendant les conclaves.

Le Conclave.

Le Conclave était et est encore aujourd'hui l'assemblée des Cardinaux qui élisent le pape. Au Palais d'Avignon, le local du Conclave était formé par la réunion de trois grandes salles : la chambre de parement, le grand Tinel et l'appartement des hôtes. Les murs de séparation de ces salles comportaient une grande arcade, murée en temps ordinaire, mais qu'on dégageait dès la mort du pape. Ce local était isolé de l'extérieur ; toutes les ouvertures étaient murées jusqu'à 4 cannes (8 mètres) au-dessus du sol, sauf une seule porte munie d'un guichet pour l'introduction quotidienne de la nourriture des cardinaux. A l'extérieur, des hommes d'armes interdisaient l'accès ou la sortie du conclave ; en 1370, ils étaient placés sous le commandement du maréchal de la cour romaine, Juan-Fernandez de Hérédia, châtelain d'Emposte.

Les cardinaux entraient en conclave avec deux familiers, un prêtre et un serviteur. Leurs « cellules », — on en aménagea 28 en 1352, — étaient simplement limitées par des courtines ou rideaux de 10 pans (2 m 50) de hauteur ; le mobilier de chacune se composait d'une « chambre », c'est-à-dire d'un lit entouré de courtines, d'une table, d'un banc, d'une caisse sans couvercle et d'un récipient pour l'eau ou le vin ; le lit était séparé du mur par quatre pans (un mètre environ).

Dans l'enceinte du Conclave, il devait y avoir une chapelle. Il est donc à présumer que la chapelle du Tinel, dite de Saint-Martial, à cause des peintures qui la décorent, servait de chapelle au conclave. Le Saint-Sacrement y était exposé à demeure sur l'autel. Les cardinaux s'y réunissaient pour y entendre la messe, y tenir conseil ou voter ; tous les scrutins se faisaient par écrit et étaient dépouillés par trois cardinaux scrutateurs tenus au secret. Un clerc de l'audience était secrétaire du conclave et notait toutes les décisions, tous les votes ; la nuit, il entretenait une lampe allumée dans la chapelle et une autre dans le local du conclave.

Après son élection, le nouveau pape changeait de vêtements, — ceux qu'il quittait étaient remis au clerc du conclave ; — puis, il recevait l'investiture du plus ancien des cardinaux. Chaque cardinal venait ensuite s'agenouiller devant lui et recevait le baiser de paix. L'annonce au peuple était faite par la célèbre formule usitée encore aujourd'hui : *Annuncio vobis gaudium magnum...*

Le costume du pape. La tiare à trois couronnes.

Au XIVe siècle, il n'y avait pas de costume spécial pour les ecclésiastiques qui revêtaient dans la vie courante le costume des gens graves, c'est-à-dire alors la robe longue, dont ni la forme ni la couleur n'étaient fixées. Pour habiller le pape, on achetait les plus fines étoffes des Flandres et du Brabant, ainsi qu'une quantité prodigieuse de fourrures. En 1344, une *cotte hardie* ou *cotardie* pour le pape Clément VI, vêtement cependant court et longtemps peu prisé des moralistes, nécessita l'emploi de 513 « ventres de vair ». A cette époque, la cotardie ne scandalisait plus et Innocent VI en portait une d'écarlate blanche le jour de son couronnement.

Dans les actes courants de la vie pontificale, le pape endossait sur son vêtement le rochet ou le surplis, tunique longue de lin blanc, et le manteau, sorte de chape de drap de laine ; il se couvrait la tête du chaperon ou capuchon ou d'un béret appelé « birette » ou barette, ou encore de l'aumusse qui était une coiffe de drap.

Dans les cérémonies, le pape portait des vêtements liturgiques, dont l'ensemble constituait la « chapelle » ; une « chapelle » du pape acquise en 1366 comprenait une chasuble, une chape (*pluviale*), une dalmatique, une tunicelle, une draperie pour le siège pontifical (*coopertorium cathedre*), deux étoles, trois manipules.

Sur le « gisant » de son tombeau de la Chaise-Dieu dont un moulage se trouve au Palais des Papes, Clément VI est représenté revêtu des ornements employés pour la célébration de la messe papale. On distingue : 1° le *pallium,* insigne des patriarches, mince bande faisant le tour des épaules, fixée par trois épingles et se prolongeant par un bout devant et derrière ; 2° la *chasuble,* de tissu souple, vêtement des prêtres officiants ; dépassant celle-ci et superposées : 3° la *dalmatique,* vêtement du diacre, et 4° la *tunicelle,* vêtement du sous-diacre, — le pape, comme l'évêque, porte tous les vêtements liturgiques pour exprimer qu'il réunit toutes les dignités ; — 5° *l'étole,* longue bande ornée faisant le tour du cou et retombant sur le devant ; — elle laisse dépasser ses deux extrémités ornées de franges ; — enfin, 6° *l'aube,* longue tunique de lin blanc appelée aussi dans les textes *camisia romana* et qui descend jusqu'aux sandales.

Sur la statue, on remarque encore : aux mains, les *gants* ; sur le bras gauche, le *manipule,* et, autour du col, *l'amict,* sorte d'écharpe blanche couvrant les épaules sous l'aube et dont la pointe se rabat sur les ornements que nous venons d'énumérer. Enfin, le pape est coiffé de *l'aumusse* ou bonnet de drap surmonté de la *tiare* à trois couronnes.

Quand il officiait, le pape portait la *mitre,* coiffure des évêques, qui, selon un commentaire d'Innocent III, signifiait le pouvoir spirituel, tandis que la tiare représentait la puissance temporelle, comme la couronne d'un monarque ; aussi était-elle appelée alors *corona* ou *regnum*. Pendant des siècles, la tiare n'a eu qu'une couronne à sa base ; c'est Boniface VIII (1294-1303) qui ajouta la seconde couronne, et Clément V, le premier pape d'Avignon, — les inventaires de l'époque l'attestent, — la troisième (1). Sans doute l'effigie de Benoît XII, conservée dans les cryptes du Vatican, ne porte-t-elle que

(1) Voir ci-dessus p. 37.

deux couronnes ; mais cela tient à ce que le sculpteur de ce relief, Paul de Sienne, n'avait jamais vu le pape et ignorait l'innovation introduite à Avignon. Du fait de sa transformation, la tiare sera appelée *triregnum*. On a beaucoup épilogué sur le sens de cette triple couronne. N'a-t-elle pas simplement voulu exprimer la suprématie du pouvoir spirituel sur les souverains temporels, idée chère aux papes du Moyen-Age ?

La tiare qui a servi à Avignon pour tous les couronnements était en usage au moins depuis la fin du XIIIe siècle. Elle passait pour une relique de saint Sylvestre. Emportée à Rome par Grégoire XI, elle fut ramenée à Avignon par le cardinal qui en avait la garde. Elle suivit Benoît XIII à Peñiscola ; récupérée en 1429 par le cardinal de Foix, elle servit encore au couronnement de Nicolas V (1455) ; elle disparut par la suite.

La grande chapelle du Palais.

C'est dans la grande chapelle du Palais que se célébraient les cérémonies pontificales, d'abord dans la chapelle du nord édifiée par Jean XXII et Benoît XII, puis, après sa construction par Clément VI, dans la chapelle du sud, inaugurée par ce pape le jour de Toussaint 1352. Cette dernière, nous l'avons vu, a conservé amputée d'une partie, la dalle de pierre de son ancien autel. Celui-ci était, les jours de cérémonie, entouré d'un tissu précieux appelé parement, frontal ou manteau (*mantellum*). Des textes démontrent qu'à l'encontre de ce qu'on a pu supposer, il n'était pas adossé au chevet, mais sans pour cela que le pape ait célébré face aux fidèles, suivant le rite ancien qui n'était plus pratiqué que dans les vieilles basiliques. Dans les édifices « modernes », il était de règle que le pape officiât, comme aujourd'hui, le dos tourné à l'assistance, et que son siège (*cathedra*) s'appuyât sur le côté nord du chœur, c'est-à-dire au Palais d'Avignon, dans la deuxième travée de la chapelle, face à l'entrée du revestiaire ; il était surmonté d'une somptueuse draperie d'or. Il n'y avait pas de stalles, mais de simples bancs pour les cardinaux comme pour les prélats, ceux des premiers toutefois recouverts de tapisseries appelées banchiers (*bancalia*). Le chœur était meublé également d'un « parc » ou tribune pour les chantres, au nombre de douze, et de six candélabres de fer. Lors des cérémonies, c'était le confesseur du pape qui préparait l'autel ; de son côté, le fourrier faisait disposer sur les murs, les tentures ornées de roses rouges sur fond vert en usage au XIVe siècle. Innocent VI fit venir en outre de Paris deux grandes tapisseries représentant, l'une l'histoire de sainte Marie-Madeleine et de sainte Marthe, l'autre celle de sainte Catherine. Des tapis verts décorés de roses rouges et des nattes recouvraient les dalles.

Le pape officiait lui-même dans la Grande Chapelle pour toutes les fêtes importantes de l'année, comme Clément VI l'avait fait lors de l'inauguration. Le jour de Pentecôte 1365,

Urbain V célébra la messe en présence de l'empereur Charles IV qui y assista revêtu du grand manteau impérial, couronne en tête, le sceptre et le globe en mains.

Le détail des cérémonies pontificales était réglé avec une précision minutieuse par les *Ordos* ou guides du cérémonial romain publiés au XVIIe siècle par le célèbre bénédictin Mabillon. Deux de ces compilations intéressent directement la papauté avignonnaise. L'*Ordo XIV*, œuvre du cardinal Jacques Gaetani Stefaneschi, remonte au début du XIVe siècle et a fait autorité pendant tout le séjour des papes à Avignon. L'*Ordo XV* date de la fin du même siècle ; son auteur, Pierre Amiel de Brénac, qui avait été pénitentiaire et bibliothécaire de Grégoire XI, suivit le parti d'Urbain VI et resta à Rome pendant le schisme ; mais son texte relate nombre d'usages et de pratiques en vigueur à Avignon avant son départ.

En dehors de la Grande Chapelle, le pape célébrait dans sa chapelle particulière ou secrète, dédiée à saint Michel et située au sommet de la tour de la Garde-Robe. Une trentaine de chapelains s'y relayaient pour dire quotidiennement plusieurs messes et réciter les heures de jour et de nuit.

Le couronnement.

Les deux premiers papes élus à Avignon, Benoît XII et Clément VI, se firent couronner dans l'église des Dominicains, l'ancienne grande chapelle du Palais étant sans doute jugée trop peu spacieuse et d'accès incommode. Mais, à partir d'Innocent VI, tous les couronnements se firent dans la Chapelle Clémentine qui se prêtait, par son ampleur et sa situation, à une pompe de cette importance, réduite cependant, parce qu'elle avait lieu *extra Urbem*, hors de Rome, mais encore d'une magnificence exceptionnelle.

Avant la solennité, on disposait, face à l'autel, un fauteuil (*faldistorium*) entouré de barrières ; un autre siège d'apparat monté sur une estrade (*cadafalcum*) était également préparé sur le parvis de la chapelle. L'office très long commençait à l'heure de tierce (9 heures). Coupées trois fois par une prosternation (*reverentia*) des cardinaux et des prélats devant le pape avec baisement du pied, les diverses cérémonies se déroulaient dans l'ordre suivant : office de Tierce, « vestition » du pape qu'on revêtait des ornements de la messe et qu'on coiffait de la « mitre précieuse », remise de l'anneau pontifical suivie de celle du *pallium*, et enfin célébration de la messe solennelle par le pape, à l'issue de laquelle il était conduit sur l'estrade dressée devant la porte de la chapelle. C'était là que le premier des cardinaux diacres lui imposait la couronne pontificale (*regnum*) c'est-à-dire la tiare, comme on le voit sur une miniature des *Chroniques* de Froissart conservées à la Bibliothèque Nationale. Ces cérémonies se terminaient par la traditionnelle bénédiction de l'Indulgence, dont il sera traité dans un instant.

Ensuite avait lieu la « procession ». A la suite d'un brillant cortège d'abbés, d'évêques, de cardinaux et de princes, précédé de porteurs d'étendards et de flabels de plumes de paon, le pape chevauchait à travers les rues de la ville. Innocent VI, pour cette circonstance, portait une chape de « cendal » rouge faite « pour chevaucher » et son cheval était caparaçonné de « samit » (1) blanc. Derrière lui, son aumônier, à certains arrêts, lançait par cinq fois de la monnaie à la foule.

De retour au Palais, le pape remontait à la Grande Chapelle et s'installait sur sa *cathedra*. Les cardinaux défilaient alors de nouveau devant lui et à genoux, tendaient leur mitre dans laquelle le Saint-Père déposait le *presbyterium*, rémunération symbolique consistant en quelques gros d'argent contenus dans une petite bourse de cuir. Le pape était ensuite conduit à sa chambre, puis « à table ».

Le couronnement était également l'occasion de grandes distributions d'argent aux ordres mendiants, aux hôpitaux et aux pauvres. Les dignitaires de la curie touchaient des gratifications ; lors du couronnement d'Innocent VI, ils reçurent les uns des vêtements, d'autres des poules, d'autres encore des florins d'or. Les cardinaux bénéficiaient aussi d'une importante attribution ; Urbain V alloua 2.000 florins à chacun d'eux ; Grégoire XI, 3.000.

Cérémonies diverses.

Comme celle du couronnement, les autres cérémonies étaient moins pompeuses qu'à Rome. Il ne saurait être question de les décrire ici longuement. Nous nous bornerons à signaler brièvement celles qui se rattachent plus directement à l'histoire du Palais des Papes.

A l'issue de l'office du Vendredi saint, le pape, précédé des cardinaux, se rendait processionnellement dans le vestibule de la Grande Chapelle et du haut de la vaste baie, alors entièrement ouverte, qui domine la cour appelée à cette époque « place du Palais », il donnait à la foule « l'absolution et l'indulgence de sept ans et sept quarantaines » ; la formule de l'indulgence était lue par le plus jeune des cardinaux diacres. Cette bénédiction solennelle était répétée le samedi saint, le jour de Pâques et à diverses fêtes de l'année. Elle se donne aujourd'hui encore à Rome du haut de la loggia de Saint-Pierre.

La distribution des cierges de la Chandeleur et celle des Rameaux eurent d'abord lieu dans le grand Tinel, où une *cathedra* était installée pour le pape que des barrières protégeaient de l'empressement de la foule. Elle se fit ensuite dans la Grande Chapelle. Chaque cardinal venait recevoir le cierge ou le rameau bénit et baiser le genou du pape ; les prélats et les autres dignitaires se présentaient de même et baisaient le pied. Le pape s'avançait ensuite à la limite du chœur et jetait

(1) Le cendal et le samit étaient des tissus de soie.

des cierges ou des rameaux aux assistants ; le jour des Rameaux, il allait même lancer des branches bénites, du haut de la fenêtre de l'Indulgence, sur la foule massée sur la « place du Palais ».

Plus intime était la remise de la rose d'or, le quatrième dimanche de Carême. On l'apportait le matin dans la chambre du pape qui la bénissait, après l'avoir enduite de baume et de musc. Après la messe dite dans la Grande Chapelle, revenu dans sa chambre, il la remettait à un prince en visite à la cour. En 1368, pendant son séjour à Rome, Urbain V la décerna à la reine Jeanne, de préférence au roi de Chypre et malgré la désapprobation de ses cardinaux. On conserve au Musée de Cluny, à Paris, une rose d'or pesant 305 grammes d'or fin et datant du début de la papauté d'Avignon ; elle se compose d'une branche de rosier dont la fleur épanouie est décorée en son centre d'un saphir. Le joyau coûtait généralement plus de 100 florins.

Dans la nuit de Noël, au cours de l'office de matines, le pape offrait une épée, un ceinturon d'argent et un chapeau orné de perles à un prince dont il voulait récompenser les mérites. C'était une largesse plus grande encore que celle de la rose d'or ; en 1365, elle coûta 324 florins. Le personnage honoré, revêtu d'une chape dont l'ouverture était disposée sur le côté droit, brandissait et faisait vibrer l'épée, puis après avoir baisé le pied du pape, lisait la cinquième leçon de l'office.

Le samedi de l'octave de Pâques, mais seulement la première année de chaque pontificat, et ensuite tous les sept ans, le pape distribuait les « Agnus Dei », rondelles de cire portant en relief l'empreinte de l'Agneau, faites avec le reste du cierge pascal qu'on fondait le samedi saint, en même temps que le Saint-Père bénissait un nouveau cierge. Les cardinaux, les prélats et les autres assistants les recevaient, de la main du pape, à la fin de la messe solennelle célébrée dans la Grande Chapelle ; les familiers et les serviteurs du Saint-Père étaient gratifiés de même à l'issue du repas pris dans le grand Tinel. Les « Agnus Dei » conservés ensuite dans des médaillons ou des ostensoirs, étaient l'objet d'une grande vénération.

Le Consistoire.

Les consistoires avaient lieu à des dates irrégulières, et jamais le jeudi ou le dimanche, ni certains jours de solennités religieuses dont la liste était fixée soigneusement.

Le pape descendait de sa chambre par l'escalier de la tour des Anges et pénétrait dans la salle de Jésus, pour se rendre dans une salle de la petite tour de l'Etude, où il prenait les vêtements consistoriaux, chape, étole et mitre dorée. De la salle de Jésus traversée ensuite, il entrait au Consistoire par sa porte particulière qui a été retrouvée, située derrière l'estrade où il prenait place avec ses cardinaux. La fenêtre, à cet endroit, ne descend pas jusqu'au sol comme les autres baies de cette salle, sans doute pour préserver le pape et ses assistants des rayons directs du soleil.

C'était en consistoire qu'étaient reçus les souverains, les ambassadeurs, les légats retour de mission. La fameuse reine Jeanne y fut accueillie par Clément VI avec son cousin Louis de Tarente qu'elle avait épousé, sans les dispenses de parenté exigées par les règles canoniques ; elle prêta hommage pour son royaume de Naples et obtint la régularisation de son mariage. Mais sur la question du meurtre de son premier mari, André de Hongrie, dont la rumeur publique l'accusait d'être complice, elle ne fut pas acquittée en consistoire, comme on le dit généralement, mais se déroba à toute enquête (1348). C'est encore dans cette salle que le roi Charles VI fut reçu par Clément VII « séant en une chaière pontificalement en sa papalité ». Le roi, après s'être incliné, « le baisa, dit Froissart, en la main et en la bouche ». Puis le pape le fit asseoir près le lui sur un siège, moins haut toutefois et moins paré que le sien.

Mais le rôle du consistoire était avant tout d'ordre judiciaire. Le pape et ses cardinaux y accueillaient « toute plainte, dénonciation et autres causes des plaideurs ». C'est en consistoire que fut instruit le procès de Boniface VIII, que l'antipape Pierre de Corvara fit amende honorable. C'est également en consistoire que se terminaient les procès de canonisation ; c'est ainsi que fut canonisé saint Thomas d'Aquin par Jean XXII, que fut instruit le procès de sainte Brigitte de Suède.

Outre les consistoires publics, le pape tenait des consistoires secrets dans la Chambre de parement, notamment pour annoncer une promotion cardinalice. Dans ses dernières années, Benoît XII, privé de l'usage de ses jambes, réunit des consistoires dans sa chambre même et les présida assis sur son lit.

La vie quotidienne du pape.

Le lever du pape avait lieu en présence de ses cubiculaires ou chambellans qui l'assistaient et récitaient les heures avec lui. Il disait ensuite sa messe, puis travaillait ou recevait en audience.

Les visiteurs, après avoir traversé la cour ou « place du Palais », se présentaient à la porte des appartements privés située près de l'entrée du cloître. Les huissiers les introduisaient dans un vestibule appelé salle de Jésus, à cause des monogrammes du Christ qui étaient peints sur les murs. Ils étaient ensuite conduits à l'étage supérieur, dans la chambre de parement, où se tenaient en permanence deux maîtres huissiers (*ostiarii majores*) qui les introduisaient auprès du pape. Celui-ci recevait dans son étude ou dans sa chambre ou dans la chambre peinte de la tour de la Garde-Robe ou même dans la chambre de parement. Dans l'endroit choisi, le fourrier du Palais avait eu soin de préparer la *cathedra* du pape, de l'orner d'un drap d'or et d'étendre sur le sol un tapis.

Un tableau de la Sainte-Chapelle de Paris, disparu au XVIIIe siècle et dont les recueils de Gaignières (à la Bibliothèque Nationale) nous ont conservé un dessin, représente la réception du duc de Normandie, le futur Jean le Bon, par Clément VI. Celui-ci, coiffé de l'aumusse et revêtu du grand manteau rouge par-dessus le surplis et l'étole, est assis sur une *cathedra* recouverte d'une étoffe chamarrée et surmontée d'un dais. Le prince à genoux offre au pape un dyptique représentant le Christ et la Vierge. Un cardinal, assis sur un siège en X, assiste à l'entrevue. Celle-ci a lieu dans une salle très éclairée, mais le groupe des trois personnages est isolé par des courtines.

En dehors des audiences, la journée pontificale était prise par le règlement des affaires courantes, la signature des suppliques, l'expédition du courrier. Le pieux et laborieux Urbain V se réservait quelques moments pour l'étude, la lecture, la récitation des vêpres et de l'office du jour.

Les instants de détente, le pape les passait, soit dans les jardins (1), soit dans le vaste promenoir aménagé au-dessus du Grand Escalier et appelé dans les derniers temps, « les greniers ». Dans un de ses écrits si utiles pour l'étude de la vie pontificale au XIVe siècle, le dernier des camériers de la papauté d'Avignon, François de Conzié, nous montre Clément VII installé à une fenêtre de ces « greniers », regardant le mouvement de la cour et blâmant l'irritation d'un cardinal contre un archevêque qui traversait et faisait porter la queue de son manteau, privilège que les membres du Sacré Collège revendiquaient pour eux seuls à l'intérieur du Palais.

Le coucher du pape comportait la même étiquette que le lever. Les cubiculaires étaient présents. Ceux d'entre eux qui avaient rang de prélats récitaient, comme le matin, les heures avec le Saint-Père, mais ne couchaient pas dans sa chambre, rôle dévolu à des cubiculaires de rang plus modeste, chargés du service intime ; sous Innocent VI, le barbier Robert de Sangallo avait également son lit auprès de celui du pape.

Repas et banquets de cérémonie.

Le pape était servi, soit dans le petit Tinel pour l'ordinaire quotidien, soit dans le grand Tinel pour les solennités.

Deux fois par jour, au moment des repas annoncés par le

(1) Situés à l'est et en contre-bas du Palais, ils étaient clos de murs, dont une partie se voit place de la Mirande et rue du Vice-légat. Les textes font mention dans ces jardins de paons, de volatiles de basse-cour et même d'animaux sauvages, lion, lionne, ours, sangliers, autruches, cerfs, etc..., envoyés en présent au pape.

son de la cloche, les personnes étrangères au Palais étaient expulsées et les portes de l'édifice fermées. Tout était prêt dans le petit Tinel. Une peinture de la chapelle Saint-Jean, le festin d'Hérode, nous montre comment la table, banquette longue et étroite posée sur des tréteaux, était « dressée » devant un des murs de la salle contre lequel les convives assis sur un banc étaient adossés, le côté vis-à-vis restant libre. C'étaient les panetiers qui faisaient dresser la table et mettaient la nappe. De son côté, le maître d'hôtel se rendait à la cuisine et y procédait à l'épreuve des mets au moyen de la *proba* qui décelait la présence des poisons ; la *proba* était un surtout d'orfèvrerie en forme d'arbre, garni de pendeloques dites « langues de serpents » (dents de requin, fragments d'os de narval, silex préhistoriques) qui s'agitaient, croyait-on, quand quelque venin se trouvait à proximité ; à cette époque de complots fréquents, cette vérification n'était jamais omise.

Après l'épreuve, les écuyers apportaient les plats soigneusement couverts. Près du dressoir, un panetier s'occupait du pain ; un bouteiller, du vin ; le maître de l'eau vaquait pareillement à son office. Avant et après le repas, l'aiguière et le bassin pour le lavage des mains étaient présentés aux convives et au pape lui-même. Froissart nous raconte que Gaston Phoebus, comte de Foix, invité par Clément VII, mourut subitement pendant qu'il procédait à cette ablution en se mettant à table.

C'était le maître de chapelle qui entonnait le « Benedicite » et les Grâces et, pendant le repas, faisait la lecture de la Bible, à moins que le pape ne préférât converser avec ses hôtes ou ses familiers. On sait que le couvert ne comportait alors que des assiettes et des gobelets, mais ni cuillers, ni fourchettes, ni couteaux de table. Les comptes de la Chambre Apostolique ne mentionnent jamais d'achat d'ustensiles de ce genre ; pour le pape seulement, on renouvelait, à la veille de chaque grande fête, une paire de couteaux à manche d'ivoire, l'un servant à l'écuyer tranchant, l'autre, plus petit et appelé canivet, remis au pape pour son usage personnel. Le prieur de Saint-Antoine assistait aux repas et recueillait pour les pauvres des hôpitaux les restes ou les dons du Saint-Père et de ses invités. Le repas terminé et la table « levée », le maître d'hôtel à genoux redressait les plis du rochet et du manteau du pape assis sur sa *cathedra* ; puis on servait le vin et les épices. Le pape se retirait ensuite, mais on ne rouvrait les portes du Palais que lorsque le gardien de la vaisselle (*custos vaxelle*) avait donné l'assurance qu'il avait récupéré tous ses ustensiles, notamment les assiettes d'or ou d'argent dans lesquelles on avait servi le pape.

Le grand Tinel servait aux repas de cérémonie et aux banquets. Appelé aussi la salle (*aula*), il occupait tout le premier étage de l'aile du consistoire et ne mesurait pas moins de 48 mètres de long ; par la suite, il fut diminué de 8 mètres par l'établissement d'un office appelé « dressoir ». Il était

III

En haut, à gauche, partie du Rocher des Doms (avec deux moulins, la croix couverte et l'escalier de Sainte-Anne) ; partie est du Palais des Papes.

Rues et édifices indiqués : *La Penet. de Misericorde* (La Pénitence de la Miséricorde ou les Pénitents noirs). (La rue de la) *Banasterie.* — Dans l'angle inférieur gauche : *S. Sifforian* (ancienne église Saint-Symphorien). *S. Pierre.* — En bas, le milieu : *Place Pie* (avec les piliers de la halle en construction). Au-dessus, un peu à gauche : *S. Ian le Vies* (Saint-Jean-le-Vieux). — Au-dessus et à droite de la place Pie : *Chemitière des Juifs dit la Pignotte.* — A droite : *La Corraterie des* (*Chevaus*), aujourd'hui rue Paul-Saïn (ex-Philonarde). — Sur le côté droit, vers le milieu : *Les Augustins* (dont il ne subsiste plus que le clocher). Au-dessus : *Les Carmes* (église Saint-Symphorien actuelle).

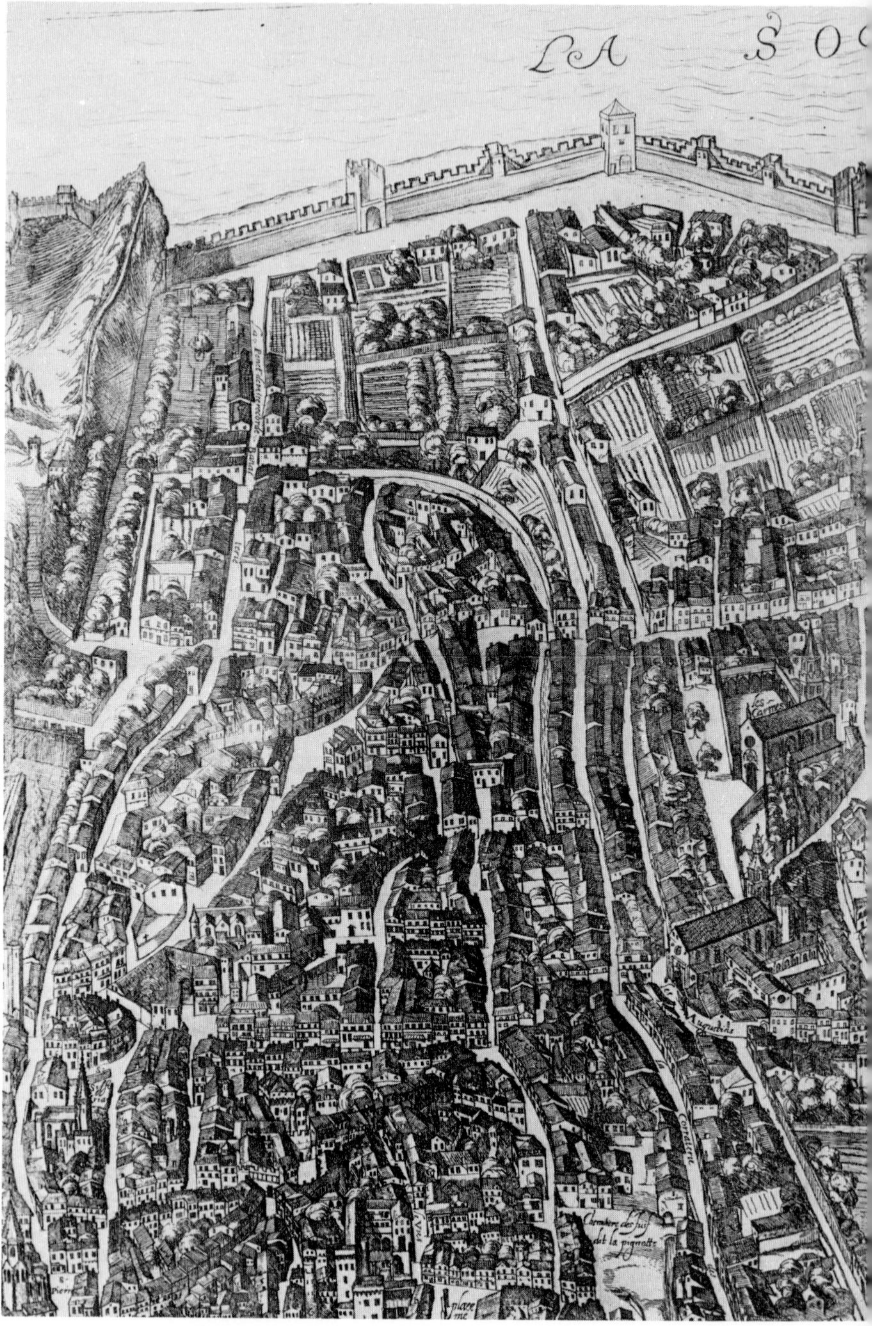
LA

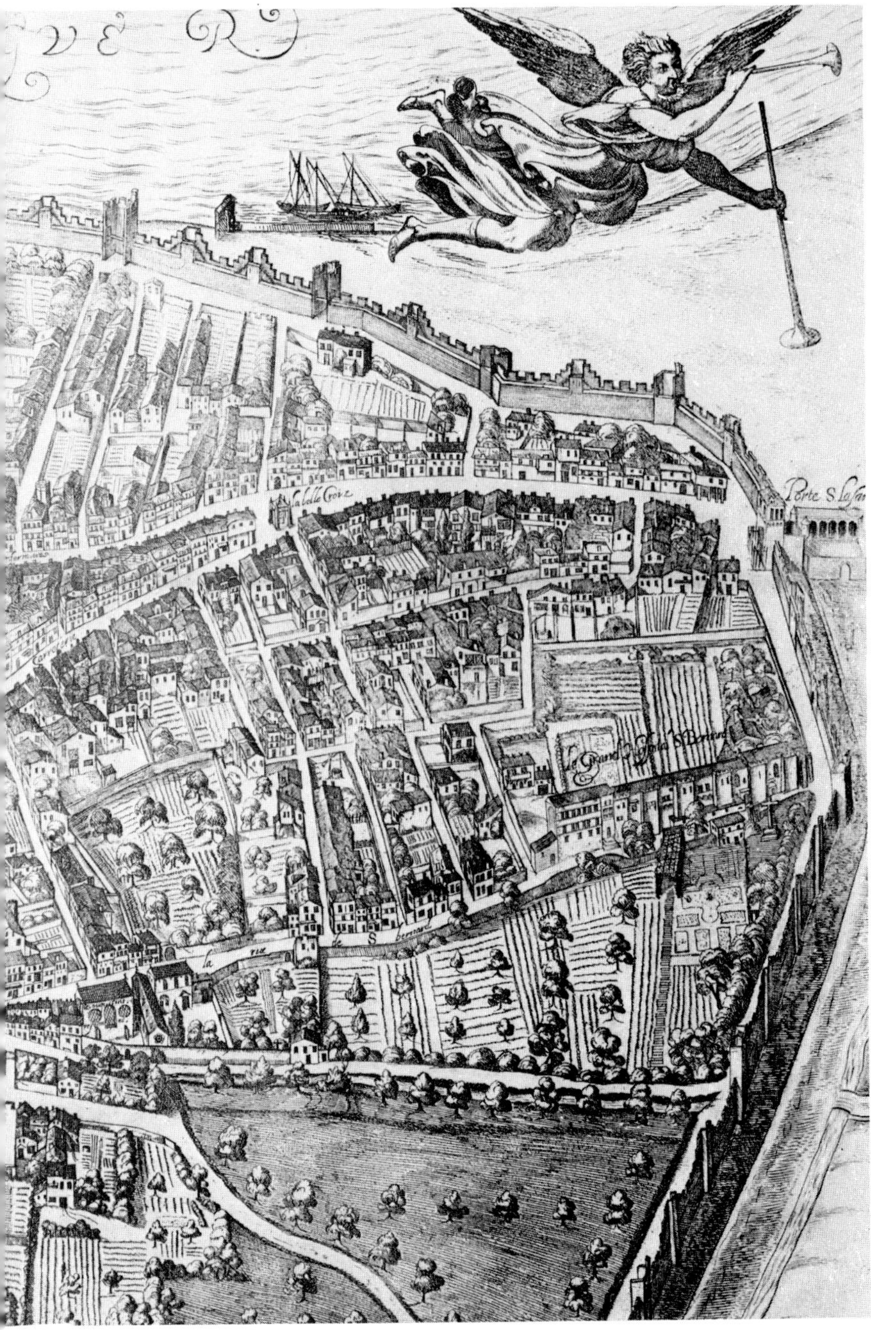
La belle Croix
Porte S

IV

En haut, le port de la porte de la Ligne ; à l'extrémité gauche du quai, le Portalet.

Rues et édifices indiqués : Vers le milieu, de gauche à droite : *Enfermières* (rue des Infirmières). *Carreterie* (rue de la Carreterie). *La Belle Croix. Porte S. Lasare.* — Au-dessous : *La rue de S. Bernard* (aujourd'hui rue Louis-Pasteur). Au départ de la rue, à gauche : *Les Augustins réformés.* — *Le Grand Hospital S. Bernard* (aujourd'hui hôpital Sainte-Marthe).

décoré de peintures et, les jours de cérémonie, de tentures d'or et d'argent. Un dais marquait la place du pape contre le mur sud où une porte lui permettait d'entrer directement en venant de ses appartements particuliers. Sa table était surélevée et chargée de vases ou de surtouts d'orfèvrerie. Il y mangeait seul assis sur sa *cathedra* ; toutefois, lors du banquet offert à Charles IV en 1365, le pape et l'empereur prirent place à la même table, mais, lors de la visite de Charles VI en 1389, il y eut deux tables séparées, une pour le pape et l'autre, plus basse, pour le roi. Les autres tables étaient alignées le long des grands côtés de la salle, les cardinaux-évêques et les cardinaux-prêtres occupant la rangée de droite, les cardinaux-diacres et les autres invités celle de gauche, toujours bien entendu du seul côté du mur, le milieu de la salle restant libre pour le service, notamment pour le cortège des écuyers chargés des divers plats, précédés du maître d'hôtel portant la *proba* qu'il déposait sur la table du pape. Aucune femme, même impératrice ou reine, ne devait être conviée aux repas pontificaux ; quoi qu'on ait prétendu, Clément VI lui-même observa cette règle qui, par la suite et non sans choquer, souffrit des exceptions.

Lors de certains banquets donnés à l'occasion de solennités religieuses, telles que celles du Jeudi Saint ou de la fête du couronnement, le pape portait la mitre, ornée d'orfrois, le manteau rouge et les ornements pontificaux jusqu'à la dalmatique inclusivement ; les cardinaux étaient en rochet et manteau de brunette (*de bruneto*) et coiffés d'une mitre sans ornements. L'institution de nouveaux cardinaux était aussi l'occasion d'un banquet dans l'*aula* ; avant de se retirer, le pape remettait le chapeau rouge aux nouveaux promus.

Au cours de ces agapes, un officier appelé le maître de la salle (*magister aule*) dirigeait le service, plaçait les invités à leur rang, veillait au lavage des mains, assurait la bonne distribution des mets ; il lui était recommandé en outre d'inciter les convives à manger avec modération (*honeste*) et à s'abstenir « de cris et de vociférations », ce qui laisse supposer que même les banquets du grand Tinel n'allaient pas sans quelques excès. On sait d'ailleurs que les banquets du Moyen-Age étaient d'une abondance pantagruélique. On nous a conservé la relation de celui qui fut offert en 1343 par le cardinal Annibal Ceccano au pape Clément VI ; il y eut neuf services, composés chacun de trois plats, coupés d'intermèdes, d'exhibitions, d'un tournoi et de danses.

Lors de la réception du roi Charles VI par le pape en 1389, le dîner, nous dit Froissart, fut « bel et long et bien étoffé ». Mais de tous les banquets pontificaux, le plus important pour le nombre des convives et la quantité de victuailles, était sans contredit celui du couronnement. Pour le couronnement de Clément VI qui avait eu lieu, on s'en souvient, dans l'église des Dominicains, on avait construit une salle provisoire, en charpente couverte de toiles, dans les vastes jardins du couvent ; le fond où avaient pris place le pape et les cardinaux était tendu d'étoffes rouges et jaunes. Nous ne connaissons pas le menu du banquet, mais seulement les quantités achetées : 118 bœufs, 1.023 moutons, 101 veaux, 914 chevreaux, 60 porcs, 69 quintaux de lard, 1.500 chapons, 3.043 poules, 7.428 poulets, 1.195 oies, 50.000 tartes, 6 quintaux d'amandes, 2 quintaux de sucre, 39.980 œufs, 95.000 pains de 9 onces, etc., etc. Lors du couronnement d'Innocent VI qui fut beaucoup moins fastueux et eut lieu au Palais des Papes, on banqueta, non seulement dans le grand et le petit Tinel, mais encore dans la salle du Consistoire et même dans la Grande Chapelle de Benoît XII.

Le ravitaillement.

Le ravitaillement donnait donc lieu à un trafic intense, car, outre le service du pape et de ses hôtes, on devait assurer la nourriture quotidienne d'une partie du personnel du Palais.

Les environs immédiats d'Avignon, ainsi que la moyenne et la basse vallée du Rhône, fournissaient largement les fruits, les légumes, l'huile du Comtat, les œufs, les volailles, et même le gibier ; sous Innocent VI, la Chambre Apostolique faisait chasser le cerf dans les bois de Montfrin et de Domazan, sur la rive droite du Rhône, et il est à remarquer qu'une chasse au cerf était représentée sur les peintures de la Garde-Robe. Les Alpes expédiaient des convois entiers de bestiaux ; en 1343, Briançon paya 12.000 florins au dauphin Humbert II le droit de diriger librement des troupeaux sur Avignon. L'Auvergne envoyait ses fameux fromages de Craponne.

De Marseille et des Martigues, venaient du thon, des anguilles, des muges et des loups. De l'étang de Scamandre, près de Saint-Gilles, et, à partir de Clément VI, également de Bourgogne, du poisson d'eau douce était transporté vivant dans des bateaux aménagés à cet effet ; il était déposé à Avignon dans une réserve (*piscarium*) installée près de Notre-Dame-du-Miracle (rue Velouterie actuelle) ; on se rappelle qu'un vivier de ce genre est représenté dans les peintures de la Garde-Robe. Pour l'Avent et le Carême, on faisait ample provision de poisson salé, thon, merlus, harengs, baleine, qu'on achetait à la Rochelle, à Montpellier, à Toulouse, à Bordeaux ; sous Grégoire XI, on alla même en chercher en Bretagne et même à Dieppe et à Boulogne-sur-Mer.

Pour les blés, la production locale et celle des Alpes dauphinoises d'abord suffisantes ne répondirent bientôt plus aux besoins croissants de la cour pontificale et de l'Aumône de la Pignotte qui, entretenue par la Chambre Apostolique, distribuait gratuitement du pain et des vivres aux pauvres. A partir de Clément VI, on fit appel aux céréales de Bourgogne. Rassemblées dans la région de Châlon-sur-Saône, elles étaient acheminées par la voie fluviale. Sous Urbain V, on importa même des blés d'Italie, embarqués à Corneto et transbordés à Arles sur des bâteaux de plus faible tirant d'eau qui les amenaient à Avignon.

Les vins étaient tirés pour la plupart du Languedoc, principalement de Beaucaire, de Saint-Gilles, de Nîmes, d'Uzès, de Pont-Saint-Esprit ; Lunel et Mauguio fournissaient des muscats. Les vins de Provence et du Comtat étaient d'un apport plus restreint ; en dépit de la légende, celui de Châteauneuf, n'y tenait qu'une place minime. A partir de Clément VI, on fit venir du Bourbonnais et de Bourgogne les vins célèbres de Saint-Pourçain et de Beaune ; ils étaient, comme les blés, embarqués à Châlon. On aimait aussi les vins artificiels et aromatisés, appelés *nectars* ou *ypocras*, qu'on fabriquait avec du sucre ou du miel.

Les produits orientaux, épices et sucre, en provenance de Venise ou d'Italie, franchissaient les Alpes par le col du Mont Genèvre. Ceux qui étaient apportés par mer par les marchands levantins empruntaient d'abord la route du Rhône ; puis, à partir du milieu du XIVe siècle, ils furent débarqués à Bouc et, après la traversée de l'étang de Berre, acheminés par la voie de terre par Salon et Orgon.

Les provisions étaient emmagasinées dans diverses salles du Palais, les vins, dans le grand cellier situé sous l'appartement des hôtes ; les viandes et salaisons, dans la tour des cuisines dont un étage était appelé « garde-manger » ; les raisins et les fruits conservés pour l'hiver, dans la « chambre des raisins ». Quant au blé, il était déposé dans deux greniers situés à l'extérieur du Palais.

Maladie et mort du pape.

Plusieurs papes d'Avignon ont été de santé précaire. Clément V souffrait cruellement d'une affection qu'on pense avoir été un cancer de l'estomac ou des intestins. Benoît XII, très corpulent, devait être saigné fréquemment et, dans les dernières années, ses jambes malades lui refusaient tout service ; il dut même, avons-nous dit, donner des consistoires dans sa chambre, assis sur son lit. Clément VI était atteint de la gravelle et sujet à des abcès purulents ; c'est une hémorragie causée par la rupture d'une tumeur dorsale qui l'enleva subitement. Dès l'avènement d'Innocent VI, la cour de France s'inquiétait de la santé de ce pape valétudinaire et podagre ; c'est parce qu'il ne pouvait se déplacer que difficilement qu'il avait fait construire un « pont » pour relier ses appartements à la sacristie de la Grande Chapelle ; il avait fait installer pour lui, dans cette sacristie, un autel et un lit de repos, ce qui lui évitait de monter à sa chapelle particulière ; dans les cérémonies, on le portait sur une *cathedra* aménagée à cet effet. Grégoire XI aussi était « homme de petite complexion et fort maladieux ».

Dans le personnel de la maison du pape, il y avait donc toujours un médecin ou physicien. Clément VI en eut jusqu'à trois ou quatre, puis perdit toute confiance en eux ; au moment de sa mort, il n'avait auprès de lui qu'un cubiculaire.

Les devoirs de chacun lors des derniers moments et de la mort du pape étaient fixés minutieusement. Dès que le malade paraissait dans un état désespéré, son médecin devait le prévenir et avertir également son confesseur.

Les cardinaux étaient convoqués ; le pape dictait son testament en leur présence et faisait élection de sépulture. Il renouvelait sa profession de foi catholique ; on se rappelle qu'à son lit de mort Jean XXII rétracta des opinions peu orthodoxes qu'il s'était risqué à soutenir à la fin de sa vie. Pendant les derniers moments, les cardinaux attendaient dans la chambre de parement.

Aussitôt après la mort, le corps du pape devait être lavé, la barbe rasée, les cheveux peignés, tous les orifices bouchés avec du coton enduit de myrrhe, d'encens ou d'aloès. Il était ensuite revêtu des ornements pontificaux et coiffé de la mitre, puis étendu sur un brancard funèbre et enfin porté à la Grande Chapelle. Le cortège, éclairé par des torches tenues par les damoiseaux, comprenait le camérier, les prélats de la « maison » et la famille du défunt. Dans la chapelle, où défilaient les couvents et les paroisses, les vêpres et l'office des morts étaient chantés par les pénitenciers et par les chantres ; aux premiers, pour les remettre des fatigues endurées avant la mort du pape et pendant la veillée funèbre, un repas « splendide » était servi dans le Tinel des appartements particuliers.

Les funérailles.

Les obsèques proprement dites étaient assez simples. Elles débutaient par une messe célébrée dans la Grande Chapelle. Le cercueil (*feretrum*), recouvert d'un drap de soie noire et posé sur un tissu d'or, était placé sous un dais funèbre (*castrum doloris*) orné d'écussons aux armes du pape et entouré d'une multitude de torches et de chandelles de cire. Lors des obsèques de Clément VI, la cérémonie comporta une oraison funèbre par Jean de Cardaillac, futur patriarche d'Alexandrie ; pour Clément VII, ce fut le cardinal de Giffon qui prononça l'oraison funèbre. D'autres messes étaient dites en même temps par de nombreux prêtres sur des autels dressés dans la Grande Chapelle, la chapelle privée ou divers endroits du Palais. Les obsèques étaient en outre l'occasion d'abondantes aumônes distribuées aux ordres mendiants, aux hôpitaux et aux pauvres ; de plus, des vêtements noirs et des gratifications étaient allouées au personnel de la maison du pape.

Le corps d'Innocent VI resta exposé deux jours dans la Grande Chapelle, mais d'ordinaire, aussitôt après la cérémonie du Palais des Papes, la dépouille mortelle devait être conduite processionnellement à Notre-Dame-des-Doms où avait lieu la *neuvaine*. Pendant neuf jours consécutifs, un cardinal disait chaque matin la messe des morts et prononçait un sermon.

Enfin on procédait au transport du corps au lieu de sa sépulture définitive. C'était de beaucoup la partie la plus onéreuse des funérailles. Pour Clément VI qui devait être inhumé à la Chaise-Dieu, les cérémonies à Avignon coûtèrent 2.490 florins, tandis que le transport du corps, cousu dans une peau de cerf, revint à 5.000 florins ; il est vrai qu'il nécessita l'organisation d'une véritable caravane, à la tête de laquelle étaient cinq cardinaux, tous parents du pape défunt, entre autres le futur Grégoire XI.

II. — Après les papes

Les Appartements de la légation.

Les deux sièges qu'avait subis le Palais des Papes au temps de Benoît XIII avaient laissé l'édifice dans un tel état de délabrement que le camérier François de Conzié, nommé vicaire général du pape, y mit une garnison, mais ne put s'y installer lui-même, ni y recevoir l'empereur Sigismond venu à Avignon en décembre 1415 et qui dut se loger à la livrée de Poitiers.

Ce fut le cardinal Pierre de Foix, légat de 1433 à 1464, qui le premier habita le Palais et y fit divers aménagements dans les appartements pontificaux, mais à l'étage au-dessous de celui qu'avait occupé le pape. La salle de Jésus devint le Tinel et l'ancienne Chambre du Camérier (dans la Tour des Anges), la Chambre de Parement ou salle de réception.

Le cardinal Julien de la Rovère qui ne fit jamais à Avignon que des séjours temporaires et à des intervalles espacés, résidait dans son palais archiépiscopal ou Petit Palais : c'est là, nous le dirons, qu'il reçut César Borgia en 1498 ; il abandonnait les appartements du Palais des Papes à son lieutenant ou vice-légat. Au XVIe siècle, les cardinaux qui résidèrent le plus longtemps furent le cardinal de Clermont-Lodève (1513-1541) et le cardinal d'Armagnac (1565-1585). Le premier construisit une salle des fêtes, la Mirande (1518), et le second, aux dires du chroniqueur Louis de Pérussis, fit subir au Palais des Papes « une belle et nefve transformation, retornée d'obscurité et vieillesse en clarté et nouveauté ». Il s'occupa tout particulièrement de la Grande Chapelle dont il remit en l'état l'autel, le « sacraire », les bancs, la « tribune », y célébrant « messes grandes » avec « bonne et suffisante chappelle de musiciens ».

Sous les différentes légations, les appartements s'aménagèrent peu à peu et leurs occupants, légats ou vice-légats, y eurent, comme autrefois le pape, une petite cour et une vie réglée par le cérémonial. « L'étiquette, remarquait un auteur de cérémonial, nulle part n'est si nécessaire que dans le Palais Apostolique d'Avignon, où doivent loger les rois, les princes, les grands seigneurs qui passent par cette cité. »

L'entrée. La salle des Suisses.

L'entrée sur la cour, précédée d'un petit perron, se trouvait au pied de l'aile occidentale des appartements pontificaux détruite au début du XIXᵉ siècle. C'était « la porte où l'on monte en carrosse ». On attribue au cardinal Farnèse (1541-1565) la réfection, en style Renaissance, de cette porte et des fenêtres de la façade. A l'intérieur du bâtiment, un escalier s'élevait directement à l'ancienne salle de Jésus appelée au XVIIᵉ siècle *salle des Suisses* et servant d'antichambre. Ses murs étaient décorés des blasons des vice-légats. En 1775, pour fêter le couronnement de Pie VI, le président Durini y donna un banquet de cent couverts.

Salle des Cavaliers ou des Légats.

De la salle des Suisses, on passait dans l'ancienne chambre du Camérier située dans la Tour des Anges. On l'appelait la « salle des Cavaliers », ou « salle des Chevau-légers » ou aussi « salle des Légats » ; elle devait ce dernier nom à une frise peinte où figurait la suite complète des armoiries des légats. D'après l'étiquette, lorsque survenait un personnage d'importance, le vice-légat devait aller le recevoir à l'entrée de cette salle où se lisait l'inscription suivante :

QVI VASTAS OPERVM MOLES, TVRRITAQVE PASSIM
MŒNIA ET IMMENSAS SVSPICIS ARTIS OPES,
INGRESSVS NOSTRAS HVMILES NE DESPICE SEDES,
QVAERIMVS EX SOLA COMMODITAE DECVS.

Toi qui considères ces vastes constructions, ces murs et ces tours, œuvre d'un art démesuré, en y pénétrant, ne méprise pas nos humbles installations ; nous n'avons cherché la beauté que dans la seule commodité.

Au XVIIIᵉ siècle, les murs de la salle étaient couverts de tapisserie de cuir doré, de fabrication avignonnaise.

Deux fois par semaine, le lundi et le jeudi, de 10 heures à midi, le vice-légat y « donnait les audiences publiques » ; il prenait place sur un trône à baldaquin installé entre les deux fenêtres du mur est, les seules qui existaient alors ; les assistants se tenaient sur des bancs faisant le tour de la salle. Un vice-légat érudit, l'abbé Niccolini, y réunissait chaque semaine les « Messieurs de la Conférence géographique et historique » fondée par lui (1679). A l'occasion aussi, la pièce se transformait en salle à manger ; le prince de Danemark y est traité en 1662 ; la reine douairière d'Angleterre en 1698. Un concert « d'instruments et de voix » y a lieu, en 1748 en l'honneur du duc de Richelieu et en présence de nombreux invités, « dames et cavaliers », hôtes du vice-légat Pascal Aquaviva.

Un manuscrit italien donne à la salle des Cavaliers le

nom d'antichambre (*anticamera*). Dans chacun de ses angles, se trouve une porte sur le linteau de laquelle est gravé le nom du vice-légat qui l'avait fait ouvrir. L'une d'elles était celle de la chapelle installée dans l'ancienne Tour de l'Etude ; la voûte de celle-ci en cintre surbaissé est recouverte de peintures devenues indistinctes. Les autres portes donnaient accès à trois appartements séparés, composés chacun de trois pièces, antichambre, salon et chambre.

L'appartement d'été.

L' « appartement d'été » était situé à l'ouest, dans l'aile détruite. On l'appela le « quartier de la Reine » à la suite du séjour de Marie de Médicis en 1600. Il communiquait avec la salle des Cavaliers par un passage ouvert dans le mur de la Tour des Anges à l'occasion de la visite des ducs de Bourgogne et de Berry, petits-fils de Louis XIV en 1701, percement qui ne demanda pas moins d'un mois. L'appartement d'été s'éclairait par quatre fenêtres sur la cour d'honneur, appelée alors « la basse cour ». De ces fenêtres, le vice-légat et ses invités assistaient aux cortèges qui venaient le saluer, celui des six compagnies de pénitents qui allaient visiter les églises le Jeudi saint, celui des Pénitents de la Miséricorde qui présentaient un condamné à mort dont, suivant leur privilège, ils avaient obtenu la grâce, celui, en 1753, de la milice bourgeoise, leur major, le chevalier de Folard, en tête.

L'appartement d'hiver.

Au sud, se trouvait l' « appartement d'hiver » ou « appartement particulier de Son Excellence ». La première pièce était l'antichambre, puis, dans l'ancienne Tour de la Garde-Robe, était la « chambre où Monseigneur reçoit les gentilshommes, les avocats, etc... » ; ensuite venait la chambre « où dort ordinairement Monseigneur le Vice-légat », celle-ci occupait la partie haute de la chambre de la herse de la porte de la Peyrolerie ; elle était couverte d'une voûte de plâtre en forme de dôme ; ses installations ont été supprimées, il y a peu d'années, par les « Monuments historiques ».

L'appartement noble.

On passait par l'antichambre de l'appartement d'hiver pour entrer dans l' « appartement noble ». Celui-ci, construit sur le rempart de Benoît XII élargi des deux côtés par les consoles des mâchicoulis, était en saillie sur la rue. Il comprenait l'antichambre dont les murs étaient garnis de tapisseries, la « chambre du baldaquin » où un dais à franges d'or abritait le portrait du pape régnant, et enfin la « chambre du lit de parade » ornée de tapisseries à fond d'or et garnie de meubles dorés ; c'est dans cet appartement, le plus somptueux de tous, que Louis XIV fut logé en 1660.

La Mirande.

L'appartement noble communiquait avec la salle de « la Mirande », construite par le cardinal de Clermont-Lodève, dans l'ancien jardin d'Urbain V. Elle était terminée à la fin de 1518. D'après une chronique, la sœur de François Ier, Marguerite de Valois, future reine de Navarre et futur auteur de l'*Heptaméron*, « logea à la Mirande, au Grand Palais », en 1525.

La Mirande ou « salle admirable » était une grande pièce rectangulaire de 18 mètres de long sur 8 m 50 de large, éclairée par huit fenêtres ; les murs étaient tendus de cuir doré. C'était la salle des fêtes. Le vice-légat y donne des bals, notamment lors de la réception du jeune prince de Danemark (1662), du duc de Richelieu (1748), etc. En 1638, pour célébrer l'heureuse naissance du Dauphin, le futur Louis XIV, les « principaux gentilshommes de la ville » y avaient dansé un ballet intitulé « La Délivrance des chevaliers de la gloire par le grand Alcandre gaulois ». Un autre bal est resté mémorable, celui donné le 10 novembre 1785 en l'honneur du duc et de la duchesse de Cumberland ; toute la noblesse locale y fut conviée.

La salle de la Mirande servit aussi à des banquets. Lors du séjour des petits-fils de Louis XIV en 1701, dès leur arrivée le 23 mars « Monseigneur le vice-légat donna à manger, chez lui, avec sa magnificence ordinaire, à près de quatre-vingts personnes, ce qui continua tout le temps qu'ils furent à Avignon ». Ce fut durant l'un de ces festins auxquels on avait invité tous les gens de qualité qu'il arriva à Mme della Volpe, femme du major de la garde, très belle Italienne, fort remarquée et fort jalousée, une aventure ayant failli devenir tragique. On avait servi, étant en carême, une quantité de poissons, entre autres dix-sept plats de soles, de neuf soles chacun. En dégustant ce mets qu'elle goûtait fort, la dame avala une arête. Elle devint tout à coup pâle, puis cramoisie, poussant de petits cris rauques en portant la main à sa gorge. L'assistance entière, les princes compris, s'en émut ; le vice-légat, quittant son siège, vola à son secours. Le professeur Gastaldy, qui se trouvait parmi les convives, la tira de ce mauvais pas. Mais ses ennemies en firent longtemps des gorges-chaudes et la surnommèrent « la Sole ».

En février 1744, lors du passage de l'infant Dom Philippe de Bourbon, gendre du roi de France, il y eut banquet au Palais ; « le vice-légat Aquaviva fit servir un repas de trois tables différentes, où la délicatesse et le bon goût ne le cédèrent en rien à l'abondance et à la profusion ». Il y eut aussi concert. « Le célèbre Muraire y chanta plusieurs morceaux détachés, en français et en italien... Les dames les plus qualifiées de la ville se trouvèrent à ce concert... et composaient au prince une cour des plus galantes. »

Pour les fêtes de Noël, trois banquets traditionnels étaient offerts, dans la salle de la Mirande, par le vice-légat, l'un au clergé, l'autre — le plus somptueux — à la noblesse et au Conseil de ville, le troisième aux magistrats. Le jour des Saints-Innocents, le vice-légat y donnait aussi à dîner à vingt-six pauvres ; mais cette coutume fut abandonnée en 1738 et remplacée par la distribution d'une aumône d'un demi-écu par personne.

C'était encore dans cette salle que, dix jours avant Noël et avant Pâques, avaient lieu les « visites gracieuses » au cours desquelles le vice-légat accordait leur grâce à des prisonniers favorisés d'une mesure d'absolution.

A l'extrémité est de la salle de la Mirande, un escalier à vis descendait à la « porte de fer » qui permettait des entrées et des sorties discrètes sur la rue de la Livrée (aujourd'hui rue Vice-Légat), où il subsiste encore des vestiges de cette porte.

A l'opposé, la Mirande communiquait avec la « Galerie », c'est-à-dire avec l'ancienne « Roma » d'Urbain V, formant un large couloir garni de livres et de « cinq à six cents portraits de grands hommes ».

Logement des dignitaires de la Vice-légation. Salles diverses.

Les principaux dignitaires de la vice-légation étaient également logés au Palais, le *Dataire* ou chancelier, dans les appartements du vice-légat, au-dessus de l'appartement d'été ; l'*Auditeur général de la Légation,* président de la Rote, dans l'ancien revestiaire du pape de la Tour Saint-Laurent, aménagé à cet effet ; le *procureur général* ou *fiscal,* dans l'ancien appartement du camérier, sous la Tour de la Gâche.

Au XVIIe et au XVIIIe siècle, la *Grande Chapelle* ne servait plus qu'à quelques cérémonies solennelles, telles que la présentation des bulles des nouveaux vice-légats. Des offices religieux n'y avaient lieu que dans des circonstances exceptionnelles ; ainsi Louis XIV, en 1660, y entendit chanter « les Ténèbres » et y assista le lendemain à l'office du Jeudi saint au cours duquel il lava lui-même les pieds de treize mendiants. Mais à la fin du XVIIIe siècle, la chapelle semble avoir été complètement abandonnée. Un voyageur polonais qui visita le Palais en 1784 dit que « malgré un autel, [elle] sert de lieu commun à tous les chiens et autres gens pressés ».

La *Rote* d'Avignon instituée en 1566 par le cardinal d'Armagnac siégeait dans la *Grande Audience* et dans la même travée que la Rote du XIVe siècle, mais non dans une « rota » comme celle-ci ; quelques armoiries du XVIIe siècle à demi-effacées, sur le mur sud, indiquent l'emplacement de l'estrade où siégeaient les auditeurs ; à côté, un escalier à vis (restitué) permettait les communications avec le logement de l'Auditeur général. Le reste de la Grande Audience était l' « arsenal des canons », tandis que la *Petite Audience,* aux voûtes peintes de trophées militaires, s'appelait la « salle d'armes ».

La « *salle brûlée* », — ancienne aile du Consistoire, — avait été transformée en jeu de paume au XVIe siècle ; le roi

Louis XIV, lors de son séjour au Palais en 1660, y passa à plusieurs reprises « quelques heures ». L'*aile du Conclave,* à l'intérieur ruiné, était devenue la « salle du ballon ». La *chapelle* de Benoît XII, en ruines également, avait été cédée au chapitre de Notre-Dame pour lui permettre d'agrandir la sacristie de la cathédrale et installer ses archives. L'aile des familiers et la Tour Campane étaient transformées en *prison* pour les condamnés des tribunaux pontificaux ; dans les salles basses de la tour, on voit encore les installations des cachots. Au XVIIIe siècle, les galeries hautes du cloître, sur les côtés est et sud, furent aménagées en *quartier des Suisses* ; l'escalier du cloître devint l'escalier des Suisses et le préau, la cour des Suisses, après avoir été appelé la cour des prisons.

La cour du Vice-légat.

Les étrangers trouvaient fort ridicule la cour surannée du vice-légat.

Lors de son passage à Avignon en 1660, la Grande Mademoiselle assista à un bal chez la marquise de Châteauneuf. « J'étais, dit-elle, sur un siège, M. le Vice-Légat auprès de moi. On me dit que les vice-légats dansent d'ordinaire, mais pour celui-là je crois que de la grosseur dont il étoit, on eût eu peine. Mais il y a une autre coutume que l'on ne pratiqua pas ce jour-là, c'est qu'à chaque courante la dame le vient baiser. Cela me paroit assez ridicule pour un vieil évêque-prêtre. »

Au siècle suivant, dans son *Voyage en Languedoc et en Provence,* Lefranc de Pompignan nous amuse d'un récit assez burlesque, — que nous reproduisons après d'autres, — de réjouissances nocturnes « en l'honneur de Sa Sainteté » et d'une incursion dans les appartements du vice-légat :

Au milieu d'une grande place
Douze fagots mal assemblés
D'une nombreuse populace
Excitoient les cris redoublés.
Tout autour, cinquante figures,
Qu'on nous dit être des soldats,
Pour faire cesser le fracas
Vomissoient un torrent d'injures ;
Mais de peur des égratignures,
Ils crioient et ne bourroient pas.

Alors, les canons commencèrent,
Le Commandant, vêtu de bleu,
Aux fusiliers qui se troublèrent,
Permit de se remettre un peu.
Puis, leurs vieux mousquets ils levèrent
Trente-quatre firent faux-feu
Et quatorze, en tirant, crevèrent.
Si personne ne fut tué
Ou, pour le moins, estropié

Par cette comique décharge,
C'est un miracle, en vérité,
Qui mérite d'être attesté.
Mais nous prîmes soudain le large
Voyant que l'alguazil-major
Voulait faire tirer encor.

Nous entrâmes en diligence
Au palais de Son Excellence,
Monseigneur le Vice-Légat.
C'est là que pour Rome il préside
Et c'est dans sa cour que réside
Toute la pompe du Comtat.
D'abord, ni lanterne ni lampe,
La nuit, n'éclaire l'escalier.
Il fallut, pour nous appuyer,
A tâtons du fer de la rampe
L'un et l'autre nous étayer.

Après avoir à l'aventure
Fait, en montant, plus d'un faux-pas,
Nous trouvons une salle obscure
Où, sur quelques vieux matelas,
Quatre Suisses de Carpentras
Ne buvoient pas l'eau toute pure ;
Mais rien de plus ne pûmes voir.
Un vieux prêtre entr'ouvrant la porte
D'un appartement assez noir
Dit : « Allons, vite, que l'on sorte !
Tout est couché, Messieurs, bonsoir. »

Le président de Brosses fait un tableau non moins plaisant de sa visite au vice-légat Buondelmonte. « Il est vêtu, dit-il, singulièrement d'une espèce de veste assez longue, couvert d'un pet-en-l'air à manches tailladées dont les ouvertures sont garnies de petits boutons et boutonnières, le tout de damas noir, ce qui le fait ressembler assez bien à feu Scaramouche... Ses gardes ont des uniformes d'écarlate, galonnés d'argent sur toutes les tailles. Les Suisses sont encore plus originaux pour l'habillement que leur maître. Tout cela marche à tout propos, même quand il reconduit une visite... » Sur un tableau de Claude-Marie Gordot, *Entrée d'un vice-légat au Palais des Papes,* on voit défiler « la garde pétachine », — plaisante appellation locale (1) de la garde du vice-légat, — l'infanterie papale, en bleu, avec parements rouges, les Suisses armés de hallebardes et portant le pourpoint mi-parti rouge et jaune, les cavaliers de la maréchaussée, bicorne en tête. Dans les cortèges de cérémonies locales, la garde du vice-légat s'augmentait de la Compagnie des Arbalétriers vêtue du costume des hussards hongrois et de celle des Chevaliers de l'Arc, « habillés en Turcs avec des turbans à aigrettes, des vestes chamarrées d'or, des robes écarlates bordées d'hermine, des arcs dorés » et suivis « d'un chameau chargé du bagage militaire ».

(1) En provençal *petachin* signifie poltron.

CHAPITRE IV

LA PLACE DU PALAIS. LA CATHEDRALE ET LE ROCHER DES DOMS

I. — LA PLACE DU PALAIS. — *Origine. — Côté sud : Hôtel Calvet de la Palun. — Côté ouest : Hôtel des Monnaies. Tour de Canillac ou de Murol. Maisons et rues. Statue du brave Crillon.*

II. — LE PETIT PALAIS. — *La livrée de l'évêque. Le Petit Palais. Façade sur la place du Palais. Dispositions intérieures anciennes. Constructions d'Alain de Coëtivy.*

III. — LA CATHÉDRALE NOTRE-DAME-DES-DOMS. — *Plateforme extérieure. — Historique. — Le porche et ses peintures. Le narthex et la nef. Chapelles du côté gauche de la nef : le tombeau de Benoît XII ; peintures d'Eugène Devéria. — Le chœur. — Le tombeau de Jean XXII ; la sacristie ; la chapelle de l'archevêque Libelli et autres chapelles à droite de la nef. — Rameau, maître de musique à Notre-Dame-des-Doms.*

IV. — LE ROCHER DES DOMS. — *Le château ou fort Saint-Martin. Rampes et escalier Sainte-Anne. Le jardin, la terrasse.*

I. — LA PLACE DU PALAIS

Origine de la place du Palais.

La place du Palais des Papes, une des plus belles du monde, semble le fruit d'une grandiose conception d'urbanisme. Son origine est cependant tout autre.

On sait que pendant des siècles, la ville d'Avignon était assise en grande partie sur les pentes du Rocher. Au temps des papes même, les maisons se pressaient jusqu'au pied du Palais apostolique, desservies par des rues étroites dont les noms ont disparu en même temps que les constructions qui les bordaient.

Longeant le Palais, il y avait la *rue du Maréchal,* — le Maréchal de la Cour romaine habitait l'ancien Palais de la Commune, — suivie de la *rue du Palais-Apostolique à Notre-Dame-des-Doms.* Devant le Palais même, coupant obliquement le pâté de maisons, la *rue des Champeaux* ou *des*

Petits-Champs (*Carreria de Campellis*) partait de la place ou rue du Puits-des-Bœufs et aboutissait à l'entrée principale du Palais à laquelle elle avait donné son nom, la « Porte des Champeaux ». Il y avait aussi, perpendiculaires au Palais, la *rue de la Livrée-de-Mirault* (*de Murolio*), la *rue de L'Hôpital du Saint-Esprit,* la *rue qui monte à l'escalier de Notre-Dame* et enfin transversalement, la *rue du Palais-Apostolique au Palais-Episcopal.*

« Le premier jour de febvrier (1404), dit une chronique, le pape Benoist fit raser et abattre toutes les maisons qu'estoint devant le Palais. » Cette mesure avait pour but de créer une esplanade ou glacis devant la forteresse pontificale, afin d'empêcher des assiégeants éventuels de cheminer à couvert jusqu'au pied des murailles. Les fondements et les pierres des immeubles détruits restèrent longtemps sur place ; en 1603, l'autorité pontificale en fit donation, — pour les employer à des constructions à la place Pie, — au colonel Pompée Catilina, « cappitaine d'une compagnie de gens de pied pour nostre Sainct Père », ce qui amena une protestation du consulat. La place ne sera définitivement nivelée qu'au XVIIIe et au XIXe siècle. Sur le plan de 1618, elle apparaît encore assez accidentée ; une allée de mûriers la traverse en direction du Petit Palais.

Sous l'ancien régime, les exécutions capitales se faisaient généralement sur la place du Palais. Sous la Terreur, la guillotine, dressée d'abord sur la place de l'Horloge, fut transférée ensuite sur la place du Palais où elle fonctionna du 8 mars au 26 juin 1794.

Côté sud de la place du Palais.

N° 1. — *Hôtel Calvet de la Palun* construit (1788-1799) par Antoine-Joseph-François-Xavier Calvet de la Palun, d'une famille ayant la même origine que celle d'Esprit Calvet, fondateur du Musée Calvet. L'architecte fut Jean-Pierre Franque, fils de Jean-Baptiste Franque. La Banque de France a été installée dans cet hôtel en 1853. La façade principale et l'entrée (transformée en fenêtre) étaient primitivement sur la place du Palais. Le décor de la façade, de bon style Louis XVI (pilastres ioniques, chaînages de refends, balustrade de pierre au-dessus de la corniche) paraît un peu grêle à cause du voisinage du Palais des Papes. A l'intérieur, au premier étage, le grand salon est de plan ovale et entouré de colonnes ; au sud, sur la place de l'Horloge, le jardin a été supprimé par la construction d'un avant-corps, en 1912-1913.

Hôtel des Monnaies.

L'hôtel des Monnaies a été construit sous la légation du cardinal Borghèse, par le vice-légat J.-F. de Bagni, en 1619 (d'après l'inscription dédicatoire). Cette façade, avec ses pierres en bossages et ses ornements hors d'échelle, fait avec le Palais des Papes un étrange contraste. Les dragons et les aigles qui la décorent sont des pièces des armoiries du pape Paul V et du légat, son neveu. C'est la plus italienne des façades d'Avignon. On ignore le nom de son constructeur, car on n'a retrouvé aucun document sur cet édifice, le prix-fait ayant dû être passé par les services de la vice-légation, dont les archives ont été brûlées pendant la période révolutionnaire. On peut présumer cependant que cette façade si caractéristique a dû avoir pour auteur un des artistes italiens fixés alors à Avignon. Des textes ont permis de constater la présence à Avignon de 1615 à 1634 d'un sculpteur florentin, Simone Bartolacci qui avait épousé en 1612, une Avignonnaise, Marguerite de Rhodes. On connaît quelques-unes de ses œuvres, notamment le tombeau de Pompée Catilina dans l'église Saint-Agricol (1615) ; il travailla aussi à la réfection du chœur de Notre-Dame-des-Doms (1615-1617). Après une éclipse de quelques années, il meurt à Avignon en 1647. On a émis l'hypothèse que ce sculpteur florentin pouvait être l'auteur des haut-reliefs qui décorent la façade de l'hôtel des Monnaies. Après la suppression de la légation, l'hôtel des Monnaies devint caserne des Chevau-légers, puis, en 1770, de la Maréchaussée et à partir de 1790, de la Gendarmerie jusqu'en 1840. Il reçut les services de la Mairie, de 1846 à 1852, pendant la construction de l'hôtel de ville actuel. Le Conservatoire de musique y est installé depuis 1860.

Maisons et rues (*côté ouest de la place*).

N°s 11 à 21. — Façades inscrites à l'Inventaire supplémentaire des Monuments historiques. Derrière les n°s 11-13, *Tour de la livrée de Canillac* ou *de Murol* ou *Tour de l'Officialité*.

Au temps des papes, une grande livrée cardinalice occupait l'emplacement compris entre les rues actuelles de la Monnaie et de la Vieille-Poste ; son entrée était sur la rue de la Balance ; après la création de la place du Palais, sa façade orientale fut en bordure de cette place.

Cette livrée fut occupée notamment par le cardinal Elie de Talleyrand qui la quitta vers 1350 pour aller habiter le Petit Palais, puis par le cardinal Raymond de Canillac, neveu du pape Clément VI et archevêque de Toulouse, qui occupa la livrée de 1350 à 1373, date de sa mort ; c'est probablement ce dernier qui fit bâtir les bâtiments de la livrée et notamment la tour qui est mentionnée dès 1356. A la fin du XIVe siècle, cette livrée était habitée par le cardinal Jean de Murol (*de Murolio*) ou de Mirault, évêque de Saint-Paul-Trois-Châteaux ; c'est lui qui a laissé son nom à la livrée, bien qu'il n'en ait été que l'avant-dernier titulaire (1385-1399) ; le dernier fut Martin Salva, évêque de Pampelune († 1403).

Pendant le premier siège du Palais des Papes (1398-1403), la livrée de Mirault servit de quartier général à Geoffroy

Boucicaut qui avait reçu le commandement des troupes assiégeantes ; à côté de la livrée, on aménagea une petite place pour y installer une machine de guerre qui déversa ses projectiles de pierre sur le Palais. Pendant le second siège du Palais (1410-1411), une compagnie de 75 hommes d'armes occupa la livrée de Mirault ; sur le sommet de la tour, fut hissée une catapulte qui lançait sur les assiégés tantôt des blocs de rocher, tantôt des tonnelets remplis d'ordures.

Par la suite, la livrée appartint à divers particuliers, puis fut achetée, en 1457, par le cardinal Alain de Coëtivy, évêque d'Avignon, qui y installa son officialité, d'abord dans le grand corps de logis donnant sur la rue de la Balance, puis, en 1463, dans un bâtiment accolé à la tour qu'il avait fait construire en façade sur la place du Palais. Le corps de logis sur la rue de la Balance, dont la façade mesurait 16 mètres de hauteur, menaçant ruine, fut vendu et démoli en 1601 ; le bâtiment de l'officialité fut désaffecté et vendu en 1724 ; la tour de l'officialité seule a survécu ; elle est encore couronnée de ses créneaux. Depuis 1718, elle appartient à la famille de Bouchony, propriétaire des maisons voisines.

Rues débouchant sur la place du Palais. — La *rue de la Monnaie* doit son nom à l'hôtel de la Monnaie construit en 1619. En 1602, il y avait dans cette rue les ateliers d'un fondeur, Jean Bérenguier. Nous venons de voir qu'elle confrontait au nord la livrée de Canillac ou de Murol.

La *rue de la Vieille-Poste* faisait partie, au XIVe siècle, de la *rue de l'Hôpital-du-Saint-Esprit* dont la plus grande partie a disparu lors de l'établissement de la place du Palais. Son nom actuel vient de ce que la poste aux lettres y fut anciennement établie ; des actes de 1780 l'appellent déjà : *rue de l'Ancienne-Poste*. Elle aboutit à la rue de la Balance ; en face se situait la rue de la Fonderie, ainsi désignée au XVIIIe siècle à cause de Jérôme Alibert, fondeur de cloches, qui y demeurait en 1757.

La *rue de la Pente-Rapide* a reçu son nom actuel en 1843 ; au XIVe siècle, elle faisait partie de la *rue qui monte à l'escalier Notre-Dame*. Par la suite, des documents l'appellent *rue de la Vieille-Juiverie* ; c'était en effet dans ce quartier, qui ne comprend pas moins de cinq ruelles, que se trouvaient les maisons des Juifs, du XIe siècle au début du XIIIe siècle ; les Juifs y étaient spécialement placés sous la protection de l'évêque.

Au milieu de la place du Palais, est érigée la *statue du brave Crillon*, compagnon d'armes et ami d'Henri IV, œuvre de Louis Véray, de Barbentane, en 1858. Elle se trouvait primitivement sur la place de l'Horloge et a été transférée sur la place du Palais en 1891 ; la statue de bronze avait été enlevée pendant l'occupation allemande ; mais elle échappa à la fonte et a été remise en place.

II. — Le petit palais

La livrée de l'Evêque.

Le Petit Palais était à l'origine la livrée du cardinal Arnaud de Via, neveu du pape Jean XXII. De 1317 à 1327, le cardinal acheta des maisons et des terrains, au lieudit *al puegh del castel,* c'est-à-dire à la colline du château, ou sous la colline des Doms, *subtus montem beate Marie de Donis,* et y fit construire son palais. Il y mourut le 24 novembre 1335, en laissant par testament la jouissance viagère de l'édifice au cardinal de Talleyrand ; il fut inhumé dans la collégiale de Villeneuve qu'il avait également fait bâtir. En 1336, le pape Benoît XII voulant s'assurer la propriété du palais épiscopal qu'il occupait après son prédécesseur Jean XXII et qu'il avait commencé à reconstruire, acquit des exécuteurs testamentaires d'Arnaud de Via le palais édifié par celui-ci et le donna à l'évêque d'Avignon en échange du palais épiscopal. Le premier, Jean de Cojordan, occupa cette nouvelle résidence jusqu'à 1349, date de son transfert à l'évêché de Mirepoix. Le cardinal Elie de Talleyrand, appelé le cardinal de Périgord, bien connu comme ami de Pétrarque et protecteur des lettres à la cour d'Avignon, succéda à Jean de Cojordan dans l'ancien palais d'Arnaud de Via, en vertu de son droit d'usufruitier qu'il tenait du testament de celui-ci. A sa mort survenue en 1364, Urbain V restitua le palais à l'évêque d'Avignon qui était depuis deux ans son propre frère Anglic Grimoard. A partir de ce moment, la « livrée du cardinal de Périgord » devint définitivement la « livrée de l'évêque d'Avignon ». Anglic Grimoard la fit agrandir et aménager ; les travaux furent payés par la Chambre Apostolique (1364-1365). C'est dans cet édifice qu'Urbain V se fit transporter à son retour de Rome ; il y mourut peu après, le 19 décembre 1370 ; par humilité, il n'avait pas voulu s'éteindre au Palais Pontifical.

Le Petit Palais.

Lorsque Benoît XIII fut assiégé, le Petit Palais, — c'est ainsi qu'on appellera désormais la demeure de l'évêque d'Avignon, — servit de caserne aux hommes d'armes de Geoffroy le Meingre, dit Boucicaut, mais après l'évasion de Benoît XIII (1403) et en prévision d'un nouveau siège, le Petit Palais fut relié au Palais des Papes et au Rocher pour former un vaste réduit fortifié, en communication avec le Rhône d'où pouvaient venir des secours. Il ne fut évacué par les troupes catalanes de Rodrigue de Luna, neveu de Benoît XIII, — en même temps que le Palais des Papes, — que le 23 novembre 1411, après dix-sept mois d'un nouveau siège.

La « Guerre des Catalans » avait laissé le Petit Palais en fort mauvais état. Il fut reconstruit au cours du XVe siècle par le cardinal Alain de Coëtivy et par son successeur le cardinal Julien de la Rovère.

Alain de Coëtivy, Breton d'origine, avait été fait évêque d'Avignon en 1437 et cardinal en 1448. En 1456, il fut légat auprès du roi de France Charles VII pour l'engager à la croisade contre les Turcs. Pie II, dans son *Histoire de l'Europe*, l'appelle « homme d'un grand génie, d'un esprit assuré et puissant ». Il mourut à Rome en 1474. Son successeur, Julien de la Rovère, le futur pape Jules II, était, nous l'avons vu, neveu de Sixte IV, qui érigea en sa faveur l'évêché d'Avignon en archevêché ; il fut en fonctions de 1475 à 1503, date de son élection à la papauté.

A l'époque des reconstructions auxquelles présidèrent ces deux princes de l'Eglise, l'architecture strictement militaire des palais du siècle précédent n'était plus de mise. L'habitation d'un grand personnage devait unir le confortable et l'agrément aux qualités défensives. Aussi, des anciens palais-forteresses, le Petit Palais a-t-il conservé les murs crénelés, les escaliers à vis abrités dans des tourelles et surtout, réminiscence de la tour des anciennes livrées cardinalices, une tour de défense construite en 1487 et qui devait s'écrouler en 1767. Mais ce qui répondait à un besoin nouveau d'aise et de bien-être, c'étaient les salles clairement ordonnées, heureusement orientées et les grandes fenêtres ouvertes sur la place du Palais et sur le Rhône. En 1493, les Avignonnais, charmés de cette architecture nouvelle écrivaient au pape : « Notre archevêque a fait construire un palais d'une admirable beauté. » D'ailleurs, quand il séjournait à Avignon, Julien de la Rovère préférait habiter le Petit Palais plutôt que le Palais pontifical. En 1498, il y reçut en grande pompe le fameux César Borgia, fils du pape Alexandre VI. En 1533, François Ier y fut l'hôte du cardinal Hippolyte de Médicis et c'est alors qu'il visita, dans l'église des Cordeliers, le prétendu tombeau de Laure.

Au XVIIe siècle, lors de l'explosion d'un dépôt de poudre installé dans le fort Saint-Martin, sur le Rocher (29 août 1650), le Petit Palais, dit une chronique, « fut tout ébranlé ; toutes les vitres rompues ; tous les toits descouverts et des grandes murailles de maçonnerie presque entièrement abattues ». Un jurisconsulte du temps, Limojon de Saint-Didier, auteur d'un poème sur cette catastrophe, dit en parlant du Petit Palais :

Le palais de notre prélat,
Le plus voisin de ce combat,
Receut la plus part des dommages ;
Les planchers et les toits brisez
Nous montraient les moindres ravages
Et les moindres débris qui lui furent causez.

Les principaux dégâts furent aussitôt réparés, puisqu'en 1660, lors du séjour de Louis XIV à Avignon, la reine-mère Anne d'Autriche et le duc d'Orléans purent être logés au Petit Palais.

Au siècle suivant, l'aspect de l'édifice fut modifié par la chute de la grande tour construite en 1487 par Julien de la Rovère et qui donnait des inquiétudes depuis au moins 1742 ; la tour s'écroula le 26 novembre 1767 en écrasant « le bureau des Coches » installé à ses pieds.

A la Révolution, le Petit Palais, déclaré bien national en février 1791, fut transformé en maison de réclusion, puis en dépôt de livres et d'objets d'art. Il fut vendu en 1796 à Louis Henry Scipion Grimoard Beauvais Duroure. En 1826, Mgr de Mons, archevêque d'Avignon, le racheta pour y installer le Petit Séminaire. Cette affectation entraîna de nombreuses modifications dans l'édifice, de même que l'installation de l'Ecole primaire supérieure de garçons (devenue par la suite Collège moderne), qui a remplacé le Petit Séminaire après la Séparation des Églises et de l'Etat.

Il a été décidé maintenant de transférer le Collège moderne dans de nouveaux locaux et de faire du Petit Palais un musée dans lequel on réunirait la collection de primitifs italiens du « Musée Campana », acquise sous le Second Empire et dispersée entre tous les musées de province.

Les bâtiments du Petit Palais se présentent actuellement comme suit :

Façade sur la place du Palais.

La façade est aux deux tiers l'œuvre de Julien de la Rovère. Dès 1481, le 7 mars, un prix-fait est passé par François Morini, notaire. Le directeur des travaux est un certain Gabriel Grusilhat ou Crusilhat ; les maçons, Pierre Pagès, Antoine Colin et Michel de Meys. Ceux-ci s'engagent à démolir les murailles « d'avant » ; ensuite, ils les reconstruiront, « c'est assavoir le pan d'avant et de travès de telle longueur que sera besoyng ». Dans ces murs, seront disposées « portes et fenetres qui seront revestiz de chambranles, ainsi que sera divisé par ledit mestre Gabriel Crusilhat ; au-dessus de chaque fenêtre, il y aura les armes du cardinal ; l'épaisseur des murs sera de cinq pans (1 m 25), pour les fondements, de quatre pans (1 m) jusqu'au premier étage et de trois pans (0 m 75) « jusquez au couvert » ; enfin il sera fait des créneaux « en long et travès de la mayson ». Quelques mois plus tard, un second prix-fait confiait d'autres travaux à deux maçons, Pierre Gentil dit Doublet et Pierre Chausseron. La façade construite alors ne comprenait que les trois quarts de la façade actuelle, de l'angle ouest jusqu'à la porte inclusivement ; le vestibule d'entrée est décoré des armes de Julien de la Rovère. Les six fenêtres du premier étage de cette partie de la façade sont surmontées de l'inscription suivante en beaux caractères romains :

> IVLIANVS EPISCOPVS SABINENSIS CARDINALIS SANCTI PETRI AD VINCVLA LEGATVS ARCHIEPSQVE AVINIONENSIS MAIOR PENITENTIARIVS SIXTI IIII PONT.MAX.NEPOS

Les trois dernières fenêtres à l'est ne portent aucune inscription. Sur le plan de 1618, la porte est encore à l'extrémité est de la façade, au-dessous de la sixième fenêtre. Du côté du Rocher, l'allongement de la façade a pu se faire en 1680, si on en croit un prix-fait assez obscur qui indique l'architecte François de Royers de la Valfenière fils, comme directeur des ouvrages (1).

Cette façade du Petit Palais a subi plusieurs restaurations. Sous le Second Empire, le crênelage a été refait aux frais, si on en croit la tradition, d'un touriste anglais de passage ; plus récemment, en 1953-54, les croisées de pierre des fenêtres ont été restituées.

Dispositions intérieures anciennes.

Des constructions d'Arnaud de Via, augmentées par Anglic Grimoard, il ne reste probablement aujourd'hui que le noyau primitif, c'est-à-dire la cour centrale entourée de portiques ouverts par huit arcs en tiers-point formant un véritable cloître aussi dépourvu d'ornements que celui du Palais. Cette galerie basse portait une galerie haute ouverte par seize grandes fenêtres en tiers-point. L'une des ailes est signalée comme contenant la « chambre de parement » ; à côté ou en prolongement, se trouvait la chapelle. Celle-ci, assise sur la montée du Rocher, à la hauteur du premier étage, faisait sans doute partie des agrandissements d'Anglic Grimoard ; en 1364, Urbain V donne à ce dernier le droit d'y célébrer les offices. A la fin du XVIe siècle, elle fut modifiée par Julien de la Rovère, puis au XVIIe par l'archevêque Dominique de Marinis (1649-1669) qui fit reconstruire la voûte démolie par l'explosion du fort Saint-Martin (1650) ; la clef de voûte de la travée du milieu porte ses armoiries ; au siècle suivant, l'archevêque François de Manzi (1756-1774) écrit au pape en 1761 : « La chapelle où l'on avait coutume de faire les ordinations était si obscure, si peu ornée, que j'ai dû presque la reconstruire et la décorer à mes frais. »

Constructions d'Alain de Coëtivy.

Pendant son long passage à l'évêché d'Avignon — trente-six ans, — Alain de Coëtivy fit reconstruire toute la partie du Palais qui surplombe le Rhône. C'est de cette période que datent la grande et belle salle du premier étage qui servait autrefois aux réunions solennelles de l'Université d'Avignon et la majeure partie du grand escalier à vis de la tour centrale achevé sous Julien de la Rovère. Les constructions d'Alain de Coëtivy furent exécutées, à partir de 1457, par Antoine Omède, un des maîtres d'œuvre les plus notables

(1) La ligne de reprise est restée très visible, à l'extérieur ainsi qu'à l'intérieur de l'édifice.

d'Avignon à cette époque (prix-fait du 1er juillet 1457), associé à un lapicide plus obscur Jean de Mégènes. Le magnifique plafond de charpente de l'*aula magna* avait été commandé à deux fustiers, Jean Molet et Jean Petri ou Pierre (prix-fait du 1er juillet 1457) ; ce plafond était autrefois décoré de peintures dues à Guillaume Dombet et à son fils Albéric ; ce dernier devait fournir en outre les verrières, non seulement celles de la chapelle qui devaient porter des « images de saints », mais celle des autres salles du Palais décorées aux armes du cardinal-évêque (prix-fait du 13 octobre 1458). Enfin, deux ans plus tard, Pierre Straul, *alias* de Strasbourg, habitant d'Avignon, reçut la commande de dix mille « carreaux sive mallons » de terre cuite, avec décor de feuillage suivant le modèle fourni par lui (prix-fait du 10 mars 1461).

Le Petit Palais communiquait avec la montée de Notre-Dame-des-Doms par une grande porte flamande construite par l'archevêque Joseph de Guyon de Crochans (1742-1756) et appelée alors la « montée des canons ».

III. — La cathédrale Notre-Dame-des-Doms

Plate-forme extérieure.

Au début de sa légation, le cardinal de Foix fit relever la plate-forme au-devant de Notre-Dame-des-Doms et construire un escalier qui comptait, dit-on, autant de marches qu'il y avait de mots dans le *Pater*. Cette plate-forme fut élargie et l'escalier reconstruit au XVIIIe siècle, sous la direction de J.-B. Péru (1735), puis sous celle de J.-B. Franque (1748) ; les fonds furent fournis par une loterie organisée par le Chapitre métropolitain.

Sur le devant de cette plate-forme, *Calvaire* par Baussan, souvenir de la mission de 1819.

Historique.

Selon L.-H. Labande, il y aurait eu, dès le IVe siècle, à la place de la cathédrale actuelle, une basilique, auprès de laquelle l'évêque avait établi sa demeure et celle de ses clercs. De ce voisinage, Notre-Dame-des-Doms a tiré son nom (*de domo episcopali*).

Cette église, reconstruite par la suite, fut l'objet d'une consécration solennelle le 8 octobre 1069. Mais, d'après L.-H. Labande, l'édifice actuel serait encore postérieur. Bâti en bel appareil marqué de lettres et de signes de tâcherons, il daterait de la grande époque de l'art roman provençal, c'est-à-dire de la seconde moitié du XIIe siècle, et n'aurait comporté alors qu'un vestibule ou narthex surmonté d'un clocher, une nef unique et une abside. Plus tard, mais toujours à l'époque romane, le porche aurait été ajouté, ainsi que la coupole avec lanternon qui précède le chœur.

Le monument subit d'autres modifications. Des chapelles furent bâties sous Jean XXII en partie aux frais du pape, puis au XVe et au XVIIe siècle. Le clocher qui avait souffert pendant le premier siège du Palais, s'écroula en 1405 et fut reconstruit en 1425. Des tribunes furent ajoutées à la nef et le chœur agrandi en 1670-1672.

Abandonnée et détériorée pendant la Révolution, Notre-Dame-des-Doms fut rendue au culte en 1822 et restaurée par l'archevêque Célestin Dupont (1835-1842). La Vierge en fonte dorée qui surmonte le clocher a été érigée en 1859. « Cette image étincelante et obsédante, dit André Hallays, désastreux symbole du goût qui régna dans le clergé du XIXe siècle, n'a pas seulement pour effet d'altérer le caractère de la vieille construction ; elle surgit au-dessus d'Avignon, et, d'où que l'on contemple la ville, déshonore le site du Rocher des Doms. »

Porche.

Le porche, avec ses pilastres corinthiens et son fronton triangulaire, est une gracieuse imitation de l'architecture antique ; de même le portail de l'église, si caractéristique du roman provençal.

L'intérieur du porche avait été entièrement peint au XIVe siècle. De cette décoration qui avait remplacé des peintures plus anciennes, il ne reste que deux petites fresques très usées et effacées où l'on reconnaît encore l'inspiration siennoise ; l'une représente le cardinal Annibal Ceccano aux pieds de la Vierge ; l'autre, au-dessus, le Christ bénissant, entouré d'anges adorateurs.

Avant la destruction du prestigieux ensemble, on voyait, sur la paroi nord, saint André Corsini rendant la vue à un mendiant aveugle devant la porte de Norte-Dame-des-Doms, en 1334. Sur la paroi sud, un saint Georges colossal perçait le dragon de sa lance et délivrait Marguerite. De bonne heure, la tradition avait attribué ces peintures à Simone Martini, dont la présence est certaine à Avignon de 1339 au moins jusqu'en 1344, date de sa mort. Sous l'influence du « pétrarquisme » ou culte de Pétrarque, en vogue en France dès la fin du XVe siècle, on a voulu également faire de la fresque de saint Georges une peinture allégorique, les personnages représentant Pétrarque et Laure. Mais toutes ces affirmations sont aujourd'hui fortement contestées. L'éminent critique italien Venturi s'est refusé à voir la main de Simone Martini dans ce qui reste des peintures du porche. Quant à la tradition relative à Laure, rien n'a pu la confirmer, comme d'ailleurs tout ce qui se rapporte à ce personnage purement légendaire. Néanmoins, ce qui reste des peintures se rattache à l'école siennoise, comme celles du Palais.

Narthex.

Voûte basse en berceau décorée de caissons peints ou sculptés du XVIIe siècle. — A gauche, derrière le tambour de la porte, restes de peintures du XIIIe siècle, *la Vierge et l'Enfant.* — A droite de l'entrée de la chapelle de Saint-Jean-Baptiste, intéressante fresque de la première moitié du XVe siècle, le *Baptême du Christ,* avec deux anges et les donateurs Charles Spifami, riche banquier d'Avignon, d'une famille originaire de Lucques, et sa femme Marguerite de la Roque, représentés à genoux avec leurs enfants. C'était aux frais de Charles Spifami que la chapelle de Saint-Jean-Baptiste démolie par l'écroulement du clocher en 1405 avait été reconstruite par Pierre Milhard, dit le Champenois (1423). La peinture dont on ignore l'auteur est sans doute contemporaine de la dédicace (17 avril 1423).

Dans la chapelle, fonts baptismaux, en pierre sculptée, de l'époque de l'archevêque Antoine Florès (1503-1512) ; *Christ de pitié,* statue, pierre peinte, XVIe siècle ; tableau sur bois (Jésus gravissant le Calvaire), par Simon de Châlons.

De chaque côté de l'entrée de la nef, *sainte Marthe* et *sainte Madeleine,* statues, XVIIe siècle, provenant du couvent des Célestins où elles auraient fait partie du monument élevé par Jean Péru autour du tombeau de saint Bénézet.

Nef et tribunes.

Voûtée en berceau brisé, la nef mesure 22 m 95 de longueur, 8 m 50 de largeur et 15 mètres (?) de hauteur. De pur style roman, elle a reçu, au XVIIe siècle une adjonction inattendue, une galerie formant tribune dessinée par l'avocat-architecte François Delbène et sculptée par Pierre Péru (1670). Son exubérante ornementation baroque mêlant à profusion les « culs-de-lampe, festons, armoiries, têtes de chérubins, écussons, balustres, appuis, piédestaux et bases » a détruit complètement l'aspect primitif de l'église ; et on ne laisse pas d'être choqué de l'intrusion de cette parure disparate sous une voûte romane.

Chapelles du côté gauche de la nef.

Première chapelle (de saint Roch) : autel roman formé d'une table portée par cinq colonnettes, marbre blanc et brèche africaine, XIIe siècle. C'est l'ancien maître-autel de la cathédrale ; au XVIIIe siècle, il était enfermé dans un autre autel garni de plaques d'argent et de vermeil envoyées à la fonte en 1790-91.

Deuxième et troisième chapelles réunies par un arceau reposant sur quatre colonnes cannelées en spirale. — Dans la première de ces deux chapelles dont la voûte est décorée de liernes et de tiercerons (fin du XVe siècle) : prétendu tombeau dit du pape Benoît XII, formé, à la restauration de la cathédrale, de morceaux rapportés n'ayant jamais appartenu au monument primitif qui était l'œuvre de Jean Lavenier dit de Paris (1342-1345) et se composait, comme celui de Jean XXII, d'un édicule avec dais abritant la statue couchée du pape ; la destruction de ce monument avait commencé dès le XVIIe siècle. Le Chapitre le trouvant trop dégradé l'avait fait démolir en 1689, en ne conservant que le gisant qui fut placé sur un nouveau socle ; plus tard, en 1765, on l'avait transféré dans une autre chapelle. Le monument qu'on montre actuellement comme le tombeau de Benoît XII est composé d'éléments disparates, dont les principaux proviennent de la tombe de l'évêque Jean de Cros ; le gisant, avec sa tiare de fantaisie, est l'œuvre du sculpteur Cournaud, restaurateur de nombreux monuments gothiques.

Sous le deuxième arceau, faisant communiquer cette chapelle avec la nef, on voit, à gauche, le tombeau de l'archevêque et vice-légat Grimaldi († 1592), et à droite, le tombeau de l'archevêque Dominique de Marinis († 1669), œuvre du sculpteur Pierre Péru (1671).

En 1838, on chargea Eugène Dévéria de décorer les deuxième et troisième chapelles réunies, de peintures glorifiant la Sainte Vierge. Le peintre exécuta dans la deuxième chapelle les compositions suivantes : 1° *Martyre de saint Laurent* et la Vierge, *Regina Martyrum* (sur le mur méridional, face au tombeau dit de Benoît XII) ; 2° *Regina angelorum* (au-dessus de l'arcade qui fait communiquer cette chapelle avec la suivante). — Dévéria n'ayant pu achever la décoration de cette chapelle, envoya les quatre grandes toiles qui y sont exposées : la *Présentation de la Vierge au Temple*, l'*Adoration des Bergers*, le *Repos de la Sainte Famille*, le *Christ pendant le reniement de saint Pierre* (1848-1851).

La troisième chapelle, qui fait suite à la précédente, a été reconstruite presque complètement (1837) ; on y conserve la statue (repeinte) de Notre-Dame de Tout-Pouvoir, XVIIe siècle. Les peintures de Dévéria la décorent entièrement ; elles font suite à celle de la chapelle précédente.

Les sujets représentés sont : 3° au-dessus de l'autel : *Les Disciples d'Emmaüs* ; 4° au-dessus de la corniche : *David jouant de la harpe* ; 5° sur la voûte : *Les trois Vertus théologales : la Foi, l'Espérance et la Charité* ; 6° à gauche de l'autel : *La Présentation de Jésus au temple* ; 7° à droite de l'autel : *La Visitation* ; 8° sur le mur méridional, à gauche : *Mater admirabilis* ; au-dessus, les prophètes Jérémie et Isaïe ; 9° sur le même mur, à droite : *Mater purissima* ; au-dessus, les prophètes Daniel et Ezéchiel ; 10° dans les compartiments de la voûte : *Anges musiciens* ; 11° au-dessus de l'arcade qui sépare cette chapelle de la précédente, *L'Arche d'Alliance*. — Ces peintures datent de 1838-1839 ; elles ont été exécutées à la cire, sauf les numéros 2 et 3 qui sont des fresques. Très abîmées par l'humidité, elles ont été restaurées en 1913.

Chœur.

Le chœur comprend la dernière travée de la nef et l'abside proprement dite.

1° La dernière travée de la nef est couverte d'une coupole romane célèbre, montée sur un lanternon octogonal percé de huit fenêtres. Comme la travée est de plan barlong, on a ramené la longueur aux mêmes dimensions que la largeur en jetant, entre les murs de la nef et de l'abside, huit arcs formant ressauts successifs ; on a obtenu ainsi un carré de cinq mètres de côté, ramené facilement à l'octogone par quatre trompes en cul-de-four placées dans les angles. Cette construction, inusitée dans l'art français, « rappelle d'une façon frappante les coupoles bysantines des églises d'Athènes » ; les fresques dues au peintre avignonnais Jean-Baptiste Lauze sont de l'époque de la construction des tribunes de la nef. — Dans le chœur, célèbre *siège épiscopal* de marbre, de la fin du XIIe siècle, portant d'un côté le lion de saint Marc et de l'autre le bœuf de saint Luc (l'olive qui surmonte le dossier est une addition moderne). — Au-dessus du siège de marbre, anciennes orgues de bois sculpté et doré, XIXe siècle. — Dans le chœur, tombeaux du brave Crillon († 1615, épitaphe moderne), de l'évêque Gilles de Bellemère († 1407), de l'historien et bibliographe avignonnais Cambis-Velleron († 1772), de l'abbé de Poulle, prédicateur du roi († 1781), etc.

2° L'abside primitive, plus étroite et moins haute que la nef a été rebâtie et agrandie en 1670-1671 par Louis-François de Royers de la Valfenière. Tableau de l'*Assomption de la Vierge*, par Nicolas Mignard (1653), etc.

Tombeau de Jean XXII.

Sur le côté droit de la nef, la première chapelle (des Apôtres), aujourd'hui vestibule de la sacristie, a été construite dès 1316 pour recevoir le tombeau de Jean XXII (†1334). Ce tombeau dont l'architecture et la sculpture rappellent des monuments analogues du sud de l'Angleterre du début du XIVe siècle, a été attribué, pour cette raison, à Hugues Wilfred, lapicide anglais, signalé comme employé à la construction de la chapelle funéraire de Jean XXII. C'est un haut édicule de pierre de Pernes (1) ajouré et richement sculpté couvrant la statue couchée du défunt, ou *gisant*.

Déplacé en 1759, profané pendant la Révolution, ramené en 1840 à son emplacement primitif, il a subi de multiples dégradations. Ainsi, il a perdu ses statuettes, le faîte de ses clochetons et même la statue du pape en marbre blanc remplacée par une statue moderne d'évêque, en pierre. Tel quel, il reste encore un des vestiges les plus importants de la sculpture funéraire du XIVe siècle.

(1) Pernes, aujourd'hui Pernes-les-Fontaines, est une charmante petite ville du Comtat (arrondissement de Carpentras) qui possédait dans ses environs une carrière d'une pierre très fine, souvent utilisée par les sculpteurs avignonnais du XIVe au XVIIIe siècle.

Dans le trésor, 1° un groupe attribué à P. Puget, *La Flagellation,* argent massif sculpté et ciselé, sur socle de marbre et lapis ; don d'Esprit Calvet, fondateur du Musée Calvet ; 2° Christ d'ivoire qui, d'après Calvet, aurait appartenu à Pierre Mignard.

Chapelles du côté droit de la nef.

Chapelle de la Résurrection, construite par l'architecte François Delbène, aux frais de l'archevêque Hyacinthe Libelli, de 1677 à 1682. Elle est de forme octogonale et couverte d'une coupole ; les sculptures et les statues qui l'ornent forment un bel ensemble décoratif. Le tombeau du prélat († 1684) est à gauche ; il était autrefois surmonté d'un squelette figurant la Mort. En face, tombeau de Rostaing de Marguerites, évêque d'Avignon († 1196) dont on trouva les restes en édifiant la chapelle. — Les statues sont celles des quatre principaux témoins de la Résurrection : sainte Madeleine, saint Thomas, saint Jean et saint Pierre (cette dernière attribuée à Pierre Puget, mais qui est sans doute de Pierre Péru). — Les bas-reliefs des frontons représentent les résurrections opérées par le Christ (Lazare, le fils de la veuve de Naïm, la fille de Jaïre) et une autre scène non identifiée. Cet ensemble décoratif suscita dès l'origine la plus vive admiration. Un chanoine-poète, Jean-Joseph Rive, célébra sur le mode lyrique, ce

Miracle de l'architecture,
Dernier effort de la sculpture,
Sanctuaire nouveau de la Divinité,
Superbe accroissement du premier de nos temples,
Où d'une insigne piété,
On voit tous les jours tant d'exemples.

Sur l'autel, Vierge en marbre blanc par Pradier, 1838.
Chapelle de saint Grégoire le Grand ou des Ames du Purgatoire couverte d'un lanternon et d'une petite coupole ovale décorée d'un écusson ; elle a été construite aux frais de Pierre de Joannis de Verclos par Louis-François de la Valfenière (1680).

Chapelle de saint Joseph, rebâtie au XIXᵉ siècle, Autel du XIIᵉ siècle, de forme cubique. La partie antérieure est décorée de quatre pilastres, avec chapiteaux dérivés du corinthien. Sur la frise divisée en trois compartiments, au milieu, le Christ en croix soutenu par deux anges à mi-corps ; à gauche, une tête d'agneau ; à droite, un mufle de lion.

Rameau, maître de musique à Notre-Dame-des-Doms.

Au XVIIᵉ et au XVIIIᵉ siècle, la « musique » de Notre-Dame-des-Doms était fort estimée, ce qui attira l'illustre Jean-Philippe Rameau, nommé par le Chapitre métropolitain « mestre de musique », le 14 janvier 1702. Rameau, qui avait alors vingt ans, fit entendre ses premiers essais qui ne réussirent pas, dit un biographe « quoiqu'exécutés dans Avignon qui étoit alors en réputation à cet égard. Ce dépit lui fit quitter la ville ». Néanmoins, lors de sa mort, le Chapitre métropolitain lui rendit un solennel hommage. Un compte rendu contemporain rapporte en effet : « Le 20 octobre 1764, on a célébré aujourd'hui dans cette ville et dans l'église de la Métropole, une grande messe de Requiem pour le repos de l'âme de M. Rameau, célèbre musicien, père de l'armonie... Le catafalque qu'on avoit dressé dans l'église étoit fort beau et d'environ une canne et demie de hauteur, un violon couvert d'une gaze noire sur un coussin étoit posé sur le haut du catafalque et sur la porte de l'église en haut étoit tendu un tapis noir sur lequel étoit cloué ouvert un cayer de musique. L'on a chanté la messe composée par Gilles (1) et après on a chanté le *De profundis* de Pergolèse. Ce qui a excité les musiciens du concert de cette ville à donner aux mânes de M. Rameau, cette marque de leur affection et ce qui a engagé MM. de la Métropole à y contribuer, c'est que M. Rameau a été autrefois maître de musique à la Métropole. »

IV. — Le rocher des Doms

Enorme masse de calcaire surplombant la ville et le Rhône, le Rocher des Doms a été, comme nous l'avons dit, le berceau de la ville d'Avignon. Dès l'époque romaine, il portait, sur sa terrasse supérieure un *castrum* ou château qui fut, au XIe siècle, le château du comte, puis du vicomte, et ensuite celui de la commune. On lui adjoignit une chapelle dédiée à saint Martin qui, le jour de la fête patronale, recevait la visite des autorités de la ville ; les charretiers qui ravitaillaient la population en « pommes, poires et autres fruits » en apportaient une large offrande qui était distribuée aux enfants.

En 1618, le château, appelé désormais le fort Saint-Martin, fut transformé en poudrière qui reçut la foudre et sauta le 29 août 1650, causant de nombreux dégâts au Petit Palais, comme nous l'avons vu, et aux édifices environnants. Sur le Rocher, il n'y eut plus qu'une « Croix couverte » datant du XVe siècle et quatre moulins à vent. Il y avait aussi des fours à chaux et, sur les flancs du Rocher, deux carrières de pierre employée pour la construction ; l'une, à l'est, exploitée depuis plusieurs siècles, a produit la paroi à pic au-dessus de la Maison d'arrêt ; l'autre, appelée la *peyriera,* se trouvait sur la pente méridionale et se dissimule sous les maisons de la rue de la Peyrolerie.

Malgré son aspect dénudé, le Rocher devint, au milieu du XVIIIe siècle, une promenade très fréquentée à cause de la vue admirable qu'on découvre du haut de sa terrasse supérieure.

---

(1) Ce Gilles avait été le successeur de Rameau, comme maître de musique de la Métropole, le 3 août 1702.

En 1754 et en 1755, on aménagea les rampes qui y conduisaient à partir de la place du Palais.

L'escalier de Sainte-Anne, ainsi nommé à cause de son voisinage avec la chapelle située au nord de la cathédrale, a une origine antérieure au XIIe siècle ; on se souvient que c'est à ses pieds que se tenaient les grandes assemblées de la commune avignonnaise au XIIe et au XIIIe siècle ; dans son état actuel, il remonte au moins dans sa partie basse au XVIIIe siècle (J.-B. II Péru, en 1744, puis J.-B. Franque en 1766-1767) ; la réfection de la partie haute date de 1846 (restaurations postérieures).

Pendant la Révolution, après la suppression des cimetières paroissiaux (1791), on installa sur le Rocher des Doms, au nord de l'escalier de Sainte-Anne, un cimetière qui devait servir, quand celui de Saint-Roch, très exposé aux inondations, deviendrait inaccessible. Esprit Calvet, fondateur du Musée, qui avait fort critiqué le choix du terrain de Saint-Roch, voulut être enterré dans celui du Rocher (1810). L'évêque Périer († 1824) et le duc de Crillon-Mahon y furent également inhumés. Ce cimetière fut désaffecté en 1843.

La transformation du Rocher en jardin public commença aussitôt après la Révolution de Juillet. En 1830, des ateliers de charité ayant été créés pour parer au chômage, on les employa à des terrassements sur le Rocher. Plus tard, on aménagea les rampes d'accès, on supprima le cimetière créé pendant la Révolution ; on construisit les escaliers descendant vers le Rhône ; on nivela la plate-forme supérieure au moyen de déblais provenant de la démolition de l'hôtel de ville et on fit des plantations. L'eau d'arrosage était montée dans des tonneaux ; en certains mois d'été, il fallait plus de 40.000 litres par semaine. Pour suppléer à ce charroi long et dispendieux, on installa une pompe à vapeur au pied de l'escalier de Sainte-Anne.

De 1863 à 1865, une énorme quantité de terre végétale, tirée en grande partie des vases du canal de ceinture, fut transportée sur le Rocher, ce qui permit l'achèvement des plantations et la création d'un jardin anglais, avec bassin et rocaille dissimulant un réservoir d'eau ; de nouvelles rampes d'accès furent également aménagées du côté de la cathédrale. En 1863, le maréchal et la maréchale Canrobert, de passage à Avignon, furent invités à planter un chêne sur le Rocher ; c'est aujourd'hui un arbre magnifique. — Non loin de cet arbre, sur une pelouse (à gauche), un cadran solaire a été installé en 1931 par Georges Bonnet, ingénieur ; le style est remplacé par l'observateur. — L'ancien fort Saint-Martin n'a pas laissé de traces ; il se trouvait entre l'emplacement du cadran solaire et la terrasse qui surplombe le Rhône.

Cette terrasse, a dit André Hallays, est « un des plus beaux lieux du monde, car on y découvre le plus divers et le plus grandiose des paysages, animé, illustré par un fleuve rapide et glorieux ».

[illegible] quand l'[illegible]
[illegible] une [illegible]
[illegible] ou moins [illegible]
[illegible] ou [illegible] siècle, on [illegible]
[illegible] que [illegible] grande [illegible]
[illegible] au [illegible]
[illegible] dans la partie basse au [illegible]
[illegible] en 1714, [illegible] 17[illegible]
la [illegible] et la partie haute date de 181[illegible]
[illegible]

Pendant la Révolution, après la [illegible]
[illegible] (17[illegible]), les [illegible] le [illegible]
[illegible] un cimetière qui [illegible]
[illegible] de Saint[illegible], très exposé aux [illegible]
[illegible] dans [illegible] la [illegible]
[illegible] qui avait [illegible] le 181[illegible]
[illegible] encore dans [illegible]
[illegible] 16[illegible] et [illegible]
[illegible] 18[illegible]
[illegible] de [illegible] jardin public [illegible]
[illegible] après la Révolution de [illegible] en 18[illegible], des [illegible]
[illegible] sur [illegible]
[illegible] sur le rocher [illegible]
[illegible] dans le [illegible]
[illegible] de la Révolution [illegible]
[illegible]
[illegible] provenant de [illegible] de l'hôtel de [illegible]
[illegible]
[illegible] certains [illegible]
[illegible] Pour [illegible]
[illegible] en [illegible] pompe [illegible] au pied de [illegible]
[illegible]

De 18[illegible] à [illegible], une énorme quantité de [illegible]
[illegible] grande partie [illegible]
[illegible] Rocher, ce qui permit [illegible]
[illegible] d'un jardin [illegible]
[illegible] de [illegible]
[illegible] furent également aménagées [illegible]
[illegible] le maréchal [illegible]
[illegible] furent [illegible]
[illegible] un arbre magnifique.
[illegible] sur [illegible] le gnomon [illegible]
[illegible] installé [illegible] 18[illegible] par [illegible]
[illegible] par [illegible]
[illegible] pas [illegible] Il se trouvait [illegible]
[illegible] et la terrasse qui [illegible]
le [illegible]

[illegible] le jardin [illegible] est [illegible] un des plus beaux [illegible]
[illegible] du monde [illegible] le plus [illegible]
[illegible] un [illegible]
[illegible]

TROISIÈME PARTIE

MUSEES - EGLISES ET CHAPELLES
HOTELS ET MAISONS
ANECDOTES - CURIOSITES DIVERSES
VILLENEUVE-LEZ-AVIGNON

CHAPITRE PREMIER

LA PLACE DE L'HORLOGE. — LES MUSEES

I. — DE LA PLACE DU PALAIS A LA PLACE DE L'HORLOGE. — *Le Puits des Bœufs ; la rue de la Balance. — Le Palais de la commune et la Vice-Gérence. L'hôtel de Crochans.*

II. — LA PLACE DE L'HORLOGE. — *Le carrefour de la Porte-Ferruce. La livrée d'Albano ; le couvent de Saint-Laurent. L'ancien hôtel de ville. Agrandissements successifs de la place. Edifices actuels.*

III. — LE PALAIS DU ROURE. — *Pierre Baroncelli. Construction de l'hôtel de Baroncelli ; son histoire ; architecture et décoration. Le Palais du Roure.*

IV. — LA RUE DE LA RÉPUBLIQUE. L'ANCIENNE RUE SAINT-MARC. — *Percement de la rue de la République. La rue Saint-Marc ; le marquis de Calvière. Chateaubriand et son contrefacteur. L'ancienne imprimerie Aubanel. Jacques III Stuart à l'hôtel de Serre.*

V. — LE MUSÉE LAPIDAIRE. — *La chapelle du Collège des Jésuites. Les collections lapidaires.*

VI. — DU MUSÉE LAPIDAIRE AU MUSÉE CALVET. — *Le Collège d'Annecy. La maison des Mignard ; Molière à Avignon. L'hôtel de Brancas. Horace Vernet.*

VII. — LE MUSÉE CALVET. — *La livrée de Cambrai. Les Villeneuve-Martignan. Le mariage de Madeleine de Villeneuve. Joseph-Ignace de Villeneuve. Historique et description de l'hôtel. Le musée Calvet ; la bibliothèque ; le muséum Requien.*

I. — DE LA PLACE DU PALAIS A LA PLACE DE L'HORLOGE

Rue ou place du Puits-des-Bœufs.

Par une étroite et courte rue partant de l'angle sud-ouest de la place du Palais, on arrive à la *place du Puits-des-Bœufs* qui semble un prolongement, au nord-ouest, de la place de l'Horloge.

Dans les documents du XIVe siècle, le Puits-des-Bœufs est appelé le puits *de Biort* (1358) ou *de Biorts* (1367) ; en 1410, on entoure de cancels (barrières) le puits *dels Biors* (1410) ;

en latin, on dit *Carreria puthei Biodorum* (1368), d'où on a fait le *puys aux bœufs* (1410) ; en provençal, le mot *biort* signifiait joûtes, tournois. Achard pense cependant que *Biort* ou *Biord* a pu être un nom de famille et il rappelle qu'il y a eu, à Arles, des Biort qui ont joué un rôle notable dans cette ville et en Provence.

De 1468 à 1472, Nicolas Froment, le célèbre peintre du roi René, a habité une maison de la place du Puits-des-Bœufs.

Comme toutes les installations de ce genre, le puits des Bœufs gênait considérablement la circulation. En 1475, pour l' « entrée » du légat Charles de Bourbon, on dut le démolir, pour le reconstruire aussitôt après.

Par la place du Puits-des-Bœufs, la place de l'Horloge ne communique pas seulement avec la place du Palais, mais aussi avec la RUE DE LA BALANCE, qui doit son nom à une enseigne d'hôtellerie. Cette rue, aujourd'hui déchue, a été longtemps la « grande rue » d'Avignon, conduisant à la porte du Rhône et au pont ; la livrée du cardinal *de Murolio* y avait son entrée ; d'autres maisons importantes s'y trouvaient ; aujourd'hui cette rue et les rues avoisinantes déclarées insalubres sont en cours de démolition. Il reste encore :

N° 2 (*rue du Puits-de-la-Reille* ou *de l'Areille*, c'est-à-dire de la Charrue ; il y avait au XVe siècle une auberge de l'Areille). — *Maison de Jean de Sudre*, docteur en médecine, construite par François de Royers de la Valfenière et François d'Elbène (prix-fait de 1661), réputée alors pour ses tapisseries (Flandres, cuir doré) ; en 1692, le prince Frédéric de Danemark, qui se rendait à Montpellier pour se faire soigner, s'arrêta à Avignon du 28 juin au 9 juillet ; il demeura « chez M. de Sudre, où l'hôte de Saint-Omer lui donnait à manger, ne voulant être à charge à personne ».

N° 7 (*rue du Puits-de-la-Reille*). — *Maison de Jean-François Martin*, cafetier, puis *de l'imprimeur Jean-Joseph Guichard* ; la façade a gardé son aspect primitif avec boutiques au rez-de-chaussée, niche et Vierge d'encoignure, XVIIIe siècle.

Rue des Frères-Brian.

Cette rue allait à l'origine du Palais des Papes à la porte Ferruce. Après les agrandissements successifs de la place de l'Horloge, il n'en est plus resté que le tronçon actuel. La rue du XIVe siècle s'appelait *de la Miraillerie, carreria Miralherie* (1316), « probablement, dit Achard, à cause des éventaires de quelques marchands miroitiers » (?). En 1652, un texte dit *rue des Miroirs sive de la Miralherie* ; puis, en 1668, un autre donne *rue de la Miraherie à présent du Bon Parti*. Ce dernier nom a été employé jusqu'à son remplacement récent par celui *des Frères-Brian*, deux sculpteurs avignonnais, Joseph (1801-1864) et Louis, le plus connu des deux (1805-1866).

Le point de départ de la rue des Frères-Brian forme carrefour avec deux autres rues, la rue de la Peyrolerie et la rue de Mons.

Rue de la Peyrolerie.

C'était la rue des Peyroleriers ou Chaudronniers (du provençal *peyrou* qui veut dire chaudron). Elle longeait le Palais des Papes, contournait la tour Saint-Laurent, communiquait avec les « fausses brayes sive lices du Palais » et descendait jusqu'à la place Saint-Pierre. A son commencement, sous le grand contrefort du Palais, la rue Peyrolerie débutait par un dos-d'âne aux pentes fort raides ; le passage continuel des chars a creusé un sillon dans la roche, indiquant ainsi approximativement l'ancien niveau du dos-d'âne. Les pentes furent adoucies par dérochements successifs, en 1496, en 1516, en 1575. De 1754 à 1759, on abaissa encore le niveau de 8 pans (2 mètres environ) et, en 1760, on élargit le passage. Les proportions et le niveau actuels ont été donnés sous le Second Empire.

Rue de Mons.

Au xve siècle, cette rue s'appelait *de la Vice-Gérence* ; on comprendra dans un instant pourquoi. Sur une liste des rues de 1795, la rue de la Vice-Gérence devient la *rue Cardinale.* Sur le plan de 1836, la *place de la Vice-Gérence* est le carrefour des rues de la Peyrolerie, Cardinale et du Bon-Parti.

A ce carrefour, une enseigne annonce aujourd'hui la *Cité du Palais,* au sommet d'un piton rocheux qui surplombe les rues avoisinantes. Sur ce monticule, se dressait aux xiie et xiiie siècles, le *Palais de la Commune* (1) ; les Consuls y siégeaient et on y tenait les audiences de justice ; la cour de l'édifice était ornée d'un haut bas-relief de pierre (au Musée lapidaire) représentant un chevalier d'Avignon en équipement et monture de guerre. Si les bâtiments qui dominent la rue de Mons sont récents, à l'opposé, sur la rue Peyrolerie, on aperçoit encore l'angle nord-est de ce Palais de la Commune ; ses hautes murailles sont caractérisées par le petit appareil fruste et les étroites baies en plein cintre accusant l'époque romane.

Au temps des papes, cet édifice servit de résidence à deux officiers, du côté du Palais pontifical, au Maréchal de la cour romaine, et du côté de Saint-Pierre, au viguier de la ville. Ces deux dignitaires exerçaient les fonctions de police criminelle et correctionnelle, le premier, sur les gens « suivant la Cour romaine » ; le second, sur les autochtones.

Au début du xve siècle, le camérier François de Conzié, resté comme vicaire général du pape à Avignon, ne pouvant

(1) Voir ci-dessus Ire partie, chap. Ier, § 3, p. 29.

s'installer dans le Palais pontifical, très dégradé par les deux sièges qu'il avait subis, habita la maison du Maréchal.

Ensuite l'édifice fut affecté à l'Auditeur ou Vice-gérent de la Chambre apostolique, exerçant la juridiction domaniale et fiscale sur les Etats pontificaux d'Avignon et du Comtat, mais sous la dépendance de la Chambre apostolique de Rome. La *Vice-Gérence* est figurée sur le plan de 1618, avec deux bâtiments parallèles séparés par une haute tour. Aujourd'hui, la « Cité du Palais » appartenant à divers particuliers, est, à l'intérieur, presque entièrement modernisée.

N° 4. — Hôtel de Crochans. — Crochans était un fief de la principauté d'Orange. A la fin du XVIIe siècle, le titre passa à Louis-Henri de Guyon, doyen de la Rote et consulteur du Saint-Office, qui avait épousé Jeanne-Marie de Marcel de Crochans ; ce nouveau possesseur commença la reconstruction de l'hôtel. Après sa mort en 1703, son fils Pierre-Louis, mestre de camp dans les armées royales, poursuivit activement les travaux ; entre autres embellissements, on lui doit le portail d'entrée décoré d'emblèmes militaires. D'autres parties sont plus récentes, notamment les belles boiseries qui ornent divers salons. Sous le régime concordataire, l'hôtel de Crochans servit de résidence à l'archevêque d'Avignon. On y installa ensuite des services financiers du département ; les salons transformés en bureaux administratifs ont perdu tout caractère ; on a conservé toutefois les boiseries, classées comme monument historique.

II. — La place de l'Horloge

Origines de la « Place ».

La place de l'Horloge a été commencée au XVe siècle. Mais son origine remonte au forum de la ville antique, puis au carrefour de la porte Ferruce, où, depuis une haute ancienneté, se trouvait le *macellum*, c'est-à-dire la boucherie publique, et se tenait le plus important marché de la ville ; au milieu du XVe siècle, on l'appelle la place du *Masel* (nom provençal du *macellum*) ou la place du *forum*, place du marché (1).

Sur le carrefour de la porte Ferruce, il y avait eu une livrée, créée probablement par le cardinal Pierre Colonna († 1326) qui eut pour successeur le cardinal Pierre de Mortemar, évêque d'Auxerre, puis Etienne Aubert, qui devint pape sous le nom d'Innocent VI (1352), ensuite le neveu de ce pape, Ardoin Aubert, évêque de Maguelonne. Ce dernier paraît avoir fait des constructions considérables à cette livrée. Son testament, du 5 mars 1363, nous apprend qu'il édifia une tour et

(1) Voir ci-dessus Ire partie, chap. Ier, § 3 : *La commune d'Avignon*, p. 30, 31.

une cave ; il légua l'une et l'autre au monastère voisin de Saint-Laurent.

Ce dernier, couvent de Bénédictines, était le plus ancien de la ville, cité dès le xe siècle. Du temps où il était hébergé par le cardinal Colonna, Pétrarque devait être en relations avec les dames de Saint-Laurent, car son nom figure avec la mention *Amicus noster* dans leur obituaire, conservé à la Bibliothèque Nationale.

Le dernier occupant de la livrée du carrefour de la porte Ferruce fut Nicolas de Brancas, cardinal-évêque d'Albano († 1412), dont le nom resta à cette livrée.

En 1447, la livrée d'Albano appartenait pour la plus grande partie au collège Saint-Ruf de Montpellier ; les syndics d'Avignon l'achetèrent alors pour y installer la maison commune. La partie acquise comprenait l'entrée, le tinel, la chambre de parement et divers locaux, le tout nécessitant d'urgentes réparations. Les syndics complétèrent leur acquisition en achetant le reste de la livrée et en louant aux religieuses de Saint-Laurent la tour que leur avait léguée le cardinal Aubert et dans laquelle ils installèrent les archives de la ville.

Dès 1458, on sentit le besoin de dégager les abords du nouvel hôtel de ville. Sur l'impulsion du cardinal de Foix, le carrefour de la porte Ferruce fut agrandi par la démolition de deux maisons et prit dès lors le nom de « plan de la maison commune ». Mais on continua à l'appeler aussi *platea fori*, car dans la pensée du Conseil de ville, il s'agissait surtout d'aménager une « place publique » pour le marché des « fruits et volatiles » apportés par les forains ; une participation aux frais d'achat des maisons démolies et aux dépenses des travaux fut imposée, suivant l'usage du temps, aux propriétaires voisins.

La place de l'Horloge.

En 1471, la ville installa une horloge sur le sommet de la tour louée aux religieuses de Saint-Laurent, ce qui fit donner à la place le nom de *place du Reloge* ou *de l'Horloge*. L'horloge avait été fournie par Amiel Guibert, serrurier, qui fabriqua également un jaquemart. Au préalable, Pierre Gentil, lapicide, et Jean Morgier, maçon, avaient renforcé la terrasse de la tour et construit le campanile voûté, surmonté d'une flèche et de clochetons, destiné à abriter le mécanisme et la cloche de l'horloge. En 1471 également, un puits fut creusé sur la place ; sur le plan de 1618, il semble surmonté d'une ferronnerie.

A la fin du xve siècle, l'hôtel de ville fut accru d'une aile bâtie près de l'entrée ; en outre, sa façade fut décorée de deux bas-reliefs allégoriques, le « Bon gouvernement » par Francesco Laurana et la « Vérité amie » (*Amica veritas*) par Jean de la Barre ; de plus, le sculpteur de la façade de Saint-Agricol, le Lorrain Ferrier Bernard, exécuta, au-dessus de la porte d'entrée de l'hôtel de ville, une niche historiée et sa statue de la Vierge. Des dessins et des lithographies du XIXe siècle nous ont conservé l'aspect de ce charmant édifice dont la façade assez étroite et basse était dominée de très haut par la tour de l'Horloge.

En 1498, une nouvelle démolition permit un petit agrandissement de la place. Un siècle plus tard, on aurait voulu doter la ville d'une vaste esplanade, à la fois « place d'armes » et marché, lieu de rassemblement de la population dans les grandes circonstances. Aussi songea-t-on alors à agrandir la place de l'Horloge ; mais les frais de l'entreprise y firent renoncer ; la place Pie récemment créée fut élevée à la dignité de place d'armes. Néanmoins, la place de l'Horloge conservait sa primauté ; sur le plan de 1618, elle est appelée « la Place ». Aussi, en 1674, reparle-t-on de l'élargir. La « place », disaient les consuls, « ressemble plutôt à une petite rue ou ruelle qu'à une place publique..., les carrosses et les charrettes ne peuvent passer par icelle qu'avec grand'peine » ; les accidents sont fréquents ; des personnes « ont été estropiées, et d'autres tuées ». Cependant l'année suivante, on y installa des bancs, « pour engager, disait-on, les étrangers à porter des provisions dans cette ville ». La place servait donc toujours de marché.

Ce n'est qu'en 1682 qu'on donna suite au projet d'agrandissement. C'était l'époque où toutes les villes de France désiraient avoir une vaste place, où de belles ordonnances architecturales servaient de cadre à la statue du roi Louis XIV. Avignon voulut aussi une place grandiose « pour la beauté de la présente ville et commodité publique ». On demanda un plan à l'illustre architecte Pierre Mignard ; quelques démolitions procurèrent un agrandissement notable de la place, et Mignard construisit une nouvelle boucherie (1682-1684).

Au XVIIIe siècle, des améliorations furent apportées à l'hôtel de ville ; quatre maisons y étaient enclavées et servaient au logement des courriers ; elles étaient très exiguës et en mauvais état. Elles furent démolies en 1734, ce qui permit, l'année suivante, de construire un grand escalier et un bâtiment intérieur, d'après les plans de Jean-Baptiste Franque.

Quelques années plus tard, on demanda au même Franque le plan d'un nouvelle place. On devait démolir la boucherie de Pierre Mignard — qui déjà menaçait ruine, — agrandir la place, et y placer la statue du pape régnant. Suivant la mode du temps, Franque fit un projet où les maisons décorées de façades uniformes, étaient disposées symétriquement et, à mesure qu'elles s'éloignaient de l'hôtel de ville, s'écartaient pour élargir la place. Ce projet qui fut accepté et placé « sur le grand trumeau du salon de l'hôtel de ville » est aujourd'hui conservé au Musée Calvet. Il reçut un commencement d'exécution ; on démolit la boucherie ; on fit abattre plusieurs maisons ; de nouvelles façades furent rebâties suivant le plan de Franque ; puis, à partir de 1754, les consuls, découragés par les critiques, accusés de ruiner la ville, arrêtèrent les travaux. Ce n'est qu'en 1791 qu'on les reprendra en démolissant un lot de maisons qui occupait la partie sud de la place actuelle.

A l'époque de la Terreur, le puits de la Place servit de support à la guillotine qui y fonctionna du 7 octobre 1793 au 2 février 1794, faisant trente exécutions. Elle fut remplacée par un autel de la Patrie surmonté de la statue de la Liberté.

Dès la première moitié du XIXᵉ siècle, on se préoccupa de nouveau de l'agrandissement de la place de l'Horloge, centre de la ville depuis tant de générations.

En 1823, on démolit au nord de l'hôtel de ville, l'îlot formé par quelques maisons particulières et par le vieux couvent des religieuses de Saint-Laurent désaffecté pendant la Révolution et si plein de souvenirs de l'histoire avignonnaise. Sur cet emplacement, Bondon, architecte de la ville, et Frary, architecte, construisirent un théâtre dont la façade, de style gréco-romain, était décorée de deux colonnades superposées que couronnait une rangée de statues allégoriques, Apollon et les Muses, œuvres des sculpteurs Baussan et Lacroix. La nouvelle salle fut ouverte pour la première fois le 30 octobre 1825.

Dix ans plus tard, le Conseil municipal fut appelé à délibérer sur tout un ensemble de travaux destinés à « améliorer et embellir la cité ». Parmi ceux-ci, figurait « l'établissement d'une place d'armes et d'un champ de foire en agrandissant la place de l'Hôtel-de-Ville ». Dans ce but, des maisons furent démolies de 1836 à 1844, face à la mairie et au théâtre.

L'Hôtel de Ville.

Les projets adoptés comportaient aussi la reconstruction de l'Hôtel de Ville. « Il n'est, disait-on au Conseil municipal, aucun habitant d'Avignon, aucun étranger visitant la ville qui ne soit choqué du triste aspect de l'édifice où nous siégeons actuellement », affirmation qui ne provoquait aucune note discordante, pas même chez les opposants. Il eut été cependant facile de restaurer l'antique maison commune, de la conserver pour les séances du Conseil et d'installer les bureaux dans des bâtiments annexes, par exemple dans le bâtiment des « Amis du roi » dont la ville venait d'entrer en possession et dont elle fit une caserne de gendarmerie. La place de l'Horloge, dominée par la pittoresque façade gothique, eut été sans banalité. On préféra abattre et reconstruire.

Un concours fut ouvert. Plusieurs projets furent présentés ; les uns de style gothique afin de se raccorder à celui de la tour qu'on désirait conserver ; d'autres, de style Renaissance. Le premier prix fut accordé à G. Bourdon, architecte du département du Gard ; le second à Léon Vaudoyer, le futur architecte de la Cathédrale de Marseille. Mais le projet primé ne fut pas exécuté tout de suite, les travaux d'alignement absorbant les disponibilités au delà de ce qu'on avait prévu et menaçant gravement l'équilibre des finances municipales.

En 1844, la ville ayant été autorisée à percevoir des taxes additionnelles à l'octroi, on entama la reconstruction de l'Hôtel de Ville. Toutefois, on donna alors la préférence, non à l'étude primée en 1837, mais à de nouveaux plans établis par l'architecte de la ville, Joseph-Auguste Joffroy (1802-1883). Dans ses célèbres lettres à Requien, Mérimée critiqua vivement la solution adoptée. « Mauvais projet, écrivait-il ; on conserve la tour comme on conserve les perdrix à Pithiviers en les mettant dans un pâté dont le cou seul passe dehors... »

L'Hôtel de Ville fut démoli en 1844-1845 et la première pierre du nouvel édifice posée en grande solennité le 29 mars 1845.

En 1846, l'architecte Feuchères modifia, par l'adjonction d'un balcon porté par huit colonnes corinthiennes l'ornementation plate et modeste de la façade imaginée par Joffroy. A l'intérieur, on prodigua les colonnes avec moins de mesure ; le péristyle est une véritable forêt de colonnes rappelant les temples hypostyles de l'antique Egypte.

La construction dura longtemps. Le nouvel Hôtel de Ville fut inauguré le 24 septembre 1851 par le prince Louis-Napoléon, alors Président de la République ; mais il ne fut achevé que sous le Second Empire. Le sommet de la tour continua à servir d'horloge publique ; un jaquemart (statues antérieures du XVIIe siècle au Musée lapidaire) y sonne toujours les heures.

Le Théâtre.

Pendant qu'on commençait l'Hôtel de Ville, le théâtre brûla (26 janvier 1846). Il fut rebâti sur le même emplacement par Charpentier, de Lyon, et Léon Feuchères, de Nîmes, en 1846-1847. C'est le théâtre actuel, le plus gracieux et le mieux compris des édifices bâtis à Avignon au XIXe siècle, le seul qu'André Hallays n'ait pas accablé de sarcasmes.

« La façade, dit-il, est d'un dessin sûr et élégant, la décoration sculpturale sans lourdeur ni trivialité. On a repris souvent, mais avec moins de bonheur, l'idée de la grande arcade qui occupe tout le premier étage et abrite la loggia du foyer. Les aménagements intérieurs sont agréables et commodes. » Sur le devant de l'édifice, se dressent les statues monumentales de Molière et de Corneille par Louis et Joseph Brian. « C'est ainsi, ajoutait malicieusement l'illustre critique, que les poètes classiques gardent la porte des théâtres où leurs œuvres ne sont jamais représentées. »

C'est seulement sous le Second Empire que fut terminée la place de l'Horloge, encore déparée par des maisons en ruines et par son tracé irrégulier. On avait laissé au sud de la

Banque de France un îlot de maisons desservies par la rue Lancerie et qui formaient un cloaque infect. Ces masures furent rasées et la place aménagée avec terre-plein planté d'arbres. L'ensemble des travaux coûta un peu plus de 700.000 francs votés en 1856 et 1858. En cette même année 1858, on érigea sur la place de l'Horloge le monument du brave Crillon, payé en partie par la ville et pour la plus grande partie par une souscription nationale ; l'Empereur s'y était inscrit pour 1.000 francs.

A la fin du XIXe siècle, la place de l'Horloge prit son aspect actuel avec l'érection du déplorable « Monument de la réunion d'Avignon et du Comtat Venaissin à la France », œuvre du sculpteur Félix Charpentier, inauguré par le Président de la République, Sadi Carnot, le 19 juillet 1891. La statue du brave Crillon avait été au préalable transférée sur la place du Palais.

La Banque de France (sur le côté nord de la place de l'Horloge) est installée dans l'ancien hôtel Calvet de la Palun, dont le jardin a été transformé en avant-corps ; nous avons parlé de cet hôtel en traitant de la place du Palais.

En 1919, la place de l'Horloge a reçu le nom de *place Clemenceau* ; mais on continue, dans l'usage, à lui donner son nom traditionnel.

Dans l'angle sud-ouest de la place de l'Horloge, la *rue Emile-Espérandieu* conduit directement au Palais du Roure. Emile Espérandieu (1857-1939), membre de l'Institut, auteur d'ouvrages d'archéologie gallo-romaine réputés, est décédé au Palais du Roure où sont conservées son importante bibliothèque et ses collections.

III. — Le palais du roure

Pierre Baroncelli.

Plusieurs membres de l'illustre famille des Baroncelli ont fait des séjours à Avignon dès le XIVe siècle. Ils comptaient parmi ces nombreux Florentins, ces « marchands italiens » du Moyen-Age dont l'éminent Armando Sapori a magistralement décrit l'esprit d'entreprise et d'aventure. Un des plus importants de ces Avignonnais temporaires fut Jean Baroncelli, changeur, sergent d'armes du pape, trafiquant avec la Chambre Apostolique principalement au temps d'Urbain V (1362-1370), chargé des achats de bijoux et de pièces d'orfèvrerie, notamment de la fameuse Rose d'or, offerts en cadeaux par le pape. C'est également ce Jean Baroncelli qui, avec son frère Michel, fait l'avance en 1365 d'une partie de la rançon versée à Du Guesclin pour obtenir le départ des Compagnies rassemblées autour d'Avignon. Mais ce n'est qu'à la fin du XVe siècle qu'une branche des Baroncelli s'installa définitivement à Avignon.

Dans les archives de cette famille conservées au Palais du

Roure, le plus ancien acte la concernant est un sauf-conduit accordé par le duc de Savoie à Jacques Baroncelli et à ses cinq fils pour commercer et résider dans ses Etats pendant dix ans (12 mars 1459). Deux des fils de Jacques Baroncelli, Pierre, puis son frère Charles, vinrent ensuite se fixer à Avignon pour y commercer et, non comme on l'a dit, parce qu'ils avaient été proscrits par les Médicis.

C'est certainement la reprise de l'activité commerciale d'Avignon dans la seconde moitié du XVe siècle dont nous avons signalé l'ampleur ci-dessus (1) qui attira Pierre Baroncelli. Il y fut en relations avec d'autres Florentins, venus à la même époque ou déjà établis depuis longtemps dans cette ville, notamment avec Alaman Pazzi ou de Passis (2), seigneur d'Aubignan, dont il épousa le 30 septembre 1462, la fille Léonarde, celle-ci âgée de treize ans, lui-même en comptant trente-deux (3).

Pierre Baroncelli, fixé à Avignon par son mariage, exerçait le métier de changeur, mais comme tous les grands marchands de son époque, il s'occupait des affaires les plus diverses, commerce des céréales, du sel, de l'alun, des fourrures, assurances maritimes, etc.

Il joua un rôle politique important et fut en relations avec les La Rovère et avec le pape Sixte IV, qui le nomma au poste recherché de trésorier du Comtat. Il fut mêlé aux incidents qui aboutirent à la disgrâce de Charles de Bourbon, légat d'Avignon, et à son remplacement par le cardinal Julien de la Rovère (1476) ; il apparaît alors comme l'agent du pape et du cardinal. Il est chargé des affaires de celui-ci, ainsi que de celles d'un autre cardinal important, Pierre de Foix le jeune, ce qui étendait singulièrement le champ de ses activités et l'importance de son crédit.

Construction de l'hôtel de Baroncelli.

Au XIVe siècle, des documents signalent sur l'emplacement de l'hôtel Baroncelli, appelé aujourd'hui Palais du Roure, un immeuble qu'ils désignent sous le nom de maison ou taverne de l'Amorier ou du Mûrier. Au milieu du XVe siècle, cette maison appartenait à Alaman de Passis, le futur beau-père de Pierre Baroncelli. Celui-ci, après son mariage, l'habita avec ses beaux-parents, puis en 1466, Alaman de Passis, n'ayant pu restituer une somme reçue en commande, dut la céder à son principal créancier. Trois ans plus tard, Pierre Baroncelli qui avait continué à habiter la maison à titre locatif put la racheter, le 1er juillet 1469, au prix de 600 écus d'or. Il acquit également deux autres petites maisons, ce qui

(1) Voir ci-dessus, p. 69.
(2) Passis est la forme provençalisée de Pazzi.
(3) Le droit canon qui avait adopté les règles du droit romain avait fixé à 12 ans l'âge légal du mariage des filles, à 14 ans celui des garçons. Louis XI se maria à 14 ans ; Catherine de Médecis à 13 ans.

fit que sa propriété ne fut plus séparée que par une petite ruelle de l'ancienne livrée de Poitiers, qui deviendra le Collège du Roure.

C'est cette maison de l'Amorier que Pierre Baroncelli fit reconstruire. En 1484, elle est encore citée dans un acte avec son ancien nom.

On n'a retrouvé aucun prix-fait de la construction, mais un registre de comptabilité analysé dans un inventaire de 1501, mentionne parmi les clients de la banque Baroncelli, un certain Antoine La Coque, « maçon d'Avignon et artisan (*artifex*) de la grande maison de Pierre Baroncelli ». Ce maître d'œuvre, Antoine Colin, dit la Coque, peut donc être considéré comme le constructeur de la maison Baroncelli, sans que nous puissions préciser le détail de ses travaux.

Pierre Baroncelli testa le 24 janvier 1498. Il laissait à son fils Julien sa maison, en stipulant que si celui-ci mourait sans enfant, cette maison irait par voie de substitution ou de fidéicommis à son neveu François Baroncelli, fils de son frère Charles ; il instituait en outre une chaîne de substitutions pour que la maison restât toujours à un Baroncelli et fût transmise par ordre de primogéniture. Il mourut peu après avoir dicté ce testament, avant le 30 janvier 1498.

La construction de l'hôtel était alors en voie d'achèvement, car c'est au 19 février 1499 que se place le règlement de comptes avec le fustier François Ruffi qui avait fourni les charpentes de la toiture.

Julien, fils de Pierre Baroncelli, lui survécut trois ans. Ce n'est pas lui qui fonda la dynastie. Mais, par son mariage en 1499 avec une nièce du cardinal Julien de la Rovère, il assura à la famille un titre de gloire qui ne sera jamais oublié, puisqu'un jour viendra où le nom de du Roure, traduction française de celui de Della Rovere, servira à désigner la maison construite par Pierre Baroncelli.

Julien Baroncelli, mort sans enfants, laissa comme héritier universel, — son testament est du 13 mai 1501, — son cousin-germain, François Baroncelli. C'est celui-ci qui est la tige des Baroncelli d'Avignon. En 1513, en compensation d'un prêt accordé à la Chambre Apostolique, il obtient l'inféodation de la seigneurie de Javon qui le met au rang des feudataires du Saint-Siège. Il habitait l'hôtel de Baroncelli, qu'il transmettra à son fils aîné.

Description de l'hôtel de Baroncelli.

L'hôtel de Baroncelli, la plus belle maison gothique d'Avignon, se signale dès l'extérieur par sa grande porte que surmonte un décor assez singulier formé d'un enlacement de branchages sortant de la muraille même et à peine feuillés ; ils entourent un écu, entièrement fruste aujourd'hui, sommé d'un vaste heaume et supporté par deux personnages debout presque complètement détruits.

Ces branchages, dès le XVIIIe siècle, les Baroncelli les prenaient pour ceux d'un chêne, arme parlante des la Rovère, car on s'imaginait déjà que le cardinal Julien de la Rovère était l'auteur de l'édifice. En réalité ces branchages sont des treilles ou des branches de mûrier et rappellent sans doute l'ancienne taverne de l'Amorier par une de ces allusions plaisantes, si fréquentes au Moyen-Age.

En dehors de la note pittoresque de la porte, la façade est des plus simples, avec, au rez-de-chaussée, de minuscules ouvertures, et des fenêtres à croisées de pierre au premier étage. A la fin du XVe siècle, elle était couronnée de créneaux, dont des traces apparaissent, et flanquée aux angles d'échauguettes dont un vestige subsiste à l'angle nord-ouest.

Le rez-de-chaussée comporte à l'entrée un vestibule voûté de deux travées d'ogives.

Sur la cour, des galeries à deux étages étaient ouvertes sur deux côtés, au levant et au couchant ; on en distingue des vestiges dans les maçonneries actuelles. Une tour d'escalier faisait saillie dans l'angle nord-ouest ; elle a disparu, ainsi que le puits qui se trouvait à l'angle opposé. Un escalier du XVe siècle subsiste dans l'angle sud-ouest ; mais la chapelle qui occupe le côté sud de la cour n'existait pas à l'origine ; tout le rez-de-chaussée était alors occupé par des pièces de services et par le bureau (*scriptorium*) où Pierre Baroncelli devait recevoir ses clients.

Le XVIe et le XVIIe siècles.

Pendant tout le XVIe siècle, l'hôtel Baroncelli resta tel qu'il était à l'origine. Le roi de Navarre, Henri II d'Albret, y fit un séjour à une date qu'on ne saurait préciser, mais peu antérieure à 1535. Diane de Poitiers y résida du 6 au 20 juillet 1565.

Ce n'est qu'à la fin du XVIIe siècle que l'hôtel de Baroncelli, appelé alors l'hôtel de Javon, reçut une modification très importante. C'était l'époque où, dans les vieilles demeures gothiques, on remplaçait les escaliers à vis démodés par des escaliers à rampes droites bordées de balustres, puis de ferronneries. C'est ainsi que les Des Laurens avaient fait transformer leur maison du Plan de Lunel. Les Baroncelli firent de même.

L'escalier à rampe en fer forgé de l'hôtel de Javon est sans doute de la fin du XVIIe siècle. Il est probable que c'est à la même époque que le crénelage de la façade fut supprimé et que la toiture exhaussée permit l'établissement de la galerie à balustrade qui couronne le grand escalier. C'est également alors que la cour reçut sa disposition actuelle ; la tour d'escalier faisant saillie dans l'angle nord-est n'ayant plus de raison d'être fut supprimée et que les galeries ouvertes au levant et au couchant furent murées. La distribution intérieure des pièces date également de cette époque.

Le Salon des Batailles ou Salon rouge. La Chambre bleue.

En même temps qu'était construit le nouvel escalier, le grand salon du premier étage recevait une décoration qui a fait longtemps la gloire de l'hôtel de Baroncelli. Commandée en 1760 à Joseph-François Parrocel, fils du célèbre Pierre Parrocel, elle a été décrite, alors qu'elle était encore en place, dans les *Annales de la peinture* d'Etienne Parrocel, descendant de l'illustre famille. Voici en quels termes celui-ci dépeint le fameux salon :

« Il se compose sur les deux côtés de quatre panneaux de 1 m. 85 cent. de longueur sur 1 m. 25 de hauteur, représentant les quatre sujets suivants : le *Camp,* la *Préparation à l'attaque,* le *Combat, Après la bataille.*

« Au fond, il existe quatre autres panneaux de 1 mètre 25 cent. de longueur sur 95 de hauteur : un *Choc de cavalerie,* un *Convoi de prisonniers,* un *Camp,* une *Vue de ville située au bord de la mer.* Dans ce dernier tableau, Parrocel s'est peint lui-même le dessinant.

« La couleur de ces toiles est légèrement bitumineuse, les panneaux du fond sont plus clairs et mieux conservés que les premiers. La composition en est bien entendue, les figures sont dans un bon mouvement et dessinées avec hardiesse, les chevaux sont moins heureux, leurs têtes surtout manquent de vérité. » A cause de sa décoration, ce salon fut désormais appelé le *Salon des batailles.*

A l'époque Louis XVI, on le mit à la mode nouvelle, en rehaussant ses boiseries laquées de dorures représentant des chinoiseries et des guirlandes de fruits, œuvre, dit-on, d'Antoine Vernet, père du peintre de marines. Les toiles de Parrocel, ainsi que d'autres attribuées à Salvator Rosa, Oudry et Jean-Baptiste Monnoyer, dit Baptiste, furent enchâssées dans ces boiseries. Celles-ci alternaient avec des pilastres recouverts de glaces et des chinoiseries de Vernet ornaient chacune des quatre portes. Le salon perdit alors son nom de salon des batailles et devint le *salon rouge* ou *salon chinois.*

Une chambre contiguë dite aussi la « grande chambre à coucher » fut, également à la même époque, revêtue de boiseries avec motifs en relief, tels que, dans les panneaux, paniers fleuris entre des branches de chêne entrecroisées, le tout suspendu à des rubans ; au-dessus des portes et des glaces, urne ou trophée d'instruments de musique ou d'outils de jardinage ; et comme motif du couronnement de l'alcôve, deux colombes se becquetant sur un carquois et un flambeau entrecroisés. A cause de la couleur de sa décoration, cette pièce reçut le nom de « *chambre bleue* ».

En 1787, « afin que sa voiture put passer plus aisément », M. de Baroncelli acheta le « coin aigu » d'une maison qu'il fit abattre dans sa partie inférieure, tandis que le haut était soutenu par « une trompe ou coquille », ce qui valut longtemps le nom de *rue de la Coquille* à l'actuelle *rue Emile-Espérandieu,* la « coquille » existant toujours à l'angle de cette ruelle et de la rue Saint-Agricol.

Fin de l'hôtel de Baroncelli.

A la Révolution, l'hôtel de Baroncelli ne fut pas saisi, son propriétaire n'ayant pas émigré. Il fut pendant six mois le siège du Comité révolutionnaire d'Avignon, puis servit au logement des officiers généraux en résidence à Avignon. Au début de l'Empire, les Baroncelli retrouvèrent la libre disposition de leur hôtel qu'ils conservèrent jusqu'en 1907. La vieille demeure avignonnaise avait joué un rôle pendant la période brillante du félibrige provençal ; de 1891 à 1899, elle avait été le siège du journal *L'Aioli,* fondé par Frédéric Mistral ; le secrétaire de rédaction en était Folco de Baroncelli, qui devait s'illustrer par son œuvre poétique en provençal et par son rôle d'animateur ou « baile des gardians » de Camargue ; le journal portait l'adresse « Enco dou Palai dóu Roure ».

Le Palais du Roure. Fondation Flandreysy-Espérandieu.

En 1918, sous sa nouvelle appellation, l'hôtel de Baroncelli devint la propriété de M. Etienne Mellier et de sa fille, Mme Jeanne de Flandreysy. Celle-ci le fit aussitôt restaurer et il devint dès lors un centre fervent de vie intellectuelle. Maurice Barrès aimait à y venir ; le poète Louis le Cardonnel et le savant Emile Espérandieu y ont vécu leurs dernières années. Enfin, la célèbre demeure a été cédée à la ville d'Avignon ; puis jumelée avec la villa du « Chêne vert », aux Angles (Gard), elle constitue, depuis 1952, l'INSTITUT D'ÉTUDES MÉDITERRANÉENNES du Palais du Roure, placé sous la direction des Universités de Montpellier et d'Aix-Marseille. Cet institut « répond au caractère historique d'Avignon, ...centre d'études de la Provence romaine, ...capitale de l'ancien Etat pontifical, ... cerveau de Félibrige... » Il reçoit des pensionnaires, professeurs ou étudiants, qui sont logés dans la villa du « Chêne vert » et y poursuivent des « travaux ayant trait à la Provence méditerranéenne et aux pays méditerranéens ». Les pensionnaires de cette « Villa Médicis avignonnaise » ont accès aux salles de travail et à la « Bibliothèque du Roure », composée des fonds suivants :

1° Archéologie et iconographie gallo-romaines : bibliothèque d'Emile Espérandieu (1857-1939), comprenant plus de trois mille volumes, ainsi que les dossiers, notes et photographies réunis par le célèbre auteur du *Recueil général des bas-reliefs, statues et bustes de la Gaule romaine* (11 vol., 1907-1936), et *de la Germanie basse* (1931), auxquels se joignent des statuettes de pierre et de bronze provenant des fouilles d'Alésia.

2° Lettres provençales et ethnographie de la Provence : autographes, lettres et manuscrits de Mistral et des principaux félibres, Roumanille, Aubanel, Félix Gras, etc. (en originaux ou en photographies au nombre de plusieurs milliers), livres provençaux, documents de folklore (imprimés, gravures, clichés, etc.).

3° Lettres italiennes : ouvrages et documents consacrés principalement à l'œuvre de Dante et de Pétrarque. A cette section, se rattachent la bibliothèque et les notes manuscrites de l'abbé Louis Le Cardonnel, l'auteur des *Carmina sacra*, qui a trouvé sa principale inspiration à Assise.

En outre, le Palais du Roure conserve les archives de la famille Baroncelli, du XVe au XIXe siècle.

En sortant du Palais du Roure, tourner à droite, prendre la rue du Collège du Roure jusqu'à la rue de la République qu'on suivra jusqu'au musée lapidaire.

IV. — La rue de la République. L'ancienne rue Saint-Marc

Cours et rue de la République.

La période du Second Empire est occupée presque tout entière par l'administration de Paul Pamard, maire de 1853 à 1865. C'est une des plus importantes pour la transformation de la ville. Son œuvre principale a été la percée d'une grande rue allant de la place de l'Horloge à la gare du chemin de fer dont la mise en service eut lieu le 29 juin 1854, date du premier départ d'un train de voyageurs d'Avignon sur Paris.

La voie nouvelle s'appela cours et rue Bonaparte (aujourd'hui cours Jean-Jaurès et rue de la République). La largeur en fut fixée à 15 mètres de la place de l'Horloge à la rue Calade (Joseph-Vernet) et à 25 mètres de la rue Calade à la gare afin de se procurer dans ce dernier parcours deux contre-allées de 8 mètres chacune, qui seraient plantées et serviraient de promenades intérieures. Il avait été question de donner à toute la nouvelle artère la largeur et les dispositions de la partie voisine de la gare ; on dut y renoncer à cause des frais trop considérables qu'auraient entraînés les expropriations.

L'entreprise fut divisée en trois tronçons et dura de 1856 à 1867.

Le premier tronçon, de la brèche du rempart (ouverte en 1855) à la rue Calade, fut exécuté et nivelé en 1856 et 1857 ; il fallut l'exhausser considérablement pour le mettre à l'abri des inondations.

Le second tronçon, de la rue Calade à la chapelle du Lycée, suivit peu d'années après. En 1859, on achetait les maisons à démolir ; en 1863, la chaussée était terminée.

Le 30 septembre 1863, le Conseil municipal votait l'exécution du troisième tronçon, de la chapelle du Lycée à la place de l'Horloge ; celui-ci fut achevé en 1867. L'évaluation de la dépense de cette partie s'élevait à 833.214 francs, mais il y eut des dépassements considérables. Pamard et ses collaborateurs incriminaient « les passions politiques locales qui, faute de mieux, se donnèrent carrière dans une question de pure administration, firent échec à une mesure d'intérêt public et livrèrent bataille avec les deniers municipaux. Tous ceux que les circonstances ou leur intérêt appelèrent devant le jury d'expropriation purent assister à ce triste spectacle d'une foule, composée de l'élite de la société, prêtant son appui et honorant de ses applaudissements les décisions du jury qui, en frappant de rudes coups sur les fonds communaux, lui paraissait humilier l'administration municipale ». On avait prévu 700.000 francs pour les indemnités d'expropriation ; le jury d'expropriation les fixa à 1.299.000 francs.

Dans son *Avignon,* André Hallays déclare : « On a coupé la ville en deux par une rue longue, large et rectiligne que l'on nomme la rue de la République. Le mistral et la poussière y sévissent atrocement. Cette voie a du moins l'avantage d'établir une communication directe entre la gare et la place de l'Horloge, centre de la ville. » Cette commodité s'est accrue considérablement depuis la multiplication des automobiles. « Sans la rue de la République, avait coutume de dire un ancien maire, M. Louis Nouveau, il serait impossible de pénétrer dans Avignon. »

Ancienne rue Saint-Marc.

Le percement de la rue de la République a fait disparaître une rue fort importante, la *rue Saint-Marc* qui tirait son nom d'une hôtellerie à l'enseigne de Saint-Marc ; cette rue, dont une partie est représentée par la *rue Théodore-Aubanel,* allait, dit un texte de 1497, « de la Grande Boucherie [près de l'Hôtel de Ville] à Saint-Martial ». On la nommait aussi *rue de la Bouquerie* (Boucherie).

Près du couvent de Saint-Martial ou du portail Boquier (des remparts du XIIIe siècle), la rue s'appelait aussi au Moyen-Age, la *rue de la Servellerie,* du nom d'un de ses habitants (Bonacurse Raynier, *alias Serveleyre,* de Pistoie, 1363) ; il s'y trouvait une auberge et des bains publics ou « étuves », devenus un établissement de prostitution très fréquenté au XVe siècle. Au siècle suivant, l'hôtellerie et les étuves prirent l'enseigne de la « Magdeleine couchée ». Sur le plan de 1836, la rue Saint-Marc allait de Saint-Martial à la rue de la Bancasse, en passant devant l'église du Collège des Jésuites.

Près du Collège, l'*hôtel de Calvière* était habité au XVIIIe siècle par le marquis de Calvière-Vézenobre (1693-1777), lieutenant-général, — il s'était battu à Fontenoy, — lettré et artiste, ancien condisciple et correspondant de Voltaire, auteur d'un *Recueil de fables diverses* qui eut une édition posthume chez Didot en 1792. Calvet l'appelle « le plus grand homme qu'ait produit sa patrie » ! Il faisait à Avignon de fréquents séjours ; il fut en 1732 un des actionnaires de la société pour la fondation d'une salle de spectacles (la Comédie de la place Crillon) et en 1737, il fonda la loge Saint-Jean d'Avignon, dont il fut le vénérable. Il se retira du service et de la cour en 1755, se partageant désormais entre sa maison de la rue Saint-Marc et son château de Vézenobre. Quand il était à Avignon, il voyait tous les jours son ami Calvet ; « ils allaient le soir se promener ensemble pendant une heure en voiture ». Quand il résidait à sa campagne de Vézenobre, c'était entre eux un incessant échange de correspondance où il n'est guère question que d'archéologie et de poésie. Ces lettres forment un volume de 324 feuillets conservé à la Bibliothèque d'Avignon. Elles « se distinguent toutes, dit Calvet en tête du recueil, par l'élégance, la délicatesse et l'agrément. On y trouve des expressions neuves, des réflexions fines, le ton de l'homme d'esprit et du monde, la franchise indulgente de l'amitié... » Calvière était en effet un esprit cultivé, bibliophile, numismate, collectionneur d'antiquités et de tableaux ; après sa mort, ses collections passèrent en partie dans celles de Calvet.

A quatre-vingt-trois ans, il s'occupait encore d'embellir l'hôtel de la rue Saint-Marc. Le peintre Philippe Sauvan lui avait fait un dessin pour le fronton de la façade ; il en était si satisfait qu'il chargeait Calvet de féliciter l'artiste. « Le dessin pour le fronton de ma maison d'Avignon est une chose charmante. Je vous prie de le lui dire et de l'en remercier de ma part » (9 juillet 1775).

Sous la Restauration, l'hôtel de Calvière fut habité par M. de Villelume, commandant de la succursale des Invalides. La célèbre héroïne de la Révolution, Mlle de Sombreuil, devenue Mme de Villelume, mourut dans l'hôtel de Calvière, le 15 mars 1823, après y avoir reçu deux jours auparavant la visite de la duchesse d'Angoulême.

En face de l'hôtel de Calvière, se trouvait le *couvent des religieuses Augustines,* fondées en 1632 par la mère Jeanne de Jésus de Rampalle ; supprimées en 1768, les Augustines furent remplacées par les religieuses de Notre-Dame.

Plus loin, entre les rues de la Figuière et du Prévôt, se trouvait *l'imprimerie de Chambeau* d'où étaient sorties, en 1802, des contrefaçons d'*Atala* et du *Génie du Christianisme.* Chateaubriand se rendit à Avignon pour retrouver l'auteur de la reproduction frauduleuse et voici ce qu'il rapporte à ce sujet dans ses *Mémoires d'Outre-tombe* : « Je déterrai le contrefacteur, à qui j'étais inconnu. Il me vendit les quatre volumes du *Génie du christianisme* au prix raisonnable de neuf francs l'exemplaire, et me fit un grand éloge de l'ouvrage et de l'auteur... Je crus avoir trouvé la pie au nid. Au bout de vingt-quatre heures, je m'ennuyai de suivre la fortune, et je m'arrangeai pour presque rien avec le voleur. » Dans une lettre écrite d'Avignon, le 6 novembre 1802, à son ami Fontanes, il donne les précisions suivantes : « Je me suis arrangé avec le libraire ; il me paye les frais de mon voyage, me donne de plus un certain nombre d'exemplaires de son édition qui est en quatre volumes et plus correcte que la mienne ; et moi, je légitime mon bâtard et le reconnais comme seconde édition. » Cette légitimation se fit moyennant la modeste somme de 240 francs que Chambeau versa séance tenante à Chateaubriand, en même temps qu'un contrat était passé pour cette « seconde édition » chez Mᵉ Blaze, notaire, père de Castil-Blaze.

Chateaubriand profita de ce séjour à Avignon pour se rendre à la fontaine de Vaucluse. Au retour, il écrivait à Fontanes : « J'arrive de Vaucluse ; je vous dirai ce que c'est. Cela vaut sa réputation. Quant à Laure la bégueule et Pétrarque le bel-esprit, ils m'ont gâté la fontaine. J'ai pensé me casser le cou en voulant grimper sur une montagne. » Dans les *Mémoires d'Outre-tombe,* le voyage est mentionné sur un ton plus romantique : « J'allai à Vaucluse cueillir aux bords de la fontaine des bruyères parfumées et la première olive que portait un jeune olivier... On entendait dans le lointain les sons du luth de Pétrarque ; une *canzone* solitaire, échappée de la tombe, continuait à charmer Vaucluse d'une immortelle mélancolie et des chagrins d'amour d'autrefois. »

De l'autre côté de la rue, en face du Plan de Saint-Didier, un bel hôtel à façade gothique appartenait à la famille de *Castellane, marquis d'Ampus.* En 1647, Dominique de Castellane d'Ampus, officier de galère, épousa Diane de Joannis de Châteaublanc de Roussan, âgée de treize ans. Il mourut en 1656 dans un naufrage. Sa veuve épousa en 1658 le marquis de Ganges et mourut tragiquement en 1667. Son assassinat par ses deux beaux-frères, l'abbé et le chevalier de Ganges, fut une des « causes célèbres » du XVIIᵉ siècle. L'hôtel de Castellane d'Ampus fut acheté en 1798 par l'imprimeur Antoine Aubanel, « imprimeur de Notre Saint-Père le Pape ». L'imprimerie avait été antérieurement rue de la Balance, puis rue de la Bancasse ; dans cette dernière, d'après l'adresse indiquée sur les livres sortis de ses presses, elle occupait la maison qui portait le n° 21 (en 1795). Antoine Aubanel mourut dans « sa maison », rue Saint-Marc, le 10 vendémiaire an XIII (2 octobre 1804). Les vignettes de l'imprimerie, au XIXᵉ siècle, donnent une vue de la façade de l'hôtel de Castellane d'Ampus transformée. C'était une façade gothique analogue à celle de l'hôtel de Sade ou du Collège du Roure, telle que celle-ci est figurée sur le plan de 1618 ; elle était couronnée de créneaux et flanquée d'échauguettes à ses deux extrémités. Mais au rez-de-chaussée, on avait percé une ouverture de boutique surmontée du mot

LIBRAIRIE

peint en grandes capitales. Sur la vieille entrée de l'immeuble, il y avait, sculptées ou peintes, les armes du Saint-Siège (deux clefs en sautoir surmontées de la tiare) et, à côté, l'enseigne, peinte également sur le mur :

AUBANEL
SEUL IMPRIMEUR DE SA SAINTETÉ

C'est dans cette maison que le poète Théodore Aubanel est né le 26 mars 1829 et qu'il a vécu jusqu'en 1865. Dans ses *Memòri e raconte* (*Mémoires et récits*), Frédéric Mistral fait cette jolie description des visites des félibres à leur ami : « On allait, en Avignon, à la maison d'Aubanel, dans la rue Saint-Marc (qui, aujourd'hui, porte le nom du glorieux félibre) : un hôtel à tourelles, ancien palais cardinalice (1), qu'on a démoli depuis pour percer une rue neuve. En entrant dans le vestibule, on voyait, avec sa vis, une presse de bois semblable à un pressoir qui, depuis deux cents ans, servait pour imprimer les livres paroissiaux et scolaires du Comtat. Là, nous nous installions, un peu intimidés par le parfum d'église qui était dans les murs, mais surtout par Jeanneton, la vieille cuisinière, qui avait toujours l'air de grommeler : « Les voilà encore ! » Cependant, la bonhomie du père d'Aubanel, imprimeur officiel de notre Saint-Père le pape, et la jovialité de son oncle le chanoine nous avaient bientôt mis à l'aise. »

C'est dans la maison de la rue Saint-Marc qu'Aubanel a publié son premier livre *La Mióugrano entre-duberto* (*La Grenade entr'ouverte*), en 1860 ; mais la plus grande partie de son œuvre se situe place Saint-Pierre ; nous en reparlerons plus loin en traitant de celle-ci (voir ci-après : Chapitre IV). L'imprimerie resta rue Saint-Marc jusqu'au percement de la rue Bonaparte (rue de la République). Le déménagement se fit en 1865 au grand désespoir du poète. L'hôtel de Castellane fut livré aux démolisseurs deux ans après.

C'est dans une maison de la rue Saint-Marc, près de Saint-Didier, *l'hôtel de Serre*, que le prétendant d'Angleterre, Jacques Stuart, — le chevalier de Saint-Georges, — habita pendant son premier séjour à Avignon. Il arriva le 2 avril 1716. L'hôtel qui lui était destiné appartenait à Jean-Baptiste-Gaspard de Serre, qui portait le titre de seigneur de la Marine ; — « la Marine » était un sobriquet qui était donné aux membres de la famille de Serre depuis qu'un ancêtre, à la fin du XVIe siècle, avait été trésorier de la marine du Levant. — L'hôtel avait sa façade sur le côté occidental de la rue Saint-Marc, mais s'étendait par derrière jusqu'à la rue Dorée (rue Chauffard). A la veille de l'arrivée de Jacques Stuart, cette grande maison était occupée par le commandant des troupes pontificales, qui l'évacua. Plus tard elle parut

(1) La maison Aubanel n'était pas une ancienne livrée cardinalice, comme le croyaient Mistral et également Théodore Aubanel. Avant d'être l'hôtel de Castellane, elle avait été la *Maison des Pérussis* et datait du XVe siècle.

insuffisante, on l'agrandit de la maison d'Entraigues, avec laquelle on la fit communiquer intérieurement. Par ordre du vice-légat, le loyer de la maison de Serre, « toute meublée avec quarante linceuls et dix douzaines de serviettes » fut fixé à 800 écus par an. M. d'Entraigues reçut 700 livres pour la partie de sa maison mise à la disposition du prétendant ; elle comprenait un beau salon, décoré d'une grande tapisserie de damas. D'autres hôtels furent occupés par la suite de Jacques III ; ainsi les lords Penmure et Drummont logèrent chez M. de Villefranche, près du sextier. Le prince était arrivé en modeste équipage. Ses attelages, — trente-six chevaux, deux carrosses, une berline, une chaise roulante, — sa vaisselle et son linge ne lui parvinrent que plus tard ; il emprunta, en attendant, la vaisselle et le linge du vice-légat. Sa suite était peu nombreuse, mais bientôt sa cour se renforça de nombreux fidèles et exilés. Dès le 4 avril, le duc d'Ormond, généralissime du prétendant et son ministre des Affaires étrangères, était à Avignon ; puis, avec d'autres lords, le chevalier Ellis, trésorier, arriva, apportant 80.000 écus d'or. Ce fut désormais à Avignon un va-et-vient continuel de nobles anglais et écossais, accompagnés d'un nombreux personnel domestique. Le nombre de ces étrangers, valets compris, s'élevait en juillet 1716, à quatre ou cinq cents. Chose curieuse, il y avait presque autant de protestants que de catholiques, ce qui ne fut pas sans alarmer l'autorité romaine et le Saint-Office ; celui-ci envoya des instructions détaillées à l'archevêque pour que le séjour de tant d'hérétiques hauts placés et distingués « ne fut pas nuisible à la foi ». Il était recommandé notamment que les protestants et les catholiques ne fussent pas réunis à la même table, « les jours où l'Eglise défend l'usage de la viande, afin d'éviter tout occasion d'intempérence et de scandale ».

La cour jacobite, très frivole, ne songeait guère qu'au plaisir. Les fêtes et les réceptions se succédèrent, notamment chez les Donis, qui, le chevalier et son frère, leurs femmes et leurs filles, étaient dans l'intimité du roi, montaient dans ses carrosses et le suivaient partout. De son côté, le vice-légat recevait au Palais des Papes tous les jeudis ; il y avait bal, « grand jeux et boissons ».

Cette vie joyeuse prit fin avec une grave maladie du prétendant, — une « fistule au fondement ». — Il fut soigné par MM. Parrelli et Gastaldy, médecins d'Avignon. Pour ménager le malade, le vice-légat avait eu la gracieuse attention d'interdire de sonner les cloches « à branle ». En décembre, Jacques Stuart était rétabli, mais il devait bientôt se préparer à un nouvel exil. L'entente s'étant faite entre le régent Philippe d'Orléans et le roi George Ier, le traité de Hanovre stipulait, entre autres clauses, que le prétendant serait exilé au delà des Alpes. Malgré son dévouement aux catholiques Stuarts, le pape Clément XI dut s'incliner. Un dernier dîner fut offert le 4 par le vice-légat. Deux jours plus tard, après avoir entendu une dernière fois la messe à Saint-Didier, le prétendant prit le départ pour l'Italie. Il devait revenir une seconde fois à Avignon en 1727, comme nous le verrons (1).

Quant à l'hôtel de Serre, son histoire ne se termine pas avec l'exode du prétendant. L'évêque Périer s'y installa en 1808 ; abreuvé d'outrages, lors du retour des Bourbons, il donna sa démission en 1817, mais resta en fonctions jusqu'en 1821. Il mourut, dans l'hôtel de Serre, trois ans après, à l'âge de quatre-vingt-quatre ans. Cet hôtel disparut, comme la plupart de ceux de la rue Saint-Marc, lors du percement de la rue Bonaparte (rue de la République).

V. — Le musée lapidaire

La chapelle du Collège des Jésuites.

Au temps des Guerres religieuses du XVIe siècle, Avignon fut, nous l'avons dit, un des principaux bastions de la foi catholique. Aussi les Jésuites devaient-ils, plus tôt que plus tard, être introduits dans un centre de cette importance. Ce qui y contribua le plus, ce fut la présence, à la tête de la légation, d'un très fervent ami de leur ordre, le cardinal Alexandre Farnèse, neveu du pape Paul III. Aussi, grâce à cet appui, un collège fut-il fondé, dès 1564, à Avignon, dans la « maison de la Motte » qui leur avait été concédée par la ville. Cette « maison de la Motte » consistait en un ensemble de bâtiments ayant fait partie de deux livrées, la principale ayant appartenu au cardinal Annibal Ceccano dont il reste la haute tour carrée, en façade sur la rue Prévot.

Au début du XVIIe siècle, le collège était assez florissant pour exiger le remplacement de ces bâtiments vétustes par de nouvelles constructions. A la fin de 1616, Martelange fut appelé pour s'occuper de ce grand projet. Dans son fameux « Album », conservé à la Bibliothèque Nationale, il esquisse, à la date du 3 janvier 1617 et sous le titre « Partie du collège d'Avignon », une vue cavalière des bâtiments existants et des quartiers voisins. Ensuite, le 11 février, il dresse deux plans du collège. A la même époque, il établit un projet pour l'église ; le cardinal de Joyeuse avait laissé 18.000 livres pour sa construction. Mais d'autres plans, datés de 1619 et qui ne sont pas de la main de Martelange furent préférés à Rome. A partir de cette époque, il n'est plus question de lui, mais uniquement de l'architecte avignonnais, François de Royers de la Valfenière. Sans doute, en 1620, les fondations avaient-elles été établies au ras du sol ; puis on s'était arrêté faute de fonds. Quelques années plus tard les actes notariés nous montrent La Valfenière reprenant et poursuivant la construction de l'église. A partir de 1628, l'édifice fut monté jusqu'à la grande corniche de la nef ; un ami des Jésuites, Henri des Gérards d'Aubres, avait donné 30.000 livres. Ensuite, on s'occupa de construire des classes et un grand portail sur la rue.

---

(1) Voir ci-après, p. 291-292.

En 1641, à la suite de nouveaux dons, on se remit à la nef ; on construisit la grande corniche et l'attique qui la surmonte. L'église fut achevée après 1645 ; le dallage et les vitraux posés en 1655 ; en outre, le sculpteur avignonnais Reynaud Babeau exécuta les reliefs intérieurs et le blanchiment de la nef, « comme il était exigé », précise le prix-fait, « par la bienséance d'icelle ». Cinq ans plus tard, on édifia la tribune qui est à l'entrée de la nef, puis en 1661 on entreprit la sculpture de la façade ou « frontispice », pour laquelle Henri des Gérards d'Aubres avait encore donné 8.000 livres ; elle fut l'œuvre du sculpteur François Bérengier.

Cette église, si lentement construite, subsiste à peu près intacte. La façade est à deux étages d'ordonnance corinthienne, celui du haut encadré d'ailerons et terminé par un fronton triangulaire portant l'écusson de la Compagnie de Jésus. Des niches, maintenant vides, contenaient jadis des statues de saints Jésuites. Le plan est celui des églises méridionales et notamment de l'église voisine de Saint-Didier ; il comporte donc une nef unique. — « Les Jésuites, a dit Emile Mâle, préférèrent la nef unique parce que le prêtre y était vu et entendu de tous les fidèles. » — Mais ce qui était nouveau, c'était la voûte d'arêtes qui, au lieu de la traditionnelle croisée d'ogives, couvre la nef des Jésuites. Les chapelles latérales, disposées entre les contreforts, toujours comme à Saint-Didier, sont au nombre de cinq de chaque côté ; elles sont surmontées de tribunes ; l'abside pentagonale est couverte en cul-de-four ; la décoration intérieure, de relief très accusé, est d'ordonnance corinthienne. Un autel monumental à colonnes et à baldaquin construit et sculpté par Jean et Jean-Baptiste Péru n'a laissé subsister que son fronton, au-dessus de la corniche de l'abside ; on a fermé également derrière l'emplacement de l'autel, une niche, éclairée par le haut, contenant autrefois une Vierge.

Les bâtiments du collège, dont il subsiste encore des parties notables, étaient coupés en deux par une rue, au-dessus de laquelle fut construit, en 1674, un arceau de communication qui dresse toujours sa courbe élégante.

Dans la « tour de la Motte », c'est-à-dire de la livrée du cardinal Ceccano, le fameux P. Athanase Kircher avait installé un observatoire et fait peindre, dans l'escalier, des projections uranographiques ; mais il ne reste pas trace de ces installations et décorations.

Les Jésuites furent expulsés en 1768 et remplacés par des Bénédictins, puis par des Doctrinaires. Après la Révolution, le collège fut transformé en caserne. Au début du XIXe siècle, un nouveau collège communal fut rétabli dans les anciens locaux, érigé en Lycée impérial en 1810, puis en Collège royal à la Restauration. L'église ne fut rendue au culte comme chapelle du Lycée qu'en 1857 ; elle a été transformée en musée lapidaire en 1933, après avoir été classée comme monument historique en 1928.

Le Musée lapidaire.

C'est dans cet édifice qu'ont été transférés et classés en 1933 les grands monuments de sculpture et d'épigraphie anciennes conservés précédemment dans l'hôtel de Villeneuve.

Parmi les pièces les plus marquantes de ce très riche musée, on peut citer plusieurs sculptures gallo-romaines d'un intérêt exceptionnel, comme le lion ou tarasque de Noves et d'autres statues d'animaux androphages, d'inspiration ou de tradition celto-ligure, « images symboliques de la mort dévorante », les grandes statues de chefs gaulois de Vachères et de Mondragon, la « scène de halage » de Cabrières d'Aygues et quelques œuvres d'art hellénistique : la Vénus de Pourrières et le torse de femme drapée de Vaison. Mais pour le sujet que nous traitons dans cet ouvrage, ce qui nous intéresse principalement, ce sont les vestiges du « Vieil Avignon », notamment pour l'époque antique, les restes de l'arc de triomphe et les morceaux funéraires trouvés lors des fouilles de la rue Géline (1). Plus nombreux et plus évocateurs encore sont les vestiges des cloîtres romans, la puissante effigie du « Chevalier d'Avignon » provenant du Palais communal ; les « monuments gothiques », épaves de tombeaux cardinalices, pierres tombales, statue funéraire du pape Urbain V provenant de Saint-Martial, le groupe célèbre des statues majestueuses et du réaliste « transi » du tombeau du cardinal de Lagrange, de même provenance, les statues des Célestins (Vierge avec l'Enfant, saint Lazare et sainte Marthe) ; les autres statues de saints et les Vierges anonymes des XVIIe et XVIIIe siècles, les restes de tombeaux de la même époque et, rangés dans les escaliers et les tribunes, une foule de statues, inscriptions et morceaux provenant d'édifices saccagés ou détruits.

VI. — Du musée lapidaire au musée Calvet

En sortant du musée lapidaire, on traversera la rue de la République pour s'engager dans la

Rue du Collège d'Annecy.

Au XIIIe siècle, cette rue s'appelait *de la Blanquerie* parce qu'elle était occupée par les *blanquiers* ou parcheminiers. Au siècle suivant, les blanquiers n'étant plus réunis dans cette rue, celle-ci est désignée sous le nom de *rue de la Vieille-Blanquerie* ou *des Masses*, l'appellation de rue des Masses servant aussi à la rue de la Bouquerie actuelle dont elle était la continuation. D'après Achard, le nom de *rue Masse* était

---

(1) Voir ci-dessus Ire partie, chap. Ier, § 1 : *L'Antiquité*, p. 14.

encore gravé à l'entrée de la rue Collège d'Annecy, lorsqu'en 1843 on lui imposa la désignation actuelle.

N° 7. — *Maison gothique* (restaurée), ayant appartenu à Agnès de Beaufort, veuve de Pierre Obreri, qualifié de maître d'œuvre du Palais pontifical ; elle la légua en 1386 au chapitre de l'église de Saint-Didier, en souvenir de son mari, inhumé dans cette église.

N° 17. — *Chapelle de Notre-Dame-des-Fours,* construite en 1367 par l'évêque d'Avignon, Anglic Grimoard, frère du pape Urbain V ; les armoiries épiscopales sont encore sculptées sur une des clefs de voûte à l'intérieur de l'édifice ; l'abside conservait, du côté gauche, un haut tabernacle sculpté dont il ne restera bientôt presque plus trace. La porte extérieure de la chapelle est une œuvre de l'architecte Pierre Mignard (1704).

Cette chapelle avait été construite pour recevoir les religieuses de Notre-Dame-des-Fours, hameau situé sur la rive droite du Rhône sur le territoire de Sauveterre. Les dangers que leur causaient les passages de routiers firent ordonner leur transfert à l'intérieur des murs d'Avignon en 1365.

En 1428, leur petite communauté ne comptait plus que quatre religieuses qui furent transférées au monastère de Saint-Véran. Leur couvent fut donné au Collège d'Annecy que venait de fonder le cardinal de Brogny.

Au XVIIe siècle, à la chapelle fut ajoutée extérieurement une tour d'escalier construite par l'architecte La Valfenière, en 1641-1642, pour permettre les communications avec l'étage et les terrasses des bâtiments disposés autour de la cour intérieure du Collège d'Annecy (1).

Rue de la Bouquerie.

Au XIVe et au XVe siècle, ce nom de *Bouquerie* qui signifie boucherie, s'appliquait de préférence à l'ancienne *rue Saint-Marc,* à l'extrémité sud de laquelle, près du couvent de Saint-Martial, se trouvait le *portail Boquier* ou de la Boucherie. La rue actuelle de *la Bouquerie,* avec celle de *Saint-Nicolas-d'Annecy* qui la continue à angle droit, s'appelait *carreria Massarum* ou *rue des Masses.* Mais, comme on l'utilisait pour se rendre de la Grand Boucherie de la place de l'Horloge au portail Boquier, la rue des Masses devint seule la *rue de la Bouquerie,* tandis que l'ancienne rue de ce nom, — la « Bouquerie vieille », — devenait la rue Saint-Marc.

N° 22. — Sur l'emplacement du couvent de la Grande Providence, se trouvait au XVIIe siècle une maison à laquelle était annexé un jeu de paume qui appartenait en 1635 à un certain Pierre Isaac. Quelques années plus tard, il était

(1) Voir ci-après, chap. II § 1er, p. 215.

la propriété de Pierre Avril, dont la fille, Marguerite, était devenue la femme du peintre Nicolas Mignard. Celui-ci fit construire, à partir de 1642, dans le jardin de son beau-père, un « nouveau corps de logis » qui fut la « maison de Mignard ».

Un professionnel, Daniel Herbouillet, qui tenait le jeu de paume en location, y dressait à l'occasion un théâtre sur lequel Molière joua « L'Etourdi » et « Le Dépit amoureux ». Molière en effet, se rendant avec sa troupe aux Etats de Languedoc, à Pézenas, s'arrêta une première fois à Avignon en 1655. Il y passa tout le mois d'octobre, ainsi que les deux premiers jours de novembre. Dans sa troupe, il y avait les Béjart, la Vausselle, Marie Courtin de la Dehors, sa fille, Madeleine Lhermite, — Mademoiselle Madelon. — Celle-ci, quelques jours après le départ de Molière, se maria en l'église Saint-Agricol, le 11 novembre 1655, avec Pierre Fuzelier, autre sujet de la même troupe ; elle devint plus tard, après la dissolution de ce premier mariage, comtesse de Modène.

Molière revint jouer une deuxième fois dans le jeu de paume de la rue des Masses en décembre 1657 ; il séjourna cette fois trois mois, jusqu'en février 1658. Dassoucy, l'empereur du Burlesque, qui avait rencontré Molière et les Béjart, à Lyon, avait descendu le Rhône en leur compagnie et était demeuré avec eux à Avignon « parmi les jeux, la comédie et les festins » de façon à pouvoir dire :

Qu'en cette douce compagnie
Que je repaissois d'harmonie,
Au milieu de sept ou huit plats,
Exempt de soin et d'embarras,
Je passois doucement la vie.
Jamais plus gueux ne fut plus gras ;
Et quoy qu'on chante, et quoy qu'on die
De ces beaux Messieurs des Etats
Qui tous les jours ont six ducats,
La Musique et la Comédie,
A cette table bien garnie,
Parmi les plus friands muscats,
C'est moy qui soufflois la rostie,
Et qui beuvois plus d'ypocras.

Ce fut également à Avignon que commença la grande amitié qui devait lier pour la vie Molière à Nicolas et à Pierre Mignard ; celui-ci fit plusieurs fois le portrait de Molière qui à son tour célébra les peintures du Val-de-Grâce.

Lors de la mort de Nicolas Mignard, en 1668, la maison qu'il avait construite (et agrandie peu d'années auparavant) et le jeu de paume échurent à son fils l'architecte Pierre Mignard qui les laissa à sa veuve et héritière universelle en 1720. A la mort de cette dernière (1732), le jeu de paume revint à Pierre Mignard, neveu de son mari. Il était alors en très mauvais état ; la couverture s'effondra, détruisant « le théâtre garni de tout ce qui convient pour les spectacles, tapisseries, lustres, décorations... ».

Le jeu de paume était mitoyen du couvent de Notre-Dame-du-Refuge, plus tard de la Victoire, fondé en 1634 par Mme de Ranfaing, place Pie, transféré l'année suivante, rue des Masses ou de la Bouquerie. Le but de cette institution, dit Achard, « était d'offrir un refuge aux jeunes personnes que leur isolement et les tentations du monde exposaient à leur perte. »

N° 13. — *Hôtel de Roays,* puis *de Grillet,* ensuite *de Brancas.* — Une maison construite par Gilles de Roays en 1533 fut vendue en 1557 à Alexandre de Grillet, seigneur de Brissac. Elle resta aux Grillet de Brissac jusqu'en 1770. Elle devint l'année suivante propriété de Mme de Crillon, comtesse de Brancas, puis de Louis de Brancas qui y reçut, pendant l'hiver de 1784-1785, le ministre Necker, alors en disgrâce, sa femme et sa fille, la future Mme de Staël, alors âgée de dix-huit ans. Necker se produisit le moins possible, mais les dames Necker furent de toutes les fêtes et notamment, le 10 novembre 1785, du fameux bal donné au Palais des Papes par le vice-légat Filomarino en l'honneur du duc et de la duchesse de Cumberland. Trois ans après, le 18 septembre 1788, les consuls d'Avignon écrivaient à Necker : « Trop court pour nous, votre séjour dans cette ville nous a inspiré un intérêt particulier pour vous, Monsieur, et pour Mme Necker. » Ces paroles de flatterie venaient, il faut le dire, après la rentrée de Necker au Conseil du roi où il avait repris le portefeuille des Finances.

L'ancien hôtel de Brancas fut acheté en 1796 par la famille Seguin qui y installa son imprimerie (1) d'où sortit en 1859 la première édition de *Mireio* de Frédéric Mistral. Ce n'est que plus tard, en 1875, que François Seguin fit bâtir une nouvelle imprimerie sur un terrain dépendant de l'hôtel de Brancas, à l'angle de la rue de la Bouquerie et de la rue des Ortolans. L'hôtel lui-même, acheté par les Jésuites, ensuite par la ville, devint le collège de jeunes filles, puis, après 1910, une école communale de filles.

La façade sur la rue de la Bouquerie, fort simple et assez délabrée, a conservé une porte cochère à ébrasement concave.

En face de l'ancien hôtel de Brancas :

Rue Horace-Vernet.

Cette rue qui longe le côté nord du musée Calvet était appelée au xve siècle la *rue* ou *traverse allant de la livrée de Cambrai,* — qui occupait l'emplacement du jardin et des

(1) L'imprimerie Seguin, disparue depuis peu d'années, a été longtemps rivale de celle des Aubanel et avait commencé comme celle-ci dans la première moitié du xviiie siècle. D'abord place Saint-Didier, elle était installée rue Galante quand elle fut transférée dans l'ancien hôtel de Brancas.

bâtiments est du Musée Calvet, — *aux « lices antiques »*, nom qu'on donnait alors à la future rue de la Calade, aujourd'hui rue Joseph-Vernet. Une enseigne valut quelque temps à cette traverse le nom de *rue du Chapeau-d'Or*. Celui de *rue Victoire* lui vint après le transfert, en 1635, du couvent de Notre-Dame-du-Refuge ou de la Victoire. Ce dernier nom, dont l'origine était depuis longtemps oubliée, a été remplacé par celui d'Horace Vernet.

Horace Vernet (1789-1863) était fils de Carle et petit-fils de Joseph Vernet, l'illustre peintre de marines. Ce dernier était, on le sait, originaire d'Avignon et sa gloire n'y avait été jamais plus grande qu'au début du XIXe siècle. En 1826, l'Académie de Vaucluse prit pour sujet d'un concours l'éloge du grand homme. Carle et Horace Vernet, ses fils et petit-fils, eux-mêmes tous deux peintres alors fort en vogue, furent invités à venir s'associer à cette commémoration et à inaugurer au musée Calvet la nouvelle galerie de peinture à laquelle on donnait le nom de « Galerie Vernet ». Le marquis de Cambis, inspiré par Esprit Requien dont nous verrons le rôle capital au musée Calvet, fut chargé de porter à Paris la double invitation. Les deux peintres acceptèrent et promirent de donner chacun une œuvre, le père, la *Course des Barbieri, à Rome* ; le fils, un tableau de *Mazeppa*. Leur voyage à Avignon, qui devait avoir lieu en mai, fut remis à plusieurs reprises ; le tableau de Carle n'était pas terminé et celui d'Horace, crevé accidentellement dans son atelier, dut être rentoilé. Ce retard permit aux administrateurs du musée d'acquérir deux autres toiles, le *Cosaque* de Carle Vernet et un second *Mazeppa* d'Horace. Celui-ci, exécuté en trois jours, était la reproduction exacte du précédent ; « instruit de ce fait extraordinaire et jaloux de se procurer une œuvre si étonnante », le musée Calvet obtint qu'elle lui fut cédée, bien que déjà promise à un « personnage illustre ». L'inauguration de la galerie eut lieu le 12 octobre. En souvenir de ce mémorable événement, les administrateurs offrirent, aux Vernet, deux vases d'argent, œuvre de Gloria, habile orfèvre de Paris, originaire d'Avignon, et aux dames Vernet, qui avaient accompagné leurs époux, deux pièces de soie de fabrique avignonnaise. En outre, le musée fit frapper une médaille commémorative portant le buste de Josep Vernet et la légende : « *Joseph, Carle et Horace Vernet. Ce nom seul illustrerait trois villes.* » Horace Vernet n'oublia jamais la cordialité de cette réception. Resté très lié avec Esprit Requien, il le fit l'intermédiaire de ses libéralités envers le musée Calvet : don, en 1839, des dessins des ports de France et des livres de raison de Joseph Vernet ; en 1846, du célèbre tableau de Louis David, *La mort du jeune Bara*, et la même année, de la *Bataille de Nazareth*, de Géricault.

A l'extrémité de la rue Horace-Vernet, tourner à droite dans la rue Joseph-Vernet, au n° 86 de laquelle se trouve le musée Calvet, ancien hôtel de Villeneuve.

VII. — Le musée Calvet

La livrée de Cambrai.

L'hôtel de Villeneuve occupe l'emplacement d'une livrée cardinalice qu'on appelait la « livrée de Cambrai » du nom de son dernier occupant le célèbre Pierre d'Ailly, chancelier de l'Université de Paris, évêque du Puy, puis de Cambrai. Au XVIe siècle, elle appartenait à la famille des Gérards d'Aubres dont le dernier représentant, Henri des Gérards, contribua au siècle suivant, par ses libéralités, à la construction de la chapelle du Collège des Jésuites. Après sa mort sans postérité, sa sœur et héritière, mariée en premières noces à Jean de Castellane, laissa la livrée de Cambrai à son fils unique, Henri de Castellane, marquis d'Ampus. En 1719, Joseph-Mathias de Lauris de Castellane et des Gérards, dit le marquis de Castellane, vendit l'ancienne livrée de Cambrai à François-René de Villeneuve, marquis d'Arzeliers. L'immeuble, avec son jardin, occupait à peu près la superficie de l'hôtel de Villeneuve actuel, mais les bâtiments étaient en façade de la rue des Masses (aujourd'hui rue Bouquerie).

Les Villeneuve-Martignan.

La famille de Villeneuve, dit un ancien nobiliaire, « est originaire de Valréas et descend d'un très habile médecin... Le père de ce médecin était apothicaire à Orange et fermier du prince où il a gagné une partie de son bien ».

Cette famille n'avait, on le voit, rien de commun avec la grande dynastie provençale du même nom à laquelle on est trop souvent tenté de la rattacher. Ses archives, données au musée Calvet par M. Frédéric d'Oléon, nous montrent ces Villeneuve se succédant, de père en fils, comme médecins à Valréas, du début du XVIe siècle au milieu du XVIIe. Le premier qui n'ait pas embrassé la carrière médicale est Nicolas III de Villeneuve, qui s'intitule « capitaine d'une compagnie pour le service du roi au régiment de Normandie » et, en 1632, épouse Delphine de Servant de Martignan ; il devient ainsi seigneur de Martignan et de Coutelet, dans la principauté d'Orange.

Au début du XVIIIe siècle, François de Villeneuve, fils de Nicolas III et déjà sexagénaire, abandonna Valréas et vint se fixer à Avignon. En 1708, il acheta le domaine d'Arzeliers en Dauphiné qui conférait la dignité de marquis. Ce titre et sa fortune permirent au nouveau citoyen d'Avignon de faire tout de suite grande figure. A sa mort, ses biens fonds étaient estimés à plus de 230 mille livres.

C'est son fils François-René qui acquit la « grande maison de Castellane » en 1719. Il avait été viguier d'Avignon deux ans auparavant. Comme il était né à Valréas, il lui avait fallu une dispense du pape pour lui permettre d'entrer au Conseil de ville dans la « première main » où on devait être non seulement noble, mais encore « originaire », c'est-à-dire né à Avignon. Il mourut en 1724, à quarante-cinq ans ; le Nobiliaire cité précédemment lui attribue quelque dérangement cérébral. De son mariage avec Madeleine de Florens, il avait eu trois enfants, deux filles dont l'une, Marie-Thérèse-Gabrielle, entra au couvent des Ursulines d'Avignon, tandis que l'autre, Madeleine, épousa Paul-Augustin de Salvador, et un fils, Joseph-Ignace, qui fera construire l'hôtel de Villeneuve.

Le mariage de Madeleine de Villeneuve.

S'il faut en croire les *Mémoires de la vie de Mylord, duc d'Ormond* (1), par Thomas Carte, ce mariage aurait eu lieu dans des circonstances fort romanesques. Le duc d'Ormond y joua un rôle actif. Ce haut personnage était, on se le rappelle, un Ecossais fastueux, partisan des Stuarts et exilé à ce titre ; il séjourna à plusieurs reprises à Avignon où il mourut en 1745. Très répandu dans la société avignonnaise, il mettait son bonheur, dit son biographe, à faire des heureux, tandis que la mère de Madeleine de Villeneuve, nous rapporte-t-il, était « une des femmes la plus rude et la plus pie-grièche de son temps ». Malgré toutes sortes d'instances, elle se refusait obstinément au mariage de sa fille avec le chevalier de Salvador. « Ce n'est pas qu'ils ne fussent égaux en condition et même en richesse. C'était la seule avarice de la mère qui, ne pouvant la déterminer de se dessaisir de la dot de sa fille, de qui elle était tutrice depuis la mort de son mari, empêchait qu'elle ne consentit à leur union. » Elle accueillit avec plus de faveur « un autre soupirant de la demoiselle », lequel avait sans doute laissé entendre que « l'amour qu'il avoit pour la fille le feroit passer par-dessus la dot ». L'accord fut fait ; le mariage décidé et fixé. Mais au matin prévu pour la cérémonie, la jeune fille prit la fuite avec l'aide de sa femme de chambre. Elles se sauvèrent toutes deux par le jardin, situé alors, — si on veut bien se souvenir de ce que nous avons dit de la livrée de Cambrai, — du côté de la rue Calade (rue Joseph-Vernet) à l'endroit où se trouvent aujourd'hui le vestibule et la cour d'entrée du musée. « La jardinière attendrie par les larmes que sa maîtresse versoit » ouvrit la porte du jardin « qui donnoit sur un canal ». Ce canal était évidemment la Sorguette, c'est-à-dire l'ancien fossé des remparts du XIIIe siècle qui coulait encore à cet endroit à ciel ouvert. Mais en essayant de traverser sur les épaules de la jardinière, la fugitive tomba

(1) Traduits de l'anglais, La Haye, Compagnie des libraires, 1737, 2 vol. in-12. Malgré le ton d'autobiographie donné à l'ouvrage, ces « mémoires » sont apocryphes. C'est une sorte de vie romancée, abrégée du texte anglais de Thomas Carte. L'épisode de Madeleine de Villeneuve, sur lequel l'auteur a été fort bien renseigné, figure au tome II, p. 176-189.

à l'eau. Aux cris poussés par les servantes, Salvador qui avait rôdé toute la nuit aux alentours de l'hôtel de Villeneuve, accourt, se jette dans le canal et en retire la jeune fille. Transis, les deux amoureux se réfugient à l'hôtel de Donis, rue Dorée (rue Chauffard), chez le duc d'Ormond qui était à cette heure matinale en train de « prendre du chocolat » en compagnie de la marquise de Va... (Mme de Vaucluse), aimable veuve de trente-cinq ans, sœur de son hôte.

Bien entendu, on accueille les jeunes gens, on les réchauffe, on les restaure. Ensuite, « Mme de Va... voulut bien accompagner M. de Salvador chez l'archevêque, pour obtenir de lui la permission de les marier. Ce bon prélat n'a jamais rien refusé aux dames ; il accorda tout ce qu'on voulut ». Un prêtre vint bénir les jeunes gens « et mit par ce moyen la demoiselle à l'abri des fureurs de son implacable mère ». Toutefois, la jeune fille jugea plus convenable de se réfugier pour quelque temps dans un couvent. L'obligeante Mme de Va... l'y conduisit, tandis que le duc d'Ormond recevait Mme de Villeneuve qui arriva « toute essoufflée de colère ». Après le premier choc, on lui raconta ce qui s'était passé, elle en fut « un peu attendrie ». Mme de Va... fit si bien que Mme de Villeneuve consentit enfin à pardonner « pourvu qu'on ne lui demandât pas une dot trop considérable ».

Le plus surprenant de cette histoire, c'est qu'à peu de détails près, elle est confirmée par des textes authentiques, notamment en ce qui concerne le caractère autoritaire et la cupidité de Mme de Villeneuve. Quant au mariage lui-même, il eut bien lieu dans des conditions exceptionnelles, le 28 novembre 1733. L'archevêque d'Avignon accorda la dispense des bans dans des conditions si précipitées qu'on omit de la transcrire dans le registre où les permissions de ce genre devaient être couchées. Le registre des mariages de la paroisse Saint-Agricol nous apprend en outre que c'est l'aumônier du prélat, Alexandre-Pierre Granier, qui donna la bénédiction nuptiale aux jeunes gens dans la chapelle des Augustines d'Avignon (1) ; les témoins, sans doute pris au hasard, furent Jean et Laurent Reynier, père et fils, cordonniers. La présence des parents n'est pas indiquée, mais seulement leur « consentement tacite », ce qui est une façon de dire qu'on ne les avait pas consultés. Madeleine de Villeneuve avait vingt-cinq ans ; de Salvador, vingt-six.

Ce n'est que treize mois plus tard, — après la réconciliation avec la mère, — que fut établi le contrat. Cette fois, la mariée était assistée de ses cousins, Benezet de l'Eglise et Joseph-François de Turc de Cartier, seigneur de Lagnes. Elle déclare se constituer comme dot une somme de 30.000 livres que lui avait léguée son père. Mais Mme de Villeneuve n'intervient pas et, bien entendu, ne donne rien.

---

(1) La chapelle des Augustines, nous l'avons dit ci-dessus, se trouvait rue Saint-Marc, en face de celle du Collège des Jésuites.

Joseph-Ignace de Villeneuve.

Joseph-Ignace s'était marié la même année que sa sœur. Auparavant, il avait, suivant l'usage des jeunes nobles avignonnais, fait un séjour à Paris et passé un temps au service du roi, dans le régiment de cavalerie du marquis de Gadagne (1729-1732). De retour à Avignon, il épousa une jeune fille de l'illustre famille de Sade, Henriette-Victoire de Sade, sixième enfant de Gaspard François, marquis de Sade, seigneur de Saumane et de Lacoste, coseigneur de Mazan, capitaine héréditaire de Vaison, colonel de l'artillerie et de la cavalerie du pape au Comtat Venaissin. Le mariage fut célébré le 10 mai 1733. Villeneuve avait vingt ans à peine ; sa jeune femme dix-huit. C'est dès lors la période la plus brillante de son existence. A défaut du titre de marquis que son père avait abandonné, il porte celui de comte du Saint-Empire, acquis on ne sait comment. Il s'intitule également « grand croix de l'illustre ordre de Saint-Michel de Son Altesse Sérénissime électorale de Cologne ». Il mène grand train, étalant un grand luxe de chevaux, de voitures ; il possède un carrosse, un phaéton « des plus à la mode » et une chaise de poste.

Troix filles naquirent dans les quatre premières années de son mariage, puis une quatrième en 1743. Mais l'union du jeune ménage était précaire. L'autorité, dans ce cas bienfaisante, de Mme de Villeneuve mère la maintint tant qu'elle vécut. Mais après sa mort, en 1744, il y eut séparation « par contrat » ; de telles séparations amiables n'étaient pas rares dans l'ancien droit avignonnais. Villeneuve ne semble s'y être résigné qu'à contre-cœur, ce qui laisse supposer que l'initiative venait de sa femme. Fut-elle lassée des étrangetés de caractère de son mari ? Avait-il hérité des tendances morbides de son père ? En tout cas, après que ses défauts se seront accentués avec l'âge, on parlera ironiquement de son « génie » et il sera considéré comme un de ces « extravagants » dont « rien ne doit surprendre de ce qui vient de leur part ».

Longtemps, ce « génie » encore contenu n'avait paru qu'exubérance, faconde naturelle, goût légitime des grandeurs. Il avait valu à Villeneuve des débuts éclatants dans la vie publique.

Brillant espoir de la noblesse avignonnaise, il fut élu au Conseil de ville à vingt-deux ans, le 17 décembre 1735. Il prit place dans la « première main », celle des « nobles originaires ».

Le 23 juin 1738, il fut élu premier consul ; il avait à peine vingt-quatre ans. L'année suivante, malgré l'opposition du vice-légat, la cour de Rome lui confiait la fonction de viguier, la plus haute que put recevoir, dans sa ville, un gentilhomme d'Avignon. Mais bientôt il s'aliéna la bourgeoisie par son attachement aux prérogatives nobiliaires, son intransigeance sur les questions de préséance et d'étiquette, bien que dans le privé il fut « fort bonhomme ». Le Conseil était alors divisé en trois classes ou « mains », la première réservée aux nobles, les deux autres aux bourgeois. Comme ceux-ci avaient la majortié dans les élections consulaires, Villeneuve aurait été désormais tenu à l'écart de la première charge municipale, si une ordonnance de 1750 n'avait décidé que dorénavant les consuls ne seraient plus élus par le conseil tout entier, mais chacun par la « main » dont il faisait partie. Villeneuve, qui avait conservé les sympathies de la noblesse, fut ainsi réélu premier consul, le 23 juin 1751.

Son triomphe fut de courte durée. Il était en fonctions lors de la naissance du duc de Bourgogne, petit-fils de Louis XV. Il était d'usage qu'à la venue d'un enfant de France, la ville d'Avignon envoyât un « ambassadeur » féliciter la famille royale et que ce délégué fut le premier consul en exercice. Mais, contrairement à cette tradition pourtant bien établie, le Conseil désigna le marquis de Crillon aux lieu et place de Villeneuve, les conseillers bourgeois désirant protester ainsi contre la décision qui les avait évincés de l'élection du premier consul. « Qui a fait le premier consul, dirent-ils, fasse le député. » Le coup fut cruel pour Villeneuve. Sur le moment, il fit bonne contenance, mais par la suite, incapable de se maîtriser, il accumula les extravagances au point d'obliger le vice-légat à le suspendre temporairement de ses fonctions.

Quelles conséquences, les déboires matrimoniaux et consulaires de Villeneuve allaient-ils avoir sur la construction de son hôtel ?

La construction de l'hôtel de Villeneuve.

Dans la griserie de ses premiers succès, Villeneuve avait entrepris d'embellir et de tranformer le vieil hôtel de la rue des Masses.

En 1734, au lendemain de son mariage, il avait fait édifier un « bâtiment » par les frères Lamy, maîtres maçons, sous la direction de l'architecte Thomas Lainée. Ce n'était qu'une addition aux constructions anciennes ; car le devis, qui la concernait et comprenait aussi la réfection des vieilles toitures de l'immeuble, ne s'élevait pas à beaucoup plus de 6.000 livres.

C'est quelques années plus tard, en 1741, que Villeneuve se mit en tête de rebâtir de fond en comble son hôtel. Il voulait avoir la plus grandiose, la plus somptueuse maison d'Avignon.

Le plus renommé des architectes avignonnais était alors Jean-Baptiste Franque. C'est à lui que Villeneuve voulut confier la réalisation de son projet ambitieux. Mais il est de tradition que Jean-Baptiste Franque se fit aider par son fils François, ancien pensionnaire de l'Académie de France à Rome, établi à Paris et futur membre de l'Académie royale d'architecture ; ce serait même à celui-ci qu'il faudrait attribuer le grand caractère de l'édifice.

La convention sous-seing privé que Villeneuve signa le 18 décembre 1741 avec le maître maçon François Lamy nous a été heureusement conservée. Elle énumère les travaux à entreprendre : façades sur la cour, le jardin et la « basse-cour » au nord, murs de refend, voûtes en pierre de taille, couverture en tuiles. Des termes du contrat, il résulte clairement qu'il s'agissait de tout l'hôtel actuel, aussi bien des constructions en bordure de la cour d'entrée, que du grand bâtiment qui développe sa noble façade sur le jardin. Rien ne subsistait de l'édifice ancien. L'orientation même en était changée. Il tournait le dos à l'étroite rue des Masses ou rue Bouquerie et s'ouvrait sur la « rue des Lices vulgairement de la Calade », c'est-à-dire sur la rue Joseph-Vernet actuelle. Heureuse innovation des Franque qui devait assurer à la demeure une entrée vraiment imposante.

La construction de l'hôtel dut se faire assez lentement. Les documents que nous possédons sont trop fragmentaires pour nous en fournir le détail.

En 1747, le gros œuvre devait être très avancé. A l'intérieur, certaines parties étaient même entièrement achevées et aménagées. Cependant, en 1749, Villeneuve payait encore une fourniture de pierres de Fontvieille et ce n'est que quatre ans plus tard qu'il réglait le solde de la sculpture. Celle-ci fut l'œuvre de Pierre Bondon, dit Bondon l'aîné, bien connu dans l'histoire de l'art local par ses travaux à la façade des Pénitents noirs.

Au point où il en était arrivé, Villeneuve ne considérait pas son œuvre comme finie ; il tenait pied, non sans quelque peine, à une dépense épuisante. Mais depuis le commencement des travaux, sa situation avait bien changé ; il y avait eu d'abord la rupture de son union conjugale, suivie, quelques années après, de l'échec si mortifiant de sa candidature à l'ambassade de Versailles.

Une carrière brisée, une vie solitaire, quelles perspectives déplorables pour ce mégalomane. Pourquoi continuer un effort inutile ? Désormais, les constructions seront arrêtées. A quoi bon même de si vastes appartements pour un homme sans foyer, sans possibilités de vie mondaine ? Le dépit lui dicte donc une résolution inattendue. Le 7 août 1753, il loue à Joseph de Raousset, comte de Boulbon, toutes les pièces du rez-de-chaussée exposées au midi sur le jardin et au nord sur la cour de service, ainsi que « tous les entre-sols au-dessus du rez-de-chaussée ». Il ne se réservait que deux pièces sur la cour d'entrée, l'escalier et le premier étage. Raousset avait la jouissance des jardins, mais devait laisser à Villeneuve « la faculté » d'aller y promener « avec ses amis ou avec les personnes qu'il trouvera bon ». Le bail était fait pour trois ans moyennant un loyer annel de 1500 francs payable par trimestres anticipés.

Dernières années de Joseph-Ignace de Villeneuve.

A la fin de 1753, délivré du souci de ses bâtisses, séparé de sa femme, détaché de ses filles confiées à des couvents, cruellement offensé par ses collègues du Conseil de ville,

Villeneuve se sent pris d'un grand besoin d'évasion. Il part pour l'Italie. En février et mars 1754, il séjourne à Rome. En juin, il est installé à Florence comme à demeure avec « loyer de maison », quatre domestiques et deux chevaux. Il compte y séjourner au moins jusqu'en décembre.

Il faut la passion de la chicane, cette autre tarentule du personnage, pour le ramener à Avignon. On le trouve dès lors absorbé, pendant plusieurs années, par un procès avec la communauté de Villedieu (1) séparée de sa terre de Saint-Maurice par la rivière de l'Eygues dont le cours capricieux était la cause du litige. Il met en mouvement la vice-légation, le parlement de Grenoble, le Conseil du roi et même une commission diplomatique, car son affaire soulève une question de souveraineté entre le Saint-Siège et la Cour de France. Il lasse tout le monde par ses « démarches inconsidérées ». Mais Rome lui en veut surtout d'avoir mis en branle la justice royale et le débat est clos par deux lettres fort dures du cardinal secrétaire d'Etat invitant Villeneuve à cesser ses « subterfuges » et à ne pas « se départir des devoirs précis d'un bon sujet envers son prince ».

Villeneuve se tint coi pendant quelque temps, ce qui lui valut d'être élu pour la troisième fois premier consul en 1764. Mais ce retour de fortune l'incita à de nouvelles imprudences. On le voit maladroitement mêlé à de ridicules querelles de cérémonial entre le viguier et le vice-légat.

Le viguier était alors le chevalier de Caumont. Recevant un jour les consuls à la Comédie, il avait fait illuminer et orner d'un tapis l'extérieur de sa loge. Le vice-légat, prétendant avoir seul droit à cet appareil, menaça de faire enlever par la force le tapis et les bougies du viguier. Celui-ci répondit qu'il avait la police des spectacles et que si les suppôts du vice-légat se livraient aux voies de fait annoncées, il ferait arrêter immédiatement la représentation.

Le vice-légat eut la sagesse de s'abstenir. Mais le surlendemain, à l'issue d'une cérémonie à Notre-Dame, il refusait « sa droite » au viguier « d'un ton haut et méprisant ». Réuni le soir même, le Conseil de ville, premier consul en tête, émit une protestation dont Rome affecta de s'émouvoir. Caumont et Villeneuve furent suspendus de leurs fonctions. Mais les rieurs ne furent pas de leur côté. On s'amusa fort de leur déconvenue trop visible et des démarches qu'ils firent pour rentrer en grâce. La chanson suivante circula dans Avignon :

Notre viguier depuis trois mois demande une audience.
On se fait un esprit malin de lasser sa patience.
On luy remettra son bâton (2),
La faridondene la faridondon,
Sa loge avec son tapis,
Biribi,

---

(1) Département de Vaucluse, canton de Vaison-la-Romaine.

(2) Le bâton était l'insigne du viguier, comme le chaperon était celui des consuls.

V

A gauche, dédicace au vice-légat Jean-François de Bagni, surmontée de ses armoiries. — Au-dessous, au bord de la planche, en grande partie effacé : *Iaccopo Piastre* (?) *fecit*.

Edifices indiqués : En bas, contre le rempart, *Les Minimes*. — Vers le milieu, *Les Cappuccins* (remplacés au XIXe par la Visitation) ; sur l'emplacement, nouveau Lycée Mistral.

ILLVSTRISS^MO AC REVEREND^MO DD IO FRANC
EX CO GVIDIIS A BALNEO ARCHIEPIS
PATRACENSI ET VICELEG^TO AVENIONEN
GRATI ANIMI PIGNVS
D C
ODORICVS ALOYSIVS
SEPTEMPEDANVS
PICENVS
CIVITATIS AVENIONIS OMNIMO

VIARVM ET AEDIFICIORVM

VI

En haut, au milieu, le puits de Saint-Agricol ; à droite de celui-ci, le cimetière de cette église ; au-dessous, la chapelle gothique dite des Templiers.

Plus bas, de gauche à droite : *Les Precheurs* (ancien couvent des Dominicains), *le Cermeliste* (les Cormélites) sur *Les* (*Lices*). Le Plan de Lunel (que désigne sa croix couverte). *College du Roure* (sur l'emplacement de la Préfecture).

Dans l'angle supérieur droit : *Le Change* (place du Change). — Au-dessous, en descendant : *S. Anthoine. S. Disdier* (église Saint-Didier). *College des Iésuites. S. Marcial.* — Plus bas, de droite à gauche : *Le Noviciat des Iésuites* (hospice Saint-Louis). *Les Observants* (aujourd'hui le Carmel, rue de l'Observance).

A la façon de Barbary,
Mon ami.
Notre consul destitué sera remis en place.
La veille de Saint-Jean prochain finira sa disgrâce (1).
On luy rendra son chaperon (2)
La faridondene la faridondon,
Torregiani (3) l'a promis,
Biribi,
A la façon de Barbary,
Mon ami.

La suspension fut levée au mois d'avril. « M. de Villeneuve, dit le chroniqueur Laurent Drapier, eut un plaisir sensible d'avoir été remis, ne respirant depuis quatre mois qu'à se voir être en place. »

Villeneuve mourut l'année suivante, le 23 septembre 1765, à l'âge de cinquante-deux ans. Son corps fut exposé dans le grand salon à l'italienne et le lendemain transporté en grande pompe à Saint-Agricol et ensuite aux Augustins où se trouvait le tombeau des Villeneuve. Les Pénitents blancs l'entouraient et il y eut « huit grands chars », ainsi que onze douzaines d'armoiries.

Pauline de Villeneuve.

Des quatre filles de Villeneuve, trois étaient entrées en religion. Une seule, la troisième, Pauline était mariée ; elle fut son héritière universelle.

Elle avait épousé en 1760 Joseph-Louis de Vincens de Mauléon, chevalier de Causans, ancien colonel du régiment de Conti.

Le contrat de mariage avait été signé le 23 septembre 1760 dans le parloir du couvent de Saint-Benoît de Cavaillon où Pauline était en pension, sous la garde de ses deux grand'-tantes de Sade qui y étaient religieuses. Pauline recevait 90.000 livres de dot et son mari, qui était fort à l'aise, lui assurait de nombreux avantages pécuniaires, entre autres une pension de 1.200 livres tant qu'elle resterait veuve. Rarement on vit plus grande différence d'âge entre deux époux. Le chevalier de Causans avait soixante-sept ans et sa jeune femme vingt-deux. Causans avait même vingt ans de plus que son beau-père ; mais sous le rapport du « génie », il n'avait rien à lui envier. La famille de Causans était sujette à des « vapeurs très extraordinaires ». En outre, le chevalier avait sa marotte particulière, qui était la recherche de la quadrature du cercle. Persuadé d'avoir trouvé la solution du fameux problème, il n'avait pas voulu, écrivait-il à Mgr d'Inguimbert, garder pour lui, « un secret de cette conséquence ». Il avait donc offert 300.000 francs à qui lui prouverait la fausseté de sa démonstration. Ce défi fut naturellement relevé et une jeune fille l'actionna au Châtelet de Paris pour

(1) Les consuls sortaient de charge la veille de la fête de saint Jean.
(2) Voir la note 2 de la page précédente.
(3) Louis-Marie Torregiani, cardinal-secrétaire d'Etat.

obtenir la délivrance de l'enjeu. Mais le roi cassa la procédure et déclara le pari nul, à cause de l'absurdité du motif. Pendant dix ans, Causans multiplia les brochures sur le sujet qui lui tenait à cœur et ce qu'il y avait de plus extravagant dans son cas, c'est qu'il prétendait tirer de sa démonstration de la quadrature l'explication du péché originel et de la Sainte Trinité.

Le mariage mit-il un terme à ses divagations géométriques et théologiques ? Le nouveau ménage s'installa au rez-de-chaussée de l'hôtel de Villeneuve dans l'appartement qui avait été loué pendant plusieurs années au comte de Boulbon.

Causans mourut dix ans plus tard, le 1er février 1770, laissant sa femme héritière universelle de ses biens. Il fut inhumé dans le tombeau de la famille de Villeneuve aux Augustins.

Pauline resta trois ans en état de « viduité ». Elle reprit alors la pratique de son père de louer la partie de son hôtel en façade sur le jardin et c'est ainsi que disparut le salon à l'italienne. Dans le bail qu'elle consentit le 13 mars 1771 à « Jean-François Coudougnan, habitant de l'isle de Saint-Domingue », actuellement en Avignon, il était stipulé en effet que « la grande salle à l'italienne » serait divisée, par « un mur en moilon », en deux pièces, la première à trois fenêtres et la seconde à deux, avec plancher au niveau du premier étage. Le bail nous apprend que les fenêtres de cet étage, au midi, sur le jardin, qui n'avaient pas encore de fermetures en seraient pourvues, « afin d'éviter le froid et le chaud que donne l'ouverture... à l'appartement du rez-de-chaussée et pour oter la vue désagréable desdites ouvertures dans le jardin ». Les travaux devaient être faits sous la direction de « Franque » ; bien que les prénoms ne soient pas indiqués, il s'agit assurément de Jean-Pierre Franque (1718-1810), fils cadet de l'illustre Jean-Baptiste Franque ; le fils détruisait ainsi une partie de l'œuvre du père.

En 1777, à M. de Coudougnan succéda Charles de Fournier, marquis de la Chapelle, « ancien procureur général du Conseil supérieur du Cap français, conseiller honoraire des deux conseils du Port-au-Prince et du Cap en l'Isle de Saint-Domingue, seigneur du marquisat de Montpesat-les-Uzès et dépendances ». Pauline de Villeneuve, devenue Mme de Raousset, continuait à habiter l'hôtel et à partager avec le locataire principal l'usage du jardin, tout en se réservant les fleurs et les fruits, « comme propriétaire intéressé à son entretien ».

Pauline de Villeneuve s'était remariée le 20 mars 1774, à Saint-Agricol, avec Etienne-Joseph de Raousset-Soumabre, lieutenant des vaisseaux du roi. Ce nouveau mari avait, à trois semaines près, le même âge qu'elle. Il était si peu fortuné que sa femme dut lui assurer, par contrat de mariage, une pension annuelle de 1.200 livres ; elle lui garantissait en outre le vivre et le couvert, à condition, était-il précisé, qu'il cohabitât avec elle. Par contre, elle s'était réservée la libre disposition de ses biens, y compris le droit de les aliéner sans autorisation maritale.

Raousset-Soumabre fut viguier d'Avignon en 1777-1778. A la Révolution, il fut un des militants du parti papiste. Décrété d'arrestation, il ne dut son salut qu'à la fuite. Pauline de Villeneuve se réfugia à Apt où elle mourut le 7 octobre 1791 ; deux années auparavant, elle avait testé en faveur de son mari, sauf les droits de sa mère.

De la Révolution à 1833.

L'hôtel de Villeneuve avait été mis sous séquestre, mais il échappa à la vente à cause de son importance qui écartait les acquéreurs. Il fut quelque temps le siège de l'Administration du district, puis une partie en fut louée à un particulier, tandis que le reste servait d'entrepôt pour les objets de cuivre confisqués. Enfin l'Administration se décida à le donner à bail pour 285 livres par an, à la « citoyenne Henriette-Victoire Sade, veuve Villeneuve » qui avait avec elle deux de ses filles ex-religieuses.

En 1801, Raousset rentré en France se fit rayer de la liste des émigrés. Il avait droit à la restitution de ses biens non vendus ; on lui rendit donc l'hôtel de Villeneuve ; mais il ne le garda que le temps de trouver un acquéreur. Le 15 décembre 1802, il le vendait pour le prix de 33.000 francs, à Joseph-Véran Deleutre, négociant d'Avignon.

Deleutre qui était moulinier en soie y installa son industrie. La grande salle située au sud de la cour d'entrée fut disposée pour le moulinage ; une roue à aubes actionnée par la Sorgue y trouva place. Le vestibule et la salle voûtée qui fait partie de la salle de lecture actuelle furent transformés en magasin. Une pièce à trois fenêtres donnant sur la cour du nord servait de salon à Mme Deleutre et reçut une décoration peinte de couleur verte et jaune dans le goût de la Restauration. Les deux pièces qui suivent ont gardé, également de la même époque, des portes ornées d'arabesques et de grotesques peints sur fond blanc.

Deleutre, mort en 1824, eut pour successeur son fils aîné, associé avec Jacques Mantel. La crise qui suivit la Révolution de juillet fut fatale à la maison Deleutre et Mantel qui dut déposer son bilan. L'hôtel fut mis en vente. Sur le vœu de l'Administration du musée, le maire Delorme se présenta aux enchères le 8 mars 1833 et acquit l'hôtel pour le prix de 85.860 francs aux applaudissements du public, personne n'ayant disputé cet achat à la ville.

Description de l'hôtel de Villeneuve.

L'installation du musée Calvet dans l'hôtel de Villeneuve a introduit dans l'édifice des modifications importantes. Il a néanmoins conservé son aspect extérieur, le grandiose étagement de ses édifices et une grande partie de ses dispositions intérieures.

Ses bâtiments aux façades couronnées de balustres se groupent autour d'une cour d'entrée et d'un jardin.

La cour d'honneur a perdu sa porte sur la rue en boiserie pleine qui était habituelle dans les hôtels anciens ; elle a été remplacée en 1886 par une grille en fer forgé, œuvre du ferronnier avignonnais Noël Biret. La cour n'était pas entièrement pavée ; la calade formait deux bandes, l'une allant vers le perron central, l'autre vers la porte des écuries à gauche. Le perron était autrefois de forme pentagonale et plus étroit que le perron rectangulaire actuel ; un daguerréotype conservé au musée Calvet nous montre les dispositions anciennes. Les murs ont conservé leur ordonnancement et la balustrade qui les couronnait ; au-dessus de la porte du vestibule, un écusson double donne les armoiries des Villeneuve et des Sade.

Sur les salles qui entourent la cour, les terrasses primitives sont remplacées par des toitures. De ces terrasses, en 1771, la société avignonnaise, « par permission de Monsieur le Viguier » assista au « combat sanglant du taureau avec les chiens dogues anglois », suivi du « combat de la grande force de l'ours », de celui « du cruel loup » et de celui du « petit cheval prussien avec les dogues » ; le spectacle se termina par un feu d'artifice, imitant « la batterie de la prise du Port Mahon » et au cours duquel, disait l'affiche, « on enlevera un chien vivant dans un Parasol à feu, qui fera l'admiration des spectateurs ».

Quelques années plus tard, si on croit la tradition, cette même cour de Villeneuve aurait vu une des premières séances d'aérostation ; nous dirons en effet que c'est pendant un séjour à Avignon, que Joseph de Montgolfier aurait eu la première idée du principe des ballons (1).

L'intérieur de l'hôtel de Villeneuve a été exhaussé d'environ 1 m 50, précaution utile contre les inondations si fréquentes à Avignon. Toutes les pièces entourant la cour étaient couvertes de ces belles voûtes plates qui ont fait la renommée des Franque ; leur poids considérable a donné aux murs de la cour un déversement très visible en plusieurs points ; une seule de ces voûtes a été conservée dans une salle, sur le côté nord de la cour ; elle sert actuellement de salle de lecture à la bibliothèque de la ville.

On a conservé les salons en enfilade au nord du jardin.

Ces salons sont actuellement au nombre de cinq. A l'origine, on en comptait quatre seulement, les deux premiers ne formant qu'une seule pièce, le « salon à l'italienne ». On désignait sous ce nom une salle embrassant à la fois le rez-de-chaussée et le premier étage, avec balcon à la hauteur de ce dernier. J.-B. Franque avait aménagé un salon de ce genre (qui existe toujours) à l'évêché de Viviers construit

(1) Voir ci-après p. 234.

par lui peu d'années auparavant. Cette disposition valait pour l'apparat, mais n'était pas habitable ; elle fut supprimée, nous l'avons vu, dès 1771 ; on eut dès lors les deux premiers salons actuels.

Le « salon de compagnie » vient ensuite avec son plafond aux ornements dorés et ses lambris dessinés par Franque, exécutés par le menuisier Louis Richard ; ses dessus de portes sont ornés de trophées d'instruments de musique sculptés et dorés. Il a perdu sa grande cheminée de brocatelle d'Espagne.

La pièce suivante est désignée dans les inventaires sous le nom de « chambre lambrissée ». Ses boiseries sont peintes en blanc et en bleu ; elle a conservé son beau plafond en gypserie, ainsi que ses quatre dessus de portes qui sont des « bergeries » de Philipp-Peter Roos, dit Rosa de Tivoli ; mais elle n'a plus sa cheminée de brèche violette.

L'enfilade se termine par le « cabinet lambrissé » qui a perdu son plafond orné et ses deux cheminées, mais a gardé ses boiseries, au moins sur trois côtés.

Sur le jardin, la célèbre façade exposée au midi est décorée d'ordres superposés. Les proportions harmonieuses de ses éléments, les gracieux chapiteaux ioniques de l'étage, les fenêtres largement ouvertes et la belle couleur des pierres de Fontvieille forment un ensemble justement admiré. Au XVIIIe siècle, le jardin était un parterre à la française dessinant ses quatre plate-bantes rectangulaires bordées de buis et garnies d'œillets ; le centre était occupé par un bassin avec jet d'eau alimenté par une « roue » qui élevait les eaux de la Sorgue voisine. Opposé à la grande façade, le fond du jardin présentait une composition architecturale centrée autour d'une niche abritant une statue de faune remplacée en 1847 par la tombe de Calvet (1). Du côté est, le long de la rue des Masses (rue de la Bouquerie), s'étendait le « bosquet », séparé de la voie publique par une grille munie de portes de fer.

Le jardin avait reçu, en 1837, la visite de Stendhal. « Je me suis fait conduire au musée, écrivait-il ensuite dans ses *Mémoires d'un touriste*. Les tableaux sont placés d'une manière charmante, dans de grandes salles qui donnent sur un jardin solitaire, lequel a de grands arbres. Il règne en ce lieu une tranquillité profonde qui m'a rappelé les belles églises d'Italie ; l'âme, déjà à demi séparée des vains intérêts du monde, est disposée à sentir la beauté sublime. »

Sur le côté sud de ce jardin, se trouvait une « méridienne », petite salle de repos octogonale qui a été conservée avec son décor de gypseries (palmiers, colombes et médaillons des quatre saisons) ; mais en 1900, on a bâti dans la partie est

(1) Il a été dit plus haut (voir ci-dessus p. 169) que Calvet, par crainte des inondations, avait voulu être enterré, non dans le cimetière de Saint-Roch alors en service au sud-ouest de la ville, mais dans un cimetière aménagé sur le Rocher des Doms. Lors de la suppression de ce cimetière, ses restes furent transférés dans le jardin du Musée.

du jardin une galerie qui a fait disparaître le « bosquet ».

On doit regretter aussi qu'on ait prolongé le grand bâtiment est-ouest ; l'ordonnance de sa belle façade, dont nous venons de parler, se répétait en retour d'équerre sur la façade est.

Le grand escalier de l'hôtel est dans le prolongement du vestibule d'entrée ; il subsiste avec sa rampe en fer forgé. Mais tout l'étage, transformé en galerie de peinture, a perdu son ancienne division en chambres.

Le Musée Calvet.

Le fondateur, Esprit-Claude-François Calvet (1728-1810), était médecin ; mais il s'occupait aussi d'archéologie, de numismatique et de sciences naturelles ; il forma une bibliothèque et un cabinet d'antiquités qu'il légua à la ville d'Avignon. Celle-ci avait déjà un musée et une bibliothèque créés en 1792 avec les collections artistiques et bibliographiques des établissements religieux supprimés. Comme Calvet avait interdit dans son testament de réunir ses collections à celles de la ville, ce fut le fonds municipal qui fut annexé en 1826 au legs Calvet.

En vertu des dispositions testamentaires du fondateur, le musée Calvet est administré par un conseil composé : 1° du maire, président ; 2° de trois exécuteurs testamentaires de Calvet, se recrutant par cooptation ; en cas de décès ou de démission de l'un d'eux, les deux autres désignent le successeur ; 3° de cinq administrateurs nommés par le Conseil municipal pour une période de dix ans. Les principes de l'organisation du musée Calvet ont été fixés dans un règlement dressé par le Conseil d'Etat par délibérations des 19 mars 1823, 26 août 1831 et 7 mars 1832.

Pourvu dès son origine de la personnalité civile, le musée Calvet a bénéficié de nombreux dons et legs particuliers, — les plus importants ont été ceux d'Esprit Requien, administrateur, puis directeur du musée Calvet (1839-1852) et ceux de la famille Jouve, de Cavaillon (1924-1938). Le rôle d'Esprit Requien, administrateur à partir de 1819 et pendant trente-quatre ans a été capital dans l'organisation du musée ; son action et ses libéralités lui ont valu le titre de « second fondateur du musée Calvet ».

D'abord installées dans les bâtiments du couvent de Saint-Martial, les collections de la fondation Calvet et les collections municipales furent transférées dans l'hôtel de Villeneuve-Martignan à la suite de son acquisition par la ville en 1833 ; les nouvelles salles furent ouvertes au public le 3 mai 1835.

C'est dans ces galeries et dans les salons décrits ci-dessus que sont groupées les peintures, en tête desquelles figurent les œuvres de l'Ecole d'Avignon du XVe siècle, que le très hardi et très compréhensif Esprit Requien avait eu l'heureuse initiative de réunir à une époque où elles étaient si peu appréciées. Elles occupent la place d'honneur et rien n'est plus évocateur du passé d'Avignon, car ce sont les plus émouvantes des reliques échappées au saccage des édifices gothiques de la ville, tels le panneau des Célestins, *Le Bienheureux Pierre de Luxembourg en extase,* et les autres peintures si heureusement acquises par Requien : *La Fontaine de Pitié, L'Adoration de l'Enfant, L'Archange Saint Michel,* ou les métopes d'un plafond de la rue de la Petite-Saunerie semblables à celles de la maison du roi René. Deux autres vestiges du Vieil Avignon ornent la « salle des Primitifs » actuelle, la belle cheminée de la salle des Gardes de l'hôtel de Crillon attribuée au sculpteur avignonnais Jean-André Borde et le médaillon en marbre du comte d'Inverness qui avait suivi les Stuarts à Avignon et était inhumé dans l'église Saint-Geniès (1740).

Non moins évocatrice est la collection Biret. Noël Biret (1838-1918) était un serrurier d'Avignon qui, au cours de sa longue carrière, avait recueilli une très importante collection de ferronnerie ancienne, — la seconde de France après celle de Le Secq des Tournelles, de Rouen, — presque uniquement composée de pièces provenant de maisons d'Avignon et particulièrement remarquable par ses exemplaires des XIVe et XVe siècles.

D'autres pièces d'intérêt plus général sollicitent également les visiteurs : Tableaux des XVIIe et XVIIIe siècles (Lenain, Mignard, Valade, Vernet, Hubert Robert, Duplessis) ; paysagistes du XIXe (Corot, Huet) ; œuvres modernes et contemporaines (Renoir, Manet, Sisley, Vlaminck, Soutine), peintures italiennes, flamandes et hollandaises. D'autres galeries sont consacrées aux abondantes séries préhistoriques (collections Deydier et Catelan) ; aux marbres grecs de la collection Nani ; aux bronzes, vases, lampes et verreries de l'époque romaine ; aux objets d'art ou de curiosité modernes.

La bibliothèque de la ville, réunie en 1826 au musée Calvet, est également installée dans l'hôtel de Villeneuve. C'est une des plus importantes de province, particulièrement riche en manuscrits du Moyen-Age, en documents d'histoire et d'iconographie locales, en souvenirs du Vieil Avignon.

Installé dans un hôtel voisin, celui de Raphelis-Soissans, puis de l'Espine, le musée d'histoire naturelle dépend aussi de l' « Administration du musée Calvet ». Il est appelé *Muséum Requien,* du nom de son fondateur, dont nous avons signalé le rôle éminent et les grandes libéralités en faveur du musée Calvet. Le muséum Requien fut installé d'abord dans les bâtiments de l'ancien couvent de Saint-Martial. L'illustre entomologiste J.-H. Fabre en fut le conservateur de 1866 à 1873. Les collections furent transférées en 1902 dans le bâtiment construit au fond du jardin du musée Calvet et ensuite, en 1941, dans l'immeuble qu'elles occupent actuellement.

Riche en collections minéralogiques, paléontologiques et botaniques, le muséum Requien est devenu en outre un centre d'études et de recherches naturalistes des plus fréquentés et appréciés.

CHAPITRE II

LA RUE JOSEPH-VERNET. LA PLACE CRILLON LES FUSTERIES. SAINT-AGRICOL

I. — La rue Joseph-Vernet. — *Les « lices » ; la rue de la Calade. Le « Grand Collège ». Saint-Charles de la Croix. Hôtels divers. L'ancien couvent des Dominicains. L'Oratoire. Bonaparte à Avignon.*

II. — La place Crillon. — *La Comédie. L'hôtel du Palais-Royal. L'assassinat du maréchal Brune. Séjour de Stendhal.*

III. — Les Fusteries. — *Les fustiers. La maison de Jean Cadard. La maison « aux ballons » ; Joseph de Montgolfier. L'église Saint-Etienne ou de la Madeleine. Les hôtels de la rue Petite-Fusterie. L'aérostat du marquis de Brantes. Le parvis de Saint-Agricol et l'urbanisme avignonnais au XVe siècle.*

IV. — L'église Saint-Agricol. — *La façade. L'intérieur : œuvres d'art, tombeaux, boiseries de la sacristie, le retable des Doni, la chapelle de Brantes.*

I. — La rue Joseph-Vernet

Rue Joseph-Vernet.

Cette rue occupe l'espace primitivement compris entre les deux remparts des XIIe-XIIIe siècles, c'est-à-dire les *lices* de cette enceinte. Sur le plan de 1618, elle s'appelle encore les *Lices antiques*. Mais dès le XVIe siècle, on commenca à l'appeler la *rue de la Calade* ; la calade était, on le sait, ce pavage en cailloux du Rhône employé depuis le XIIIe siècle à Avignon et qui est, depuis quelques années, en cours de disparition. La tradition veut que les lices antiques aient été appelées « *rue de la Calade* », parce qu'elles auraient été une des premières rues, sinon la première, à recevoir ce pavage primitif. En 1604, Charles Conti, vice-légat, la fit repaver et lui donna son nom. Dans un texte de 1744, la rue est appelée « *rue Calade sive de Conti ou des Lices* ». Le nom de rue de la Calade, remplacé par celui de *rue Joseph-Vernet* en 1881, a cependant longtemps survécu ; il est encore employé par André Hallays dans son charmant livre *Avignon et le Comtat Venaissin* (1909).

La rue de la Calade, aujourd'hui rue Joseph-Vernet, ne fut entièrement bâtie qu'au XVIIe et au XVIIIe siècle, après la disparition des ruines de la vieille enceinte romane. Elle devint alors une des rues aristocratiques d'Avignon. C'est encore aujourd'hui une des mieux pourvues en nobles demeures de l'époque classique.

N° 87. — *Hôtel de Cambis de Servières,* propriété de Louis de Cambis d'Orsan et, en 1605, de son frère Richard de Cambis de Servières. Il passa par mariages aux Cambis de Velleron et ensuite aux Vidaud de La Tour, dont l'un fut guillotiné à Orange, pendant la Révolution. L'hôtel primitif avait été dévasté en 1653 par les Pévoulins, rebâti ensuite, ainsi que l'avant-corps sur la rue, par J.-B. Franque (1742) ; les sculptures surmontant le mur sur la rue (vases de fleurs et amours) sont de Joseph Bernus (1755). Au XIXe siècle, l'hôtel fut successivement la propriété de M. Chabannes de la Palisse, de M. Clauseau, de la famille Verdet.

N° 83. — *Collège Saint-Nicolas d'Annecy ou Grand Collège.* Son fondateur, Jean Allarmet, cardinal de Brogny (1342-1426) était originaire des environs d'Annecy. Jurisconsulte éminent, auteur d'un *Breviarium juris* dont le musée Calvet conserve une copie avec ses corrections et additions autographes, cardinal-prêtre en 1385, cardinal-évêque d'Ostie en 1405, il joua un rôle éminent au concile de Constance qui mit fin au Grand Schisme et qu'il présida en qualité de doyen du Sacré Collège.

L'établissement fondé à Avignon par deux codicilles ajoutés à son testament, était destiné à héberger vingt-quatre étudiants en droit civil et en droit canon, dont huit du diocèse de Genève, huit du duché de Savoie et huit des provinces de Vienne et d'Arles. Il héritait de la bibliothèque du cardinal, riche en ouvrages de droit, de théologie et d'Ecriture sainte.

En 1428, il fut installé dans la maison des religieuses de Notre-Dame-des-Fours (1) dont les bâtiments furent restaurés et agrandis ; il n'en subsiste que la chapelle gothique.

Le collège prospéra jusqu'au XVIIe siècle, mais tomba alors en décadence, comme toutes les institutions de ce genre, par suite du déclin de l'Université d'Avignon et du succès de l'enseignement des Jésuites. En 1705, le collège du Roure, fondé par le cardinal Julien de la Rovère, fut réuni au Grand Collège. Vendus comme bien national pendant la Révolution, les anciens bâtiments du Grand Collège appartenaient à la fin du XIXe siècle à Auguste Lajard, ancien négociant en garance et ancien président du Tribunal de commerce, qui les légua en 1901 au musée Calvet.

La façade sur la rue Joseph-Vernet se signale par sa porte

(1) Voir ci-dessus IIIe partie, chap. Ier, § 6, p. 196.

encadrée de pilastres à chapiteaux ioniques portant un fronton courbe. La cour a conservé de belles ordonnances de Pierre Mignard (1704-1705) avec une suite d'arcades en plein cintre surmontées d'un étage que couronne un attique ; le côté nord est dominé par les murs gothiques de la chapelle et par une tour d'escalier construite en 1642 par La Valfenière.

Un peu plus loin, prendre la première rue à gauche.

Rue Saint-Charles.

Contre la première maison à gauche, restes des remparts des XIIe et XIIIe siècles (1).

Le grand *Séminaire Saint-Charles de la Croix* a donné son nom à cette rue. Il a été commencé en 1720 par Jean-Baptiste Franque. Le cloître est resté inachevé ; la chapelle, dont la première pierre a été posée en 1753, fut consacrée en 1758 ; l'appareillage de ses murs et de ses voûtes est un véritable chef-d'œuvre de stéréotomie. Les bâtiments qui avaient au rez-de-chaussée de belles voûtes plates dans le genre de celles de la chapelle ont été démolis en 1955. Après 1792, Saint-Charles avait été utilisé comme caserne ; il fut occupé par les Autrichiens en 1815 et redevint ensuite grand séminaire diocésain (1824-1901) ; il a été ensuite utilisé par des services administratifs jusqu'à la démolition récente de ses bâtiments ; on a conservé la chapelle et les constructions du cloître.

Revenir à la rue Joseph-Vernet, tourner à gauche et continuer jusqu'à la

Rue de la Porte-Evêque.

Cette rue doit son nom à une porte de l'enceinte du XIIIe siècle ; elle donnait accès à des terrains faisant partie de la mense épiscopale et désignés sous l'appellation de *Vigne vispale*. La tour de la Porte-Evêque existait encore en 1618 « avec pont et passage et crotte [voûte] qui est dessus la Sorgue ».

Rue Joseph-Vernet (suite).

N° 64. — *Maison du chanoine Rougier* qui la fit construire dans la seconde moitié du XVIIIe siècle. A côté des grands hôtels de la noblesse, ce logis modeste présente une élégante façade de décor très simple, quelques moulures et deux palmes croisées au-dessus des fenêtres. Autour de la niche d'angle, où il y eut jadis une statue de la Vierge, on a sculpté deux hauts brûle-parfums d'où sortent des nuages de fumée ; le dais en coquille est surmonté de deux gracieuses têtes

(1) Voir ci-dessus, Ire partie, chap. Ier, § 3 : *La commune d'Avignon*, p. 26-28.

d'anges. L'intérieur présente des restes plus anciens ; dans une chambre du premier étage, cheminée de gypserie. (*L'enlèvement de Proserpine*), fin XVIIe ou début XVIIIe.

N° 58. — *Hôtel de Bassinet*, puis *des Taillades*. La façade de bel appareil est décorée de panoplies d'armes (boucliers, épées et casques) encadrant la fenêtre centrale du premier étage. Disposition fréquente à Avignon, une partie de l'édifice est construite par-dessus la rue voisine sur une voûte dont l'arc extérieur est ici orné à sa clef d'un aigle aux ailes éployées.

Pierre-Dominique Bassinet d'Augard, qui a fait construire cet hôtel, avait obtenu, en 1705, de la Chambre apostolique, le droit de tendre « un arc sur une petite rue qui a environ onze pans de largeur » pour faire communiquer les appartements de « la maison qu'il veut faire bastir tant d'un cotté que d'autre de ladite petite rue » et « sera élevé de l'hauteur d'environ 16 pans, pourvu toutefois que ledit arc n'empesche point la voye et passage dans ladite petite rue aux gens à pied et à cheval et charriots et charrettes, mais au contraire qu'il y auroit libre passage comme ils ont présentement ». En 1710, la maison n'était pas encore terminée.

C'est dans cette maison que naquit l'abbé Alexandre-Joseph de Bassinet (1733-1813), historien, prédicateur, agent secret royaliste pendant la Révolution, qui est le personnage marquant de la famille.

En 1771, l'hôtel fut vendu à Joseph-Marie de Monier, seigneur et baron des Taillades. Les Monier des Taillades le conservèrent jusqu'en 1869. Sous le Second Empire, le docteur Monier des Taillades qui exerçait dans cette maison, se targuait, dans les almanachs de l'époque, d'être « seul propriétaire de l'*Yrroé*, ... purgatif, fébrifuge, vermifuge et dérivatif, efficacité constatée par plus d'un siècle d'existence ».

N° 67. — *Hôtel de Raphélis de Soissans*.

Cet hôtel occupe l'emplacement de deux maisons qui remontaient au moins au XVe siècle ; leurs propriétaires changés fréquemment étaient le plus souvent des bouchers, ce qui s'explique par le voisinage de la « tuerie » ou abattoir installée dans la même rue à cette époque. A la fin du XVIIe siècle ces deux maisons étaient entre les mains d'un unique propriétaire, François-Marie de Louvancy, qui les transmit à sa fille, épouse de Gaspard de Belli ou de Beaux, seigneur de Roays. Le tout échut dans la seconde moitié du XVIIIe siècle à la famille de Soissans par le mariage de Marie-Jeanne-Thérèse de Belli de Roays avec Joseph-François-Hyacinthe de Raphélis de Soissans. Celui-ci n'émigra pas et conserva la propriété de son hôtel. Il mourut en l'an X, laissant des collections de livres (3.500), de partitions musicales, d'instruments de musique, de physique, de géographie et de mécanique, qui furent vendues aux enchères en 1811 ;

le catalogue imprimé porte le titre : *Vente d'un beau cabinet d'amateur* (Avignon, imp. Seguin, 3 p., in-4°).

Après les Raphélis-Soissans, la maison appartint à la famille de l'Espine. Achetée par le musée Calvet en 1940, elle est affectée aujourd'hui au musée d'histoire naturelle, appelé muséum Requien, du nom de son fondateur.

La façade est des plus simples et les dispositions intérieures ont été modernisées ; mais il subsiste quelques vestiges du XVIe siècle.

N° 65. — *Hôtel de Villeneuve-Martignan* (*musée Calvet*). — Voir ci-dessus chapitre précédent, § 7.

Plus loin, à gauche :

Rue d'Annanelle.

On ignore l'origine de ce nom qui date seulement de la fin du XVIIIe siècle. Antérieurement cette rue était désignée, soit par ses aboutissants, tels que « la rue du Moulin de la ville aux remparts », soit par le nom des couvents qui s'y trouvaient, rue des Capucins, des Carmélites, de la Font-des-Prêcheurs, etc. A l'entrée de la rue se trouvait un « moulin de la ville » actionné par la Sorgue et appelé aussi le « moulin de Brianson », à cause de son voisinage avec le « portail Brianson », des remparts du XIIIe siècle. Au milieu du XIXe siècle, ce moulin fut démoli pour l'élargissement de la rue, mais on laissa subsister à l'entrée de la rue d'Annanelle, sur la Sorgue encore à découvert, un abreuvoir « que nos anciens, dit Pansier, se rappellent encore ». La Sorgue était bordée, au XVIIe siècle, de peupliers qui furent remplacés en 1704 par des ormes, dont le dernier, à l'extrémité ouest de la rue, n'a disparu que depuis peu d'années.

Tout le quartier neuf, bâti à l'ouest de la rue Joseph-Vernet et au nord de la rue d'Annanelle, desservi par les rues Victor-Hugo, Saint-André, etc., occupe l'emplacement du vaste couvent de Dominicains, un des plus spacieux d'Avignon. On attribuait sa fondation vers 1220 à saint Dominique lui-même et le souvenir de la canonisation de saint Thomas d'Aquin y resta attaché. Il avait été établi, comme les autres couvents de religieux mendiants, à l'extérieur des remparts de la commune, à un endroit appelé l'*estel,* nom qui désignait les terrains de gravier abandonnés par le Rhône.

On se rappelle que Clément V y résida à son arrivée à Avignon. Benoît XII et Clément VI y furent couronnés (1334 et 1342). L'église fut rebâtie par le cardinal Guillaume-Pierre de Godin († 1336) ; Jean XXII y fit les frais d'une chapelle et Clément VI de la sacristie (1345). Cette église n'était pas orientée, mais placée dans la direction nord-sud ; la porte principale s'ouvrait au midi et on y accédait par un pont sur la Sorgue. La vaste nef, prolongée par une abside en hémicycle, était flanquée de deux bas-côtés sur chacun desquels s'ouvraient neuf chapelles latérales. Nef et bas-côtés n'étaient pas voûtés, mais couverts d'un lambris en forme de berceau brisé avec fermes apparentes. Celles de la nef, au nombre de dix, étaient décorées aux armes du fameux cardinal de la Grange, qui avait fait les frais de la réfection de la toiture, et portaient suspendus près d'une centaine de chapeaux de cardinaux ensevelis dans l'église ou dans le cloître. Le clocher carré avec flèche octogonale, refait en 1356, était à l'ouest du chevet. Les bâtiments étaient groupés autour d'un cloître — présentant une belle suite de chapiteaux dont quelques-uns ont été recueillis par le musée Calvet — et d'une vaste cour plantée d'arbres. Dans l'enclos des Dominicains, se trouvaient le collège Notre-Dame de Pitié, destiné aux étudiants en théologie de l'ordre des Dominicains, et la chapelle des Pénitents blancs ornée de lambris avec peintures de Simon de Châlons (XVIe siècle).

A la Révolution, le couvent fut transformé en fonderie où on fabriquait « des doublages pour les vaisseaux de la République ». L'établissement reçut, en 1815, la visite du duc d'Angoulême, mais les vieux édifices couventuels, laissés à l'abandon, s'en allaient en ruine. Voici ce qu'en dit Mérimée dans ses *Notes d'un voyage dans le Midi de la France* (1835) : « Le cloître est vaste et décoré avec élégance. Les retombées des nervures de la voûte s'appuient sur des consoles et des chapiteaux historiés exécutés avec beaucoup de goût et de délicatesse. Malheureusement les ouvriers de la fonderie, qui passent et repassent continuellement dans ces galeries, en mutilent à plaisir les jolies sculptures ; plusieurs chapiteaux portaient les traces toutes fraîches de ces odieuses attaques. J'ai remarqué trop souvent que toute représentation de la figure humaine excite à la destruction bien plus énergiquement que tout autre objet également beau et fragile. »

Une aquarelle et quatre dessins, datés de 1839 et conservés au musée Calvet, représentent la façade de l'église sur la rue Annanelle, une allée du cloître et quatre intérieurs de l'église en ruines. Deux ans auparavant, les propriétaires de la fonderie avaient obtenu l'autorisation de percer à travers les bâtiments couventuels deux rues nouvelles, se coupant en croix, l'une de 9 m 50 — c'est la rue Saint-André actuelle — l'autre de 12 mètres — c'est la rue Victor-Hugo, autrefois rue Saint-Dominique.

Dans ses *Vues prises à Avignon, Villeneuve,* etc. (Paris, 1841), le pasteur Frossard écrit : « Le couvent est maintenant à peu près détruit et l'église coupée en deux par le passage d'une rue. » Ensuite le terrain loti fut rebâti peu à peu ; en 1852, la destruction de l'église était consommée. Le préfet de l'époque appelé à donner son avis sur cet acte de vandalisme répondit qu'il n'était pas en son pouvoir de l'empêcher, mais qu'il était « de son devoir et de son honneur de ne point y mettre les mains et de ne prendre aucune responsabilité ».

Rue Joseph-Vernet (suite).

N° 36. — Le chevalier puis baron de Corberon (1748-1810) est connu par le journal manuscrit, conservé au musée Calvet, où il relate les souvenirs de sa mission à Saint-Pétersbourg à la cour de Catherine II. Converti à l'Illuminisme, il vint rejoindre Dom Pernety à Avignon en 1790. Il habita une maison de la rue de la Calade, située entre l'enclos des Dominicains et l'hôtel de Suarez d'Aulan. Sous la Terreur, il fut arrêté en vertu de la loi des suspects et transféré à Paris ; la journée du 9 thermidor survenue au cours de son transport le sauva, tandis que Mme de Corberon, arrêtée à Avignon et incarcérée à la prison des femmes, dans l'hôtel d'Honorati, rue de la Masse, était relâchée également. Corberon mourut à Paris en 1810 et sa veuve, après 1817.

N° 35. — *Hôtel de Brancas de Rochefort,* construit par Jean-Baptiste Franque pour le compte d'André-Louis de Brancas, comte de Rochefort, baron de Vitrolles, etc. Par la correspondance de Franque, conservée au musée Calvet, nous savons que la maison déjà en cours de construction en 1716 n'était pas achevée en 1737 ; elle ne l'a jamais été ; les pierres réservées pour les sculptures des portes, balcons et fenêtres sont simplement épannelées. La maison fut achetée en l'an III par Louis-François-Xavier de Merles de Beauchamp. Elle passa en 1866 à sa fille, la marquise de l'Espine. C'est aujourd'hui, l'hôtel de la Police d'Etat.

N° 33. — *Hôtel de Raousset-Boulbon* reconstruit probablement par J.-B. Franque, après 1769, dans le style de l'hôtel contigu de Brancas de Rochefort.

N° 34. — *Hôtel de Suarez d'Aulan.* Précédemment hôtel de Beauvoir de Nogaret acheté, en 1784, par Denis-François-Marie-Jean de la Croix de Suarez d'Aulan ; reconstruit en 1785 par Ange-Alexandre Bondon, architecte ; défiguré par une transformation récente (le vestibule notamment qui avait conservé jusque-là son ordonnance de style dorique). Au XIXe siècle, école des Frères des Ecoles chrétiennes ; aujourd'hui collège moderne de filles.

Chapelle de l'Oratoire.

La façade, en bordure de la rue, se dresse ainsi à l'est ; la chapelle n'est donc pas « orientée ». Cette façade, en avant-corps, comprend un grand portique où quatre pilastres corinthiens, réunis par deux, portent deux frontons superposés et en plein cintre ; à droite et à gauche, sont les deux portes latérales surmontées d'un tableau mouluré. Par-dessus et en retrait, se dresse le corps de l'édifice, où huit contreforts épaulent une coupole.

L'intérieur forme un vaisseau elliptique, dans lequel s'ouvrent huit retraits rectangulaires, couverts de voûtes en berceau, l'un servant de vestibule, l'autre de chœur, les six autres de chapelles. L'ordonnance comprend huit grands pilastres corinthiens accostés de huit colonnes ioniques ; des tribunes surmontent les chapelles ; la coupole est percée de quatre fenêtres et de quatre œils-de-bœuf alternés ; le tout, avec ses élégantes sculptures et ses délicates ferronneries, forme un ensemble des plus séduisants.

La tradition attribue la construction de ce bel édifice au P. Jean Léonard, né à Marseille vers 1690, mort à Avignon en 1749, oratorien, chanoine de Saint-Pierre, poète de cour, prédicateur, homme du monde, — la fête donnée par lui en l'honneur du cardinal de Fleury fit l'objet d'une relation de l'abbé de Poulle, — entre temps directeur de l'œuvre de la chapelle de l'Oratoire à la construction de laquelle il contribua par ses libéralités.

Ce qui est certain, c'est que le plan de l'édifice a été évidemment inspiré par celui, tout à fait semblable, de la chapelle de l'ancien hôpital de la Charité à Marseille attribué à Pierre Puget (1672). Comment ne pas admettre qu'il a été suggéré par le P. Léonard, Marseillais d'origine ? Les travaux commencèrent dès 1713-1714, mais furent aussitôt interrompus et ce n'est qu'une quinzaine d'années après que les Oratoriens demandèrent des « plan, élévations et profils » à un architecte de passage, Ferdinand Delamonce (1678-1753).

Ferdinand - Pierre - Joseph - Ignace Delamonce était né à Munich où son père, d'origine parisienne, était alors peintre et architecte de la cour de Bavière. Ferdinand Delamonce avait travaillé d'abord à Lyon où son père était venu se fixer ; il s'était rendu ensuite à Paris, puis avait fait un séjour de plusieurs années en Italie ; il en était revenu par Marseille et Aix en 1729. C'est certainement lors de son passage à Avignon que les Oratoriens de cette ville eurent recours à lui, le préférant, pour des raisons qu'on ignore, à un architecte local, tel que Franque ou un des Péru ; mais ce choix explique que la décoration de l'édifice soit encore tellement inspirée du baroque romain puisque Delamonce s'en était imprégné au cours de son séjour prolongé en Italie. Les plans de l'Oratoire établis, il partit pour Grenoble où il se maria en 1731, puis pour Lyon où il poursuivit et termina sa carrière.

La construction de l'Oratoire fut confiée à un architecte-entrepreneur originaire de l'Isle de Venisse (aujourd'hui L'Isle-sur-Sorgues), Jean-Ange Brun (1702-1793). D'après son prix-fait du 18 mars 1730, il devait poursuivre la construction « depuis les fondements, res-de-chaussée d'icelle jusqu'à la hoteur de trois toises d'élévation », c'est-à-dire à un peu moins de six mètres. Le prix convenu était de 10.000 livres monnaie de France. Le même entrepreneur devait fournir les matériaux, pierre dure de Saint-André pour le socle extérieur, pierre de Fontvieille pour les pilastres intérieurs, pierre de taille de Villeneuve pour les murs.

Ce programme était rempli dès décembre 1732. Un nouveau prix-fait verbal fut conclu avec Brun, mais le travail marche désormais lentement, sans doute faute de ressources. Puis Brun se brouilla avec le supérieur de l'Oratoire et fit un procès qui se termina par une transaction (1738).

Il fut alors remplacé par deux maçons avignonnais, Jean Pamblan et Pierre Chauvin, placés sous la direction de Jean-Baptiste II Péru, sculpteur et architecte, dont nous avons signalé l'importance dans l'histoire artistique d'Avignon au XVIIIe siècle. C'est Péru qui acheva l'édifice dont la clef de voûte fut posée le 18 juin 1741. La décoration, notamment les feuillages et les têtes d'anges qui encadrent les baies de la coupole, a été également exécutée par Péru ou sur ses dessins par les sculpteurs Jean-Antoine Vernet et André Brunel. Les trois portes et les boiseries du chœur ont été l'œuvre du menuisier Nouvène ; les élégantes grilles des tribunes furent exécutées par un ferronnier inconnu, sur les dessins de Péru ; les marbres avaient été fournis par les frères Mazetti et les travaux de dorure confiés à Jean Marquois, tous artisans avignonnais.

En septembre 1747, Péru se brouilla à son tour avec le P. Léonard « pour, écrit ce dernier, des raisons impertinentes d'un vil intérêt ». Le P. Léonard avait toujours continué de suivre les travaux avec soin. Au moins, depuis septembre 1739, il signait les relevés de comptes mensuels. Sans doute Péru devait-il supporter malaisément sa surveillance ou ses avis. Le P. Léonard s'occupa désormais seul de l'achèvement des travaux de décoration, qui se terminèrent en 1749.

L'édifice avait coûté au total près de 95.000 livres. La maison de l'Oratoire, qui avait dû emprunter, devait encore, en 1753, 34.000 livres et resta obérée jusqu'à la Révolution. Le P. Léonard avait à plusieurs reprises aidé à l'œuvre de ses propres deniers ; aussi, en 1748, l'Ordre décida-t-il que la maison d'Avignon lui ferait une pension annuelle de 200 livres et l'entretiendrait gratuitement sa vie durant. Il décéda peu après, le 28 avril 1749 ; la bénédiction de l'édifice qu'il avait tant contribué à construire n'eut lieu que plus d'un an après, le 3 juillet 1750.

Sous la Révolution, la chapelle de l'Oratoire fut le lieu des séances du Club patriotique, à la fondation duquel le P. Mauvans, oratorien, s'était fort employé ; comme beaucoup de ses confrères, il s'était en effet montré très favorable aux débuts du mouvement révolutionnaire. Après avoir été officier municipal, il devait périr victime des massacres de la Glacière.

En l'an II, les bâtiments de l'Oratoire furent affectés au dépôt central de la raffinerie des poudres et salpêtres ; la chapelle servit de magasin. En 1820, il fut question de la démolir pour la remplacer par une salle de spectacles ou de la conserver en l'englobant dans le théâtre projeté. Le ministère de la Guerre la sauva en refusant de céder l'Oratoire à la ville. En 1825, elle fut rendue au culte et annexée par la suite à la paroisse de Saint-Agricol. Elle a été classée « monument historique » par arrêté ministériel du 2 mai 1912 ; un arrêté antérieur avait déjà classé les retables des chapelles.

Impasse de l'Oratoire.

N° 6. — *Hôtel d'Armand,* ancienne maison du maire Guillaume Puy, ensuite de son gendre Auguste-Marie-Jacques-François-Luc de Cambis, qui fut député et pair de France sous la monarchie de Juillet. La maison, du XVIIIe siècle, a conservé de chaque côté de la porte, l'éteignoir de métal qui servait la nuit aux porteurs de chaises pour éteindre leurs torches.

N° 9. — Emplacement du *Jardin de la Commanderie* appartenant sous l'Ancien Régime aux Hospitaliers de Saint-Jean de Jérusalem. A la fin du XVIIe siècle, le commandeur était Félix Sforza de Maldachini, capitaine de compagnie des chevau-légers de la légation d'Avignon. Mme Du Noyer lui consacre un passage dans ses *Lettres historiques et galantes.* « Sa galanterie, dit-elle, est un peu antique, mais sa bourse n'est pas épuisée. Il a un fort joli jardin où il régale les dames et qu'il prête aussi quelquefois à ses amis pour le même usage... Le jardin du commandeur Maldachini, ajoute-t-elle, est, comme cette maison de Polémon, dont il est parlé dans *Cassandre* (1), un vrai théâtre où il se passe tous les jours quelque nouvelle scène. » Le galant commandeur mourut presque octogénaire en 1711.

Rue Joseph-Vernet (suite et fin).

(*Angle de la rue Saint-Agricol*). — *Hôtel d'Anglésy.* Sur cet emplacement, se trouvait en 1618 la maison du peintre hollandais Quirin van Bancken ; il signait Quirinus van Bancki à la suite d'un voyage en Italie. — Né à Leyde en 1579, il s'était fixé à Avignon à la suite de son mariage avec la fille du peintre Pierre Duplan, y acquit la maison à l'angle de la rue Joseph-Vernet et de la rue Saint-Agricol et y mourut en 1649. De sa production qui dut être abondante, on ne connaît plus qu'un assez joli tableau sur cuivre, *La Sainte Famille,* appartenant à M. Louis Dibon.

Au XVIIIe siècle, l'ancienne maison de Quirin van Bancken, passée par succession aux Anglésy, appartenait, avec quatre autres contiguës, à la veuve d'Antoine-Esprit d'Anglésy, officier des mousquetaires de la garde du roi. Mme d'Anglésy fit abattre les cinq maisons et en fit bâtir une nouvelle par Jean-Pierre Franque (prix-fait du 10 septembre 1787 aux frères Magny, maçons). En 1806, une partie de l'hôtel d'Anglésy fut louée pour loger les archives départementales.

(1) Roman de la Calprenède, 1644-1650, 10 vol.

Nos 21-23. — *Maison Bouchet.* Pierre-Simon Bouchet (1747-1814) était un notable commerçant d'Avignon ; avant la Révolution, il fut troisième consul. Il avait acheté sa maison de la rue Calade en 1787 et l'avait fait reconstruire aussitôt ; nous ne savons pas par quel architecte. C'est une assez belle demeure ; la façade est divisée par des chaînages de refends et terminée par un attique ajouré de cinq œils-de-bœuf ovales, comme le sont la plupart des maisons d'Avignon de cette époque.

C'est dans cette maison qu'habita Bonaparte en 1793, au moment de l'insurrection fédéraliste contre la Convention. Alors simple capitaine, Bonaparte avait été chargé d'organiser des convois de poudre à destination de l'armée d'Italie. C'est dans ce but qu'il fit séjour à Avignon où il prit logement dans la maison de Pierre-Simon Bouchet ; il s'y cacha pendant l'occupation d'Avignon par l'armée des fédéralistes marseillais (1). Une légende avignonnaise veut qu'ayant rallié secrètement l'armée de la Convention commandée par Carteaux, il ait contribué à la défaite des Marseillais et à leur départ d'Avignon en bombardant la ville du haut du Rocher de la Justice situé au milieu des collines de Villeneuve, sur la rive droite du Rhône (2). Mais cette prétendue intervention est sans réalité historique.

Aussitôt après la reddition d'Avignon (26 juillet 1793), il suivit l'armée de Carteaux, mais atteint de fièvre paludéenne, il fut évacué sur Avignon où il reprit logement chez Bouchet (août 1793). C'est pendant ce repos forcé que Bonaparte rédigea son fameux *Souper de Beaucaire,* brochure de propagande jacobine, consistant en un dialogue qui aurait eu lieu le 29 juillet 1793, à Beaucaire, entre deux négociants marseillais, un Nîmois, un fabricant de Montpellier et un militaire. Ce dernier, qui est évidemment Bonaparte lui-même, démontre à ses interlocuteurs la folie et la vanité de la lutte contre la Convention. Cet opuscule parut aussitôt en double édition, l'une de 16 pages, chez l'imprimeur avignonnais Sabin Tournal, aux dépens de l'auteur, l'autre de 20 pages publiée par Marc-Aurel, imprimeur de l'armée de Carteaux, aux frais du trésor public.

Sous l'Empire, Bouchet, fait chevalier de la Légion d'honneur par Napoléon qui n'avait pas oublié son hôte avignonnais, fut plusieurs fois juge et président du Tribunal de commerce. On a de lui des discours sur la culture du safran, sur l'introducution de la garance dans le Comtat, sur la possibilité d'y cultiver l'arachide, etc. ; il a publié une traduction d'un ouvrage de Dom François Tabarès de Ulloa, chanoine de l'église métropolitaine de Valence en Espagne,

---

(1) Voir ci-dessus Ire partie, chap. Ier, § 5 : *La Révolution,* p. 88.

(2) Un auteur avignonnais, Alphonse Rastoul (*Tableau d'Avignon,* 1836, p. 137) prétendait qu'on pouvait voir l'empreinte des boulets de Bonaparte sur les remparts et même sur la façade de la maison Bouchet !

intitulé : *Observations pratiques sur la pistache de terre ou manobi d'Amérique...* Avignon, chez J.-Albert Joly, 1803, in-8° de 28 pages.

N° 30. — *Hôtel de Galiffet*, puis *d'Athénosy*. Façade refaite par Jean-Baptiste Franque (mascaron de la porte d'entrée et fronton sur la fenêtre au-dessus) ; cette maison et la suivante ont leur rez-de-chaussée transformé en magasin ou en garage.

N° 28. — *Hôtel de Salvador de Pertuis de Saint-Amand,* XVIIIe siècle.

Nos 7, 9 et 11. — *Hôtel de Tonduti* ou *de l'Escarène.* Cet hôtel a une autre façade rue Petite-Fusterie, n° 17-19. Nous ferons l'historique de cet immeuble en traitant de cette dernière rue. L'importante façade de la rue Joseph-Vernet présente un rez-de-chaussée à sept arcades alternant avec sept fenêtres rectangulaires déparées par des boutiques, mais les deux étages, couronnés par une puissante corniche, ont conservé leur aspect primitif avec leurs fenêtres à encadrement mouluré dont, au premier étage, une surmontée d'un fronton et deux autres de chaque côté portant une coquille surmontent un vaste balcon à appui de fer forgé.

N° 6. — *Demi-tour* avec œil-de-bœuf de style Renaissance. La maison, qui fait l'encoignure de cette rue et de la rue Folco-de-Baroncelli, possédait autrefois une tour qui, lors de l'élargissement de cette dernière voie fut coupée en deux ; il n'en subsiste donc qu'une moitié. Cette maison appartenait au XVIIe siècle à Jean-François de Casal, docteur ès droits. A côté se trouvait le jeu de paume du Mail dont nous allons parler dans un instant. On prétend que, lors de son séjour à Avignon en 1660, Louis XIV se rendait quelquefois à ce jeu de paume et qu'après avoir joué, il venait à la maison de Casal « se dessécher », c'est-à-dire s'éponger et changer de vêtements.

La maison de Casal appartint, de 1736 à 1753, à Claude Pintat, secrétaire et archiviste de la ville d'Avignon, à qui on doit la conservation des archives anciennes de la ville et leur classement remarquable.

Par la première rue à gauche, rue Folco de Baroncelli, on arrive à la place Crillon.

II. — La place crillon

La place Crillon faisait au XIVe siècle partie du *Limas,* nom qu'on donnait aux terrains gagnés sur le Rhône, à l'extérieur des remparts de la commune ; le mot « limas » venait de *limaceus* signifiant boueux. Le Limas était loué par la ville à l'aumône de la Fusterie et les « fustiers » y entreposaient et y sciaient leurs bois (*fustes*) ; les bailes de l'Aumône continuèrent à payer le cens de cette place jusqu'en 1478. La place s'est ensuite appelée *place devant la porte de l'Oulle,* puis *la place de la Comédie,* après la construction de la salle de spectacles, ensuite de nouveau, la *place de l'Oulle,* et enfin, depuis 1843, la *place Crillon,* du nom du héros avignonnais, le brave Crillon.

Sur cette place, dit le *Journal* du chanoine Arnavon, on avait érigé une statue de saint Bénezet à genoux « presque aussi bien sculptée que celle des RR. PP. Célestins » ; elle était sur un piédestal d'environ une canne (1 m 975) de hauteur et entourée d'une grille de fer. On l'enleva en 1766 ; « ainsi, ajoute le chroniqueur, saint Bénezet céda la place à Arlequin ».

La Comédie.

Jusqu'au XVIIIe siècle, il n'y a pas eu de théâtre à Avignon. Les troupes de passage, comme celle de Molière en 1655 et 1657, donnaient la comédie dans un jeu de paume appartenant à la famille de Nicolas Mignard, situé rue des Masses (aujourd'hui rue Bouquerie). Ce théâtre s'effondra en 1732. Une société par actions se forma aussitôt pour construire un vrai théâtre. Elle comprenait les plus grands noms d'Avignon, les de Camaret, de Puget-Barbentane, Suarès d'Aulan, de Doni, d'Aquéria, de Brantes, de Villeneuve, le marquis de Costebelle, le duc de Crillon et quelques étrangers de marque, tels que lord Inverness et le duc d'Ormond. « Pour rendre la ville plus agréable, dira ce dernier, j'ai contribué à faire bâtir une salle pour les spectacles qui est assurément la plus jolie de France. Cela excite les troupes de campagne à y venir et nous avons comédie pendant plus de six mois de l'année. »

La société avait acquis, en 1732, de Pompée Anselme, un jeu de paume situé sur la place de l'Oulle, au prix de 5.900 livres, monnaie de France. Elle confia l'établissement des « desseins » de la nouvelle comédie à Thomas Laînée. Laînée utilisa la plus grande partie du bâtiment du jeu de paume et de ses murs ; il s'occupa d'élever la façade et d'établir la salle, avec loges et scène. Le prix-fait de la charpenterie fut donné le 9 octobre 1732 à Antoine Buffardin ; celui de la menuiserie le 13 novembre suivant à Droume, Charles-Antoine Buffardin et Joseph Brunet ; celui de la façade, le 1er décembre, à Antoine Baile, Pierre Faucon et Jean-Joseph Blanc ; celui de la sculpture, le 20 août 1733, à Brunel et J. Marquis ; celui de la peinture, le 1er octobre, à Bouvène, Vernet, Lauze et Périer. Les aménagements intérieurs devaient comprendre la salle en amphithéâtre ; le plafond « avec une corniche architravée » ; les loges peintes, celles du bas d'ornements grecs, oves et rais de cœur, « en rehaussé d'or sur fond de marbre » ; celles du haut de trophées de musique, en camaïeu bleu ; toutes ces installations ont été supprimées pour l'installation de logements au XIXe siècle. La façade seule a subsisté, bien que percée de fenêtres modernes et déshonorée par de trop criardes enseignes. Mais l'ensemble de l'ordonnance est à peu près conservé ; de larges pilastres à chapiteaux ioniques montent du sol jusqu'à la corniche très saillante ; sous le fronton, s'étale une tête d'Apollon radiée ; il ne manque que deux trophées, l'un d'Opéra, l'autre de Comédie, qui décoraient les entre-colonnements ; l'ensemble est couronné d'une balustrade surmontée de pots-à-feu. La pierre de Fontvieille employée par Laînée a pris une belle teinte jaune qui rappelle celle des hôtels aixois.

Les travaux avaient été terminés dès 1734 ; le 23 juin, l'architecte Lainée constatait que tout était conforme « au devisse, bien et dumant fait suivant l'ar ». La nouvelle salle de spectacles avait pu dès lors fonctionner.

Le prix des abonnements était en 1754 de 24 sols pour les premières loges, de 12 sols pour le parterre et les deuxièmes loges et de 6 sols pour les galeries. En 1778, pour sept mois, il était, pour les messieurs de 84 livres, pour les dames de 48 livres, pour mari et femme de 120 livres, pour père et fils, mère et fille, frère et sœur également de 120 livres.

Le vice-légat, l'auditeur général, le primicier de l'Université, le R. P. Inquisiteur, le viguier, les consuls, etc., avaient naturellement leurs loges ou places réservées ; les étudiants avaient droit à l'entrée gratuite.

Les représentations avaient lieu une grande partie de l'année, ordinairement dans l'après-midi et exceptionnellement le soir. Elles étaient interdites « les vendredis et autres jours de droit défendus » et se terminaient généralement le « lendemain de Quasimodo ». A partir de 1785, elles devinrent permanentes. Parmi les directeurs qui se succédèrent à la tête de ce théâtre, il faut citer le futur conventionnel Fabre d'Eglantine, dont la femme, chanteuse d'opéra, faisait partie de la troupe.

On jouait surtout la comédie « française et italienne » et aussi l'opéra, plus rarement la tragédie. En 1785, pendant la direction de Fabre d'Eglantine, on donna *Gaston et Bayard*, *Philoctète,* traduit de La Harpe ; l'*Ami de la Maison*, de Marmontel et Grétry ; *Beverley*, tragédie bourgeoise de Saurin ; *Fanfan et Colas* ; le 31 août, il y eut spectacle varié avec le *Jugement de Midas*, la *Gageure* de Sedaine, l'ouverture de l'*Olympiade,* celle de la *Bataille d'Ivry* et celle d'*Iphigénie en Aulide* ; la réplique des duos était donnée à M. Martin, premier chanteur de l'Opéra de Marseille, par Mme d'Eglantine.

Des incidents troublaient parfois les représentations, ainsi celui que provoqua, en 1746, la marquise de B... Il y avait cette année-là au théâtre, une chanteuse venue de Paris qui, fort légère, donna aussitôt des inquiétudes aux « dames de condition ». Marie Rey, dite la Provençale, vendeuse au théâtre « de fruits et autres rafraîchissements et douceurs » faisait volontiers le jeu de la donzelle, ce qui déplaisait fort, et pour cause, à la marquise de B... Celle-ci surprend certain soir, entre la Provençale et le marquis, des signes non équivoques d'intelligence. Elle s'emporte au point de prendre aux cheveux la marchande de douceurs et de lui labourer la face de ses ongles ; la Provençale réplique. En scène, la chanteuse, cause de ce tumulte, s'arrête et manque de s'évanouir. Le parterre, à son tour, s'en mêle ; le vice-légat s'informe. Le lendemain, toute la ville jasait ; on donnait généralement tort à la marquise, attendu que son cas n'était, en somme, que monnaie courante et qu'on était à la Comédie et, de plus, en carnaval.

Le cérémonial et l'étiquette donnaient lieu aussi à des conflits. Le 14 juillet 1764, il y avait grande représentation de l'*Alceste* de Glück. Le viguier, M. Olivier de Seytres-Caumont, avait invité les consuls dans sa loge qu'il avait fait parer sur le devant d'un tapis à ses armes. Le vice-légat Salviati trouva qu'à lui seul appartenait le droit de décorer ainsi sa loge et que le tapis du viguier portait atteinte à ses prérogatives, ce qui ouvrit un conflit héroï-comique que nous avons raconté en exposant la part qu'y avait prise le comte de Villeneuve-Martignan alors premier consul (1).

Un an plus tard, le 24 septembre 1765, le même vice-légat assistait une fois de plus à la comédie. Ses domestiques s'étant introduits dans le parterre, on cria : « Bas la livrée ! » Le prélat chercha à savoir la cause de ce bruit et s'aperçut qu'on en voulait moins à ses gens qu'à lui-même. Il appela la garde et fit conduire dans la prison du Palais tout le parterre ; le reste fut brutalement expulsé, malgré les supplications de Mme de Brantes que le vice-légat honorait de ses faveurs et qui se trouvait ce soir-là dans sa loge. Le sieur Biscarrat, tailleur de Son Excellence, fut parmi les plus malmenés, ce qui inspira à M. de Forbin ce quatrain peu respectueux :

Chantons l'héroïque valeur
Du suppôt de Notre Saint-Père,
Il a désarmé son tailleur
Et mis en fuite le parterre.

La salle de spectacles servait aussi pour des bals que le vice-légat honorait de sa présence quand ils n'étaient pas offerts par lui-même. « Les 6, 10 et 13 février 1763, dit le chroniqueur Arnavon, Mgr Salviati, vice-légat, a donné des grands bals, à la salle des spectacles, avec rafraîchissements et chocolat... Le premier ne fut presque composé que par les catins de la ville et des environs, parce que le vice-légat avait fait la politesse de distribuer ses billets par les mains de la noblesse. Mais les deux derniers ont été distribués autre-

(1) Voir ci-dessus au chapitre précédent, § 7 : *Le musée Calvet* p. 206.

ment et les bals ont été plus brillants et moins remplis de cette canaille. »

La Comédie de la place de l'Oulle fut utilisée jusqu'en 1824, date de l'ouverture d'un nouveau théâtre sur la place de l'Horloge. L'édifice construit par Laînée fut alors vendu, l'intérieur détruit et la façade dégradée.

L'hôtel du Palais Royal.

L'hôtel du Palais royal (n° 21), était antérieur à la Révolution. Devenu auberge du « Palais national », il hébergea, en l'an V, Esseid Ali Effendi, ambassadeur de la Sublime Porte qui venait renouer les relations entre la République française et l'Empire ottoman. L'année suivante, le 19 floréal an VI (8 mai 1798), le général Bonaparte arrivait à Avignon à 6 heures du matin, par le Rhône et descendait à l'hôtel du Palais national ; il était accompagné de Mme Bonaparte et d'une suite de près de cinquante personnes ; il repartit le même jour, à 10 heures pour Marseille et Toulon où il devait s'embarquer pour l'Egypte. A son retour, le 19 vendémiaire an VIII, il repassa par Avignon et logea de nouveau au Palais national. L'hôtesse était encore alors Catherine-Alix Bongard, veuve de Claude-Etienne Pierron, traiteur ; elle devait fonder peu après, tout en face, l'Hôtel d'Europe.

Ce qui a rendu célèbre l'hôtel du Palais royal, qui avait repris son nom d'avant la Révolution, c'est le dramatique épisode de la Terreur blanche, le meurtre du maréchal Brune, le 1er août 1815. Pour échapper à la foule surexcitée, Brune s'était retiré dans l'hôtel où s'était rendu dès l'annonce des troubles, le nouveau préfet, M. de Saint-Chamans, qui venait d'arriver à Avignon. Celui-ci essaya, sans y parvenir, de se faire entendre de la populace ameutée devant l'hôtel. Le maire Puy survenu n'y réussit pas davantage. Un groupe d'émeutiers envahit l'hôtel et le maréchal Brune fut tué d'un coup de feu à bout portant dans la chambre où il s'était retiré ; son corps fut jeté au Rhône. Ses assassins, Trestaillons et Guindon dit Roquefort ne devaient être jugés que sur les instances de la veuve de Brune le 19 mars 1819 ; le premier était alors décédé, le second fut condamné à mort par contumace.

Dans ses *Mémoires d'un touriste,* Stendhal raconte qu'il vint, le 12 juin 1837, à Avignon où « on se croit dans une ville d'Italie ». Il prend son logement à l'hôtel du Palais royal et est aussitôt hanté par les souvenirs sanglants de 1815. C'est alors que pour « oublier toutes ses noires idées », il se fait conduire au musée qui lui inspire les phrases célèbres que nous avons citées ci-dessus. Il trouve qu'Avignon est « la ville des jolies femmes ; on rencontre, à tout bout de champ, des yeux dont on n'a pas d'idée dans les environs de Paris ». Il note cette particularité locale : « Les rues sont couvertes de toiles à cause de la chaleur ; j'aime cet usage et le demi-jour qu'il procure... » Il admire la « vue magnifique du haut du rocher calcaire des Doms », mais le mistral lui gâte son plaisir. « Quand le mistral règne en Provence, on ne sait où se réfugier ; à la vérité, il fait un beau soleil, mais un vent froid et insupportable pénètre dans les appartements les mieux fermés et agace les nerfs de façon à donner de l'humeur sans cause au plus intrépide. » Sans transition, il termine par ce trait inattendu : « Madame d'Arsac, d'Avignon, disait à ses filles : Mesdemoiselles, il ne faut jamais croire au très (au très-beau, au très-méchant ; il n'y a que du médiocre en ce monde). »

III. — Le quartier des fusteries

Les Fusteries.

Au nord-est de la place Crillon, se trouve le vieux et pittoresque quartier des Fusteries, ainsi nommé dès le XIIIe siècle, parce qu'il était habité par les charpentiers ou les marchands de bois, appelés *fustiers* (de *fuste,* qui veut dire bois). Du côté du Rhône, le fleuve se déplaçant vers l'ouest, des terrains avaient été gagnés depuis l'antiquité au pied des arcades romaines. Les fustiers s'y étaient fixés de bonne heure ; au début du XIIIe siècle, on distinguait la « Fusterie neuve » (Grande Fusterie), de la « Fusterie vieille » (Petite Fusterie) ; l'ancienneté de celle-ci pouvait donc remonter assez loin. Les fustiers constituaient au Moyen-Age un des métiers les plus importants de la ville, réglementé par les statuts de 1246. Ils avaient leurs statuts spéciaux ; ceux des prud'hommes de la Fusterie neuve remontent à 1247. Ils étaient réunis dans une association corporative à but pieux et charitable appelée « aumône » et entretenaient un luminaire perpétuel devant une Vierge placée à l'entrée de la Vieille-Fusterie, devant Saint-Agricol. Au XIVe siècle, les métiers ayant cessé d'être strictement localisés, l'Aumône de la Fusterie limitée au quartier de ce nom perdit son caractère corporatif. Les fustiers constituèrent alors une autre confrérie avec saint Agricol pour patron. Ils firent construire une chapelle qui, d'abord extérieure à l'église de ce nom, fut englobée dans l'édifice lors de son agrandissement à la fin du XVe siècle. Il en subsiste un « témoin » portant une inscription en médiocres vers français, à droite, en entrant dans l'église.

Rue du Rempart-du-Rhône, etc.

Prendre, à droite de la porte de l'Oulle, la *rue du Rempart-du-Rhône,* ce qui permet de voir l'aspect intérieur des remparts avec leurs tours ouvertes à la gorge, c'est-à-dire à l'intérieur de la ville ; le contre-mur a été bâti en 1860-1862, pour augmenter la résistance du rempart en cas d'inondation.

Rue Courte-Limas (la 4ᵉ à droite) ; la suivre et tourner, à gauche, dans la *rue du Limas* qui a conservé son nom ancien datant du XIVᵉ siècle, — nous avons dit en parlant de la place Crillon ce qu'il signifiait. — N° 53, porte Louis XV, balcon en fer forgé (reproduction de la ferronnerie originale).

En face, *rue du Pont* qu'on prendra pour tourner ensuite à droite.

Rue de la Grande-Fusterie.

N°ˢ 63-65. — *Maison du pagadour,* à l'angle de la rue Grande-Fusterie et de la rue du Pont. Elle appartenait, au milieu du XVIIᵉ siècle, à Mᵐᵉ Henri des Laurens qui la louait à Larion « pagadour » (payeur) de la légation d'Avignon. Le cardinal Bichi, évêque de Carpentras, — qui, on se le rappelle, joua un rôle important au début de la « Fronde avignonnaise » — y logea quelquefois à la même époque. Cette maison eut aussi pour locataire, de 1794 à 1798, César Nerly, célèbre chanteur comique (1749-1806). — A l'intérieur, jolie rampe en fer forgé.

N° 29. — Ancienne *hôtellerie du Chapeau-Rouge* mentionnée en 1376 ; façade gothique avec dernier étage à encorbellement au-dessus de deux fenêtres à croisées ; cette façade était décorée d'une Vierge avec socle et dais aujourd'hui au musée lapidaire. — On ne sait où localiser la *maison* ou *hôtellerie de Saint-Antoine,* que le chroniqueur Martin de Alpartils place dans la rue Grande-Fusterie et où, au matin du 12 mars 1403, le connétable d'Aragon et quelques affidés attendaient Pedro de Luna (Benoît XIII) lors de son évasion du Palais des Papes.

N° 15. — Maison avec balcon, bel appui de fer forgé (levrettes soutenant un cartouche), XVIIIᵉ siècle, œuvre probable du serrurier avignonnais Benoît.

N°ˢ 8-10. — *Hôtel de Tertulle.* Etienne de Tertulle, au XVᵉ siècle, fut ami du roi René. Son hôtel, qui appartenait toujours à sa famille, passa par héritage en 1620 à Hector de Cordebas de Bot, neveu des Tertulle, qui prit leur nom et leurs armes. Reconstruit en partie par J.-B. Franque (1740). Au XIXᵉ siècle, pensionnat des religieuses de Saint-Charles (chapelle reconstruite par l'abbé Pougnet) ; actuellement, maison de Saint-Vincent de Paul. — Façade gothique modernisée sur la rue Grande-Fusterie ; vestiges divers (fenêtres) de la même époque ; à l'intérieur, beau plafond à poutres et solives apparentes.

A l'angle de la rue Saint-Etienne. — Emplacement de la *maison de Jean Cadard,* médecin et conseiller de Charles VII.

établi à Avignon dès 1423, devenu ensuite seigneur d'Oppède (1425) et du Thor (1447) dans le Comtat Venaissin. Médecin des enfants de Charles VI, il s'était attaché principalement au dauphin Charles et l'accompagnait lors de l'entrevue de Montereau dans laquelle périt le duc de Bourgogne, Jean sans Peur. Il était venu à Avignon avec une lettre de Charles VII aux syndics de la ville leur recommandant son « amé et féal conseiller et premier physicien ».

Dès son arrivée à Avignon, Jean Cadard avait acquis plusieurs immeubles mitoyens sur la paroisse Saint-Etienne, place et rue du Limas, rue des Lices-Antiques, rue Grande-Fusterie, etc. (1423-1439). L'un d'eux est dit en 1437 la « vieille maison » (*hospicium antiquum*) du seigneur de Beauvoir, — c'est ainsi que Jean Cadard est désigné dans les actes de cette époque. L'immeuble était relié à une autre maison située de l'autre côté de la rue par l'arceau du portail Pertus, ancienne porte du XIIIe siècle, acquis en même temps que l'immeuble. — Cette maison avec le portail Pertus avait été vendue au cardinal de Foix (1434) et rétrocédée par celui-ci à Jean Cadard. — En 1439, la maison de Jean Cadard est dite « nouvellement construite » (*hospicium de novo constructum*). Dans son testament du 22 juillet 1447, Jean Cadard la déclare « édifiée de neuf », sise « du côté de la Grande-Fusterie » (*a parte magne Fusterie*) et « divisée par un pont » (*que dividitur per unum pontem*) ; il est précisé que l'acte est passé dans la chambre du testateur « qui est du côté de la Grande-Fusterie après le pont traversant la rue qui réunit les rues de la Grande et de la Petite-Fusterie », donc la rue Saint-Etienne actuelle.

Jean Cadard devait être fort riche ; il avait de grosses disponibilités que, comme tous les capitalistes du temps, il plaçait en prêts. On le voit ainsi fournir des fonds à la ville de Florence, au trésor royal par l'intermédiaire de Jacques Cœur, à Dunois, bâtard d'Orléans, pour payer la rançon de son frère, Charles, duc d'Orléans, etc. Dunois vint à Avignon où il fut l'hôte de Jean Cadard (1441). Jean Cadard mourut le 28 août 1449. A la veille de sa mort, il avait entrepris de se faire construire une chapelle aux Célestins ; cette chapelle fut achevée par les soins de son fils Pierre Cadard (1451). L'année suivante, celui-ci, exécutant un autre vœu de son père, commanda le fameux retable de *Notre-Dame de Miséricorde* au peintre Enguerrand Charonton ou Quarton, de Laon, habitant alors Avignon où il avait loué, en 1447, une maison place Saint-Pierre. Ce tableau, dans lequel Jean Cadard et sa femme, Jeanne des Moulins, étaient représentés en attitude de donateurs, à la manière flamande, fut achevé par Pierre Villate, originaire du diocèse de Limoges, autre peintre nomade alors fixé à Avignon. Ce célèbre panneau, qui ornait la chapelle des Cadard, dans l'église des Célestins d'Avignon, est aujourd'hui conservé au musée Condé à Chantilly ; il est considéré comme un des chefs-d'œuvre de l'Ecole avignonnaise de peinture du XVe siècle.

Rue Saint-Etienne.

Cette rue s'est appelée au XIVe siècle, la « Fusterie moyenne » (*Mejana Fustaria*), ou la rue « entre les deux Fusteries » ; un acte de 1481 la nomme « la rue allant de la maison du seigneur du Thor (Jean Cadard) à l'église Saint-Etienne ». L'ancien *portail Pertus* qui se trouvait au début de cette rue et réunissait, comme nous venons de le dire, les deux parties de la maison de Jean Cadard, a été abattu peu après 1740. Le nom actuel de la rue Saint-Etienne vient de l'église dont il sera question dans un instant.

Nos 22-24. — *Maison des Forli,* dite inexactement de la reine Jeanne (!). Les Forli ou Forlivio étaient des changeurs italiens fixés à Avignon à la fin du XVe siècle. Au début du XVIe siècle, ils prennent pied dans la rue Saint-Etienne. Marc de Forli y achète deux maisons en 1512 et 1522 ; son fils Pierre en achète deux autres encore en 1529 et 1548 ; son petit-fils François deux autres encore, en 1559. Pierre de Forli ou Forlivio, primicier de l'Université d'Avignon (1530-1531), avait fait construire une chapelle dans une de ces maisons en 1540 ; mais serait-ce François de Forli qui, après avoir complété les acquisitions de son père et de son grand-père, aurait été en mesure de construire la grande maison dite de la reine Jeanne et notamment la façade gothique (si malheureusement modernisée en son milieu, en 1904) ? Rien n'est plus vraisemblable, étant donné la persistance du style gothique à Avignon.

La partie orientale de l'immeuble a été restaurée, il y a quelques années, ainsi qu'une portion de la cour où se trouve la tourelle octogonale d'un escalier à vis ; il subsiste d'autres vestiges, une grande arcade en anse de panier, des fenêtres à meneaux et, dans plusieurs salles, des plafonds à charpente apparente.

N° 18. — « *Maison aux ballons* ». Cette maison a été construite par le marchand François Vincent qui avait acquis l'immeuble antérieur en 1773. La façade très soigneusement appareillée est à deux étages et deux fenêtres par étage ; elle se fait remarquer par trois chaînes de refends, une à chaque extrémité, l'autre au milieu. Elle offre en outre cette particularité que les appuis de fenêtre en fer forgé portent au centre la figure d'un ballon, rehaussée sur ceux du deuxième étage d'un petit aérostat en tôle découpée et repoussée ; ce motif de ferronnerie rappelle un fait d'histoire important.

La maison construite par François Vincent avait été louée à la femme de Jean-Joseph Guichard, imprimeur-libraire, dont les ateliers se trouvaient rue du Puits-de-la-Reille, « près l'hôtel Saint-Omer » ou « vis-à-vis l'hôtel Saint-Omer ». C'est dans cette maison de Mme Guichard, dont le mari était sans doute leur correspondant, que descendaient les frères de

Montgolfier quand ils venaient d'Annonay à Avignon pour leur commerce de papier et c'est dans une de ces chambres du deuxième étage que Joseph de Montgolfier aurait eu l'idée première de l'invention des ballons.

Le fait est ainsi consigné dans un rapport officiel de l'Académie des Sciences (reproduit dans le *Courrier d'Avignon,* numéro du 24 février 1784) : « Ce fut à Avignon que M. de Montgolfier l'aîné fit son expérience pour la première fois. Là il ne vit pas, sans une vive joie... qu'un petit parallélipipède creux de taffetas, qui contenait quarante pieds cubes ou à peu près, ayant été chauffé préalablement avec du papier, monta rapidement au plafond. Retourné à Annonay, il n'eut rien de plus pressé que de répéter, avec monsieur son frère, cette expérience en plein air, et ils virent avec la même satisfaction ce parallélipipède s'élever et monter à une hauteur de 70 pieds... » (1).

La nouvelle invention vite connue eut un succès extraordinaire dont témoigne le *Courrier d'Avignon* dans son numéro du 26 décembre 1783 : « Quelqu'un, y est-il dit, qui s'aviserait aujourd'hui de parler, dans les meilleures sociétés, d'autres choses que des globes aérostatiques serait assurément traité d'homme de province ; les Hollandais, Dantzig, les Turcs, les Impériaux, les Russes, les Irlandais même ne nous intéressent pas, à beaucoup près, autant que la nouvelle découverte de M. Montgolfier. »

Nous avons vu qu'il était de tradition que Montgolfier donna une des premières séances d'aérostation dans la cour d'honneur de l'hôtel de Villeneuve-Martignan, qui est aujourd'hui le musée Calvet.

A Paris, un Avignonnais alors illustre, s'enthousiasma pour la nouvelle découverte. C'était le duc de Crillon, vainqueur de Mahon, célèbre pour avoir repris aux Anglais l'île de Minorque, pour le compte du roi d'Espagne. Le 1er octobre 1783, il donna au Bois de Boulogne, une fête en l'honneur de la naissance des deux Infants dont la princesse des Asturies venait d'accoucher. Le clou de la fête était l'ascension d'un ballon, curiosité nouvelle, puisque la première montgolfière de Versailles ne datait pas encore de trois mois.

N° 14. — Hôtel construit probablement par Pierre-Joseph Cayranne, notaire et greffier des cours du Palais Apostolique. Façade et rampe en fer forgé, XVIIIe siècle ; dans une cour,

---

(1) Un auteur local, Félix Digonnet, *L'Invention de l'Aérostation à Avignon, en 1782,* Avignon 1908, prétend que le parallélipipède était tout bonnement la chemise du célèbre inventeur. « Il voulut, dit-il, en se levant, chauffer la chemise qu'il allait mettre. A cet effet, il alluma devant la cheminée une flambée de papier et serrant l'ouverture du col de sa main gauche, il évasait les pans de la chemise en forme de cloche pour y concentrer la chaleur. Il arriva que l'air chaud, étroitement emprisonné dans le ballonnement bien réussi de la toile, se mit à élever avec assez de force la chemise gonflée au-dessus du foyer improvisé. »

vestiges des arcs romains de la Fusterie. Aujourd'hui hôtel du Laurens.

N° 17. — *Hôtel de Seguins-Vassieux,* puis *de Pertuis de Montfaucon.* En 1784, Agricol-Joseph-Gabriel Pertuis de Montfaucon fut viguier d'Avignon. Son fils Eugène de Pertuis, baron de Montfaucon, fut maire de 1826 à 1830 et député. Façade, XVIIIe siècle, encadrée de chaînes de refends ; les grilles des fenêtres du rez-de-chaussée ont le renflement caractéristique des ferronneries de ce genre qui permettait de se pencher de l'intérieur pour voir dans la rue. A l'intérieur, bel escalier, plafonds à la française, boiseries, dessus de porte. Aujourd'hui hôtel de Chansiergues.

Eglise de Sainte-Madeleine ou de Saint-Etienne.

Contre l'escalier de la rue Saint-Etienne, se dresse le seul vestige romain encore en évidence. C'est un arceau de grand appareil qui servait de base au clocher de l'église Sainte-Madeleine ou Saint-Etienne et fait partie, comme nous l'avons dit, d'une suite d'arceaux romains qui se continue derrière les maisons, à droite et à gauche, dans la rue Petite-Fusterie et dans la rue des Grottes (1). L'église Sainte-Madeleine était un juspatronat du monastère de Saint-André-de Villeneuve, lorsque Jean XXII lui transféra le titre paroissial de l'église Saint-Etienne qu'il avait annexée à son Palais apostolique ; — la pierre de dédicace de Saint-Etienne aussi transférée est aujourd'hui conservée au musée lapidaire. — L'église porta désormais les deux titres, l'un donna son nom à la rue Saint-Etienne, l'autre à la place de la Madeleine. Sur le plan de 1618, on distingue son clocher à flèche octogonale du type avignonnais. L'église menaçait ruine, lorsqu'elle fut interdite au culte en 1734. En 1792, elle fut définitivement abandonnée ; quelques vestiges seulement en subsistent dans les maisons voisines.

Rue de la Petite-Fusterie.

La Petite-Fusterie est une des rares rues droites d'Avignon ; elle doit sans doute cette particularité à la ligne d'arceaux romains qui subsiste derrière les maisons du côté est de la rue. A cause de son tracé rectiligne, le duc d'Epernon, gouverneur de Provence, en séjour à Avignon, la fit « desmavonner » et, le 20 mars 1587, « courut la bague avec grand triomphe, tous masques accoutrés de couleurs ». Dans la course de bagues, les joueurs, montés sur un cheval au galop, devaient enfiler, avec une lance, un anneau suspendu à une potence.

---

(1) Voir ci-dessus Ire partie, chap. Ier § 1, p. 14-15.

N° 21. — *Hôtel de Monery* (aujourd'hui *de Saint-Priest d'Urgel*). Les Monery étaient docteurs ès-droits ; deux Monery, Pierre et Didier, figurent avec ce titre dans le *Calendrier et notice de la ville d'Avignon* de 1761. L'immeuble actuel, sur lequel on ne possède pas de précisions, doit être peu postérieur à 1769, date d'acquisition de la construction antérieure. Au XIXe siècle, de la famille Monery, l'immeuble passa au sieur Billiet qui, en 1835, le vendit à Jean-François Poulin, entrepreneur de transports et correspondant des Messageries Lafitte, Caillard et Cie. Ce dernier eut pour successeur en 1857 Etienne Poulin, son fils, entrepreneur des Messageries générales des Alpes, dont les bureaux se trouvaient rue Calade, n° 5. C'est, par mariage, que l'hôtel est échu, en 1885, à la famille de Saint-Priest. L'intérieur est particulièrement somptueux : bel escalier, salons décorés, salle à manger avec toiles peintes attribuées à Jean Pillement (1727-1808) ; boudoir avec peintures de Francesco Zuccharelli (1702-1788) ; boiseries ; cadres ; dessus de portes et de glaces (scènes galantes), etc.

N°s 17-19. — *Hôtel de Tonduti de Saint-Légier* ou *de Malijac*, puis *Tonduti de l'Escarène*. Cet hôtel a une autre façade sur la rue Josep-Vernet, n°s 7, 9 et 11. Sur la rue de la Petite-Fusterie, le vaste portail à carrosses donne accès à une grande cour, à droite de laquelle deux arcades s'ouvrent sur un vestibule d'où part l'escalier d'honneur aux proportions imposantes.

L'immeuble primitif qui avait appartenu à Pompée Catilina, colonel de l'Infanterie papale, avait été acheté en 1641 par François de Tonduty, seigneur de Saint-Légier et de Montserain, baron de Malijac, jurisconsulte et astronome (1583-1669). Ce savant personnage faisait alors figure de grand homme à Avignon. Il fut deux fois primicier de l'Université, auditeur général de la Légation (1658), comte palatin, auteur de trois importants ouvrages de droit. Mais, ce qui le singularisait le plus, c'était sa science astronomique, — il avait été l'élève du P. Athanase Kircher au collège des Jésuites ; — il s'occupa avec Gassendi de déterminer la différence des longitudes entre Paris, Avignon et Digne, et calcula, avec une erreur minime, la latitude d'Avignon (prise à la tour du Collège) en utilisant la méthode pratiquée à Marseille par Pythéas au temps d'Alexandre le Grand.

C'est ce jurisconsulte-astronome qui, après avoir acquis la maison de Catilina, la fit rebâtir, — on ne sait par quel architecte, — et décorer par Nicolas Mignard qui exécuta en 1658-1659, dans le grand salon du premier étage, une suite de la *Vie d'Apollon* comprenant : 1° le plafond (*Apollon et les Muses*) avec quatre grisailles (*Apollon et les Cyclopes, Apollon au siège de Troie, Mort de Coronis, Apollon tuant le serpent Pithon*) ; 2° trois grands panneaux : *Apollon et Daphné, Apollon et Midas, Apollon et Marsyas* ; 3° une frise avec quatre sujets ovales (*Apollon sur la terre*) et quatre médaillons (*Les Saisons*) ; 4° trois dessus de porte (*Natures mortes*) ; 5° le plafond de l'alcôve (*Diane*). Les divers sujets étaient exécutés sur toile et enchâssés dans des cadres sculptés et dorés ; des panneaux de damas cramoisi alternaient avec les peintures ; la corniche et les poutres étaient également sculptées et dorées.

L'hôtel resta aux Tonduti de Saint-Légier jusqu'à la fin du XVIIIe siècle. Une partie en fut louée pendant la Révolution à l'abbé Joseph-Alphonse de Véri, auditeur de Rote qui avait joué un certain rôle dans la politique et la diplomatie ; il y mourut en 1799. En 1802, l'hôtel passa aux Tonduti de l'Escarène qui, habitant Nice, le mirent entièrement en location.

Le premier étage, avec le grand salon décoré par Mignard, fut le siège sous le Premier Empire, d'un cercle royaliste et, de 1830 à 1862, du Cercle du Commerce. Il fut divisé entièrement par la suite en logements particuliers. En 1881, un nouveau propriétaire vendit l'ensemble ornemental du grand salon, chef-d'œuvre de Nicolas Mignard et témoin monumental de la peinture décorative du XVIIe siècle ; ces tableaux se trouvent maintenant loin d'Avignon, dans un château des environs de Limoges.

N° 9. — *Ancien collège de Sénanque*. Le collège avait été fondé en 1491 par Jean Casaleti, abbé de Sénanque, pour héberger les jeunes religieux de cette abbaye qu'on envoyait étudier la théologie à l'Université d'Avignon. Sénanque était une abbaye cistercienne située près de Gordes (Vaucluse) ; ses magnifiques édifices romans existent toujours. Du collège d'Avignon, il subsiste la chapelle à trois travées voûtées d'ogives ; une inscription gothique commémore sa consécration en 1537.

N° 3. — *Hôtel Parrelli*, puis *des Achards* ou *de Fortia*. Cet hôtel occupe l'emplacement de deux maisons qui eurent assez longtemps une existence indépendante ; elles appartenaient au XVIe siècle aux Tributiis et aux Fortia ; au XVIIe, aux Granolhasc de Saint-Martin ; puis au notaire Desmarets. Au début du XVIIIe, elles furent réunies entre les mains de Joseph Parrelli, Italien, docteur agrégé de la Faculté de médecine d'Avignon. Des Parelli, la maison reconstruite advint par mariage à Jacques-François-Etienne des Achards de Ferrus, marquis de Sainte-Colombe, dont la fille épousa, en 1785, Agricol, comte de Fortia d'Urban (1756-1843), érudit polygraphe qui écrivit de nombreux ouvrages relatifs aux antiquités et monuments du département de Vaucluse ; il fut élu membre de l'Académie des Inscriptions et Belles-Lettres en 1830. Après Fortia d'Urban, l'hôtel de la rue Petite-Fusterie passa à M. du Gabé (1835), puis à la famille des Isnards (1848).

A l'intérieur, il n'y a rien qui rappelle les bâtiments du XVe ou du XVIe siècle ; nombreuses réfections, la dernière en 1768, date inscrite dans le pavage en calade de la cour. La décoration intérieure appartient à l'époque Louis XV et à l'époque Louis XVI (dessus de porte, panneaux de cheminée, dessus de glaces dont les cadres sont admirablement sculptés et dorés). Dans une chambre, les effigies dorées de Louis XV et de Marie Leczinska sont répétées deux fois. Sur les trumeaux d'un salon, copies de Watteau (*Jeune femme à sa toilette, Danse dans un parc, Colin-Maillard* et *Partie de trictrac*).

N° 2. — *L'hôtel de Brantes.* Sur l'emplacement de cet hôtel, il y avait au début du XVIIe siècle, trois petites maisons qui furent acquises de 1622 à 1685, l'une par Olivier du Blanc et les deux autres par son fils Alexandre, « pagadour » de la milice de l'Etat d'Avignon. Ce dernier les fit abattre et remplacer par un hôtel qui, commencé au plus tôt en août 1685, fut achevé au plus tard en novembre 1686. Encore en 1728, son fils l'appelait la « grande maison neuve ». L'hôtel resta aux Le Blanc de Brantes pendant tout le XVIIIe siècle ; la façade dut être refaite dans la seconde moitié de ce siècle ; elle présente en effet des chaînes de refends aux angles et, à l'attique, des œils-de-bœuf ovales caractéristiques de cette période.

En 1784, parut un opuscule intitulé : *Aérostat construit par les soins du marquis de Brantes d'Avignon.* Il est orné de figures dessinées par l'ingénieur Bondon et gravées sur cuivre par Guibert aîné. « Amateur distingué des sciences », le marquis de Brantes avait imaginé un appareil spécial pour gonfler les ballons. Il consistait en un fourneau de chauffage et un système de lampes conjuguées qui, suspendus au bas de l'aérostat, s'enlevaient avec lui et prolongeaient la durée de l'ascension en renouvelant la provision d'air chaud. Le marquis fit une première expérience avec un ballon de grandes dimensions construit dans le cloître du couvent des Dominicains, rue d'Annanelle (1). Il la renouvela avec un autre aérostat monté dans l'enclos des Célestins à Gentilly, près de Sorgues, à 8 kilomètres d'Avignon (4 avril 1784). Le globe, construit en réseau de rubans de fil recouvert de papier gros raisin et doublé de papier brouillard était entièrement

(1) Antérieurement, un religieux de ce couvent, le Père Joseph Galien, docteur agrégé, ancien professeur de philosophie et de théologie dans l'Université d'Avignon, avait publié deux éditions d'un ouvrage intitulé : *L'Art de naviger dans les airs, amusement physique et géométrique, précédé d'un mémoire sur la nature de la formation de la grêle dont il est une conséquence ultérieure* (Avignon, Ant. Ignace Fez, 1755 et 1757, in-12). Il imaginait un « vaisseau de forte toile bien cirée ou goudronnée, couverte de peau et fortifiée de distance en distance avec des cordes ». Ce vaisseau « vide d'air » serait dans une « situation analogue à celle du bateau dans l'eau » et par suite « non seulement il se soutiendrait sur l'air, mais il pourrait y porter une charge considérable ». Ce précurseur de l'aérostation était né près du Puy-en-Velay en 1699 et mourut vers 1762.

décoré de peintures, avec l'inscription suivante en grandes lettres capitales :

DEVISE PLACEE SUR L'EQUATEUR

LE GÉNIE EST DU CIEL LE DON LE PLUS PARFAIT.
MONTGOLFIER, QUI L'OBTINT, MAITRE DE L'EMPYRÉE,
M'ENTRAINE SUR SES PAS A LA VOUTE ÉTHÉRÉE ;
ET JE RAPPORTE AUX DIEUX LE TRIBUT DU BIENFAIT.

Par M. ARTAUD (1)
ancien rédacteur du *Courrier d'Avignon.*

Sous l'enveloppe, l'appareil comportait, outre le fourneau, une galerie ou nacelle en osier dans laquelle le marquis de Brantes devait prendre place avec un autre expérimentateur, un certain Scanegaty, physicien. Mais au dernier moment, on jugea que le supplément de poids nuirait au succès de l'expérience. « A la demande de tout le public et au grand regret de M. de Brantes que ses amis s'efforcèrent de retenir », le ballon s'éleva donc seul, « après que les amis particuliers des voyageurs, témoignant leurs craintes, les eurent forcés de descendre de la galerie ». L'aérostat monta, en sept minutes et demie, « à la hauteur de 1.000 toises », puis, après la consommation du combustible, retomba, sans s'être éloigné de plus d'une demi-lieue par suite de la faiblesse du vent.

Pendant la Révolution, l'hôtel resta aux Brantes qui n'avaient pas émigré ; il passa alors, par alliance matrimoniale, à un personnage important, Gérard-Jean Lacuée, comte de Cessac, militaire et homme politique, capitaine en 1785, élu en 1795 membre de l'Institut (classe des Sciences morales et politiques), député au Conseil des Anciens en 1799, général de division en 1806 et ministre de la Guerre en 1810.

En 1808, le Préfet de Vaucluse avait voulu acheter l'hôtel de Brantes, pour y loger Mgr Périer, évêque concordataire d'Avignon, mais celui-ci trouvait la façade « très antique et très délabrée », le rez-de-chaussée « marécageux », très humide, trop exposé aux inondations, l'entrée « basse, noire, ténébreuse », les cheminées « à l'antique et mal placées », les fenêtres désuètes avec leur fermeture en plomb et petits carreaux, comme dans les églises, etc. Le seul avantage de cet hôtel était d'être à côté de l'église Saint-Agricol, alors cathédrale. Malgré la très haute situation du comte de Cessac, ce fut l'évêque qui l'emporta et l'hôtel de Brantes ne devint pas l'évêché.

(1) Antoine-François-Marie Artaud (1767-1838), né à Avignon, fut au début du XIXe siècle, directeur des Musées de Lyon ; éminent archéologue, il fut élu membre de l'Institut en 1835. Il avait présidé à l'organisation des galeries d'antiquités du musée Calvet.

Parvis et escalier de Saint-Agricol.

L'église Saint-Agricol est précédée d'un parvis auquel on accède par un large escalier. Ce parvis fut créé à la fin du XVe siècle par la démolition de quelques maisons. Le projet souleva une très vive protestation de la part des habitants de la Petite-Fusterie qui adressèrent une pétition au cardinal-légat. Ce texte, auquel nous avons fait déjà allusion, mérite d'être analysé complètement, car il montre l'attachement des Avignonnais d'alors pour leurs rues tortueuses et étroites.

Avec les démolitions qu'entraînerait l'exécution du projet, alléguaient les pétitionnaires, la rue serait moins facile à défendre en cas d'invasion de la ville par les ennemis de Sa Sainteté, le vent y soufflerait avec plus de violence et la Petite-Fusterie n'étant plus séparée du cimetière de l'église, les vivants voisineraient avec les morts. Surplombant la dite rue dont plusieurs maisons n'en seraient distantes que de deux cannes (4 mètres), la place projetée mettrait les intimités familiales à la merci des yeux curieux et des oreilles indiscrètes. Elle ne manquerait pas en outre d'attirer des étudiants et des collégiés, ainsi que des bandes de « musiciens », toujours prêts à organiser des « spectacles » bruyants, qui n'allaient jamais sans incommodités pour les voisins et sans vitres cassées. Enfin, assurait-on, cette nouveauté enlaidirait la rue et « déformerait » l'aspect de la ville.

Le chapitre de Saint-Agricol passa outre, fit les démolitions projetées et aménagea son parvis, comme il entendait le faire, avec son grand escalier qui servit de débarcadère à l'empereur Napoléon III, lorsqu'il entra à Avignon en bateau lors de l'inondation de 1856.

IV. — L'ÉGLISE SAINT-AGRICOL

Historique.

Saint-Agricol est probablement la plus ancienne des églises d'Avignon après la cathédrale. Elle aurait été fondée par son patron, saint Agricol, évêque d'Avignon (VIIe siècle). Elle fut favorisée des libéralités du pape Jean XXII qui y institua et dota un chapitre de chanoines (1322). L'église fut alors réédifiée ; elle comporta une nef et deux bas-côtés, plan assez exceptionnel à Avignon. Des chapelles furent fondées par le pape, — qui en érigea deux de ses deniers, — et par des cardinaux ou d'autres personnages ; des parties notables de ces constructions ont subsisté, surtout dans la partie orientale, en dépit des remaniements et agrandissements opérés à partir de 1485.

A la fin du XVe siècle, Saint-Agricol fut l'objet de travaux particulièrement importants. Les voûtes furent reconstruites et les piliers transformés ; en outre, ayant allongé l'église d'une travée (1485), on dressa une nouvelle façade. Cet agrandissement annexa à l'église la chapelle de l'Aumône de la Fusterie, construite un siècle auparavant aux frais du menuisier Guilhem Vial (1391), en dehors de l'église.

La façade.

La façade, avec son grand gâble en accolade, est caractéristique du style provençal de la seconde moitié du xve siècle. Les portes en bois sculpté, de dessin très simple, sont de la même époque. Les statues sont la *Vierge à l'Enfant*, la Vierge et l'Ange (moderne) de l'*Annonciation, Dieu le Père* et le *Saint-Esprit* (1488-1489) ; elles sont attribuées au sculpteur lorrain Ferrier Bernard, originaire du diocèse de Toul, mentionné pour la première fois à Avignon, dans un acte notarié, au début de l'année 1489 ; il donne alors quittance, au chapitre Saint-Agricol, de la somme de 15 florins, reçue en acompte de la Vierge du portail ; c'est ce qui a permis de penser que les autres statues d'une facture similaire étaient également du même sculpteur. Ferrier Bernard travailla encore à Avignon jusqu'en 1500, exécutant notamment le tombeau d'Antoine de Comps, dans l'église Saint-Didier (1495), et une « Croix couverte » à la porte Imbert ; il disparaît ensuite ou tout au moins on n'entend plus parler de lui, mais il fit son testament en 1510 à Avignon et mourut sans doute peu après.

L'intérieur de l'église.

La nef de cinq travées et les bas-côtés ont été profondément repris à la fin du xve siècle ; les voûtes furent refaites et les piliers modifiés ; précédemment des culs-de-lampe sculptés en forme de bustes humains recevaient la retombée des voûtes ; on les remplaça par des nervures à pénération d'une donnée plus nouvelle. — A droite de l'entrée, un beau bénitier de marbre blanc, avec armoiries des donateurs, Paul de Sobirats et de sa femme, Agnès de Paul, et ornements dorés, date du milieu du xve siècle.

Bas-côté gauche. — Dans le mur du fond, *Baptême du Christ*, bas-relief, pierre, XVIIIe siècle, reste sans doute d'anciens fonts baptismaux. — Dans le bas-côté et les chapelles, tableaux de Nicolas Mignard, Philippe Sauvan, etc. — Entre la troisième et la quatrième chapelle, épitaphe de Joseph Bonaventure, patrice romain, commandant de l'infanterie papale († 1713). — Cinquième chapelle (des Ames du Purgatoire), deux tombeaux du XVIIe siècle, un (à gauche) derrière un confessionnal qui empêche de voir l'épitaphe ; l'autre, à droite, est celui de Pompée Catilina, colonel de l'infanterie papale, qui a joué un rôle si important à Avignon, notamment comme fondateur de la confrérie des Pénitents noirs de la Miséricorde († 1613) ; il est l'œuvre du sculpteur florentin Simone Bartolacci (1615) sur lequel nous avons donné quelques détails biographiques en parlant de l'Hôtel des

Monnaies dont on lui a attribué la façade. — Prolongeant le bas-côté gauche, la chapelle des Pauvres Femmes a été construite par la famille de Grillet à partir de 1547 : plafond à caissons sculptés ; autel provenant de l'ancien couvent de Sainte-Catherine, par J.-B. II Péru (1771) ; tombeau des Pérussis et tombeau des Grillet (inscription moderne) ; tableau de *Notre-Dame des Pauvres,* par François Vernet.

Chœur. — Maître-autel, marbre jaune et blanc, par Jean-Baptiste II Péru (1765). Tableaux : *Couronnement de la Vierge,* attribué à Simon de Châlons, *La Pentecôte,* par Guillaume-Ernest Grève, etc.

Sacristie. — Belles boiseries, époque Louis XIII, avec peintures anciennes, encadrées dans les panneaux, entre autres deux *portraits des donateurs,* sur bois, représentant des membres de la famille de Grillet (attribués à Simon de Châlons) et une *Annonciation* sur bois du XVIe siècle.

Bas-côté droit. — *Retable des Doni,* dit de l'*Ave Maria,* par Imbert Boachon (1525). Ce sculpteur, appelé quelquefois Bochon ou Blanchon, était originaire du diocèse de Mâcon. Avant de venir à Avignon, il avait séjourné à Alais où il s'était marié vers 1510 et à Pont-Saint-Esprit. Il reste deux œuvres de lui à Avignon, le retable des Parpaille, dans l'église Saint-Pierre, — dont il sera question plus loin, — et celui des Doni, dans l'église Saint-Agricol (1525). Ce dernier, commandé par Paul de Doni, d'une riche famille florentine, dont une branche s'était fixée à Avignon à la fin du XVe siècle, — nous parlerons dans le prochain chapitre de sa maison rue Dorée (rue Chauffard), — est surmonté du lys de Florence. Il a été exécuté en pierre de Pernes et, d'après le prix-fait, devait comprendre vingt figures ; une partie a disparu, ce qui a rompu l'équilibre du monument. Les plus remarquables des morceaux qui restent sont le groupe de l'*Annonciation, l'Ange et l'Enfant,* le haut-relief des *Anges musiciens* ; mais la finesse de leur exécution disparaît sous les multiples couches de couleur qui les ont empâtés.

Chapelle de la Vierge dite de Brantes. — Ce charmant oratoire a été construit de 1703 à 1707 aux frais de Pierre du Blanc, marquis de Brantes, capitaine des portes du Palais Apostolique, d'après les plans de Jean Péru. Le prix-fait de la maçonnerie fut donné le 13 mars 1703 à Jean Robert et Philippe Mangarel, maçons ; ceux-ci soulevèrent des difficultés à cause des fondements qu'ils jugeaient insuffisamment établis ; le débat dura quatre ans. Ce gracieux ensemble comprend deux parties : *a*) un avant-corps carré où se trouvent les tombeaux de la famille de Brantes ; l'emplacement en est marqué par de grandes plaques épigraphiques encadrées de moulures et de sobres sculptures, surmontant un bandeau sculpté en bas-relief de gracieuses figures d'enfants ; quatre pendentifs richement ornés portent un tambour circulaire percé de quatre fenêtres et surmonté d'une coupole ; *b*) la chapelle proprement dite sur plan rectangulaire ; deux statues (*saint Jean-Baptiste* et *sainte Elisabeth*) en pierre sont de Jean Péru ; sur l'autel, une statue de bois peint, la *Vierge avec l'Enfant,* est attribuée à Coysevox.

Chapelle du Crucifix : épitaphe de Gaspard de Ponte, protonotaire apostolique († 1587).

Chapelle de Saint-Agricol, autrefois *de la Petite-Fusterie* : épitaphe de Simon Philieul, jurisconsulte († 1601) ; (derrière le confessionnal), tombeau de Georges Ondedei, comte de Vézelay, commandant des troupes pontificales († 1479).

Au fond du *bas-côté,* tombeau avec grande plaque épigraphique encadrée de moulures et surmontée du portrait en médaillon de l'architecte Pierre Mignard († 1725). — Inscription gothique relatant la fondation de la chapelle de l'Aumône de la Petite-Fusterie par Guilhem Vial (1391) ; bas-relief et inscription en vers français indiquant l'étendue de cette chapelle qui, avant la construction de la façade actuelle, se trouvait en dehors de l'église.

Le buffet du grand orgue (1862) cache une fresque de Philippe Mathieu représentant l'ancien port du Rhône et la statue colossale de Saint-Agricol qui s'y trouvait (1629).

CHAPITRE III

DU PLAN DE LUNEL AU CHANGE

I. — Rue saint-agricol. sainte-praxède. plan de lunel. — *La commanderie du Temple. La librairie Roumanille : Joseph Roumanille. — Le couvent de Sainte-Praxède. Le premier auteur imprimé à Avignon. — Félix Gras. — Les hôtels et la croix du Plan de Lunel.*

II. — La rue des ortolans. la rue chauffard. — *Chapelle des religieuses de Notre-Dame. Hôtel des Doni : les tableaux de Raphaël. Hôtel de Sade.*

III. — La place de la préfecture. — *Hôtels de Forbin et Desmarets de Montdevergues.*

IV. — De la rue de la bancasse a la rue rappe. — *Rue de la Bancasse : les opéras de Rasibus. — L'hôpital de Saint-Antoine : le tombeau d'Alain Chartier. — La maison des Palasse. — La place du Change. — La maison Peilhon.*

I. — Rue saint-agricol. sainte-praxède. plan de lunel

Rue Saint-Agricol.

La rue Saint-Agricol s'appelait avant 1843 rue Orangerie et, au xive siècle, *carreria Arangerie,* rue des Oranges ; en 1393, il est fait mention dans cette rue de Pierre Paris, marchand d'oranges (*mercator aurengiorum*). La rue fut élargie et son alignement rectifié de 1754 à 1787 ; il fut même question alors de prolonger la rue en droite ligne, à l'ouest jusqu'au rempart et de l'autre côté, à l'est, jusqu'à l'Hôtel-Dieu.

N° 23. — Hôtel du Louvre (précédemment hôtellerie du Pont) bâti sur l'emplacement de la *Commanderie des Templiers,* occupée après la suppression de cet ordre au début du xive siècle par les *Hospitaliers.* La chapelle à deux étages subsiste encore ; la chapelle haute, de proportions fort élégantes, avec de longues et étroites fenêtres de style gothique à lancettes, sert de salle à manger à l'hôtel. Généralement datée de la fin du xiiie siècle, elle n'est probablement pas antérieure à la prise de possession de la commanderie par les Hospitaliers en 1379.

N° 21. — *Hôtel Rata de Gargarilla*, puis *de Roussas*. L'entrée principale est rue Bouquerie, n° 6 (belle porte à deux vantaux Louis XV). Cet hôtel, remplaçant deux immeubles antérieurs achetés en 1753 et 1755, a été construit par le marquis Louis de Rata de Gargarilla, chevalier de Saint-Jean de Jérusalem, commandant de l'Infanterie papale, qui vendit, en 1773, cet immeuble « bâti à neuf » ; il a appartenu ensuite à la famille Bertet de Roussas jusqu'en 1901.

N° 19. — *Librairie Roumanille*, un des foyers les plus actifs de la Renaissance provençale au XIXe siècle. Le nom de Joseph Roumanille, délicieux poète et conteur provençal (1818-1891), est inséparable de ceux de Frédéric Mistral et de Théodore Aubanel. Il a été même l'initiateur du mouvement, le « père du félibrige ». Il était né à Saint-Rémy-de-Provence. Dès 1847, il publie ses poésies *Li Margarideto*, en tête desquelles se trouve sa capitale *Dissertation sur l'orthographe provençale*. Professeur à la pension Dupuy, rue de l'Hôpital, à Avignon (1845), il y a pour élève Frédéric Mistral qui suivait également les cours du Lycée ; il se lie ensuite avec Aubanel en fréquentant avec lui la *Société de la foi*. En 1851, en éditant un recueil de poèmes *Li Prouvençalo*, il fait connaître le groupe des jeunes écrivains qui aspirent à rendre tout son éclat au provençal et à réaliser une renaissance de sa littérature. L'année suivante, il réédite les fameux *Noëls* provençaux de Nicolas Saboly, organiste de Saint-Pierre d'Avignon (1614-1675). Ensuite, après la fondation du félibrige à Fontségugne à laquelle il prend une part prépondérante (21 mai 1854), il commence, avec Frédéric Mistral, la publication de l'*Armana Prouvençau* qui paraît pour la première fois en 1855 et où, pendant plus de trente ans, sous le pseudonyme de *Lou Cascarelet*, il prodigue des trésors de verve populaire et de bonhomie primesautière. Roumanille réunit plus tard en un volume à part (*Li Conte Prouvençau et Li Cascareleto*) la fleur des contes et « galéjades » dont il avait parsemé à profusion le populaire almanach. Traduits par Armand de Pontmartin, Paul Arène et surtout par Alphonse Daudet (*Les lettres de mon moulin*), plusieurs de ces récits, comme le *Curé de Cucugnan* sont devenus célèbres.

C'est également en 1855 que Roumanille avait fondé sa fameuse librairie de la rue Saint-Agricol où, en mars 1859, il édita *Mireille*. Avec Mistral et Aubanel, il reste un des trois grands maîtres de la langue et de la littérature provençales.

Rue Félix-Gras (ancienne *rue Sainte-Praxède*).

La rue Sainte-Praxède devait son nom au couvent où s'installèrent, en 1398, les religieuses Dominicaines émigrant de la « tour d'Espagne », proche de Montfavet. Ces religieuses avaient été établies, avant 1346, dans cette banlieue d'Avignon, par Pierre Gomès, évêque de Carthagène, cardinal du titre de Sainte-Praxède ; leur transfert à l'intérieur de la ville avait été imposé par les troubles du Grand Schisme ; leur couvent de la tour d'Espagne fut transformé en forteresse. Quant à leur nouveau couvent, c'était l'ancienne livrée du cardinal Pierre de la Jugie qu'elles louèrent d'abord, et acquirent ensuite par donation. La chapelle, dont le chevet se voit sur la rue Sainte-Praxède, a été bâtie par Nicolas Roux, lapicide, originaire du diocèse de Genève (1427-1430). L'illustre mystique Julienne Morell y fut religieuse de 1610 à 1653, date de sa mort.

A côté du monastère de Sainte-Praxède, se trouvait, à la fin du XVe siècle, une maison qu'habitait Gilles Bernardin Marmita, venu de Paris et engagé par la ville comme régent des écoles (1493) ; il est appelé, dans un acte, « illustre orateur et poète ». Il composa, à l'usage des écoliers, un recueil de textes intitulé le *Luciani Palinurus.* Il trouva, pour le publier, un bailleur de fonds, le marchand Nicolas Tepe, et un imprimeur, Pierre Rouhault, qui arrivait de Lyon. Moyennant un salaire de deux écus, les épreuves devaient être corrigées par l'auteur à condition d'être portées à son domicile. Le *Luciani Palinurus* est le premier livre imprimé à Avignon (15 octobre 1497).

A l'angle de la rue Félix-Gras (n° 7) et de la rue Petite-Calade, *hôtel de Brancas* (1678-1786), puis *de Grimoard de Beauvoir du Roure* (1789-1796) et *de Bonnet d'Oléon* (1796-1897) : grande porte cochère, cour, deux bâtiments en équerre, escalier, boiseries et décorations XVIIIe Le critique Armand de Pontmartin, dont les parents habitaient l'hôtel comme locataires, y est né en 1811.

Le félibre Félix Gras (1844-1901) habitait rue Sainte-Praxède ; de là l'appellation actuelle de cette rue. Félix Gras a été tour à tour poète épique (*Li Carbounié,* Les Charbonniers, 1876), poète lyrique (*Toloza,* Toulouse, 1880), conteur (*Li Papalino,* contes du temps des papes, 1891) et romancier (*Li Rouge dóu Miejour,* Les Rouges du Midi, 1896). Il est original, surtout comme prosateur, pense Emile Ripert, et il apparaît « comme le chef incontesté de la seconde génération félibréenne » et fait encore « grande figure », bien qu'on sente évidemment l'influence de Mistral dans sa poésie, celle de Roumanille et de Daudet, dans ses contes.

Prendre à gauche la rue Petite-Calade qui conduit au

Plan de Lunel.

Le plan de Lunel était situé, au XIVe siècle, entre deux livrées cardinalices, la livrée de Cambrai dont le musée Calvet occupe à peu près tout l'emplacement et celle de Poitiers qui sera à la fin du XVe siècle le collège du Roure, puis au XVIIIe siècle l'hôtel de Forbin et enfin la Préfecture de Vaucluse. Tous ces terrains relevaient, au Moyen-Age, de la mense épiscopale ; ils étaient d'aspect rural et formaient la *vinea vispalis* ou vigne épiscopale ; les parcelles qui en faisaient partie revenaient à l'évêque, lorsque leurs possesseurs mouraient sans héritiers directs ; cette servitude fut abolie ou rachetée peu à peu ; mais les anciens terrains de la *vigne vispale* continuaient à payer cens à la mense épiscopale ; il en fut ainsi, jusqu'à la fin de l'ancien régime, pour l'hôtel des Laurens.

On ne connaît pas l'origine du nom de *Plan de Lunel*, qui était donné à cette place dès le XIVe siècle. Au siècle suivant, on y construisit une « croix couverte », c'est-à-dire abritée sous une voûte portée par des piliers, qui est très nettement dessinée sur le plan de 1618. Les des Laurens dont nous allons parler, l'appelaient « notre croix », bien qu'elle fut antérieure à leur arrivée sur cette place. En vertu d'une fondation de Jérôme des Laurens (1517-1606), les clergeons de l'église Saint-Agricol venaient tous les vendredis soir y réciter le *Stabat mater* ; c'était prétexte pour eux à aller « roller » par la ville. Supprimée pour cette raison, la pieuse pratique fut rétablie après la grande peste de 1630.

N° 1. — *Hôtel des Laurens.* Cet hôtel est, de toutes les maisons importantes d'Avignon, une de celles qui se font le moins remarquer par l'aspect extérieur. Cependant sa porte est assez imposante et un peu d'attention permet de distinguer, entre les baies actuelles, les traces de fenêtres à croisées de pierre qui dénoncent l'origine ancienne de la maison. A l'intérieur, un vestibule à deux doubles travées voûtées d'arêtes donne accès à un monumental escalier à balustrade de pierre et à plafond de gypserie.

D'autres vestiges anciens subsistent ailleurs : au rez-de-chaussée, sur la rue Bouquerie, l'ancienne « salle basse » avec son plafond à la française ; à l'extrémité opposée de l'immeuble, une salle voûtée d'arêtes servant aujourd'hui de cuisine ; entre les deux, une suite d'arcades formant galerie sur la cour et portant une étroite terrasse à balustrade semblable à celle de l'escalier, cette terrasse servant sans doute autrefois à assurer la communication entre les deux parties de l'édifice ; enfin, dans les diverses pièces du premier étage, des trumeaux et des dessus de porte d'époque Louis XVI.

La famille des Laurens qui a fait construire cet hôtel était d'origine piémontaise ; elle se fixa à Avignon au début du XVIe siècle et s'adonna à la jurisprudence. Son grand homme fut Jérôme des Laurens (1517-1606) ; à dix-sept ans, il enseignait déjà le droit ; il fut auditeur et doyen de la Rote, comte ès lois ; il publia un recueil des décisions de la Rote d'Avignon qui n'eut pas moins de trois éditions, — une à Genève en 1589, l'autre à Lyon en 1600 et la dernière à Francfort, — ce qui prouve quelle était l'autorité de ce grand juriste avignonnais. A partir de 1590, — il avait alors soixante-treize ans, — il se mit en tête de rebâtir la maison qu'il habitait, plan de Lunel ; il poursuivit son entreprise jusqu'en 1597 et y dépensa 2.000 écus sans l'achever ; nous ignorons le nom de son architecte. L'édifice, qui s'étendait à la fois sur le plan de Lunel et sur la rue des Masses (rue Bouquerie), avait l'air encore assez gothique, avec ses fenêtres à croisées de pierre et son couronnement crénelé.

Deux de ses fils qui avaient embrassé la carrière juridique, l'aîné François et le troisième Jean, lui succédèrent le premier à la Rote, le second à la Faculté de droit. Ils se partagèrent également la maison paternelle. Jean des Laurens eut la partie en façade sur le plan de Lunel ; il en poursuivit l'achèvement et c'est à lui qu'on doit sans doute le vestibule et le grand escalier, ainsi que la « salle basse » plafonnée à la française, et la cuisine voûtée d'arêtes.

Après lui, l'immeuble échut à son second fils Henri des Laurens (1604-1669) qui lui succéda d'abord à la Faculté puis fut auditeur de Rote, comme l'avaient été son oncle et son illustre grand-père. Il se maria avec Catherine de Rhodes qu'il épousa « sans aucun bruit ny cérémonie » le 8 novembre 1636 dans la chapelle du collège de Sénanque. On lui doit de nombreux livres de raison qui sont une chronique très vivante, non seulement de sa famille, mais encore de l'histoire avignonnaise de son temps, notamment de la « fronde avignonnaise » des pévoulins et des pessugaux et de l'occupation de 1662. Il y apparaît comme un type curieux de bourgeois avignonnais, austère et dévot, laborieux et économe, aussi soucieux de ses devoirs d'état et de ses obligations familiales que de la gestion de ses propriétés de Ménerbes, par-dessus tout prudent à l'extrême ; il note qu'il faut toujours être du côté du prince et toujours bien parler de lui. Il mène la vie la plus simple ; on fait chez lui le vin et le pain ; sa femme file le lin et le chanvre. Il n'eut pas moins de dix-huit enfants, dont sept seulement lui survécurent, trois fils et quatre filles. Sa nombreuse famille l'obligea à quelques agrandissements. En 1638, il fait construire un « quartier » sur la basse-cour et « accoustrer » (réparer) l'entrée de la maison ; en 1646, un « nouveau bâtiment » comprend une chambre surmontée d'un cabinet ; quatre ans plus tard, il prolonge la façade du côté de la rue Petite-Calade, — la ligne de reprise se voit encore nettement en avant des deux dernières fenêtres. En outre, Henri des Laurens enrichit et modernisa son mobilier, notamment par l'achat d'une tapisserie d'Aubusson « en façon de Flandres » représentant « des bergeries avec les amours d'Aminte » ; en outre, il fit revêtir de cuir doré les murs de sa « salle » qu'il meubla de douze chaises de « vache de Rossieu », c'est-à-dire de Russie.

Un « inventaire domestique » établi à son décès donne des détails sur son intérieur. Le rez-de-chaussée comprenait le cellier, la cave, la dépense, une salle basse (qui sert aujourd'hui d'annexe à l'imprimerie Rullière), un « grenier » où on conservait la provision de blé, une cuisine d'été. Dans la cour, il y avait un puits et un poulailler.

Au premier étage, à la suite d'une « sallette » ou antichambre, la « salle » tapissée de cuir doré était meublée de dix chaises garnies de tapisserie — il n'est plus question de « vache de Russie » — et de six autres chaises recouvertes de damas, d'une table ronde et d'un paravent ; la cheminée était munie de landiers. A ce même étage, se trouvaient la chapelle aux murs tendus de cuir « en grisaille avec des piliers dorés », — le retable représentait Notre-Dame du Rosaire ; — la « cuisine haute » avec sa « farinière », un réduit pour la provision de pain et enfin un cabinet réservé au « petit ménage de Madame » qui y tenait ses livres de piété, son matériel de couture et ses confitures.

Au second étage, la « sallette » était tapissée de « cuir doré à fond vert ». Elle donnait accès d'une part à l'étude, c'est-à-dire au cabinet de travail d'Henri des Laurens et d'autre part à la chambre conjugale. Le lit, la chaise à bras, les douze chaises et les murs de celle-ci étaient garnis de taffetas jaune à raies amarante ; on y voyait en outre la grande tapisserie des « Amours d'Aminte » et un tableau représentant la Vierge, l'enfant Jésus et saint Jean. Au même étage, il y avait encore un « petit membre », décoré d'une « tapisserie de Bergame rayée de diverses couleurs », puis les chambres des enfants et de leur précepteur, l'abbé Girardet, originaire de Ménerbes.

Henri des Laurens eut pour héritier son fils aîné Georges-Dominique, docteur ès lois, — selon les traditions de la famille, — en faveur de qui il résilia, en 1668, sa charge d'auditeur de Rote. Georges-Dominique acheta la seigneurie de Brantes, qui fut érigée en marquisat par bulles du pape Clément X en 1674. Il fut deux fois viguier et deux fois premier consul d'Avignon. Sa première magistrature consulaire en 1689 coïncida avec une nouvelle occupation d'Avignon sous l'autorité du comte de Grignan, lieutenant général en Provence. Il eut à se rendre à Grignan dont il revint ébloui et par la beauté du château et par les grâces de la comtesse, fille, nul ne l'ignore, de Mme de Sévigné. C'est sans doute cette visite qui lui inspira des idées d'embellissement et le poussa à rajeunir l'escalier de son hôtel en lui donnant un nouveau plafond. Mais il ne tarda pas à se lasser d'Avignon et, avant de partir pour Paris où sa famille sera fixée désormais, il aliéna son marquisat de Brantes et même, en 1709, la demeure familiale du plan de Lunel.

L'acheteur de celle-ci fut Gabriel de Guiramand, seigneur d'Entrechaux, d'une famille ancienne du Comtat, qui s'enorgueillissait d'une alliance avec le cardinal Sadolet. Le nouveau propriétaire fit faire de grandes réparations, notamment à la façade qui était toute « échancrie ». Il mourut en 1739, et ses deux fils habitèrent l'hôtel successivement.

Des Guiramand, la maison passa avant 1785 à Joseph-François de Joannis, marquis de Verclos. C'est probablement ce dernier qui transforma la façade de l'hôtel, y ouvrit les fenêtres actuelles et fit exécuter les décorations intérieures qui sont de cette époque. Son fils César de Joannis de Verclos, qui fut député sous le Second Empire, garda la possession de l'hôtel jusqu'en 1835.

N° 4. — *Hôtel d'Ancezune* puis *de Gramont-Caderousse.* Louise d'Ancezune de Codolet, veuve du marquis Christophe de Saint-Chaumond, premier baron du Lyonnais, possédait sur le plan de Lunel, un « casal » (masure avec jardin) sur les terrains d'une ancienne livrée cardinalice, la livrée de la Jugie, puis livrée de Poitiers. Elle y fit bâtir un hôtel, pendant la construction duquel, c'est-à-dire de 1611 à 1617, elle habita en location dans la maison voisine de Jean des Laurens. Elle mourut en 1620 et fut inhumée dans la chapelle du Noviciat des Jésuites (aujourd'hui hospice Saint-Louis) qu'elle avait contribué à fonder par ses grandes libéralités. Elle avait légué son hôtel, n'ayant point d'enfants, à son cousin Just-Joseph-François d'Ancezune-Cadart de Tournon, seigneur de Caderousse. Caderousse fut érigé en duché par le pape, en 1663, en faveur de Just-André-François d'Ancezune-Cadart, aide de camp de Louis XIV. Aux Ancezune succédèrent les Gramont, qui prirent le nom de Caderousse. De nombreux hôtes illustres ont séjourné dans cet hôtel aux XVIIe et XVIIIe siècles : en 1660, lors du séjour de Louis XIV à Avignon, le prince et la princesse de Conti ; en 1685, le maréchal de France Jean d'Estrées ; en 1691, Emmanuel de la Tour d'Auvergne, cardinal de Bouillon ; en 1745, le fils cadet du prétendant Jacques III Stuart, le duc d'York, qui devait devenir cardinal ; en 1749, son frère aîné le romanesque prétendant Charles-Edouard. Antérieurement, Jean Hay, comte d'Inverness, un des Jacobites, compagnons de Jaques III, restés à Avignon, habita l'hôtel d'Ancezune ; il mourut subitement dans une boutique de marchand de la paroisse Saint-Geniès en 1740 ; sa veuve, Marie-Marcelle Murray, continua à séjourner dans l'hôtel où elle décéda en 1768.

A la Révolution, l'hôtel appartenait à Marie-Philippe-Guillaume de Gramont, duc de Caderousse ; celui-ci absent d'Avignon fut porté sur la liste des émigrés. L'hôtel fut saisi et le Tribunal criminel de Vaucluse, créé en août 1793, y tint audience pendant quelques mois (floréal à fructidor an II). Quant aux meubles de Gramont-Caderousse, ils avaient été vendus à l'encan et l'argenterie envoyée à la Convention à titre de « don patriotique ». Mais le prétendu émigré revint à Avignon ; le représentant Goupilleau lui fit restituer son hôtel et lui alloua 6.375 francs à titre d'indemnité pour la perte de son argenterie. Le septième duc de Caderousse, fils du précédent, vendit son hôtel au début du XIXe siècle. Aujourd'hui au Dr Tartanson.

Sur la façade, porte surmontée de lions ; extrémités de poutres anciennes sculptées en forme de mufles de dragons ; — on en voit encore de semblables sous la toiture de diverses maisons anciennes, place du Change, rue Bonneterie, etc. — L'hôtel qui ne comportait qu'un étage en a reçu un second en 1923. Dans le jardin, vue sur la chapelle de la Commanderie de Saint-Jean (hôtel du Louvre).

Prendre à droite la rue de la Bouquerie, puis tourner à gauche dans la rue des Ortolans.

II. — La rue des Ortolans. La rue Chauffard

Rue des Ortolans.

Cette rue a toujours porté le nom de son principal habitant. On y mentionne en 1315 la maison de « Meissona Meissona et Agnes Meissona » : en 1351 celle de Pierre Ortolani. Aussi la rue est-elle appelée en 1364 « Carreria vocata Ortolanorum sive de las Meyssonas » ; en 1572, la « rue anciennement appelée des Ortolans ou d'Hugues-de-Sade, appelée ensuite de Donis et de Grilhet ». Le nom de la rue des Ortolans a seul survécu.

Chapelle des Religieuses de Notre-Dame : Encadrement et boiserie de la porte, XVIIe siècle ; à l'intérieur, les belles boiseries du plafond et du chœur enchâssant de grandes peintures (vers 1680) sont assez bien conservées. Cet élégant oratoire est un des ensembles décoratifs les mieux réussis et les moins connus d'Avignon. Les religieuses de Notre-Dame, installées rue des Ortolans à partir de 1637, furent transférées en 1768 dans les bâtiments des religieuses Augustines (rue Saint-Marc) qui furent supprimées ; leur établissement de la rue des Ortolans fut alors occupé par l'Œuvre des Orphelines (1768-1797), puis, pendant une grande partie du XIXe siècle, par les Frères des Écoles chrétiennes ; aujourd'hui école communale primaire ; la chapelle est le siège d'une loge maçonnique.

Rue Chauffard (ancienne *rue Dorée*).

N° 4. — Maison des médecins Chauffard ; l'un d'eux a été maire d'Avignon en 1848 ; de là, son nom donné à cette rue ; pour les appellations antérieures, voir ci-après ce qui est dit de l'hôtel de Sade. La maison Chauffard, autrefois aux *Merles de Beauchamp* (fenêtres à croisées XVe siècle, grande porte cochère XVIIe) vient d'être démolie pour faire place à une annexe de la Préfecture de Vaucluse.

N°s 9-11. — *Hôtel de Donis de Beauchamp.* La livrée du cardinal Thomas de Ammanetis, archevêque de Naples, comprenait une grande et une petite livrée réunies par un arceau traversant la « rue de l'Amelier ». En 1427, la grande livrée appartenait à Pierre Paumier, changeur, et fut vendue par ses héritiers, en deux lots, à André Siroque, de Florence, marchand d'Avignon, en 1440 et 1441. Cosme Siroque ou Ceroque et sa femme Argentina, la revendirent en 1481 à Hélène de Passis, veuve de Luc Doni, habitant de Lyon, agissant comme tutrice de ses enfants Jacques, Paul et Jean

Doni. Les Doni firent reconstruire cette livrée par Claude Valencier ou Balencier, alias le Prince, lapicide d'Avignon. D'après le prix-fait du 13 janvier 1500, les murs devaient être « doubles » et formés de « gros bouget » d'un côté, de « bouget simple » de l'autre, avec entre eux de la « posture de 2 pans 1/2 d'espes » ; la cuisine serait voûtée et la cheminée semblable à « celle de la maison de messire Loys Merle » ; au sommet de la façade, il y aurait des « merletz » et « deux tourettes sur les deux cantons de la muraille » ; la façade devait donc être crénelée avec deux échauguettes aux extrémités. L'hôtel était terminé en 1503 ; le chroniqueur Barthélemy Novarin dit en effet que, le 11 novembre de cette année, pour la fête de l'exaltation du pape Jules II, la procession passa « devant la mayson nove de Luca Doni ». Les Donis (1) jouèrent un grand rôle dans la vie municipale et mondaine d'Avignon ; en 1659, leur terre de Beauchamp fut érigée en marquisat par Louis XIV en faveur de Jean-Baptiste de Donis, seigneur de Goult. Les Donis étaient grands amateurs d'art et ils avaient une collection importante de peintures, parmi lesquelles brillaient au premier rang les portraits de leurs ancêtres, Angelo Doni et Maddalena Strozzi, par Raphaël.

Le duc d'Ormond, dont nous avons déjà parlé à plusieurs reprises logea chez le marquis de Donis de 1733 à 1740. C'est là qu'en compagnie de Mme de Vaucluse (2) sœur de son hôte, il accueillit, comme nous l'avons vu, Madeleine de Villeneuve et le chevalier de Salvador et facilita leur mariage (3). Il menait grand train et jouissait d'une énorme popularité. Au retour de ses fréquents voyages, il était reçu en grande pompe, « aux acclamations de toute la ville ». En 1740, il se rendit en Espagne et rentra par le Rhône ; « les consuls, dit l'abbé de Massilian, sont allés recevoir au sortir du bateau le duc d'Ormond, qui revient de Madrid. On a tiré en son honneur des salves d'artillerie ». Il se réinstalla dans « son hôtel » qu'il quitta bientôt pour aller habiter l'hôtel de Caumont où il mourut en 1745.

En 1787, les Donis vendirent leur hôtel, y compris le mobilier, mais à l'exception des tableaux et des tapisseries qu'ils conservèrent. Cette grande maison se subdivisa par la suite en trois parties ; l'épouse du « citoyen Jean-Baptiste-Louis Donis » racheta l'une d'elles (rue Chauffard, n° 11) en l'an V (1797). On y transporta les tableaux réservés lors de la vente de 1787. En 1845, le marquis de Doni, demeurant à Florence, seul héritier des Doni d'Avignon, revendit l'hôtel

---

(1) Les noms de la plupart des familles italiennes fixées à Avignon ont été provençalisés. Doni est devenu de Donis ; Cambi, de Cambis ; Peruzzi, de Pérussis, etc.

(2) Marie-Elisabeth-Balthazar de Donis, veuve de Paul de Seytres, marquis de Vaucluse ; elle avait son hôtel rue Sainte-Praxède en face de la rue du Portail Bienson.

(3) Voir ci-dessus IIIe partie, chap. Ier, § 7 : *Le musée Calvet*, p. 202.

de la rue Dorée. On essaya alors de garder à Avignon les tableaux de Raphaël. Jules Courtet dit dans son *Dictionnaire des communes de Vaucluse* (1877) : « Dans leur galerie à Avignon, les Donis avaient les portraits de deux membres de leur famille peints, disait-on, par Raphaël. On les eut donnés, il y a quelques années, pour un prix raisonnable, mais le nom du peintre faisait élever des doutes. Portés à Florence, ils ont été reconnus authentiques et ont excité l'enthousiasme général. Le grand-duc de Toscane les paya 72.000 francs et ils sont aujourd'hui à la place d'honneur dans le Palais Pitti. Comme dédommagement, le musée Calvet a reçu deux bonnes copies de l'époque. Le doute a souvent ses inconvénients. »

Depuis 1865, la maison appartient à la famille Béchet, puis Michel-Béchet. Quelques vestiges du XVIe siècle subsistent, entre autres le cul-de-lampe d'une échauguette, celle-ci reconstruite. Le jardin a été pris presque entièrement lors du percement de la rue de la République ; des magasins ont été élevés sur la partie qui en restait. Il est de tradition que c'est dans ce jardin qu'a été planté le premier yucca apporté en France

N° 5. — *Hôtel de Sade.* La famille de Sade possédait au XVe siècle plusieurs maisons dans cette rue qui fut appelée alors rue *dels Sados, dels Sazes* ou encore en provençal *dels Sauzes.* Au XVIe siècle, le nom de cette famille disparaît et la rue prend le nom de rue de *Gadaigne.* Les Gadagne étaient, comme les Baroncelli, une famille de changeurs florentins ; ils prospéraient à Lyon depuis le XVe siècle. Vers 1530, Thomas de Gadagne s'était fixé à Avignon et avait acheté une maison de Sade ; il l'avait léguée à son neveu prénommé aussi Thomas ; c'est ce second Thomas de Gadagne qui fit construire la maison gothique de la rue Chauffard, en 1536-1537. La rue de Gadagne commence à être appelée *rue Dorée* en 1605 (« Rue de Gadagne appelée rue Dorade ») ; on ignore l'origine de ce nouveau nom qui viendrait, selon Achard, d'une niche placée sur la façade « dont la pierre était dorée et probablement aussi la statue qu'on y mit ».

Au XVIIe siècle, la maison de Gadagne devient la maison de Lesdiguières. Il est fait mention le 7 septembre 1644 d'un prix-fait d'un escalier, de sculptures, d'armoiries et d'une Vierge, exécutés dans cette maison, sur dessins de l'architecte François de Royers de la Valfenière. Trois ans après, J.-B. de Sade fait une reconnaissance au chapitre métropolitain pour une grande maison acquise de Marie de Tresfort, veuve du duc de Lesdiguières, sise rue « *de Gadaigne autrement Dorade* ». La rue Dorée prend dès lors de nouveau le nom de *rue de Sade.* Mais, en 1741, Jean-Baptiste-François de Sade, ministre plénipotentiaire du roi à Cologne, vend son hôtel à Henry-Eugène-Joseph de Villardy, comte de Quinson qui le rétrocède, en 1766, aux Frères des Ecoles chrétiennes. Au XIXe et au XXe siècle, l'ancien hôtel de Gadagne, dit de Sade, sera employé à des usages scolaires ou administratifs ;

il a été restauré d'une façon abusive en 1885 et en 1911 ; une belle potence de puits, du XVIIe siècle, en fer forgé, a été alors transportée au musée Calvet.

III. — La place de la Préfecture

L'hôtel de Forbin de Sainte-Croix (Préfecture).

Au XIVe siècle il y avait à cet emplacement une livrée cardinalice dont un des derniers occupants fut Pierre de Luna qui en fut titulaire de 1381 à 1394, avant son accession au pontificat contesté d'Avignon ; il y fut remplacé par le cardinal Guy de Malesec, évêque de Poitiers, d'où le nom de livrée de Poitiers qui resta à cette résidence. L'empereur Sigismond, en tournée pour l'extinction du schisme, y habita pendant son séjour à Avignon. « Le 22 décembre 1415, dit une chronique, l'empereur vint à Avignon et entra par le portail Saint-Michel... et fut loger à la livrée du collège de Poitiers, auprès de Saint-Agricol, laquelle estoit moult richement parée... Au 8 de janvier [1416], l'empereur fit faire procession générale et grands feus de joye par la ville d'Avignon et fit faire une messe solempne à Notre-Dame de Dons... Et après le dîner, fit danser chez le sire Antoine de Mardoche avec les dames de la ville, en donnant à chacune ung diamant enchassé en anneaux d'or. Le 13 de janvier 1416, s'en alla dormir au Pont de Sorgues, ayant demeuré en Avignon vingt-trois jours. »

En 1473, la livrée de Poitiers, cédée par les chanoines de Notre-Dame-des-Doms à Astorge Amaury, futur évêque de Saint-Paul-Trois-Châteaux, fut acquise quelques années plus tard, au prix de 400 florins, par le cardinal Julien de la Rovère, qui y installa solennellement le 22 août 1476, le collège du Roure fondé par lui. Ce collège devait recevoir trente-six écoliers, y compris un recteur et quatre prêtres ou chapelains, qui étudieraient le droit civil et le droit canon ; les armoiries de La Rovère étaient sculptées sur la porte et la chapelle placée sous le vocable de Saint-Pierre-ès-Liens, titre cardinalice du futur pape Jules II. Sur le plan de 1618, la façade du collège, signalée par une légende, est encore toute gothique, assez semblable à celle du Petit Palais, avec couronnement de créneaux et échauguettes aux angles. Au rez-de-chaussée, à gauche, on remarque un arceau sous lequel se trouve la rue des Masses (aujourd'hui rue Bouquerie) ; la construction de cet arceau remontait au XIVe siècle ; il servait alors à réunir la grande et la petite livrée de Poitiers. Le même plan de 1618 montre, devant le collège du Roure, une place assez vaste pour l'époque ; cette préoccupation d'urbanisme était alors chose nouvelle et on peut supposer qu'elle avait été inspirée par le cardinal Julien de la Rovère, les Italiens étant déjà fort soucieux de l'aménagement des villes.

Le collège fonctionna pendant le XVIIe et le XVIIIe siècle, conformément aux dispositions prises par son fondateur, mais non sans quelques manifestations de mondanité. Un ballet de la composition d'un sieur Nouguier, intitulé *Les Entretiens de la Fontaine de Vaucluse,* fut dansé dans la grande salle du collège du Roure en 1649. Le vice-légat Corsi, auquel il était dédié, assista à toutes les représentations. La toile représentait la fontaine de Vaucluse. Elle fut, ainsi que les décorations, jugée merveilleuse. C'était l'œuvre d'un peintre et architecte qualifié d'excellent, Dominique Bourbon, de son vrai nom Domenico Borboni, de Bologne, auteur de la fameuse façade de l'hôtel des ducs de Crillon, rue de la Masse. On voyait, dans le ballet, un licencié de la Faculté de Montpellier venu à Vaucluse pour herboriser, un enfariné, plâtrier de Velleron et deux enfumés, charbonniers de Ménerbes.

Peu avant cette fête, des réparations avaient été effectuées aux vieux bâtiments du Collège, notamment à l'arceau et à la « galerie », par les soins de l'architecte François de Royers de la Valfenière (1641-1642) ; le sculpteur Reinaud Babeau avait exécuté un lion portant un écusson aux armes du fondateur et posé sur un piédestal au bas de l'escalier. Près de soixante ans plus tard, Pierre Mignard refit la façade (1697-1702). Mais, à ce moment, le collège n'avait plus la prospérité d'autrefois. En 1709, il fut réuni au collège de Saint-Nicolas d'Annecy, appelé le « Grand Collège », où les collégiés allèrent demeurer.

Les anciens bâtiments du collège du Roure furent vendus en 1712 à Jean-Baptiste Reynaud de Forbin de Barthélemy de Galéan des Issarts, seigneur de Sainte-Croix des Issarts et des Angles, constructeur de l'hôtel actuel. L'architecte de celui-ci n'a pas été identifié avec certitude, mais peut être présumé avoir été Jean-Baptiste Franque ; une lettre du marquis de Forbin le montre vérifiant le dessin de Thomas Lainée pour la belle porte d'entrée en bois sculpté.

Cet hôtel est en deux parties séparées par la rue de la Bouquerie, mais réunies, comme au temps de la livrée de Poitiers, par un arceau. La façade assez simple a peu perdu de son aspect du XVIIIe siècle ; elle a conservé les appuis de ferronnerie de ses fenêtres et sa porte à deux vantaux que Lainée a décorée de flambeaux et de carquois entrecroisés ; le grand escalier est majestueux.

A la Révolution, l'hôtel de Forbin devint le siège de l'Administration départementale. Restitué à la Restauration et dès lors tenu en location, il fut acquis définitivement par la Préfecture de Vaucluse en 1822. « Les gracieuses installations de l'ancien régime, a dit Louis Hourticq, ont épargné au nouveau la peine de bâtir. »

Hôtel Desmarets de Montdevergues (Bureaux de la Préfecture).

Un hôtel appartenant au XVIIe siècle à la famille d'Aymard fut acquis en 1708 par François-Elzéar de Cappellis, capitaine de galère, et conservé par sa famille jusqu'en 1785 ; il fut alors vendu à Charles-Magne-Victorin Desmarets, ancien mousquetaire du roi, capitaine de cavalerie à la suite. Les Desmarets, originaires de Normandie, étaient venus à Avignon au XVe siècle et avaient fait carrière dans le notariat. Le père de l'acquéreur de l'hôtel de Cappellis, le notaire Louis Desmarets, avait acheté la seigneurie de Montdevergues ; les Desmarets furent anoblis par le pape en 1783. La façade de l'hôtel reconstruite fut ornée en son fronton d'oiseaux aquatiques, arme parlante des Desmarets. Les travaux étaient à peine terminés, lorsque la Révolution éclata. Desmarets de Montdevergues émigra et mourut à Saint-Domingue en 1795. Sa veuve obtint le divorce et fut remise en possession de l'hôtel qu'elle vendit en 1829 à César-Auguste-Joseph de Joannis, marquis de Verclos. Celui-ci, qui fut député de Vaucluse (1852-1861), revendit l'hôtel aux frères Foulc qui à leur tour le cédèrent à la Préfecture de Vaucluse.

La façade monumentale comporte, au rez-de-chaussée, une colonnade toscane encadrant la porte et portant le balcon ; au-dessus, quatre pilastres ioniques encadrent les trois fenêtres centrales à fronton courbe ; la grille du balcon, œuvre probable du serrurier avignonnais Benoît est particulièrement remarquable ; le fronton aux armes des Desmarets couronne la façade.

De la place de la Préfecture, on remontera la *rue Viala* ; tourner ensuite à gauche dans la rue de la République, puis un peu plus loin, à droite, dans la *rue Argentière*. Cette rue, autrefois beaucoup plus longue, — elle partait de la place de l'Horloge, — se confondait avec la *rue de la Bancasse* à laquelle elle accède. Au début du XVe siècle, l'hôtel de ville avait été installé dans la rue Argentière ; on conserve, au musée lapidaire, un écusson en bois de cèdre (représentant un château de ville) provenant de cet hôtel de ville, qui a précédé celui de la place de l'Horloge.

IV. — De la Bancasse a la rue de la Rappe

Rue de la Bancasse.

Cette rue s'appelait au XIVe siècle, « la grande *rue de la Muse* » ; ce nom venait sans doute d'une « muse ou musette » qui servait d'enseigne à une boutique ; à la même époque, le nom de *rue de l'Argenterie* tend à se substituer à celui de rue de la Muse, — les argentiers étaient les changeurs ou banquiers du Moyen-Age. — Le nom de *rue de la Bancasse* apparaît au XVIe siècle et celui de rue Argentière reste à la petite rue dont il vient d'être question.

En 1759, la largeur de la rue de la Bancasse fit l'objet d'une expertise par Jean-Baptiste II Péru dans les circonstances suivantes. Les habitants d'une rue du Prince, allant de la place de l'Horloge à celle du Puits-des-Bœufs et qui n'existe plus, réclamaient parce que les processions ne passaient pas par leur rue, et comme on leur objectait que celle-ci était trop étroite, ils ripostaient qu'elle l'était moins que la rue de la Bancasse où défilaient cependant les processions. Vérification faite par Péru, l'expert constata que, dans sa partie la plus étroite, la rue de la Bancasse n'avait que dix pans et un tiers (3 mètres environ), tandis que la rue du Prince mesurait treize pans et deux tiers (3 m 40).

N° 11. — *Hôtel de Tonduti de Blauvac.* Cet hôtel appartenait en 1644 à Jean-Baptiste de Tonduti, marquis de Blauvac ; il fut l'objet de grandes réparations en 1662. Vingt ans plus tard, un musicien, nommé Rasibus, en vogue à l'époque, habitait une maison voisine. Une correspondance contemporaine rapporte ainsi les succès de ce compositeur, lors des fêtes du carnaval de 1680 : « On ne donne plus que des opéras assaisonnés par M. Rasibus. Ces plaisirs s'en vont en l'air et autant en emporte le vent. On ne contente plus que les oreilles. Lundi dernier, M. de Vaucluse donna l'opéra de *Bellérophon* (1) chez M. de Blauvac. J'y allai et je trouvai ce régal fort agréable, car cet opéra fut très bien chanté. Les instruments de musique firent merveille ; les airs passionnés inspiraient une certaine tendresse qui flattoit fort doucement le cœur... M. de Blauvac donna aussi l'opéra aux dames de son assemblée le mardi gras. »

L'hôtel de Blauvac fut reconstruit par J.-B. Franque en 1726. Bien national à la Révolution, le fameux Mathieu Jouve-Jourdan y habita pendant un an moyennant le loyer de 150 livres (1793).

N° 15. — *Hôtel Cappeau de Saint-Marc,* XVIIIe siècle : balcon de pierre surplombant la porte d'entrée, avec ferronnerie ; à l'intérieur, dessus de portes peints.

Tourner à gauche et prendre la

Rue de la Figuière.

Cette rue s'appelait au XVe siècle rue *du Four de la Figuière* (la *figuière* est un nom provençal qui désigne le figuier). Les Hospitaliers de Saint-Antoine y avaient construit au début du XIIIe siècle un hôpital et une église avec cimetière. Ils soignaient les malades du « feu ardent » ou « feu de saint Antoine » (érésipèle épidémique). L'*espital de Sant Antoni* était séparé de l'église par une traverse, la rue Saint-Antoine, au-dessus de laquelle était bâti un arceau de communication. Comme tous les autres couvents d'Avignon, celui de

(1) Musique de Lulli, sur les paroles de la tragédie de Quinault.

Saint-Antoine avait été reconstruit au temps des papes. En 1401, son prieur, Jean Gilbert de Bosco, convaincu de connivence avec Benoît XIII bloqué dans le Palais des Papes, fut condamné au pilori et porté ignominieusement à travers la ville derrière une toile peinte montrant qu'il « vouloit trahir ».

Les religieux de Saint-Antoine élevaient des porcs qu'ils envoyaient vagabonder à travers les rues, y chercher leur nourriture et collaborer ainsi au nettoyage ; cette faculté leur fut maintenue, même après avoir été retirée aux autres habitants à partir du XVIe siècle.

Lorsque les épidémies du mal des ardents eurent disparu, l'hôpital de Saint-Antoine perdit de son importance et ne servit plus qu'à recueillir des vieillards. Au XVIIIe siècle, l'église gothique fut transformée par l'addition à l'intérieur d'un placage de pierre de taille formant une décoration d'ordre ionique, œuvre de Thibault, architecte et ingénieur de la Chambre Apostolique (1731-1745). Trente ans plus tard, l'Ordre fut supprimé et rattaché à celui de Malte. Le 31 décembre 1777, la messe fut célébrée pour la dernière fois dans l'église Saint-Antoine qui fut vendue peu après. C'est aujourd'hui un garage. Mais à l'édifice désaffecté s'attache un grand souvenir, celui du poète Alain Chartier qui y avait son tombeau.

Né en 1392 à Bayeux, frère de Guillaume, évêque de Paris, Alain Chartier avait servi Charles VII et avait notamment été chargé d'une mission en Bohême, auprès de l'empereur Sigismond, en 1423 et 1424. Sa renommée fut très grande à son époque ; on n'en a retenu que la gracieuse, mais certainement fause légende du baiser de la jeune dauphine, Marguerite d'Ecosse, sur cette bouche éloquente. On ne sait pour quelle raison Alain Chartier s'éloigna de la cour et vint finir ses jours à Avignon où il fut inhumé dans l'église Saint-Antoine en 1449. Quelques années plus tard, son frère Guillaume, évêque de Paris, passe par Avignon ; il se rend à l'assemblée convoquée à Mantoue par le pape Pie II pour décider une croisade contre les Turcs. Logé à l'hôtellerie Saint-Marc, il fait prix avec le sculpteur lorrain Jean de Fontay, — à Avignon de 1451 à 1467, — pour l'exécution d'une pierre tombale portant inscription et effigie gravées devant être placée « sur la tombe de feu maître Alain, archidiacre de Paris » (28 avril 1458) ; le prix était fixé à 16 écus d'or du roi de France, dont le solde fut réglé le 3 août 1459. Au XVIIIe siècle, cette pierre tombale, sans doute alors très usée, comme les petits monuments de ce genre, dut disparaître lors des remaniements de l'église Saint-Antoine par l'ingénieur Thibault. En tout cas, l'inscription qui est rapportée alors par Expilly (*Dictionnaire géographique*) est certainement apocryphe.

Suivre la petite rue Saint-Antoine qui longe l'ancienne chapelle et conduit à la rue Eugène-Devéria.

Rue Eugène-Devéria (anciennement *rue Galante*).

C'était au XIIIe et au XIVe siècle *rue de l'Herberie antique,* parce qu'on y avait tenu le marché aux herbes et *rue de la Garlanderie,* parce qu'on y fabriquait des guirlandes de fleurs artificielles, appelées en provençal *garlandas.* Au XVIIe siècle, la *rue de la Garlanderie* est devenue par corruption la *rue de la Galanterie* et plus tard la *rue Galante* (1). En 1911, on lui a donné le nom de *rue Eugène-Devéria,* en souvenir de ce peintre dont la famille était d'origine avignonnaise et qui a décoré, d'un ensemble important de peintures, une chapelle de la cathédrale Notre-Dame-des-Doms.

N° 4. — Emplacement de l'ancienne *maison des Crillon,* où est né le brave Crillon, ami du roi Henri IV. C'est dans cet hôtel que se localise la légende avignonnaise des « Quatre Henri » qui a fait le sujet d'un beau pastel d'Eugène Devéria conservé au musée Calvet. Les quatre Henri étaient le roi de France Henri III, le roi de Navarre (plus tard Henri IV), le prince de Condé et le duc de Guise. Au cours d'une fête en leur honneur, une partie de dés s'engage entre eux. Tout à coup, lorsque le roi jette les dés, le sang jaillit sur la table. Fâcheux présage qui annonçait à chacun des quatre Henri une fin tragique. Il est inutile de souligner que cette légende locale ne repose sur aucune donnée historique.

N° 5. — En exécution des édits de la fin du XVIe siècle prohibant les encorbellements si communs autrefois à Avignon, quelques vieilles maisons du Moyen-Age aux étages ventrus et proéminents furent abattues et refaites suivant la mode nouvelle avec des façades droites aux fenêtres régulières. Le n° 5 de l'ancienne rue Galante est un très joli exemple de maison ainsi rajeuni. C'est un simple logis bourgeois appelé longtemps et très inexactement la « maison des Mignard ».

D'abord au notaire Raymond Salvati qui l'avait acheté en 1612, il passa, après la mort de ce dernier en 1632 au parfumeur François Palasse. C'est le fils de celui-ci portant le même prénom et aussi parfumeur qui fit construire la façade. Le prix-fait nous apprend en effet que celle-ci fut exécutée de 1679 à 1682 par un maçon originaire de l'Isle du Venaissin (L'Isle-sur-Sorgue), fixé à Avignon, Jean Rochas, beaucoup plus tard donc qu'on ne l'avait pensé d'après les caractères et le style italien de cette construction. Jean Rochas (1625-1688) en a été le bâtisseur, mais les termes, d'ailleurs peu explicites du prix-fait, ne permettent de lui attribuer ni le dessin ni les sculptures dont les auteurs restent inconnus.

Cette façade est plaquée sur un édifice plus ancien ; l'escalier à vis qui subsiste l'indique suffisamment. C'est la plus

(1) A Paris, il y avait (XIIIe siècle) la rue *Garlande* déformée peu après en *Galande.*

ornée des maisons d'Avignon. Un buste de femme dans une couronne de roses, des guirlandes et des vases surmontent la porte d'entrée. Des masques charmants représentant les quatre saisons décorent les fenêtres du premier étage ; le printemps est couronné et entouré de roses ; l'été, d'épis de blé ; l'automne, de pampres et de raisins ; l'hiver, — un vieillard, — de branches effeuillées. Au second étage, se déroulent des rinceaux. Au troisième, des frontons triangulaires alternent avec des frontons cintrés. La toiture déborde largement, ce qui était l'usage alors pour rejeter au loin les eaux pluviales et tenir lieu de gouttières.

Après François Palasse, la maison appartint à un de ses fils, Jean-François, qui ne fut pas parfumeur, mais marchand de tabac. Une étiquette de 62 millimètres de hauteur sur 86 de largeur (collection Sylvain Gagnière, Avignon) a été conservée et est ainsi libellée :

Tabac de .... d'Avignon

L'adresse est à Mr Palasse, marchand de Tabac au Change à Avignon.

Les Tabacs de cette fabrique qui ont leur grain en son, ou qui autrement sont grenez et repurgez, se nomment, TABACS DE JAVON.

Les Tabacs fins, et qui sont relavez, se nomment, TABACS DE ST. REMY.

Il y en a de tous les prix, en Gros et en Détail.

Le marchand de tabac fut le père du peintre François Palasse (1717-1790), auteur de nombreux tableaux d'église, reçu en 1756 associé académicien à l'Académie de peinture et de sculpture de Marseille. C'est à lui que le corps des maîtres-imprimeurs d'Avignon commanda, vers 1760, le tableau de *Saint Jean Porte latine,* patron de la corporation, qu'on voit encore dans l'église Saint-Didier.

François Palasse vendit sa maison en 1784 à Antoine-Privat Campan, tailleur d'habits, qui joua un rôle important à l'époque révolutionnaire ; il fut administrateur du district, puis du département ; il mourut en 1839 ; la maison resta dans sa famille jusqu'en 1877. En 1910, elle fut achetée par M. et Mme Auguste Palun qui possédaient et habitaient l'ancien hôtel de Madon de Châteaublanc, rue de la Banasterie, n° 13. Ces deux généreux mécènes donnèrent, le 27 juin 1919, la maison de la rue Galante à l'Académie de Vaucluse.

Place du Change.

La place du Change (*carreria Magnorum Cambiorum,* 1351) était, avant la création de la place du Palais en 1404, la plus grande place d'Avignon, bien qu'elle fut loin d'atteindre les dimensions actuelles, cependant fort réduites. Elle était en outre encombrée par les « bancs » ou échoppes des changeurs ; le Conseil de ville la fit dégager de 1448 à 1458 ; en outre, en 1457, elle fut agrandie par la démolition de la loge des changeurs appelée le *Rodel* ou le *Diamant*, qui était une sorte de bourse pour le commerce des monnaies et des lingots ; les propriétaires riverains durent payer une contribution proportionnelle à l'importance des maisons qu'ils possédaient sur la place et qui prenaient de la plus-value. Mais les divers accès restaient difficiles ; ils le devinrent de plus en plus au fur à mesure que l'usage des voitures se fit plus commun. Au XVIIIe siècle, les carrosses ne passaient qu'avec difficulté : parfois, il fallait descendre « pour prévenir le danger d'une chute ». En 1761, à l'entrée de la rue des Orfèvres, le carrosse du vice-légat n'ayant pas assez de place pour tourner, faillit verser « avec le frère de Son Excellence qui étoit dedans ». En 1753, on avait rectifié l'entrée de la rue Rappe ; en 1757, celle de la rue Galante ; pour la rue des Orfèvres, on recula devant la dépense.

La place du Change était autrefois une de plus fréquentées de la ville, une de celles où on se donnait des rendez-vous, où on venait causer et flâner ; mais elle était parfois aussi le théâtre de rixes et de luttes sanglantes. Ainsi, en 1533, Pierre II de Baroncelli se prit de querelle sur cette place avec un certain capitaine Flamenc et il fallut toute la faveur dont il jouissait auprès du cardinal-légat de Clermont pour obtenir une mesure d'absolution. Longtemps plus tard, en 1612, à l'occasion de l'élection des consuls, « étant survenue quelque rumeur dans la présente ville et rue des Changes », Jacques de Baroncelli, chevalier de Malte, petit-fils du précédent, fut assassiné par Louis de Galéans, frère du premier consul qui venait d'être élu, François de Galéans. Ce qui explique le drame, c'est que le nouveau premier consul avait tué, six ans auparavant, Thomas de Baroncelli, frère de Jacques. On conçoit que son élection ait causé quelque « rumeur » ; un deuxième Baroncelli y perdit la vie. Ce second crime, comme le premier, resta impuni, l'autorité romaine ayant imposé aux deux familles et à leurs amis une réconciliation générale.

Sur la place du Change, à l'enseigne de la Bible d'Or, se trouvait l'*imprimerie de Charles Giroud* qui édita de 1733 à 1746 le *Courrier d'Avignon*. Ce périodique qui paraissait deux fois par semaine, le mardi et le vendredi, sur quatre pages et parfois sur huit, était rédigé par François Morénas, qui fut historiographe de la ville d'Avignon. On y trouvait des correspondances suivies de toute l'Europe ; par contre, les nouvelles locales n'y tenaient que peu de place. Ce journal eut une vogue extraordinaire en France et à l'étranger. Après la mort de Charles Giroud en 1746, la publication du *Courrier* fut continuée par son frère Alexandre, son associé depuis 1744. Lors de l'occupation d'Avignon en 1768, le *Courrier d'Avignon* fut interdit ; mais François Morénas le fit reparaître à Monaco et obtint l'autorisation de le faire circuler en France sous le titre de *Courrier de Monaco* (1769-1775). Après la restitution d'Avignon au Saint-Siège, le *Courrier d'Avignon* reparut dans cette ville, imprimé par Jean-Joseph Niel, rue de la Balance (1775-1782), puis par Antoine Aubanel, seul imprimeur de Sa Sainteté, rue de la Bancasse (1782-1788). Sous la Révolution, le *Courrier* reprit sous des titres divers, imprimé par Aubanel puis par Bonnet père (1789-1790) et ensuite par le patriote Sabin Tournal qui en était aussi le rédacteur (1790-1793).

Rue Rappe.

La rue du Puits-de-la-Rappe aurait été, d'après Achard, le siège du marché aux raves (en latin *rapae*). Elle possédait un des nombreux puits publics qui encombraient les rues d'Avignon, — on en comptait 92 à la Révolution. — Le puits disparu, le nom de la rue a été abrégé.

N° 2. — *Maison Peilhon.* En 1687, Simon Peilhon, marchand taffetassier, acheta, rue du Puits-de-la-Rappe, une maison à laquelle il adjoignit deux autres immeubles contigus ; il les remplaça aussitôt par une unique maison dont il donna les prix-faits à Paul Rochas, maçon, en 1687 et 1688. En même temps, il acquit la terre de Faret, ce qui lui permit de s'appeler Peilhon de Faret. C'est son fils Georges-Simon Peilhon, seigneur de Faret, qui, lui ayant succédé en 1711, reconstruisit les maisons de la rue Puits-de-la-Rappe. Mais bientôt il abandonna Avignon pour se fixer à Paris après avoir acheté une charge de conseiller-secrétaire du roi. Il habitait à Paris, dans la rue Neuve-des-Petits-Champs et y réunit une collection de plus de quatre-vingts tableaux parmi lesquels figuraient plusieurs Joseph Vernet, entre autres la fameuse *Vue d'Avignon* qui devait être gravée par Martini en 1781 (1).

Son fils, Pierre-Gabriel, qui épousa en 1726 une Avignonnaise, Françoise d'Anfossy, revint habiter la rue de la Rappe. Il eut un fils, Simon-Narcisse, inspecteur des douanes à Calais qui, en l'an II, vendit l'hôtel, lequel finit par tomber, en 1838, entre les mains de Berton, marchand de fers qui lui fit subir des modifications nécessaires à une installation commerciale. En 1864, Léon Lagrange, historien de Joseph Vernet, écrivait : « On montre encore à Avignon la maison des Peilhon, décorée à l'extérieur de fines sculptures et plus richement ornée au dedans, où s'est longtemps conservé un beau tableau de bataille de Nicolas Mignard ». Des installations anciennes, il subsiste deux atlantes, visiblement inspirés de ceux de Pierre Puget à l'hôtel de ville de Toulon et qui devaient décorer, non l'entrée, mais le vestibule de l'hôtel.

---

(1) Elle était passée alors dans la collection d'Aubert, garde des diamants de la couronne.

CHAPITRE IV

DES PENITENTS BLANCS AUX PENITENTS NOIRS ET DES PENITENTS NOIRS A LA SAUNERIE

I. — De la place de la principale a Saint-Pierre. — *Les Pénitents blancs. La rue des Fourbisseurs. La maison « à auvents ». Maisons gothiques. La Cour de Saint-Pierre. Théodore Aubanel.*

II. — L'église Saint-Pierre. — *Le clocher, la façade, les portes, œuvres d'art diverses ; le retable détruit d'Antoine le Moiturier ; les boiseries.*

III. — Les rues de l' « hémicycle ». — *Le crime de Paul de Cadecombe. Le marquis de Montpezat. L'hôtel de Vervins. La porte de fer de la Mirande.*

IV. — La rue de la Banasterie et les rues voisines. — *Les hôtels de Madon de Châteaublanc et Cohorn de Limon. L'hôtel de Galéans.*

V. — La chapelle des Pénitents noirs. — *Historique ; la façade, l'anti-chapelle, la chapelle et la sacristie. La cérémonie de la « Délivrance ».*

VI. — De la rue des Trois-Colombes a l'ancienne Saunerie. — *La maison de Ramsay. La faïencerie de Carbonel, les hôtels de la place des Trois-Pilats et de la rue Arnaud-de-Fabre ; Sainte-Catherine. Les hôtels de la rue de la Croix ; Richelieu à Avignon. Le Mont-de-Piété. Hôtels des rues de la Petite-Saunerie et Armand-de-Pontmartin. La place de Costebelle.*

I. — De la place Notre-Dame-la-Principale a Saint-Pierre

Place Notre-Dame-la-Principale.

Cette place tire son nom de l'église Notre-Dame-la-Principale dont l'origine remontait au moins au XIe siècle. C'est aujourd'hui la *Chapelle des Pénitents blancs.*

Il y a eu à Avignon sept confréries de Pénitents, les gris, les noirs florentins, les blancs, les bleus, les violets, les noirs de la Miséricorde, les rouges. Les blancs avaient été fondés en 1527 par treize notables de la ville. Henri III, pendant son séjour en 1575, voulut en faire partie et assista à une de leurs processions. Sous l'ancien régime, leur chapelle, décorée de boiseries encadrant des peintures de Simon de Châlons se trouvait dans l'enclos des Dominicains. La confrérie se reconstitua au début du XIXe siècle et elle occupe aujourd'hui l'ancienne église de Notre-Dame-la-Principale. Cette église, qui date pour beaucoup de ses parties du XIVe siècle, a été réédifiée, au moins dans ses parties hautes, au XVe. Elle comprenait quatre travées de nef, avec, comme à Saint-Agricol, des bas-côtés qui communiquaient, surtout au sud, avec plusieurs chapelles ; l'abside pentagonale était précédée elle-même d'une autre travée. Le clocher, au sud du chœur, date du XIVe siècle et appartient à un type dont il existe plusieurs exemples à Avignon (tour carrée avec plate-forme sur mâchicoulis, tambour octogonal percé de baies pour les cloches, flèche assez élancée garnie de crochets). Après la Révolution, l'église fut partagée entre plusieurs propriétaires. Une partie, c'est-à-dire la nef et les bas-côtés, séparée du chœur par un grand mur, fut seule conservée au culte. C'est celle qui constitue aujourd'hui la chapelle des Pénitents blancs ; dans le chœur actuel, maître-autel avec tabernacle, bois sculpté et doré, XVIIe siècle ; au fond du collatéral de gauche, chapelle à coupole, même époque ; dans les bas-côtés et le chœur, plusieurs tableaux des Mignard et des Parrocel. La façade, à l'ouest, sur la place Principale, est une œuvre assez médiocre de l'abbé Pougnet, XIXe siècle.

A Avignon, où les processions, disait un auteur local, Alphonse Rastoul, en 1836, « sont une affaire importante, presque nationale pour les habitants » et n'avaient « point de rivales en France », celles des Pénitents étaient parmi les plus réputées et, parmi elles, les processions des Pénitents blancs tenaient le premier rang. « Ce qui frappait le plus, raconte Frédéric Mistral, c'étaient les Pénitents qui faisaient leurs sorties après le coucher du soleil à la clarté des flambeaux. Les Pénitents blancs, entre autres, lorsque, encapuchonnés dans leurs capuces et cagoules, ils défilaient pas à pas, comme des spectres, par la ville, portant à bras, les uns des tabernacles, les autres des reliquaires ou des bustes barbus, d'autres des brûle-parfums, ceux-ci un œil énorme dans un triangle, ceux-là un grand serpent entortillé autour d'un arbre, vous auriez dit la procession indienne de Brahma... Ces confréries, avaient pour chefs et dignitaires, les premiers nobles d'Avignon et Aubanel le grand félibre, qui avait toute sa vie été Pénitent blanc zélé, fut, à sa mort, enseveli dans son froc de confrère. »

N° 4. — *Hôtel de Joannis de Verclos.* Le prix-fait de cette très vaste maison (seize fenêtres de façade) a été donné le 31 octobre 1686 par Charles de Joannis de Verclos, à Pierre Amy, maçon, et à Jean-André Souchon, menuisier ; elle fut terminée en 1689 ; d'autres travaux ou réparations furent faits par Jean-Baptiste Franque en 1726 et 1748. La façade est sur trois plans, celui du milieu sur la place Principale.

Prendre la rue Vieux-Sextier, puis tourner à la première rue à gauche, rue des Fourbisseurs, puis ensuite, à gauche encore, à la rue des Marchands.

Rue des Fourbisseurs et rue des Marchands.

N° 2. — Maison à « auvents » du XVe siècle ; les murs formés de matériaux légers avec une armature de bois sont posés en encorbellement sur les poutres formant saillie ; il existait beaucoup de maisons de ce genre au Moyen-Age ; leur construction fut interdite par les statuts de 1562 et de 1568. La maison de la rue des Marchands est la seule qui existe encore ; outre ses auvents, elle a gardé au deuxième étage ses fenêtres à croisées ; à l'intérieur, il subsiste des plafonds à poutres et solives et un escalier à vis. Bernard Rascas, fondateur de l'hôpital Sainte-Marthe, possédait en 1350 une maison sur cet emplacement. Mais à la fin du XVe et au début du XVIe siècle, c'est-à-dire à l'époque probable de sa construction, la maison actuelle appartenait aux Galiani, marchands de toile, d'origine italienne, ancêtres des Galéans de Gadagne (1491), puis aux frères Belli (1498), à Nicolas de Ceps (1548), tous commerçants. En 1568, un nouvel acquéreur, Jean Ferrier dit Benoît, était également marchand ; c'est lui qui fit construire l'escalier à vis surmonté d'un « dogme » (dôme). Au XVIIe siècle, la maison appartint à la famille de l'Eglise, originaire d'Asti en Piémont ; Louis de l'Eglise, marchand d'aromates, avait été second consul (1561 et 1573) et troisième (1589).

N°s 36-38 (*rue des Marchands*). — Emplacement d'une maison habitée au XVIIIe siècle par un certain Jean-Laurent Martin, faiseur de bas, qui se rendit, en 1789, à Paris, en pleins débuts de la période révolutionnaire (Etats généraux, prise de la Bastille, etc.). Il écrivit un mémorial où il consignait jour par jour le détail des incidents de son voyage, de ses remarques et surtout de ses dépenses ; du 21 avril 1789, jour de son départ d'Avignon, au 20 septembre de la même année, date de sa rentrée, il dépensa au total, pour son voyage, 595 livres 5 sols, soit pour cent cinquante-trois jours, moins de 4 livres par jour ! C'est un homme sans culture, mais son texte est plein d'intérêt comme témoignage d'une grande époque vu par un artisan provincial.

Tourner à la première rue à droite.

Rue Saint-Pierre et rue Saboly.

N° 3 (*rue Saint-Pierre*). — Grande façade gothique qui a conservé des vestiges de fenêtres à croisées et des bandeaux de séparation des étages. C'était la maison de la famille Rampale installée à Avignon au XVIe siècle ; cette maison

Rampale est mentionnée dans l'itinéraire du cortège funéraire du cardinal d'Armagnac, en 1585.

Parallèle à la rue Saint-Pierre, la *rue de la Vieille-Grollerie* (Savaterie) a reçu le nom de *rue Saboly ;* — Nicolas Saboly (1614-1675), bénéficier et maître de chapelle de l'église Saint-Pierre, auteur de célèbres et toujours populaires Noëls. — Dans cette rue (n°s 4-6), grande maison adossée à celle des Rampale, ayant appartenu à François Siffredy (1582), Louis de Robert (1640), Jean-Baptiste de Robert de Rhodes, docteur ès droits (1725) et présentant des vestiges gothiques (fenêtres à meneaux, escalier à vis qui se terminait par une tourelle hexagonale récemment abattue ; au premier étage, salles avec beaux plafonds aux poutres et solives moulurées). Aujourd'hui à M. Noséda.

Place Saint-Pierre.

Cette place est le parvis de l'église paroissiale Saint-Pierre. Sur son côté sud, était un vaste bâtiment dans lequel siégeait la Cour de ce nom et où se trouvaient ses prisons.

La *Cour de Saint-Pierre* était la plus ancienne cour de justice de la ville. Dans les conventions de 1251 qui abolirent la commune, elle est appelée la Cour des comtes (*curia comitum*) ; ensuite, elle fut la Cour royale (*curia regis*), lorsque le comte de Provence, roi de Sicile, fut devenu seul souverain d'Avignon, et enfin Cour temporelle (*curia temporalis*) après l'achat de la ville par le pape Clément VI. Ce n'est qu'à une époque plus récente qu'on prit l'habitude, à cause de son emplacement, de l'appeler Cour de Saint-Pierre ; son bâtiment devait occuper à peu près l'angle de la place et de la rue Saint-Pierre actuelles. La Cour était composée du viguier et de deux juges. En première instance, le tribunal des juges connaissait de toutes les affaires civiles et criminelles des habitants d'Avignon. Le viguier était juge d'appel ; mais son rôle se bornait le plus souvent à désigner un ou plusieurs commissaires assermentés. Les fonctions du viguier et des juges étaient annuelles. Ils étaient nommés d'abord par le pape, puis par le légat. Les autres officiers de la Cour étaient le procureur fiscal, le clavaire ou trésorier, les notaires ou greffiers, le sous-viguier et les sergents, le geôlier. La Cour de Saint-Pierre fonctionna jusqu'à la Révolution.

Au nord-ouest de la place Saint-Pierre, se trouve la fameuse imprimerie Aubanel, antérieurement, comme nous l'avons vu, rue Saint-Marc, avant la percée de la rue de la République. C'est Théodore Aubanel (1829-1886) qui présida au transfert de l'imprimerie héréditaire et il fut un imprimeur très attentif à ses occupations professionnelles. Mais il est surtout célèbre comme poète provençal. Il avait fait la connaissance de Joseph Roumanille en fréquentant avec lui un groupement catholique, la Société de la Foi. Mais c'est à Fontségugne qu'il rencontra et s'éprit de Zani (Jenny Manivet), la mince et brune jeune fille qui, après trois ans de chastes amours partagées, le quitta pour entrer au couvent, lui inspirant les vers exquis et désespérés de *La Mióugrano entre-duberto* (*La Grenade entr'ouverte*), 1860. Ses autres œuvres sont : *Lou Pan dou Pecat* (*Le pain du péché*), drame en vers, 1878 ; *Li Fiho d'Avignoun* (*Les filles d'Avignon*), 1885 ; *Lou Rèire-Soulèu* (*Le soleil d'outre-tombe*), 1899 ; *Lettres à Mignon*, 1899.

« L'opinion publique, a dit l'historien du félibrige, Emile Ripert, a justement placé Aubanel entre Mistral et Roumanille et fait de leurs trois grandes figures, le triumvirat, qui a dirigé la littérature félibréenne... Mistral a été avant tout un grand poète épique, un homme de science et d'action, Roumanille a triomphé dans le conte et la poésie familière, Aubanel reste le grand poète de l'amour, l'héritier des troubadours, mais avec une sincérité plus grande. »

Un intéressant musée Théodore Aubanel (livres et autographes) a été installé dans la maison du poète.

Sur le côté nord de l'église, un passage couvert conduit à la

Place du Cloître Saint-Pierre.

Un auteur avignonnais du XVIIIe siècle, l'abbé de Véras, fait mention de ce cloître qu'il qualifie de « fort gracieux et fort régulier où sont des tilleuls d'une beauté charmante ». Sur les murs de l'église, les voûtes d'ogives d'une des galeries du cloître signalent leur emplacement par des traces de leurs formerets.

Revenir place Saint-Pierre.

II. — L'ÉGLISE SAINT-PIERRE

Historique.

L'église Saint-Pierre, d'origine ancienne, a été rebâtie en partie aux frais du cardinal Pierre du Pré ou des Prés (*de Prato*), évêque de Palestrina. Il y fonda en 1358 une collégiale, fit édifier les bâtiments des chanoines et le cloître, au nord de l'église, reconstruisit le chevet et le clocher. Mais l'église était restée inachevée. Au XVe siècle, on la reprit presque en entier ; on bâtit des chapelles latérales ; deux travées furent ajoutées à la nef et on créa un parvis en abattant deux maisons « pour l'agrandissement de la place et la plus grande décoration de la cité » (1486). En 1492, Antoine Carteron édifia la sacristie. Trois ans plus tard, Blaise Lécuyer édifia un nouveau clocher, constitué, comme beaucoup de clochers avignonnais, d'une tour carrée surmontée d'un tambour octogonal portant une courte flèche également octogonale ; mais ce clocher, de l'époque flamboyante, est plus élancé que ceux du XIVe, plus orné aussi grâce à sa balustrade aux ornements découpés et surmontée de clochetons.

La façade

La façade est la plus enjolivée de toutes celles des églises d'Avignon. Elle est de dimensions réduites, 15 m 50 de large sur 18 m 85 de haut. Elle s'élève directement du sol, sans doute par suite de l'exhaussement du terrain. Un portail percé de deux ouvertures à arc surbaissé donne accès dans l'unique nef de l'église ; les niches des piédroits et les voussures de l'archivolte sont dégarnies des statues qui les ornaient ; le tympan est également dépouillé de ses sculptures primitives, mais le trumeau séparant les deux portes possède encore son dais richement sculpté sous lequel s'abrite une très gracieuse *Vierge à l'Enfant* attribuée à Jean Péru. La vaste baie du portail est encadrée de deux clochetons qui s'élancent jusqu'au faîte et son sommet est surmonté d'une niche d'un travail délicat inscrite dans un gâble dont les nervures décorées de feuilles de chou frisé se réunissent en une tige portant un magnifique fleuron flamboyant. A droite et à gauche de la partie large du gâble, deux couronnes enrubannées appartiennent au style de la Renaissance. Au-dessus du bandeau qui coupe en deux la façade, deux fenêtres éclairent la nef et sont surmontées de la balustrade terminale finement ajourée en ornements flamboyants. Aux extrémités de la façade et en avant-corps, deux tourelles d'escalier sont surmontées d'une courte pyramide octogonale aux arêtes garnies de crochets ; leur décoration est gothique sauf un oculus entouré de rinceaux Renaissance.

Cette façade, si justement célèbre, a été bâtie aux frais de quelques paroissiens de Saint-Pierre, Dragonet Girard, docteur ès droits, Perrinet Parpaille, également docteur ès droits, plus tard primicier de l'Université, dont un retable se voit dans l'église, Nicaise Walet, chanoine de ladite église, Jean Nicolaï, futur évêque d'Apt, enterré à Saint-Pierre où son tombeau existe encore caché derrière les boiseries du chœur et enfin Pierre Allibert, notaire, qui rédigea le prix-fait, le 30 juin 1512, dans l'église même, en présence des parties, donateurs et maîtres d'œuvre. Ces derniers étaient au nombre de deux ; c'étaient Perrin Soquet de Beau-Revoir, originaire de Saint-Quentin au diocèse de Cambrai, appelé aussi Perrinet le Picard, et Nicolas Gasc ou Gasqui, fils d'un lapicide d'Avignon et précédemmen occupé à construire le chœur de l'église des Observantins. Mais le « portrait » de la façade était l'œuvre de Philippe Garcin, peintre d'Avignon, *civis et habitator Avinionis,* comme le qualifient des actes concernant des vitraux exécutés par lui à la chapelle des Baroncelli aux Cordeliers (1508) ou à la salle de la Mirande au Palais des Papes (1518).

Les deux maîtres d'œuvre s'étaient engagés en outre à augmenter l'église d'une travée. Cette travée et la façade dont ils devaient exécuter non seulement la maçonnerie, mais encore la sculpture, y compris la statuaire, ils devaient les terminer dans le délai de trois ans pour la somme de 1.800

écus d'or monnaie du Pape ; mais le solde du payement ne fut acquitté qu'en 1525, ce qui laisse soupçonner une prolongation des travaux au delà du délai convenu.

Les portes.

Les portes de Saint-Pierre si justement admirées, — en Provence, il n'y a que les portes de la cathédrale d'Aix qui puissent leur être comparées, — ont été données par un riche marchand, Michel Lopis, dont la famille d'origine espagnole était arrivée à Avignon vers le milieu du XVe siècle. Le prix-fait en fut passé, en 1551, à Antoine Volard, « menuisier de bois », originaire du Dauphiné, qui s'engagea à les exécuter pour 60 écus d'or sol au coin du roi.

Ces portes, en noyer massif, hautes de près de quatre mètres frappent par le puissant relief et la richesse de leur décoration. L'imposte est chargée de reliefs d'où se détachent une corbeille et des chutes de fruits et que surmonte un mascaron entre deux figures d'enfants tenant des cornes d'abondance renversées. Chaque vantail, encadré de deux cariatides à gaines, présente deux portiques à plein cintre où des figures se détachent sur un fond d'architecture en perspective, d'un côté : *saint Jérôme, saint Michel* ; de l'autre, la Vierge et l'Ange de l'*Annonciation.*

De Champeaux, dans son livre sur *Le Meuble,* reconnaissait dans les entrelacs qui séparent les panneaux une influence lyonnaise et faisait remarquer que les cariatides rappelaient les thermes antiques d'Hugues Sambin. Il n'est pas impossible qu'Antoine Volard ait travaillé à Lyon ou à Dijon. N'est-il pas vraisemblable également que le dessinateur de ces belles portes ait pu s'inspirer des modèles gravés qui circulaient en dehors des ateliers créateurs et portaient au loin leur influence ?

Œuvres d'art diverses.

L'église Saint-Pierre a conservé quelques-unes de ses œuvres d'art. Sa *chaire* du XVe siècle est en pierre blanche sculptée de délicats ornements flamboyants et de moulures prismatiques. Elle avait été offerte par un teinturier du nom de Jacques Maille qui y avait fait mettre l'inscription suivante aujourd'hui disparue :

Afin que mieux cest chaire ci
A Dieu du ciel li soit plaisante,
Jacques Malhe li cry merci
Et de bon cueur la luy présente.

Les statuettes qui garnissent les niches proviennent de tombeaux divers.

Dans le collatéral de droite, ajouté en 1854 par l'abbé Pougnet, on a transporté la *Mise au tombeau* ou *Sépulcre* commandée par les Galéans pour leur chapelle du Saint-

Sépulcre qu'ils avaient été autorisés à construire en 1431. C'est une ample composition aux multiples personnages de grandeur presque naturelle, autrefois polychromés ; elle est sans doute l'œuvre d'un de ses ateliers ambulants spécialisés dans ces sortes d'ouvrages dont il ne manque pas d'exemples à la fin du XVᵉ ou au début du XVIᵉ siècle.

Dans une autre chapelle, à gauche du chœur, on conserve un rétable commandé en 1524 par Perrinet Parpaille, docteur ès droits et chevalier, à Imbert Boachon, le sculpteur du rétable des Doni à Saint-Agricol. Ce monument autrefois sur l'autel a été mis à son emplacement actuel au XIXᵉ siècle. On y voit un intéressant bas-relief de la *Cène* et d'abondants ornements de style Renaissance, couronnés de niches où figurent à mi-corps Dieu le père et deux anges tenant des phylactères ; des statues modernes déparent malheureusement cet ensemble.

Je n'aurai garde d'oublier deux reliques insignes du saint si populaire à Avignon, le bienheureux cardinal Pierre de Luxembourg, sa dalmatique et son chapeau ; la première est en tissu d'origine orientale, de soie blanche, brochée de vert, décorée de feuillages et d'animaux stylisés (dragons, aigles, faucons) dont les griffes, les serres et les becs sont brodés de soie rouge ; le chapeau cardinalice est en paille recouverte d'un tissu de soie rouge ; il a encore un de ses cordons de soie à six nœuds.

Comme toutes les églises d'Avignon, Saint-Pierre est garni de nombreux tableaux ; le plus ancien est une *Adoration des Bergers* par Simon de Châlons, d'inspiration italienne ; une série de tableaux à dessus cintré de la *Vie de saint Antoine de Padoue* est l'œuvre de Pierre Parrocel et provient du cloître de l'église.

Le chœur est entièrement garni de boiseries dorées. Au-dessus des stalles, une ligne de panneaux à architectures en perspective encadre des peintures de fleurs ou d'ornements de fantaisie, du XVIᵉ siècle. Au-dessus, un imposant ensemble à colonnes et à fortes moulures est l'œuvre de plusieurs menuisiers, François Gallois, François de Joucas, Mathieu Trentoul et les Laffamant (1659) ; il avait été dessiné par l'architecte François de Royers de la Valfenière ; de médiocres peintures s'encadrent dans ce riche ensemble décoratif.

Le retable détruit d'Antoine le Moiturier.

Mais quel que soit l'intérêt de cette œuvre considérable, ce qui ferait aujourd'hui la gloire de Saint-Pierre, ce serait le retable, œuvre monumentale d'Antoine le Moiturier, qui a précédé les boiseries dorées du XVIIᵉ siècle.

Antoine le Moiturier, neveu de Jacques Morel, était né à Avignon à une date incertaine mais probablement vers 1425. A vingt-cinq ou vingt-six ans, il commence la vie errante des sculpteurs de ce temps. On le retrouve à Avignon une douzaine d'années plus tard, en 1461. Il entreprend alors pour le maître-autel de Saint-Pierre un grand retable de près de sept mètres

VII

Dans l'angle supérieur gauche : *Nostre Dame Principal* (aujourd'hui Chapelle des Pénitents blancs).

Vers le milieu : *La place S. Dedier* (avec sa croix couverte triangulaire et son puits). *M*(onastère) *S. Claire. Le Petit Paradis* (place Noël-Biret). *S. François* (couvent des Cordeliers).

Les *Lices* (aujourd'hui rue des Lices). Remarquer de part et d'autre de cette rue, les portes de la double enceinte du XIIIe siècle, à gauche le portail du Pont-Fract ; au centre, le Portail Magnanen (dans la rue du Portail-Magnanen, maisons « à auvents » soutenus par des piliers).

Dans l'angle inférieur gauche : *Le Corsant* (place des Corps-Saints). *Célestins M*(aison) *des Orphelines. M*(onastère) *S. George* (rue Saint-Michel actuelle). *Porte S. Michel.*

Au-dessous, privilège royal et mentions incomplètemest effacées :

> *Marcus Antonius Gandolfus Panormitanus delineavit.*
> *Theodorus Hochstraie sculpsit.*

(Sur les auteurs du plan de 1618, voir le texte p. 76-77.)

Lices
Cum Priuileg Regis Cristian
Decenarium
EIUS PERFECTA DELINEATIO

Porte limbert
AMICA VERITAS
VNGVIBVS ET ROSTRO
Scala
Canne 10 20 30 40 50 60 70 80 90 100
HOC ANNO MDCXVIII

VIII

Du côté gauche, vers le milieu, une rue transversale bordée d'arbres (rue du Cheval-Blanc, aujourd'hui des Teinturiers). Au carrefour, à gauche, maison gothique ; à droite, Belle-croix triangulaire. — A droite : *La Sorgue.*

Au-dessous : *Carmes reformez.* — Plus bas, à gauche, sur les maisons : *Quart*(ier) *des soldats.*

Remparts. *Porte Limbert.* Fossés.

Dans le quart inférieur droit : représentation allégorique de la papauté. — Armoiries d'Avignon. — Echelle. Sur l'original, celle-ci mesure 0,133 mm pour 100 cannes ; l'échelle est donc de 0,0013 pour une canne (1 m 97).

de hauteur divisé en trois registres superposés, le premier comprenant la statue de la Vierge de Pitié avec quatre « histoires » en relief ; le second, la Résurrection des morts, avec seize personnages, encadrée des statues des apôtres Pierre et Paul ; le troisième occupé par la statue du Christ assis entouré de quatre anges, le tout surmonté de pinacles et de dais richement ornés. De cet énorme ensemble qui constituerait un des monuments les plus considérables de la sculpture gothique, sacrifié par les chanoines de Saint-Pierre à la mode nouvelle, il ne reste que quelques vestiges qu'on peut apercevoir en se glissant derrière les boiseries dorées, entre autres les pinacles du sommet, l'auréole de la tête du Christ et les deux anges de gauche assez mutilés, pauvres restes dont la facture large et puissante rend plus déplorable la disparition de l'ensemble. C'est tout ce qui subsiste d'Antoine le Moiturier dans sa ville natale. Aussitôt après l'achèvement du retable de Saint-Pierre, il fut appelé à Dijon pour parfaire le fameux tombeau de Jean sans Peur. En 1478, il revint à Avignon ; en louant une petite maison dont il était propriétaire, il se réserve une chambre et une pièce au rez-de-chaussée, « pour travailler de son art, quand il serait dans cette cité » ; mais on ne sait s'il en fit jamais usage. Il mourut « povre homme non marié » après 1493.

III. — Les rues de l' « hémicycle »

Nous avons dit ci-dessus en traitant de l'époque romaine (1) qu'à la descente sud-est du Rocher, au pied du Palais des Papes, quatre rues sont disposées en hémicycle, ce qui a fait penser qu'elles correspondaient au tracé d'un théâtre romain. La rue Taulignan, une des rares rues d'Avignon en droite ligne, représenterait le diamètre, tandis que la rue Peyrolerie, la place de la Mirande et la rue Vice-Légat dessineraient le demi-cercle. Nous avons laissé entendre ce qu'il fallait penser de cette hypothèse séduisante, mais insuffisamment prouvée. Nous allons voir maintenant les diverses particularités de ces rues.

Rue de Taulignan.

N° 4-6. — *Hôtel de Carichon*, puis *de Montpezat*, construit au début du XVIIIe siècle par Jean-Joseph de Carichon, docteur ès droits et avocat de la ville, plus tard vice-gérent, puis secrétaire d'Etat de la légation. Nous n'avons pas les actes relatifs à la construction de cet hôtel, mais seulement le prix-fait de la belle rampe en fer forgé de son escalier. Celui-ci fut donné le 9 avril 1706 par Anne de Pezenas, épouse de Jean-Joseph de Carichon, alors en voyage à Rome. Les deux serruriers, chargés de l'ouvrage, étaient Guillaume Poussin, de Saint-Rémy-en-Provence, et Charles Giraud, d'Avignon ; Jean Péru,

(1) Voir : Ire partie, chap. Ier, § 1, p. 15-16.

architecte, en avait fait le dessin. Cette rampe fait encore aujourd'hui l'ornement de cette maison.

Au sud de l'hôtel de Carichon, se trouvait un immeuble dans lequel, en 1751, Paul de Cadecombe égorgea à coups de couteau sa femme Catherine de Perrin de Bonadona. Ce crime, survenu dans une des familles les plus notables de la ville, est resté mémorable dans les annales avignonnaises. Les Cadecombe, originaires de Bonnieux, s'étaient distingués dans la médecine et le droit. L'aïeul de l'assassin, Esprit de Cadecombe, avait été docteur en médecine de la Faculté d'Avignon. Son grand-père, Paul de Cadecombe avait épousé une petite-nièce du cardinal Sadolet ; docteur ès droits, comte palatin, juge et commissaire général des gabelles, il avait publié en 1703 un gros traité de jurisprudence des tribunaux d'Avignon. Son père avait poursuivi la même carrière et lui-même, né en 1723, était également docteur ès droits, avocat et juge des gabelles. C'est en 1747 qu'il avait épousé Catherine de Perrin de Bonadona, son aînée de plus de treize ans. Y eut-il incompatibilité d'humeur causée par la différence d'âge ? Cadecombe fut-il exaspéré par le caractère acariâtre de sa femme ou, selon les termes de Barjavel, voulut-il « satisfaire sans obstacle ses goûts libertins » ? Le crime eut lieu dans la nuit du 2 au 3 mai 1751 ; dans sa fureur, Cadecombe se blessa lui-même à la cuisse. Le procès s'ouvrit dix jours après devant la Congrégation criminelle. L'auditeur général Favier donne, dans ses Mémoires manuscrits, quelques détails assez surprenants. « Lorsque tout le monde, dit-il, a été dans la dite salle, on est venu m'avertir et je m'y suis rendu sur les onze heures du matin en habit et manteau court, à l'ordinaire. Nous nous sommes tous placés autour de la table ronde ; nous avons commencé par prendre le chocolat avec la limonade que j'ai fait servir à l'assemblée, quoique les autres auditeurs généraux ne donnassent que du café en hyver et de la limonade en été. » Cadecombe fut défendu par l'avocat Teste ; en considération de son titre de noblesse, qui lui venait de celui de comte palatin accordé par le pape à son aïeul, il fut condamné à être décollé au lieu d'être pendu. Le soir, il y eut chez le vice-légat un souper de onze personnes, parmi lesquelles l'auditeur général. Après minuit, Manne, recteur de la Miséricorde, arriva et, accompagné de plusieurs des convives du souper, alla annoncer son sort à Cadecombe. Celui-ci, qui était détenu dans les prisons du Palais, en fut extrait dans la matinée un peu après onze heures. Suivant l'usage, les Pénitents de la Miséricorde le menèrent au supplice. « Il a eu, dit Favier, la tête tranchée sur les onze heures et l'exécuteur a fait cette opération avec beaucoup d'habileté... J'ai vu cette exécution d'une fenestre de mon appartement de fiscal où j'étais avec le duc de Crillon et la marquise de Javon. »

La maison de Cadecombe appartint par la suite à l'abbé de Montpezat, premier archidiacre d'Avignon, dont le neveu,

Jacques-Timothée de Tertullis de Trémolet de Bucelli, marquis de Montpezat (en Quercy), acquit le 23 juin 1770 la maison de Carichon, dans laquelle il engloba par la suite la maison de son oncle.

Le marquis de Montpezat était « fort chimérique et d'esprit nuageux ». Dès l'arrivée de Dom Pernety à Avignon en 1785, il se jeta à corps perdu dans la théosophie et fut un des premiers à adhérer à la secte des Illuminés. Sa maison devint un rendez-vous des adeptes ; on y célébrait des cérémonies singulières, notamment une fête de la Piété filiale qui eut lieu en 1789. Sur un autel illuminé, figurait le portrait couronné du maître de la maison, tandis que celui-ci, au milieu des fumées de l'encens brûlé dans un réchaud d'or, trônait et recevait des compliments.

Le marquis de Montpezat mourut au début de la Révolution et l'hôtel fut vendu en 1795. Une de ses filles, née en 1772, mariée à M. de Blégier de Taulignan, mourut en 1857 à Montpellier ; elle avait légué tous ses biens à la ville d'Avignon qui distribue encore aujourd'hui des pensions fondées par elle et devenues, par suite des dévaluations successives, ridiculement modiques, comme le sont maintenant toutes les libéralités de ce genre.

Rue de la Peyrolerie.

Nous avons décrit ci-dessus la partie de la rue de la Peyrolerie qui longe le Palais des Papes et indiqué l'origine de son nom. La suite de cette rue, entre la place de la Mirande et la rue Taulignan, se fait remarquer, non seulement par sa forte pente qui s'explique par sa position à la descente du Rocher, mais encore par sa courbe assez accentuée, concave par rapport à la rue Taulignan. C'est une des rues les plus pittoresques et les plus vétustes de la ville, une des plus évocatrices du Vieil-Avignon. Au XVe siècle, le célèbre sculpteur Jacques Morel (de 1441 à 1445) et peut-être son neveu Antoine le Moiturier, auteur du retable détruit de Saint-Pierre, ont habité la rue de la Peyrolerie ; mais nous ne saurions préciser l'emplacement de leur maison dans la partie comprise entre la place de la Mirande et la rue de la Petite-Saunerie.

Place de la Mirande.

Le nom de cette place qu'on orthographie inexactement « l'Amirande » vient de la salle de la Mirande, — la salle « admirable », — construite dans les jardins voisins du Palais des Papes par le cardinal de Clermont de 1516 à 1518.

N° 2. — *Hôtel de Vervins.* Sur cet emplacement se trouvait au XIVe siècle une livrée cardinalice dont le premier titulaire fut Arnaud de Pellegrue, neveu de Clément V († 1341) et le dernier, Hugues de Saint-Martial († après 1403). Cette livrée appartint, au XVe siècle, à des marchands de drap, les Farets, puis à un autre marchand drapier, André Bornichet. Elle passa ensuite à divers propriétaires et enfin, dans le dernier quart du XVIIe siècle, à Pierre de Vervins, auditeur ou avocat général de la Légation d'Avignon, le plus haut dignitaire après le vice-légat. C'est celui-ci qui donna, en 1687, le prix-fait de l'hôtel qui existe aujourd'hui à Pierre Thibaud et à J.-P. Escoffier, maçons, sur plans de Pierre Mignard. Sa façade sur la place de la Mirande est d'un grand caractère, avec chaînes de refends aux angles, porte en avant-corps encadrée également de refends, fenêtres cintrées au rez-de-chaussée, rectangulaires au premier surmontées de médaillons encadrés de palmes ; la corniche en arc surbaissé de la fenêtre du milieu est surmontée d'une tête d'Apollon radiée. A l'intérieur, grande salle avec plafond à poutres et solives apparentes, salons et cabinets avec décor et boiseries du XVIIIe siècle. Depuis 1796, hôtel de la famille Pamard.

La rue du Vice-Légat.

Cette rue s'appelait au XVIIIe siècle la *rue de la Livrée*. Ce nom était gravé à l'angle de l'hôtel de Madon de Châteaublanc ; il fut martelé en 1792 et remplacé par celui de *rue de l'Union*, puis en 1843, par celui de *rue du Vice-Légat*. Elle longe, sur son côté nord, le rempart du jardin du Palais des Papes. A l'extrémité de ce rempart, on remarque des restes de l'ornementation d'une porte du XVIe siècle ; ce sont les vestiges de la *porte de fer* ouverte au bas de la salle de la Mirande et permettant au vice-légat d'entrer dans ses appartements du Palais des Papes ou d'en sortir sans apparat officiel.

IV. — La rue Banasterie et les rues voisines

Rue Banasterie.

Le nom de *Banasterie* est d'origine ancienne. Il est dû à ce que les vanniers ou fabricants de *banastes* (corbeilles) en osier habitaient l'extrémité de la rue où se terminait l'ancien fossé des remparts du XIIIe siècle, appelé Durançole ou Sorgue, pour se déverser ensuite dans le Rhône ; les « broutières » de saule qui croissaient le long de ce canal et sur les bords du fleuve étaient utilisés par les *banastiers*. L'appellation de *Banasterie*, d'abord limitée à cette partie de la rue, a été plus tard étendue à la rue tout entière.

N° 13. — *Hôtel de Madon de Châteaublanc*. Situé derrière l'hôtel de Vervins et de la même date, il est également de Pierre Mignard. Le prix-fait fut donné le 5 novembre 1687 à Pierre Thibaud et J.-P. Escoffier, maçons. Sa façade de développement moindre que celle de l'hôtel de Vervins est aussi d'un aspect plus coquet, moins solennel ; des bas-reliefs formés de guirlandes et de colombes couronnent les fenêtres du premier étage. Le vestibule d'entrée, couvert d'un plafond à la française, est de vastes proportions, ainsi que l'escalier, dont on estime beaucoup l'appareillage des marches, des murs à panneaux moulurés et des voûtes. Plusieurs salons ou boudoirs ont conservé leur décoration du XVIIIe siècle et de nombreux dessus de portes peints de fleurs ou de paysages sont l'œuvre d'Antoine Vernet, père de Joseph Vernet. Les façades de la cour d'honneur ne sont pas moins élégantes que celle de la façade extérieure ; cette cour a conservé en outre une magnifique « calade », œuvre d'un mosaïste en cailloux, Henri Barrelet ; cinq comètes y sont figurées, quatre aux angles et une plus grande formant le motif central ; il est vraisemblable que cette composition a été inspirée par le retentissement qu'avait eu l'apparition de la comète de Halley (1759).

Le constructeur de cet hôtel, Jean-Pierre de Madon de Châteaublanc, était un philanthrope ; il fonda un peu avant 1707 la maison du Bon-Pasteur ou des Recluses, pour recevoir les filles repenties ou abandonnées, et il contribua à introduire à Avignon les Frères des Ecoles chrétiennes. Après les Madon de Châteaublanc, l'hôtel de la rue Banasterie appartint successivement aux Trimond de Brun, aux Michel (de Beaulieu), à Sixte Isnard, bienfaiteur de la ville d'Avignon (qui y mourut en 1845), puis à la famille Palun (à partir de 1853).

N° 2. — *Ancienne église paroissiale Saint-Symphorien.* Cette église, d'origine ancienne, avait été reconstruite au XVIe siècle, érigée en collégiale en 1591, achevée et consacrée en 1602. Aujourd'hui, une tourelle d'escalier et une petite place marquent seules son ancien emplacement, rue Banasterie ; son chevet donnait sur la « rue de la sacristie de Saint-Symphorien » (aujourd'hui rue Armand-de-Pontmartin). D'après le plan de 1618, l'église était à nef unique ; le clocher, sur le côté sud du chevet, était surmonté, comme celui de Saint-Didier, d'un tambour octogonal avec flèche aux arêtes garnies de crochets. Au nord de l'église, un petit enclos entouré de murs paraît être le cimetière. Après la Révolution, le titre paroissial fut transféré à l'église des Carmes.

N° 25. — *Hôtel Cohorn de Limon.* Les Cohorn étaient une famille d'origine suédoise. Le premier, Pierre de Cohorn, s'était retiré dans le monastère de Montfavet près d'Avignon ; sa pierre tombale (1479) se voit encore dans l'église de ce couvent dont il sera question dans un chapitre postérieur.

Claude de Cohorn, docteur ès droits, secrétaire de la légation, acheta, en 1632, une maison « rue de la Poulasserie antique allant à la Banasterie ». Son fils Gabriel de Cohorn, seigneur de Limon, capitaine de chevau-légers de la garde du roi, agrandit la maison paternelle par diverses acquisitions. De cette époque, l'hôtel a gardé un vaste escalier et des plafonds à la française. Aujourd'hui à M. William Rochette.

De l'autre côté de la rue Banasterie, la petite *rue Sainte-Perpétue* rappelle le souvenir d'un modeste prieuré de ce nom qui existait déjà en 1203 et comprenait une chapelle, ainsi qu'un cimetière ; il fut incorporé par la suite au couvent voisin de Sainte-Catherine.

Continuer à suivre la rue de la Banasterie et prendre ensuite la première rue à droite.

Rue du Four.

N° 5. — *Hôtel de Galéans des Issarts.* Entre les rues Bertrand, du Four et de la Banasterie, se trouvait la « livrée dite d'Auxerre », du nom du cardinal Pierre de Cros, évêque d'Auxerre, qui l'occupa de 1350 à 1361, ou « ancienne livrée de Viviers », à cause du cardinal Jean de Brogny, évêque de Viviers, qui y résida de 1400 à 1404 et la quitta pour aller habiter la « nouvelle livrée de Viviers » qui deviendra en 1476 la maison du roi René. La vieille livrée de la rue du Four était devenue en 1468 la propriété du collège Saint-Nicolas d'Annecy. Elle appartint ensuite aux Galéans qui y firent certaines constructions, notamment une chapelle en 1559. C'est dans cet hôtel que se produisit, le 16 juin 1606, l'assassinat de Thomas de Baroncelli par François de Galéans au cours d'une provocation en duel, meurtre qui marqua le début de la querelle sanglante des deux familles, dont nous avons déjà parlé en traitant de la place du Change (ci-dessus, chap. III, § 4).

L'hôtel des Galéans fut agrandi, à la fin du XVIIe siècle par des acquisitions de François de Galéans de Castellane, chevalier, marquis de Salerne, seigneur des Issarts, des Angles et autres lieux, qui fit rebâtir l'hôtel. Le prix-fait à Paul Rochas est daté du 30 avril 1681 ; Pierre Mignard y figure comme témoin, ce qui indique qu'il était l'architecte de l'édifice, pour lequel il a adopté le plan classique de l'hôtel entre cour et jardin. La façade principale est sur cette cour ; la décoration très sobre comporte, comme pièce principale, la porte d'entrée sur un haut perron et encadrée de pilastres ioniques portant un fronton triangulaire ; tout l'effet est dans l'heureuse proportion des fenêtres et de la balustrade qui couronne la corniche. A l'intérieur, fait exceptionnel, trois pièces conservent de magnifiques plafonds à sujets mythologiques peints à l'huile sur plâtre. Encadrés de bordures formées de motifs en grisaille ou dorés, ils représentent, dans un salon, *Bacchus et Ariane* ; dans une chambre, *Vénus armant son fils Enée*, avec, dans l'alcôve, *Diane et Endymion* ; dans un petit salon, un sujet mythologique à quatre personnages où se trouvent les initiales *P. C. M.*, Pierre chevalier Mignard. On sait que Pierre Mignard, fils de Nicolas, a été peintre en même temps qu'architecte.

Derrière le corps de logis principal, on accédait au jardin par un arceau jeté au-dessus de la *rue Bertrand*. Le fond de ce jardin était occupé par une orangerie aujourd'hui transformée en habitation particulière, mais qui a conservé ses belles portes-fenêtres en plein cintre, son appareil régulier à joints soulignés par des refends, et son couronnement en forme d'attique.

Calvet rapporte que l'hôtel de Galéans, devenu par mariage, l'hôtel de Forbin-Janson, fut habité, à la fin du XVIIIe siècle par une Anglaise de marque, la comtesse de Carlisle, « mère du roi d'Irlande de ce nom et sœur de l'amiral Biron ». « Je fus, dit-il, chargé du soin de sa santé dès les premiers jours de son arrivée. Elle prit l'hôtel de Forbin pour son logement de la ville, et la jolie campagne de M. Bouchoni, dans l'île de la Barthalasse, pour y passer la belle saison. » Calvet fut souvent le commensal de la noble dame dans l'hôtel de la rue du Four ; elle le reçut aussi à la « Barthalasse ». Il y apportait des brindes dans le goût de celui-ci :

Si fermeté d'esprit, sagesse, grandeur d'âme,
Parmi nous avaient des autels,
A vos pieds, brillerait la flamme
Que l'homme doit aux immortels.
Jadis la divine Egérie
A cet encens, eut-elle plus de droits ?
De Numa seul, elle régla la vie,
Et tout mortel voudrait se guider par vos lois.

Calvet se risquait parfois à des compliments d'un tour moins académique, tels les propos galants qu'il lui tint un jour « en lui présentant quelques fossiles » et que la belle visiteuse feignit de n'avoir point entendus.

N° 7. — *Hôtel des Rollands de Reillanette* qui appartenait, en 1761, à Jean-Joseph-Félix-Xavier-Henri de Cantelme des Rollands, marquis de Reillanette, brigadier des armées du roi. Premier consul d'Avignon en 1777, il fit décider par le Conseil de ville l'éclairage des rues ou moyen de 425 lanternes. On lit à ce sujet dans le journal manuscrit du chanoine Arnavon : « M. des Rollans (*sic*) ayant voulu faire éclairer la ville par des réverbères, il a essuyé à cet égard mille contradictions ; on a mis sur sa porte et sur celle de M. Commin :

Lanternes à vendre
Second consul à pendre.

On avait obtenu de Rome « qu'elles ne seroient allumées qu'aux frais des particuliers qui voudroient éclairer leurs quartiers. Elles l'ont été aujourd'huy [3 décembre 1777] pour la première fois au quartier devers la Juiverie ».

En 1843, l'ancien hôtel des Rollands de Reillanette était entre les mains de Bruno-Léonard Croze qui le céda à la ville pour l'agrandissement du Bureau de bienfaisance.

Revenir à la rue de la Banasterie dans laquelle on tournera à droite pour se rendre à la chapelle des Pénitents noirs.

V. — La chapelle des Pénitents noirs de la Miséricorde

Historique.

La confrérie des Pénitents noirs de la Miséricorde, fondée en 1586 par quelques Italiens d'Avignon ayant à leur tête Pompée Catilina, colonel de l'infanterie papale, s'était installée dans l'ancienne chapelle du prieuré ou hôpital de Notre-Dame de Fenouillet, près de la porte Aurose, qu'elle avait acquise en 1591 et qu'elle augmenta d'une sacristie en 1620 et d'une anti-chapelle en 1631. Elle s'était donné pour mission de secourir les prisonniers et d'assister les condamnés ; plus tard, au XVIIIe siècle, elle se chargea aussi du soin des aliénés, antérieurement laissés à l'abandon ou internés comme des prisonniers. En 1728, Thomas Lainée, qui, dès son arrivée à Avignon s'était fait recevoir de la confrérie, fut chargé de construire un hospice des insensés qui sera agrandi plus tard par Bondon.

En 1739, le chirurgien Louis-François Manne, nommé recteur des Pénitents noirs, tandis que Thomas Lainée en devenait conseiller, se préoccupa de la restauration de la chapelle fort délabrée et notamment de la réfection du plafond ainsi que de la reconstruction de la façade. Pour cette dernière, le prix-fait de la maçonnerie en pierre de Fontvieille, rédigé par Lainée, fut donné le 12 janvier 1739 aux maçons Ravan père et fils. Lainée tomba gravement malade sur ces entrefaites ; mais il avait au moins eu le temps d'établir les « desseins » de la façade et du plafond de la chapelle.

La chapelle.

Pour la façade, Lainée avait adopté le parti des ordres superposés, corinthien au rez-de-chaussée, toscan à l'étage, et, comme c'était alors la mode des « gloires » formées de nuages d'où émergeaient des têtes d'anges et des rayons, il en avait dessiné une de grande dimension, pour être exécutée en bas-relief au-dessus de la porte et encadrer, présenté de deux chérubins, l'emblème de la confrérie, la tête de saint Jean-Baptiste sur un bassin. Lainée mourut le 29 janvier 1739, mais ses plans furent respectés par Jean-Baptiste Franque qui lui succéda, ainsi que par Antoine Brunel, Pierre Castellan et Pierre Bondon qui furent chargés des sculptures et transposèrent fidèlement la composition de Thomas Lainée. En 1754, la ville donna 4.000 livres pour « faire une place » devant la nouvelle façade.

A l'intérieur, les boiseries, les peintures et les marbres qui constituent l'ornementation de la chapelle, forment un ensemble d'une rare élégance, plus mondaine que religieuse, curieux exemple d'un décor théâtral appliqué à un sanctuaire, surprenant chez la plus austère et la plus pieuse des confréries avignonnaises.

Anti-chapelle. — Autels en marbre par les frères Mazetti, marbriers d'Avignon, XVIIIe siècle. Tableaux de Riminaldi

(*Saint Sébastien*), de Reinaud Levieux (*Sainte Famille, Saint Guillaume, duc d'Aquitaine*), de Pierre Raspay (*Sainte Trinité*), d'un inconnu, fin du XVIIe (*Annonciation*). — Au plafond, huit cartouches en camaïeu bleu représentent les « œuvres de miséricorde », figurées par des personnages de la Comédie italienne, œuvre de Lauze, milieu du XVIIIe siècle.

Chapelle. — Plafond dessiné par Lainée ; les camaïeux dorés représentent les « attributs de la religion ». Au centre, peinture (*Apothéose de saint Jean-Baptiste*), par Pierre Courtois, 1739.

Le lambris or et blanc, est divisé en panneaux par des pilastres corinthiens portant un attique surmonté de balustres ; sur les soubassements, la tête de saint Jean-Baptiste sur un bassin, entourée de rinceaux et ornements divers, est sculptée en reliefs dorés.

Les panneaux encadrent des peintures de valeur très inégale dont l'attribution à Nicolas Mignard, Pierre Parrocel, Reinaud Levieux, n'a d'autre autorité que la tradition. L'autel de marbre est l'œuvre des Mazetti.

Sacristie. — Belles boiseries en noyer sculpté avec ornements dorés, XVIIIe siècle. Lavabo de marbre par les frères Mazetti ; inscription relatant les bienfaits de Manne, recteur des Pénitents noirs et restaurateur de la chapelle (1744).

La cérémonie de la « Délivrance ».

La confrérie des Pénitents noirs de la Miséricorde avait, nous l'avons dit, le privilège d'accompagner au supplice les condamnés. Elle avait obtenu en outre celui, tout à fait exceptionnel, de délivrer chaque année un prisonnier. Le pape Clément VIII, en accordant cette faveur, en avait limité l'exercice au jour de la fête de la Décollation de saint Jean-Baptiste, patron de la confrérie (8 septembre 1596). Le pape Paul V l'étendit à tous les jours de l'année (18 octobre 1617). La « délivrance » donna lieu dès le début à une cérémonie fort importante ; il est de tradition que Richelieu, pendant son exil à Avignon en 1618-1619 eut la curiosité d'assister à l'une d'elles. Au XVIIIe siècle, cette délivrance devint un prétexte à processions, à fêtes et à spectacles publics dont l'exhibition du grâcié était le principal ornement. Les pratiques religieuses s'y mêlaient aux réjouissances mondaines et le chant des litanies alternait avec les fanfares de fifres, de hautbois et de tambours.

Le recteur de la confrérie adressait une supplique au vice-légat, dans laquelle rappelant les privilèges pontificaux, il demandait l'élargissement du détenu. La tradition voulait qu'il ne fut pas refusé, sauf s'il s'agissait d'un condamné pour crime d'hérésie, de fausse monnaie, de falsification des lettres apostoliques, de lèse-majesté ou d'empoisonnement. La grâce signée, les Pénitents, vêtus de leur cagoule noire, se rendaient à la prison installée, comme on l'a vu, dans les bâtiments ouest du cloître du Palais des Papes. Ils étaient conduits par leur recteur et précédés de suisses et de violons. Sur l'ordre du vice-légat, le geôlier leur livrait le condamné, les menottes aux mains, garrotté et lié, comme s'il allait au supplice. On descendait à la chapelle de la prison où se célébrait une première messe. Le condamné était ensuite conduit en procession à la chapelle des Pénitents ; il marchait en tête avec le recteur qui le tenait par une chaîne d'argent. On arrivait ainsi au bas des degrés de l'antichapelle. Le recteur brisait alors avec un marteau les fers, coupait les cordes, revêtait le patient d'une robe rouge et le coiffait d'une couronne d'olivier avec ses fruits. Puis il le conduisait à l'autel aux chants du *Te Deum* et des actions de grâce. On partait ensuite pour une longue et lente procession à travers la ville. Voici, à titre d'exemple, le récit de la procession de la délivrance d'un condamné à mort pour homicide (30 avril 1736). Après vêpres et complies, la procession sortit dans l'ordre suivant : « deux suisses à la teste et quatre qui la terminoient pour éviter la trop grande foule du peuple. La pluspart de tout ce qu'il y a de plus distingué parmy nos confrères composoit la teste qui estoit suivie d'une fanfare avant la croix, où il y avoit timballe, deux trompettes, trois aubois, une basse et cinq violons ; avant la croix, quatre flambeaux avec des fanaux et la mesme chose immédiatement après ; sur le milieu de la procession estoient les choristes qui chantoient le *Te Deum* et le *Benedictus*. » A la fin, venait le gracié, entre le recteur et le vice-recteur, puis « il y avoit une bande de dix violons ou basses. On passa par les dames de Sainte-Catherine, l'Epicerie, à la Place (1), au Grand Palais où l'on fit le tour de la cour. Son Excellence, quoyque incommodée, la vit passer par une de ses fenêtres ; de là, on monta à Notre-Dame des Doms ; on descendit par Sainte-Madeleine (2), la Petite Fusterie, vers l'arc de M. de Forbin (3), plan de Lunel, devant les dames de Notre-Dame (4), celles des Augustines (5), les Jésuites, la place Saint-Didier, dans la cour des dames de Sainte-Claire (6), par la place Pie, aux Pénitents Noirs (7) et aux Augustins et à la chapelle des Pénitents ».

En sortant de la chapelle des Pénitents noirs, tourner à gauche et suivre la rue de la Banasterie, jusqu'à la rue des Trois-Colombes.

---

(1) C'est-à-dire par la rue Arnaud-de-Fabre (ancienne rue Sainte-Catherine), la rue des Marchands et la place de l'Horloge.

(2) Place Sainte-Madeleine et rue Saint-Etienne.

(3) Aujourd'hui arceau de la Préfecture, au-dessus de la rue Bouquerie ; l'hôtel de la Préfecture est l'ancien hôtel de Forbin.

(4) Rue des Ortolans.

(5) Rue Saint-Marc, en face de la chapelle du Collège des Jésuites.

(6) Rue de la Masse, aujourd'hui du roi René.

(7) Cette confrérie était antérieure à celle des Pénitents noirs de la Miséricorde. Elle avait été fondée en 1488 par des Florentins. Sa chapelle se trouvait dans la petite rue des Allemands (déformation d'un nom de famille, les Alamans), qui se trouve entre la place Guillaume-Puy et la rue Louis-Pasteur (ex-rue de l'Hôpital).

VI — De la rue des Trois-Colombes a l'ancienne Saunerie

Rue des Trois-Colombes. Place Saint-Joseph.

La *rue des Trois-Colombes* suit les *lices* de l'ancienne enceinte du XIIIe siècle ; elle tire son nom de l'enseigne d'une hôtellerie citée en 1411.

D'après Achard, c'est dans « la maison qui est à l'extrémité méridionale de cette rue » qu'aurait été fondée en 1737, « par M. le chevalier de Ramsay (1), une des premières loges maçonniques du rite écossais qui aient existé en France ». Mais un des successeurs d'Achard aux Archives départementales de Vaucluse, H. Chobaut, attribue cette fondation au marquis de Calvière, qui possédait un hôtel à Avignon rue Saint-Marc, et eut une activité maçonnique très importante (2).

La *place Saint-Joseph* qui coupe en deux la rue des Trois-Colombes doit son appellation à l'ancien couvent des Carmes déchaussés placé sous le vocable de saint Joseph. Ces religieux installés d'abord, en 1608, dans l'ancien hôpital de Notre-Dame de Nazareth, rue du Cheval-Blanc (rue des Teinturiers), se transportèrent, vers 1640, rue de la Palapharnerie, où ils avaient un nouvel établissement sur l'emplacement duquel se construisit au XIXe siècle le couvent du Sacré-Cœur, remplacé au XXe par le lycée de filles. Quant à la *rue de la Palapharnerie,* son nom est une altération du mot « Palafrenerie » qui désignait au XIXe siècle les écuries du pape installées à cet endroit. A l'angle de cette rue et de la rue du Rempart-Saint-Lazare (n° 2), ancien *grenier à sel* construit par Jean-Ange Brun (1756-1758) ; la façade monumentale est encadrée de piliers à bossages et percée de fenêtres à plein cintre décorées de motifs Louis XV.

Sur la façade d'une maison de *la place Saint-Joseph* (n° 13 *bis*), se trouve l'enseigne en faïence blanche, avec lettres bleues, datée de 1737, de Louis Carbonel, maître faïencier de Marseille venu s'installer à Avignon ; son atelier, dans lequel ses fils lui succédèrent continua à fonctionner jusqu'en 1786. Le chef-d'œuvre de cette fabrique, dont les produits sont maintenant très rares, se trouve au musée Arbaud, à Aix-en-Provence ; il représente un petit saint Jean-Baptiste dans un édicule à claire-voie et aurait été, selon une tradition, offert pour sa fête à J.-B. Carbonel, fils de Louis, par les ouvriers de la fabrique. La rue dans laquelle se trouvait cette faïencerie s'appelait alors la « traverse allant des Carmes déchaussés aux Pénitents violets ». La *chapelle*

---

(1) André-Michel Ramsay (1686-1743) qui était en 1737 un des dirigeants de la maçonnerie. Il était en correspondance suivie, à Avignon, avec le marquis de Caumont : « M. de Ramsay me mande que cet ordre est fondé sur la *Philanthropie* et que la morale qu'on y suit est admirable » (lettre du 12 avril 1737).

(2) Voir ci-dessus, p. 189.

des Pénitents violets (actuellement garage) se trouve en effet tout à côté (place du Grand-Paradis) ; la façade par J.-B. Ier Péru date de 1740 ; la confrérie des Pénitents violets avait été fondée en 1662.

Place des Trois-Pilats.

« La carriera de l'hostal dals tres pilars » (1348) était dite parfois aussi rue de l'Hôpital Saint-Jacques. La maison des Trois Piliers était sans doute une espèce de halle où, selon Achard, « les distributions de secours se faisaient sous une vaste toiture triangulaire portée par trois piliers ».

N° 16. — *Hôtel de Gasqui,* puis *de la Bastide.* En 1706, Joseph Gasqui, docteur ès droits et avocat, acheta place des Trois-Pilats, une maison que son fils Vincent-Xavier Gasqui, également docteur ès droits et avocat, fit reconstruire dans le second quart du XVIIIe siècle ; un document de 1744 mentionne la façade de cet hôtel qui « vient d'être rebâtie ». Cette façade, qui a grand air, est encadrée de refends et surmontée d'un fronton sculpté, dans le tympan duquel deux oiseaux chimériques sont affrontés de part et d'autre d'un vase. A l'intérieur, de la même époque, belle rampe d'escalier et dans les salons du premier étage, cheminées de marbre, dessus de porte peints et stucs.

Le fameux Dom Pernety, fondateur de la secte des Illuminés d'Avignon, y termina, en 1796, sa vie aventureuse. Antoine-Joseph Pernety, né à Roanne en 1716, était entré d'abord dans la Congrégation des Bénédictins de Saint-Maur ; il accompagna Bougainville aux îles Malouines en qualité d'aumônier, puis se défroqua. Réfugié en Prusse, il fut nommé par Frédéric II conservateur de la Bibliothèque de Berlin et académicien, s'occupa entre temps d'alchimie et de pierre philosophale et s'enthousiasma pour les doctrines mystiques du Suédois Swedenborg. Il forma des adeptes, ce qui déplut à son royal protecteur, et il dut rentrer en France. Apôtre de l'Illuminisme, il finit par échouer à Avignon qu'il quitta bientôt pour aller fonder à Bédarrides (1) un temple du Thabor. Réfugié de nouveau à Avignon, il fut arrêté en 1793, puis relâché sur l'intervention du représentant en mission François Poultier qui lui montra de la bienveillance. C'est alors qu'il fut recueilli par le citoyen Gasqui dans sa maison de la place des Trois-Pilats, où s'acheva, à quatre-vingt-un ans, l'existence agitée du fondateur de l'Illuminisme, le 25 vendémiaire an V (16 octobre 1796).

L'immeuble des Trois-Pilats resta dans la famille de Gasqui jusqu'à Joseph-Régis de Gasqui, qui fut juge de paix sous le Second Empire ; il passa ensuite par mariage à la famille de La Bastide, sous le nom de qui l'hôtel est le plus couramment désigné.

---

(1) Chef-lieu de canton, arrondissement d'Avignon (Vaucluse).

Rue Arnaud-de-Fabre (ancienne *rue Sainte-Catherine*).

N° 17. — *Hôtel de Fonseca, puis de Ribouton* (Bureau de bienfaisance). La famille de Fonseca était d'origine portugaise. Pierre-Paul Fonseca, patrice romain, seigneur des Taillades, officier des Chevau-légers de la légation, épousa vers 1670, Mlle de Fogasses de Féléon qui hérita de l'immeuble de son père, rue Sainte-Catherine. C'est sans doute ce Fonseca qui fit construire l'immeuble actuel, lequel passa en 1742 à Joseph-Etienne de Ribouton, docteur ès droits et avocat, puis, en 1823, fut acheté par la ville pour recevoir le Bureau de bienfaisance. Une restauration de la cour en 1923-1924 a dégagé des vestiges gothiques (fenêtres à croisées et puits).

N°s 10-8 — *Ancienne chapelle de Sainte-Catherine.* Les religieuses cisterciennes de Sainte-Catherine, d'abord établies dans la banlieue, à Montdevergues, furent introduites dans Avignon, vers 1351-1353, par Zoen Tencarari, l'évêque ultramontain qui avait été l'ennemi de la commune (1). Leur chapelle fut rebâtie au XIVe siècle aux frais du cardinal Hugues de Saint-Martial (1361-1401). C'est une nef unique à trois travées avec abside pentagonale plus étroite et chapelles latérales la plupart au midi ; la façade nue est percée d'un rose et flanquée au sud d'une tour octogonale d'escalier. Dans une petite chapelle, près du cloître, clef de voûte sculptée avec représentation de saint Pierre en buste, coiffé d'une tiare pointue à couronne unique. Quelques travées du cloître subsistent avec belles voûtes plates du XVIIIe siècle. La chapelle sert actuellement de garage.

Rue du Pape-Clément-VI (ancienne *rue de la Croix*).

Cette rue était appelée au XIVe siècle, tantôt *rue de la Bulle,* parce qu'il s'y trouvait « l'ostal de la bulla de nostre senhor lo Papa », tantôt *rue de la Croix,* à cause d'une chapelle ou prieuré de Sainte-Croix qui est cité dès 1316. Une « aumône » ou œuvre de charité fut instituée dans cette chapelle par un certain Antoine Peyret (1582) ; ses recteurs devaient chaque année, le 3 mai, jour de la fête de l'Invention de la Sainte Croix, distribuer deux sols à tous les pauvres qui se présenteraient. En 1686, la presse fut si forte que trente-sept personnes périrent étouffées. Le chroniqueur Laurent Drapier qui rapporte l'événement, ajoute : « C'est un cas si extraordinaire et si inouï qu'on a peine de croire ce qui est pourtant véritable. » Un autre mémorialiste, le chanoine Arnavon a fait mention, dans son *Journal,* d'un autre tumulte survenu à la rue de la Croix, celui-ci tout à fait comique :

« Le 32 (*sic*) janvier 1764, certains mauvois plaisants afficherent hier au soir aux carrefours de la ville : Grand bal et raffraichissement chez M. Richard cadet, demeurant rue de

(1) Voir ci-dessus Ire partie, chap. Ier, § 3, p. 33.

la Croix. [Nota que ledit Sr Richard est gros dévot et gros avare.] Les masques y ont fait foulle toute la nuit et ont voulu plus que d'une fois enfoncer la porte au grand dépit du pauvre original. »

N° 3. — *Hôtel de Blanchetti.* Les Blanchetti étaient de Bologne et étaient restés en relation avec leur ville d'origine. François de Blanchetti, seigneur de la Motte, acquit en 1730 une maison à l'angle de la rue de la Croix et de l'ancienne petite place de la Bulle. La reconstruction de cette maison date probablement des environs de 1760, car il y eut alors contestation entre Mme de Blanchetti, remplaçant son mari alors à Bologne, et le maçon Briat, contestation qui donna lieu à une expertise par les architectes Thibault et Bondon. Cette maison, — fait unique, — appartient toujours à la famille qui l'a fait construire.

La porte de la façade principale, sur l'ancienne place de la Bulle, est surmontée du masque et des attributs d'Hercule ; à l'angle de la façade du jardin, du côté de la rue de la Croix, niche d'encoignure qui, d'après Achard, daterait de 1764 et serait l'œuvre du sculpteur Pierre-Joseph Brever. A l'intérieur, cour pavée d'une calade colorée (avec armoiries des Blanchetti et la date de 1760), œuvre du paveur avignonnais Barrelet. Au premier étage, salons décorés, glaces, cheminées de marbre, dessus de porte et de glaces (scènes galantes, fleurs et fruits), portes de communication de l'époque de la construction de l'hôtel.

Nos 9-11. — *Hôtel de Beaumont,* puis *de Teste.* Sur l'emplacement de la partie ouest de cet hôtel (n° 9), se trouvait au début du XVIIe siècle, la maison de Jacques de Beaumont, chanoine de Saint-Pierre d'Avignon. Il ne reste aucun vestige de ce dernier immeuble qui fut loué à Richelieu pendant son exil à Avignon, du 15 mai 1618 au 7 mars 1619. Son frère, Henri du Plessis, marquis de Richelieu et son beau-frère, Vignerot de Pont-Courlay, étaient également compris dans sa disgrâce. Ils partirent tous trois, de Richelieu, le 20 avril et mirent vingt-cinq jours pour arriver à destination. Richelieu s'était fait précéder de son secrétaire Michel le Masle qui, le 12 mai 1618, par devant le notaire Louis Durieu passa avec l'abbé de Beaumont, un contrat de location de la maison de la rue de la Croix avec jardin et dépendances et tous les meubles qui s'y trouvaient. L'arrentement était fait pour un an à dater du 15 du mois et moyennant le prix de 700 livres payable par anticipation. Le Masle versa sur-le-champ cette somme et le 15 l'inventaire du mobilier était fait, en même temps que les exilés arrivaient. Ils n'avaient pas amené de domestiques, sauf Richelieu, qui s'était fait accompagner de son valet de chambre Jean Bourguignon. Après son arrivée, il prit pour aumônier un chanoine de Notre-Dame-des-Doms, Patrice Le Meusnier, et pour notaire, celui de l'abbé de Beaumont, Louis Durieu.

Il vécut très retiré ; aussi, ses contemporains donnent-ils peu de précisions sur son séjour à Avignon. « Il prit un logis à part, dit l'un d'eux, et ne pratiquoit que des gens d'étude et de piété, fuyant toutes autres compagnies, jusques à celles de ses frères mesmes, qu'il ne voyoit que rarement et en public. » Il affectait de se désintéresser de la politique, ne s'occupant que des affaires de son diocèse et d'études théologiques. Il faisait imprimer en même temps son *Instruction du chrétien ou catéchisme du diocèse de Luçon* ; l'ouvrage porte en tête deux lettres de Richelieu adressées d'Avignon, le 1er septembre 1618, aux curés et aux fidèles de son diocèse : « Mon intention, dit-il, est que tous les dimanches et toutes les festes vous lisiez une de ces leçons à la grand messe. » Le privilège du roi est daté du 17 février 1619, mais il est peu probable que l'ouvrage ait paru à Avignon.

Pendant son exil, Richelieu n'entretint de relations qu'avec peu de personnes, le vice-légat, Jean-François de Bagni, évêque de Patras ; M. de Galéans de Vedènes ; le vicaire des Observantins ; le chanoine Patrice Le Meusnier, son confesseur, et un pieux carme déchaussé du couvent de la rue de la Palapharnerie, le F. Jean-Marie de Sainte-Ursule, originaire de Fribourg. Le matin, il traversait la ville pour aller dire sa messe chez les Minimes de la porte Saint-Roch (1) et fréquentait aussi, dit-on, la petite chapelle de Notre-Dame du Portail-Peint. Il ne se serait montré qu'une fois dans une cérémonie dans les circonstances suivantes. On a vu que les Pénitents noirs de la Miséricorde avaient le privilège d'obtenir chaque année la délivrance d'un condamné à mort ; en 1618, ils en usèrent en faveur d'un jeune homme de Cavaillon, Pierre Guillermet, qui avait tué au cours d'une querelle sur le pont Saint-Bénezet, un certain Blaise Boneau, hôtelier. Les Pénitents demandèrent sa grâce et elle leur fut accordée. Selon la tradition avignonnaise, Richelieu assista à la « délivrance » qui se fit suivant le cérémonial habituel ; il n'est pas invraisemblable en effet qu'il ait pris intérêt à assister à un spectacle si nouveau pour lui.

Cependant, à la suite du décès de sa femme, le marquis de Richelieu avait obtenu l'autorisation de rentrer, ainsi que son beau-frère. Quant à l'évêque lui-même, il espérait avoir son tour bientôt. Dès le 13 février, son secrétaire Le Masle résiliait le bail de la maison de Beaumont, bien qu'il y eût encore trois mois à courir. En même temps, Richelieu demandait à son frère de lui envoyer « une belle hacquenée, mais belle tout à fait s'il se peult », ainsi que « deux petites pièces d'orfesvrerie de cent écus les deux, pour joindre à deux montres, et quelques autres pièces que je veux donner au lieu que vous sçavez ». Il pensait ainsi aux cadeaux à distribuer avant son départ ; en effet, avant de quitter Avignon,

---

(1) La façade de ce couvent, refaite au XVIIIe siècle, se voit encore rue de la Velouterie, en face de l'abattoir.

il devait faire « plusieurs bienfaits aux maisons religieuses de ceste ville » ; il donna au collège des Jésuites « six pièces de vin du Languedoc » et il est de tradition qu'il remit une riche aumône aux Carmes déchaussés et une lampe d'argent à la chapelle du Portail-Peint. La dépêche du roi le rappelant auprès de la reine-mère lui fut apportée, le 7 mars 1619, par Charles Le Clerc, seigneur du Tremblay, le frère du P. Joseph. Presque aussitôt après, malgré le mauvais temps et le froid extrême, il partit en poste d'Avignon et arriva à Angoulême le mercredi de la Semaine sainte, le 27 mars. Son exil avait duré neuf mois et demi.

Séparé de la maison de Beaumont par une impasse au fond de laquelle se trouvait la chapelle de la Sainte-Croix, un autre immeuble (n° 11 actuel) appartint, à partir de 1665, à Philippe de Bertrand de Pélicier, seigneur d'Eyrolles, qui le légua à Julie de Cavaillon, sa veuve. Celle-ci acheta, en 1685, l'ancienne maison de Beaumont qui entre temps avait changé de propriétaire. Les deux maisons ainsi réunies dans les mêmes mains furent jointes par un arceau établi par-dessus le passage de la chapelle. En 1730, il y eut contestation sur la propriété de ce passage entre Joseph-Dominique de Garcin, docteur ès droits agrégé et registrateur des bulles apostoliques, à qui appartenaient alors les deux maisons, et le chapitre de Saint-Agricol, propriétaire de la chapelle de la Sainte-Croix. D'autre part, les recteurs du Mont-de-Piété, dont les magasins étaient contigus à cet oratoire, offraient de l'acheter pour s'agrandir. Ils l'obtinrent par acte du 9 novembre 1730, en même temps que le passage contesté était cédé à M. de Garcin.

C'est dix ans plus tard, le 17 septembre 1740, que Joseph de Teste, docteur agrégé, consulteur du Saint-Office, coseigneur de Vénasque et de Saint-Didier et aussi registrateur des bulles apostoliques, acheta la maison de M. de Garcin, à qui il avait sans doute succédé dans son office. La famille de Teste, originaire du Piémont, s'était fixée à Pernes au XVe siècle ; elle fournit par la suite à Avignon plusieurs jurisconsultes éminents, professeurs ou primiciers de l'Université ; cette dernière charge conférait la noblesse, ce dont les Teste s'autorisèrent pour prendre la particule.

Dans son *Dictionnaire des rues,* Paul Achard attribue à Joseph de Teste, bulliste et dataire de la vice-légation, la construction de l'hôtel actuel, qui serait donc, au moins dans sa plus grande partie, peu postérieur à 1740 — en l'absence de tout acte on ne saurait préciser davantage — ; c'est de cette époque que dateraient notamment la grande façade sur la rue de la Croix — façade unifiée grâce à la suppression du passage de la chapelle — et le « fond de jardin » où une niche abrite une fontaine surmontée d'un masque de faune. Mais les boiseries qui ornent les salons du premier étage appartiennent à une époque plus ancienne et la belle façade (sur le côté sud jardin) coupée de pilastres, de chaînes de refends et surmontée d'un fronton triangulaire paraît appartenir à la fin du XVIIe ou au début du XVIIIe siècle.

Pendant la Révolution, François-Joseph de Teste, alors propriétaire de l'hôtel, se retira en Italie. Sa femme Marie-Claudine de Rhodes, à l'instar de la plupart des femmes d'émigrés et pour sauvegarder le bien familial, demanda et obtint le divorce, conservant ainsi l'hôtel de la rue de la Croix à titre de reprise totale. Elle était décédée lorsque François-Joseph de Teste, rentré d'émigration, put reprendre possession de son immeuble. Les Teste conservèrent leur hôtel jusqu'au milieu du XIXe siècle ; il appartenait alors à César et à Jules de Teste, tous deux avocats. Il a été ensuite successivement à plusieurs médecins, le Dr Lauriol, le Dr Cade, le Dr Azémar, qui l'a fait restaurer et enfin le Dr Raoul Azémar, fils du précédent et propriétaire actuel.

N°s 10-14. — *Hôtel de Massilian.* Construit par François de Massilian, seigneur de Beauchamp (prix-faits de la façade à Jean Rochas, en 1696, et de la continuation de la maison aux frères Honoré et Jean Gautier, en 1698) ; le grand escalier à balustres de pierre doit être de cette époque. L'érudit abbé de Massilian, dont les recueils de notes sur l'histoire d'Avignon, inscrites au dos de cartes à jour, sont encore aujourd'hui si précieuses, est né dans cette maison le 11 avril 1721 ; après avoir servi dans la marine royale d'où il se retira avec le grade de lieutenant de vaisseau, il entra dans les ordres, reçut la prêtrise, fut prévôt de la collégiale de Saint-Didier d'Avignon et prieur commendataire de Lers (diocèse de Gap) ; à la Révolution, il émigra en Italie où il mourut. Ses fiches, sur lesquelles il a noté quantité de documents des archives ecclésiastiques d'Avignon dont certains ont disparu, sont aujourd'hui conservées au musée Calvet.

Le très vaste hôtel de Massilian est aujourd'hui divisé entre deux propriétaires. Au n° 14, se trouve l'entrée principale donnant sur le vestibule d'où part le grand escalier ; le n° 12 a une porte aménagée lors de la division de l'hôtel ; le n° 14 est le portail des écuries.

Dans cette même rue, sans doute dans la partie voisine du portail Matheron, se trouvait une hôtellerie où saint François de Sales, de passage à Avignon, logea du 15 au 25 novembre 1622.

En face de l'hôtel de Massilian, prendre la rue du Mont-de-Piété.

Rue du Mont-de-Piété. Rue Saluces.

N° 2 (*rue du Mont-de-Piété*). — *Hôtel de Beaujeu,* plus tard *de Fresquières,* remontant au moins en partie au XVIe siècle, construit probablement par Sibylle de Beaujeu qui vivait encore en 1525. Cour avec tourelle octogonale de l'escalier à vis ; le mur oriental de la cour est ouvert par un arc surbaissé sur une travée voûtée à liernes et tiercerons. De cette maison provient une cheminée de plâtre, du XVIIe siècle, avec bas-relief (Enlèvement de Proserpine) et frise (Amours dansants) donnée au musée Calvet par Sauvayre, alors propriétaire de la maison.

A l'extrémité de la rue du Mont-de-Piété, tourner à gauche dans la *rue Saluces.*

Le nom de cette rue rappelle le souvenir de la livrée du cardinal Amédée de Saluces (1383 † 1419). Antérieurement (1348), cette livrée avait été celle du cardinal Pierre de Beaufort qui fut ensuite le pape Grégoire XI (1370).

Dans cette rue, *Mont-de-Piété* fondé en 1610 par la confrérie de Notre-Dame de Lorette ; ses bâtiments furent construits en plusieurs reprises au XVIIe siècle. Au siècle suivant, Jean-Baptiste Franque les restaura et agrandit, refit les voûtes (1729), réédifia la chapelle de la Croix (1736), aménagea en 1737 la grande porte d'entrée surmontée d'un bas-relief du Christ de Pitié.

A l'extrémité de la rue Saluces, traverser la rue de la Croix, suivre en face la rue de l'Amelier qui débouche dans la rue de la Petite-Saunerie.

Rue de la Petite-Saunerie. Rue Armand-de-Pontmartin. Rue Carnot.

Rue de la Petite-Saunerie, n° 10. — Grand immeuble habité de 1600 à 1616 par Pierre-Splandian de Montmorency, fils légitimé du connétable Henri de Montmorency, ensuite par les Crivelli, famille de jurisconsultes dont plusieurs furent primiciers de l'Université. L'hôtel fut pillé en 1655 par les Pévoulins. La comtesse de Modène (ex-Madeleine Lhermite, de la troupe de Molière) (1), devenue veuve, s'y retira en 1674 et y mourut en 1696. A l'intérieur, bel escalier, plafonds à la française, boiseries du XVIIIe siècle, etc. Aujourd'hui à M. Charles Le Gras.

Rue Armand-de-Pontmartin (ancienne rue des Encans), n°s 2-4. — Maison à façade gothique, fenêtres à croisées, cartouche avec devise : VIRTVTI ET FATO ; son ancien heurtoir gothique en fer forgé, est au musée Calvet (collection Biret). D'après Achard, cette maison appartenait au XVe siècle à Pierre de Lassone, licencié ès lois. A la Révolution, cette maison était partagée entre Jean Gaillard, fabricant d'étoffes, et Joseph-Alexis Serres, greffier ; tous deux, arrêtés comme suspects, furent condamnés à mort par la Commission populaire d'Orange et exécutés le 3 messidor an II (21 juin 1794).

---

(1) Voir ci-dessus p. 197.

La *rue et place Carnot* à laquelle aboutit la rue Armand-de-Pontmartin s'appelait antérieurement *rue de la Saunerie*, déjà mentionnée sous ce nom en 1258. C'était la rue des Sauniers, saleurs ou marchands de salaisons.

Rue Carnot, n° 23. — A cet endroit se trouvait l'hôtel de Joseph-Ignace de Ribère, seigneur de Costebelle, reconstruit sous les plans de Péru et sous sa direction (prix-fait du 15 mai 1698); en 1732, Thomas Laînée s'occupait de la décoration de l'hôtel de Costebelle. L'élargissement de la rue en ce point s'appelle toujours *place Costebelle.* — Au n° 25 qui suit (maison Girard, ex-Valabrègue), sur l'emplacement de laquelle on a prétendu inexactement que se trouvait la « livrée de Saint-Georges », il subsiste, derrière les bâtiments modernes, une *tour gothique* qui a appartenu, en 1376, à Pierre, seigneur de Venterol, au diocèse de Gap.

CHAPITRE V

DU VIEUX-SEXTIER A LA CARRETERIE ET DE L'HOPITAL SAINTE-MARTHE AU PORTAIL MAGNANEN

I. — L'ancienne juiverie. La rue du Vieux-Sextier. La rue de la Bonneterie. — *La place de Jérusalem. L'hôtel de Villefranche. La boucherie de J.-B. Franque. L'hôtel des Beaux de Roaix. Les hôtels de la rue de la Bonneterie. Les portraits de la marquise de Ganges.*

II. — De la place Pie a la place Pignotte. — *Le marché. Saint-Jean-le-Vieux. La tour de la Bonne Semaine. Le cimetière des Juifs.*

III. — De la rue Philonarde aux Carmes. — *La chapelle de la Visitation. Le portail Matheron. Mallarmé, professeur au Lycée.*

IV. — L'église Saint-Symphorien ou des Carmes. — *L'église et le cloître des Carmes. La déesse de la Liberté. Les chevaliers de l'Arc.*

V. — De la tour des Augustins a l'hopital Sainte-Marthe. — *Le clocher des Augustins. La Belle-Croix. L'hôpital Sainte-Marthe. Les Grands Jardins : la ferme Chapusart ; le duel du « pré des Sausses ».*

VI. — La rue des Teinturiers. — *Les indiennes. La maison au Quatre de chiffre. Les Pénitents gris. Les Cordelirs : le prétendu tombeau de Laure.*

VII. — Le portail Peint. La rue des Lices. La rue de l'Ombre. — *L'Aumône générale. La maison de Pierre Parrocel. La maison de Requien. Le portail Magnanen.*

I. — L'ancienne juiverie. La rue du Vieux-Sextier
La rue de la Bonneterie

Place Victor-Basch (ancienne *place Jérusalem*).

De la « Vieille Juiverie » située sur les pentes occidentales du Rocher des Doms, les Juifs furent transférés, en 1221, sur la paroisse Saint-Pierre (1). Cette nouvelle « Carrière »

(1) Voir ci-dessus p. 31.

des Juifs fut enclose de murs et fermée par trois portes : deux, au nord, s'ouvraient l'une, la porte Saint-Pierre ou d'En-Haut, sur la place de la Poulasserie (place Carnot actuelle) ; l'autre, la porte Saint-Jean (à cause de son voisinage avec Saint-Jean-le-Vieux) ou porte d'En-Bas, donnait sur la rue de la Saunerie ; enfin, la troisième porte, au sud, voisine de l'Ecole ou Synagogue était le « portalet de la Calandre » : elle offrait une sortie vers le plan du Saule (rue Thiers actuelle) qui se prolongeait alors jusqu'au Sextier et vers la Pignotte où se trouvait le cimetière des Juifs. A ces trois portes aboutissaient trois rues dénommées respectivement en 1843, la *rue Abraham* (détruite en 1896), la *rue Jacob* (qui existe encore en partie) et la *place Jérusalem*. Cette dernière située devant l' « Ecole » ou synagogue et sur laquelle se trouvait un puits, était appelée le *plan du Puits* (1487) ou la *rue de l'Escole* (1500), la *place du Parvis* ou *du Parquet* (1689).

Dans l' « escole » ou synagogue, il y avait non seulement le temple, mais encore la salle de réunion, la salle des mariages (*lazina*), la tuerie-boucherie, le four à cuire le pain azyme, etc. Dans la « Carrière » et à cause du peu d'étendue de celle-ci, les maisons s'élevaient jusqu'à cinq ou six étages, ce qui ne se faisait pas dans les autres rues où elles ne dépassaient guère deux étages ; dans la « Carrière », des logements ont même été aménagés, à certaines époques, jusque dans les caves. La population juive s'élevait à environ 600 ou 700 habitants au temps des papes ; en 1746, elle comptait 67 familles totalisant 279 personnes ; en 1781, 94 familles, soit 340 personnes.

La « Carrière » était administrée par des « baylons » désignés, suivant les époques, par le tirage au sort ou par l'élection ; des contrats de balayage assuraient plusieurs fois par semaine le nettoyage des rues et l'enlèvement des ordures.

La « Carrière » d'Avignon a été supprimée comme les « Carrières » du Comtat, à la Révolution. Ses maisons vétustes ont été démolies en 1896-1898. Son emplacement est marqué par la place Jérusalem et la rue Jacob. La synagogue ancienne détruite par un incendie en 1845 avait été remplacée aussitôt par la synagogue actuelle, construite (1846-1848) par l'architecte Joffroy.

Rue du Vieux-Sextier.

Au sud de la Juiverie, se trouvait le vaste *hôtel du marquis de Tulle de Villefranche* (1) qui, lors du premier séjour à Avignon du prétendant d'Angleterre Jacques Stuart en 1716-1717, avait donné l'hospitalité à deux de ses fidèles, les lords Penmure et Drummont. Le « Chevalier de Saint-

(1) C'est dans une maison voisine de celle d'Antoine de Tulle, — le futur hôtel de Villefranche, — et près de la Calandre des Juifs que fut imprimé en 1497, par Pierre Rouhault, de Lyon, le *Luciani Palinurus*, le premier livre sorti d'une presse avignonnaise.

Georges » lui-même y habita lors de son second séjour du 19 août au 19 décembre 1727. Son « généralissime », le duc d'Ormond, y logea à son tour du 28 août 1732 au 7 février 1733, date à laquelle il alla s'établir dans l'hôtel de Donis, rue Dorée, ce qui amena une brouille entre le Marquis de Villefranche, vexé de ce départ, et le Marquis de Donis.

Quelques années plus tard, en 1749, en vue d'une vaste opération d'urbanisme, la ville acheta, au prix de 45.000 livres, l'hôtel de Villefranche, au travers duquel Jean-Baptiste Franque perça une rue large et droite, allant du Sextier, situé près de l'église Saint-Geniès, à la place Pie. Sur le côté sud de la rue, il construisit de 1749 à 1752, une *boucherie,* dont la façade existe encore (n° 22) ; on la reconnaît à ses arcades décorées de têtes de bœufs ou de béliers entourées d'instruments de boucherie. En face, il édifia à la même époque un bâtiment symétrique pour servir de *poissonnerie ;* derrière, on plaça la *triperie* (1754) ; ces deux derniers bâtiments, aujourd'hui disparus, étaient encore en usage avant la mise en service des halles centrales actuelles. Quant à la nouvelle rue dont l'aménagement dura encore plusieurs années, on l'appela *rue Aquaviva* du nom du vice-légat en fonctions ; mais le peuple la nomma *rue du Vieux-Sextier,* après la construction du nouveau sextier de la place Pie ; c'est cette dernière dénomination qui a survécu. Les façades reçurent une décoration uniforme dont il reste encore des vestiges aux numéros 20 et 29-33 qui se font vis-à-vis. Ces vestiges, dignes de conservation, sont malheureusement de plus en plus mutilés et défigurés. Sur la façade de la boucherie notamment, on a installé de lourds et disgracieux auvents de ciment armé d'un effet déplorable.

N° 19. — *Hôtel de Belli* ou *Beaux de Roaix* ou *de Roays.* La famille Belli ou de Beau était d'origine piémontaise, fixée à Avignon au XVIe siècle. Louis Beau (1553 † après 1621) fut auditeur de Rote, comte ès lois, primicier de l'Université ; son neveu Gabriel Beau († 1635) fut aussi professeur de droit ; il acquit la seigneurie de Roaix en 1594. Les Belli habitaient dès le XVIe siècle l'immeuble de la rue du Vieux-Sextier, aujourd'hui transformé en installation commerciale. Du XVIe siècle, date la Vierge avec niche d'encoignure surmontée d'une flèche à crochets qui décore l'angle des deux façades. A l'intérieur, au premier étage, on a retrouvé un beau plafond de la même époque à bois apparent ; l'entrecroisement des poutres et des solives forme des caissons quadrangulaires d'un mètre cinquante de profondeur. Au deuxième étage, subsiste également un autre plafond à caissons, avec blasons peints des Beaux et des Cambis (?), mêlés à ceux de France, du Dauphiné, d'Avignon, etc.

N° 10. — Ancienne *église Saint-Geniès,* ou *Saint-Genêt,* rebâtie en 1737 par J.-B. Franque ; avant 1790, c'était une des sept paroisses de la ville ; elle était en forme de croix grecque avec une coupole au centre. Utilisée au XIXe siècle pour la Chambre de commerce, elle est aujourd'hui transformée par des installations commerciales.

A l'extrémité de la rue du Vieux-Sextier qui tourne à gauche, continuer pour tourner de nouveau à gauche dans la

Rue de la Bonneterie.

La rue est ancienne, mais son nom est relativement récent. Au XIVe siècle, elle en portait plusieurs ; la *carreria Sancti Genesii* ou rue de Saint-Genêt, — à cause de l'église de ce nom, — était suivie de la *rue de la Curaterie* (citée dans les statuts de 1246) ou *du Marché-au-Cuir* et se terminait par la *rue de la Verrerie.* Au XVe siècle, la rue de Saint-Genêt devient la *rue du Sauvage,* à cause d'une enseigne d'auberge ou de taverne de « l'Homme sauvage ». Puis, au XVIe siècle, la *rue de la Bonneterie* commence à s'identifier avec la rue du Marché-aux-Cuirs et enfin au début du siècle suivant, on dit : « Rue Bonneterie autrefois Curaterie ou Marché-au-Cuir » (1613).

N° 2. — Maison à toiture débordante avec poutres d'angle aux extrémités en forme de mufle de dragon, XVIIIe siècle.

N° 11. — Façade sud de l'ancienne *église Saint-Genêt* ou *Saint-Geniès,* XVIIIe siècle.

N° 17. — *Maison natale du peintre Joseph Vernet,* à l'angle de la *rue Trémoulet* (Trémoulet est une déformation de *Triboulet,* nom que portait une maison de cette rue, sans doute un nom de famille, — en 1391).

N° 20. — Dans la cour, puits, XVIIIe siècle.

N° 33. — *Maison de l'architecte Pierre Bondon,* XVIIIe siècle, (Vierge et niche d'angle).

N° 35. — *Hôtel Raoulx.* Jean-Paul Raoulx était un marchand ; il acheta le 29 avril 1692 deux maisons contiguës dans la rue de la Bonneterie et fit construire, à leur place, par Jean Péru, une maison aussi imposante qu'un hôtel aristocratique. Le prix-fait de la maçonnerie fut donné, le 20 août 1696, aux frères Mangarel qui devaient terminer la construction en quinze mois ; celui de la charpente et de la menuiserie, le 29 août suivant, à Pierre Gonin. Il est vraisemblable que Jean Péru dut diriger lui-même l'exécution de la sculpture, notamment celle du puissant balcon de pierre décoré d'une tête de Minerve casquée qui surplombe la porte d'entrée et celle des mascarons des fenêtres du rez-de-chaussée. A l'intérieur, le bel escalier est porté par des pilastres de pierre réunis par des rampes de fer forgé où des balustres sont traités en silhouettes ajourées comme dans la rampe de la maison de Carichon, rue de Taulignan, dont le dessin, nous le révèle le prix-fait, était de Jean Péru et la ferronnerie de Guillaume Poussin, de Saint-Rémy-en-Provence, et de Charles Giraud, d'Avignon.

N° 40. — *Maison Ricci*. Les Ricci, originaires du Piémont, possédaient au XVe siècle une maison et un vaste terrain, à l'angle de la rue du Marché-aux-Cuirs (rue Bonneterie) et de la rue de Jean-du-Moulin-Neuf ou de la livrée du Puy (rue Collège-de-la-Croix). A la fin de ce siècle, l'un d'eux, Guillaume Ricci, docteur ès lois, était un personnage très important, membre du Conseil de ville, viguier, primicier de l'Université, plusieurs fois « ambassadeur » d'Avignon à Rome. En 1498, il fit construire une chapelle ; en 1500, il fonda le Collège de la Croix dans la partie sud-ouest de son terrain. Au XVIIe siècle, la propriété des Ricci fut morcelée ; du côté de la rue du Roi-René (aujourd'hui Pierre-Grivolas), une partie échut aux Cambis de la Falesche sur laquelle ils construisirent leur hôtel (n° 44 de la rue de la Bonneterie) ; de l'autre, du côté de la rue Collège-de-la-Croix, le reste appartint à Joseph de Fogasses de la Barthelasse. Cette dernière partie était, au début du XVIIe siècle, entre les mains de Jeanne-Gabrielle de Broduno, veuve de Joseph de Silvecanne, seigneur de Camaret, qui fit refaire une partie de la maison des Ricci par Joseph Mottard, maçon, suivant « les articles dressés par Monsieur le chevalier Mignard » (prix-fait du 17 mars 1706).

En 1760, l'hôtel à trois corps et chapelle fut vendu à Catherine Guintrandy qui fit « calader » la cour par Barrelet ; celui-ci exécuta, selon son procédé, une mosaïque de cailloux colorés, avec rosace au centre et trois palmes dans chacun des angles.

Par mariage, l'hôtel advint en 1838 aux Sarrazin de Chambonnet ; au début du XXe siècle, il conservait encore : sur la rue de la Bonneterie, des vestiges gothiques de la vieille maison des Ricci ; à l'intérieur, une cour à arcades construite en 1706 ; un escalier monumental avec rampe en fer forgé de la même époque ; au premier étage, son ancienne « salle » avec plafond à poutres et solives apparentes et grande cheminée de plâtre à hotte décorée (*Hercule et l'hydre de Lerne*).

La transformation du rez-de-chaussée de l'hôtel de Sarrazin de Chambonnet, — c'est le nom qu'on lui donnait alors, — en installation commerciale, a fait disparaître nombre des dispositions anciennes ; la façade a été entièrement modernisée. La rampe en fer forgé devenue inutile a été donnée au musée Calvet.

N° 44. — *Hôtel de Cambis de la Falesche*, puis *Cambis d'Orsan*, ensuite *Du Plessis de Pouzilhac*, XVIIe et fin XVIIIe : grand portail à carrosses sur une cour, avec, en face, un portique ouvert par deux colonnes ioniques ; façade couronnée de balustres. Aujourd'hui au Dr Lesbros.

N°s 50-52. — *Hôtel de Puget de Chastueil.* Le 22 août 1695, Joseph-Louis de Puget, marquis de Chastueil et seigneur de Maillane, chargea les maçons Antoine Aubert et les frères Mangarel de construire l'escalier de son hôtel, conformément aux plans dressés par Jean Péru. Quatre ans plus tard, le 8 décembre 1699, le maçon Jean Mottard, dit la Pensée, recevait l'entreprise, dans la partie du même immeuble qu'on réédifiait, d'une galerie et d'un pavillon, également d'après les plans de Jean Péru. Bien qu'on n'ait aucun texte à ce sujet, il est vraisemblable que Péru donna également le dessin de la façade de l'hôtel, dont les pierres en saillie destinées à la sculpture sont restées simplement épannelées.

Les dispositions du rez-de-chaussée étaient monumentales ; le vestibule se trouvait assez vaste pour permettre aux carrosses d'atteindre le départ d'un escalier grandiose dont la rampe en fer forgé était une des plus belles d'Avignon. La transformation du rez-de-chaussée de cet hôtel en installations commerciales et le grand immeuble élevé sur l'emplacement du jardin ont complètement défiguré l'ensemble architectural réalisé par Jean Péru. L'ordonnance dorique du rez-de-chaussée de la façade a disparu, ainsi que le vestibule à carrosses, l'escalier et sa magnifique ferronnerie.

En face, sur l'emplacement des halles, se trouvait l'*hôtel de Joannis de Nochères,* dans lequel Diane de Joannis de Châteaublanc de Roussan, future marquise de Ganges, vint habiter, après la mort de son premier mari (1), auprès de son grand-père, Melchior de Joannis de Nochères. C'est pendant son séjour dans cette maison, qu'elle se fit peindre par les deux Mignard, au moins deux fois par Nicolas Mignard entre 1656 et 1658, et une fois par Pierre Mignard, sans doute en janvier ou février 1658. A propos de ce dernier *portrait,* l'abbé Mazière de Monville, biographe de Pierre Mignard, rapporte cette anecdote : « On prétend que, pour échauffer l'imagination du peintre, elle (Diane de Joannis) employa le même moyen dont un orateur grec s'étoit autrefois servi pour emporter les suffrages de l'aéropage en faveur de Phryné, dont il plaidoit la cause ; le peintre ne réussit pas moins bien qu'avoit fait l'orateur ; le portrait de Mme de Castellane qu'on garde au château de Ganges est encore aujourd'hui l'objet de l'admiration de tous ceux qui le voient. » Cette anecdote est-elle exacte ? Elle n'est pas invraisemblable, si on fait état des allusions de Chapelle et Bachaumont, ainsi que des racontars de Bussy-Rabutin sur la tenue de Diane de Joannis pendant son veuvage. On ignore ce que sont devenus les portrait originaux peints par les Mignard ; on en possède plusieurs copies ou répliques, notamment une à Villeneuve-lez-Avignon, où le modèle est représenté sous le costume de *Sainte Roseline.* Remariée en 1658 au marquis de Ganges, Diane de Joannis, nous l'avons dit plus haut, fut

(1) Voir ci-dessus p. 190.

assassinée par ses beaux-frères, l'abbé et le chevalier de Ganges, le 13 mai 1667.

En faisant le tour des Halles par la *rue de l'Olivier*, on arrive à la *rue Thiers* (ou *rue Roger-Salengro*). Cette rue a été commencée en 1869 et exécutée principalement de 1874 à 1877 ; elle est formée d'une ancienne *rue du Saule* élargie et d'une voie créée à travers les « Grands Jardins », terrains alors non bâtis entre l'enceinte du XIIIe siècle et celle du XIVe. Au début de cette rue (n°s 4-6), l'*hôtel Saint-Yves* est d'origine ancienne (fenêtres à croisées du XVIe siècle sur la façade). Au commencement du XVIIIe siècle, cette hôtellerie appartenait à la famille Engallier ou Ingallier et, en 1733, elle était tenue par Ambroise Saint-Yves, traiteur. En 1760, un nouveau locataire, Mathieu Aufan, aussi traiteur, conserva le nom de son prédécesseur et obtint du viguier l'autorisation de faire peindre sur son enseigne l'image de saint Yves avec l'inscription « A l'hôtel Saint-Yves, chez Aufan ». L'hôtel fut acheté en 1772 par Jean Peytavin, dit Saint-Jean ; à cette date, un plan par Jean-Pierre Franque est intitulé : « Cabaret de Saint-Yves, vendu par M. Ingallier à M. Saint-Jean Peytavin, traiteur ». Les Peytavin ont gardé l'hôtel jusqu'en 1867. Dans son *Dictionnaire des anciennes rues d'Avignon*, Pansier rapporte qu'Adolphe Thiers, quand il venait parfois dans cette ville, « descendait à l'hôtel Saint-Yves chez Mme Peytavin, sœur de M. Gaspard Roure d'Aix, son ami et bienfaiteur ».

II. — De la place Pie a la place de la Pignotte

Place Pie (aujourd'hui *place Stalingrad*).

La place Pie, vieille de plus de trois siècles, doit son origine à une circonstance fortuite. En 1562, on exécuta, pour hérésie, le fameux Parpaille. La maison que ce malheureux possédait près de Saint-Jean-le-Vieux fut livrée au pillage et démolie de fond en comble. L'emplacement fut ensuite aplani et dénommé place Pie du nom du pape régnant. En 1563, on y édifia une « colonnade », composée d'une triple rangée de piliers destinés à recevoir une toiture et à former ainsi une halle où les maraîchers des environs pourraient venir vendre leurs légumes. Le 30 janvier 1563, le vice-légat Laurent Lenzi était venu en procession bénir la nouvelle place et la colonnade. « Aux fondements des ailes d'icelle, dit Louis de Pérussis, furent mises quelques médailles et pièces d'or et d'argent » aux armes du pape, du légat Farnèse, du vice-légat Lenzi, de Fabrice Serbelloni, général des armes et « cousin germain de Sa Béatitude » et enfin de la ville d'Avignon (1). « La bénédiction faite, l'artillerie tira pour réjouissance. »

(1) L'abbé Arnavon dira plus tard dans son *Journal* manuscrit : « Le 10 novembre 1762, on a trouvé dans les anciens fondements de la colonnade de la place Pie des médailles qui y avaient été jetées lorsqu'on l'avait édifiée. »

La construction de la toiture de la *halle* se fit par morceaux et lentement ; sur le plan de 1618, on voit encore toute une rangée de piliers à découvert ; la halle ne fut achevée qu'en 1624. Outre les boutiques, on y aménagea un corps de garde et une petite chapelle. En 1591, la nouvelle place avait été agrandie pour servir de place d'armes. Elle fut une des premières à être signalée par une inscription. Une « visite » des maîtres des rues, en 1616, mentionne en effet une maison « regardant la place en laquelle y a escrit en grosses lettres place Pie ».

Au milieu du XVIIIe siècle, dans le programme des travaux d'urbanisme qui eurent lieu alors, Jean-Baptiste Franque, pour répondre à des besoins accrus, proposa de remplacer le vieux marché couvert de la place Pie par une vaste halle de pierre surmontée de greniers d'abondance. De 1760 à 1764, son fils construisit, conformément à ces données, un bel édifice dont le rez-de-chaussée s'ouvrait sur la place Pie par une série d'arcades en plein cintre, ce qui le fit, dans l'usage courant, dénommer les *Arcs*. Sous les Arcs, il y eut le sextier et une petite chapelle dédiée à Notre-Dame de Bon-Rencontre. Ce monument a été démoli sous le Second Empire.

Au XIXe siècle, le marché aux légumes se faisait sur la place Pie et rue du Vieux-Sextier ; un tableau du peintre avignonnais Pierre Grivolas (daté de 1868), conservé au musée Calvet, donne une idée du pittoresque coloré de ce marché en plein air. Il a été supprimé à la fin du XIXe siècle et la démolition de maisons anciennes a permis la construction de « halles centrales ». Une autre extension de la place Pie au nord-ouest a fait disparaître la commanderie de Saint-Jean-le-Vieux.

Saint-Jean-le-Vieux.

L'établissement en cet endroit des Hospitaliers de Saint-Jean-de-Jérusalem remontait au début du XIIIe siècle. Ils en partirent au siècle suivant, après la suppression des Templiers, pour se loger dans la commanderie de ces derniers, près de Saint-Agricol. Leur ancienne maison devint une livrée cardinalice qui, du nom de son dernier occupant, le cardinal Pierre Corsini, évêque de Florence († 1405), conserva l'appellation de *livrée de Florence*.

Cette livrée comprenait trois parties :

1° Les bâtiments de l'ancienne commanderie de Saint-Jean ; ils passèrent au XVe siècle aux La Salle, venus du Piémont ; de 1501 à 1507, le changeur Jean de la Salle y fit d'importantes réparations. En 1536, les religieuses de Saint-Véran hors les murs de la ville s'y installèrent ; elles avaient quitté leur couvent suburbain à cause du voisinage du camp des troupes françaises, lors de l'occupation d'Avignon par l'armée de François Ier. En 1598, elles furent remplacées dans les bâtiments de Saint-Jean par les Pères de la Doctrine chrétienne qui venaient d'être fondés en 1593 par le Vénérable

César de Bus. Ces derniers y demeurèrent jusqu'à la Révolution.

2° L'église et le cimetière de la Commanderie situés au nord de la rue Saint-Jean, entre cette rue et la rue Saunerie (aujourd'hui rue Carnot), et devenus au XVe siècle annexes de la paroisse Saint-Pierre. Ils furent donnés en jouissance aux Doctrinaires, lors de leur installation dans les bâtiments de Saint-Jean.

3° Un corps de logis avec tour construit, au milieu du XIVe siècle, par le cardinal Nicolas de Bessia, évêque de Limoges et neveu de Clément VI. Au XVe siècle, cette partie était devenue la propriété du changeur Henri Tegrini, puis d'un notable avignonnais Olivier des Cocils dit Agaffin ; les Doctrinaires l'acquirent au début du XVIIe siècle, et furent dès lors possesseurs de toute l'ancienne livrée de Florence.

Sur le plan de 1618, l'ensemble un peu confus de ces constructions, que dominent deux tours, est appelé *S. Ian le Vies* Saint-Jean-le-Vieux (1).

En 1622, les Doctrinaires achetèrent une maison dite de la Garde, au midi de la rue Saint-Jean. Ils la réunirent à leurs anciens bâtiments par un arceau franchissant la rue, ce qui donna lieu à un procès de la part de la ville ; mais, malgré l'hostilité de la population, l'arceau subsista jusqu'en 1792.

A la fin du XIXe siècle, Saint-Jean-le-Vieux, après avoir servi de caserne (1793-1833), était encore utilisé pour une école primaire. Robida l'a décrit ainsi : « ...Un fond de place gothique de grand effet, des bâtiments crénelés arrangés en boutiques au rez-de-chaussée, des passages voûtés aux murailles brunes et aux fortes ombres, des balcons, de grands toits en auvent, d'autres bâtiments plus sombres en retour de façade et, enfin, une haute et grosse tour carrée à plateforme crénelée, accostée d'une tourelle octogonale. » Cet ensemble, aussi imposant que pittoresque, a été démoli en 1893 pour l'agrandissement de la place Pie. Il n'en subsiste que la tour Saint-Jean, défigurée par une restauration excessive (2).

Rue du Général-Leclerc (ancienne *rue Sainte-Garde*).

Palais de Justice, autrefois monastère des Annonciades Célestes (1640-1752) et ensuite Séminaire de Sainte-Garde ; dans l'ancienne chapelle, aujourd'hui coupée en deux, voûte d'une stéréotomie remarquable.

---

(1) On le distinguait ainsi de l'établissement des Hospitaliers, rue Saint-Agricol, appelé Saint-Jean-de-Rhodes.

(2) La porte de l'Eglise des Doctrinaires (XVIIe siècle) a été recueillie par le musée Calvet, ainsi que la pierre tombale très usée du vénérable César de Bus.

Par la rue Saint-Jean-le-Vieux, on gagne la

Rue du Chapeau-Rouge.

N° 23. — Ancienne livrée de Neufchâtel. Il en subsiste une tour du XIVe siècle, dite *de la Bonne Semaine,* parce qu'elle servait de prison de l'Auditeur de la Vice-Gérence, au XIVe et au XVe siècle ; au XVIIe siècle, on y enferma les aliénés. L'hôtellerie du Chapeau-Rouge, qui a donné son nom à cette rue, était déjà mentionnée en 1448 ; — en 1830, son enseigne existait encore, d'après Achard ; — elle s'est appelée plus récemment l'hôtel du Luxembourg. Le nom de *rue de la Lamproie* qui a été attribué aussi, par intermittence, à cette rue, du XVIe au XVIIIe siècle, venait aussi d'une enseigne.

Place de la Pignotte.

Cette place tire son nom de l'institution charitable, — fondée en 1316 par Jean XXII et continuée par ses successeurs, — qui distribuait des vivres aux nécessiteux (1) ; le mot Pignotte vient, soit de la forme des pains distribués semblables à des pignons ou pommes de pin, soit de l'italien *pagnotta* (petit pain).

Après le départ de la Cour romaine, la Pignotte cessa de fonctionner. La maison de la Pignotte appartenant à la mense épiscopale, fut mise en location, puis aliénée au XVIIe siècle. En 1717, elle fut acquise par la famille des Achards de la Baume qui y fit de grandes réfections en 1760. L'hôtel des Achards de la Baume (n° 15 de la place Pignotte) se signale par sa façade encadrée de chaînes de refends, sa niche d'angle, sa grande porte et son balcon avec appui de fer forgé.

La Pignotte avait été installée en partie sur un terrain affecté au *cimetière des Juifs,* depuis le transfert de la Juiverie, dans la paroisse Saint-Pierre en 1221. La partie principale de ce cimetière était un monticule, actuellement dissimulé par les maisons du côté nord de la place de la Pignotte ; ce monticule est, avec le rocher, le seul point de la ville à l'abri des fortes inondations. A la fin du XVIIe siècle, le cimetière des Juifs, réduit par des concessions de terrains à des institutions ecclésiastiques, était devenu insuffisant. Aussi, en 1710, les Israélites achetèrent-ils, près de la porte de la Ligne et du Grenier à sel, un jardin d'environ trois éminées (2.500 mètres) qui leur servit de cimetière, jusqu'à sa suppression, à la même date que celle des cimetières paroissiaux, en 1791-1792 ; le cimetière israélite fut transféré dans la prochaine banlieue, à Saint-Roch.

Entre les deux rangées de platanes de la place de la Pignotte, on aperçoit un des plus gracieux édifices du

---

(1) Voir ci-dessus p. 61.

XVIIe siècle avignonnais, la chapelle de la Visitation, dont la description suit.

III. — De la rue Philonarde aux Carmes

Rue Paul-Saïn (ancienne *rue Philonarde*).

Chapelle de la Visitation (aujourd'hui du Saint-Sacrement). — Le couvent de la Visitation fut fondé en 1624 par les dames de la Visitation de Lyon et son église construite de 1631 à 1638 par les soins du cardinal Mario Philonardi, archevêque et vice-légat d'Avignon, qui posa la première pierre le 10 avril 1631. François de Royers de la Valfenière en fut l'architecte.

La façade, dont le prix-fait est du 23 décembre 1631, est avec des proportions moindres, semblable à celle que La Valfenière avait dessinée pour la chapelle du Collège des Jésuites (aujourd'hui musée lapidaire). Elle comprend deux ordres d'architecture, corinthien à l'inférieur, composite au supérieur ; un fronton triangulaire en forme l'amortissement. De belles inscriptions, sur la façade et à l'intérieur, rappellent le nom du fondateur, Mario Philonardi, vice-légat et archevêque d'Avignon, et les dates de la construction. Le plan est en forme de croix latine ; la nef unique est voûtée en berceau ; les deux chapelles latérales, dont une grillagée sert de chœur aux religieuses, forment les bras de la croix ; un dôme s'élève à leur intersection ; l'abside est peu profonde et en forme d'arcade. L'ornementation intérieure du vaisseau fournit un des plus beaux exemples de la décoration sculptée du temps, aussi bien civile que religieuse, car églises et édifices profanes utilisaient à peu près les mêmes éléments. Dans les galeries des hôtels Louis XIII, on devait donc trouver des motifs analogues aux rinceaux qui encadrent les peintures du plafond cintré de la Visitation ; de même, les élégantes figures d'anges qui surmontent les arcades des chapelles devaient avoir leur pendant dans les intérieurs profanes. Ces belles sculptures de la Visitation sont l'œuvre d'un artiste trop peu connu, Jean-André Borde, fils d'un tailleur d'habits, baptisé dans l'église Saint-Pierre le 8 février 1604 et mort à Avignon le 6 août 1667. En 1618, il était entré en apprentissage chez Melchior Bastide « gipier, architecteur, sculpteur et tailleur de pierres », qui travailla beaucoup pour l'architecte François de Royers de la Valfenière, de 1611 à 1639 au moins. Borde lui succéda comme principal collaborateur de la Valfenière. Nous verrons qu'il fut aussi celui de Domenico Borboni pour les sculptures de la façade de l'hôtel de Crillon ; on lui attribue également la belle cheminée de pierre de la salle des gardes de cet hôtel, aujourd'hui au musée Calvet. En fin de carrière, il se révèle, comme architecte, en commençant la façade et en construisant le grand escalier de l'hôpital, dans un style qui rappelle celui de la Valfenière.

Les Visitandines furent dispersées à la Révolution. Elles se reconstituèrent au XIXe siècle dans l'ancien Noviciat des

Capucins, rue d'Annanelle, tandis que les religieuses du Saint-Sacrement prenaient leur place rue Philonarde.

A gauche de la chapelle de la Visitation, *chapelle de la Congrégation des hommes,* construite par le maçon François Lamy, puis Esprit-Antoine Rochas (1751-1753) : façade concave, joliment décorée de motifs rocaille. L'intérieur est un vaisseau assez nu, sauf le fond occupé par un vaste retable composé de quatre colonnes corinthiennes encadrant un grand *Couronnement de la Vierge* de Nicolas Mignard et portant un fronton triangulaire.

Place de la Pyramide.

En continuant de suivre la rue Philonarde au delà de la rue Thiers, on rencontre à gauche la place de la Pyramide, qui est née à peu près comme la place Pie. En 1665, la maison de Clément Chaissy, l'un des chefs de la révolte contre le vice-légat Colonna, fut rasée, et sur l'emplacement on éleva le petit monument commémoratif qui a donné son nom à la place. Lors de la troisième réunion temporaire en 1768-1774, les autorités d'occupation firent enlever cette pyramide, à cause de son inscription jugée désobligeante pour le gouvernement royal.

Revenir sur ses pas et suivre la rue Philonarde et la rue Paul-Saïn jusqu'à la

Place du Portail-Matheron.

Cette place a conservé le nom d'une des portes de l'enceinte du XIIe et du XIIIe siècle.

N° 8. — Maison appelée longtemps « la maison du crime » ; une veuve Pical et sa fille y furent assassinées le 26 germinal an X (16 avril 1802) ; le meurtre avait été commis par une ancienne servante qui fut guillotinée à Carpentras le 30 germinal an XI ; elle avait une complice condamnée à vingt-quatre ans de détention.

C'est dans cette maison qu'habita *Stéphane Mallarmé* pendant son séjour à Avignon comme chargé de cours d'anglais au Lycée de garçons ; il y occupa un appartement meublé du 26 octobre 1869 à la fin mai 1871.

Les relations de Mallarmé avec Avignon ou plus exactement avec ses poètes, les félibres, dataient de plusieurs années. Pendant son séjour à Tournon, il avait fait, au cours des vacances de 1864, un « périple lyrique » et était venu en août à Avignon où il s'était lié avec Théodore Aubanel d'une très vive amitié et avait été séduit par la cordialité des félibres. Aussi écrivait-il aussitôt à son ami Cazalis : « Oh ! mon ami, je voudrais être à Avignon ! Demande donc cela pour moi aux dieux qui mettent des manches de lustrine dans les cabinets des ministres ! » Mallarmé revint en août 1866 revoir ses amis et consulter, sur sa santé, le docteur Béchet, praticien avignonnais qui jouissait d'une extraordinaire réputation. Aubanel écrit alors, le 16 août 1866 : « Stéphane Mallarmé est ici depuis quelques jours. C'est un brave cœur et une magnifique organisation de poète, mais qui se fourvoie dans des abstractions et des bizarreries inouïes ; c'est dommage ! » C'est l'année suivante, à la rentrée d'octobre 1867, que Mallarmé fut nommé à Avignon et s'installa au n° 8 du Portail-Matheron. Ses relations avec Aubanel et les félibres devinrent alors plus intimes, malgré leur incompréhension de son œuvre et bien qu'il vécut fort retiré et sortit peu. « Cet excellent garçon, écrit alors Aubanel, est au comble de ses vœux ; ... nous nous voyons tous les jours » (22 novembre 1867).

Pendant son séjour à Avignon, Mallarmé reçut la visite de quelques-uns de ses amis de Paris, H. Cazalis (Jean Lahor), François Coppée, puis, au cours de l'été 1870, celle de Villiers de l'Isle-Adam et de Catulle Mendès, celui-ci accompagné de sa femme Judith, fille de Théophile Gautier, visite que Mendès devait raconter dans son *Rapport sur le mouvement poétique français de 1867 à 1900.* De son côté, Aubanel, dans une lettre du 8 août 1870, a tracé un croquis assez piquant de ces réunions littéraires : « Il y a ici, chez Mallarmé, Villiers de l'Isle-Adam et Catulle Mendès, avec sa femme Judith, la fille de Théophile Gautier. Ce sont tous les trois des parnassiens et des impassibles. Leurs thèses ne sont pas du tout amusantes, et leur poésie est diantrement dans les nuages ; mais Judith est une femme admirable, jeune, grande, brune, pâle, avec l'embonpoint et la nonchalance d'une femme d'Orient. Il faudrait voir cette femme-là couchée sur une peau de tigre et fumant le narghilé. » Mallarmé lut à ses visiteurs un conte qu'il venait de terminer, *Igitur* ou *La Folie d'Elbehnon,* qui suscita l'enthousiasme de Villiers et l'incompréhension de Mendès.

Cependant Mallarmé s'était lassé d'Avignon, de son mistral, de sa poussière, de la bruyante vulgarité des félibres, dont, Aubanel mis à part, la poésie et les manières étaient « aux antipodes » des siennes ; il était surtout une fois de plus lassé de l'enseignement, dont selon Charles Seignobos, il avait « horreur ». Pourtant, dit son biographe Henri Mondor, « sa vie de professeur a été, à Avignon, un peu moins éprouvée et sensiblement moins dénigrée qu'à Tournon. Certains collègues devinaient ses mérites, goûtaient ses particularités ; les élèves le préféraient ; quelques parents qui le savaient prisé par les poètes de la ville et connu à Paris dans les sphères de haute poésie, tenaient à son originalité et en savouraient ou brodaient la légende ». Néanmoins, il demanda et obtint un congé pour raison de santé, le 20 janvier 1870. Il se contenta dès lors de faire, aux cours municipaux de Saint-Martial, un cours d'anglais « à l'usage des jeunes personnes », trouvant sans doute, souligne Henri

Mondor, « dans la gentillesse et le maniérisme de ses attentives élèves... une atmosphère plus agréable que celle où des jeunes hommes violents, négligés, fermentants, l'ont obligé à vivre ». Mais maintenant rien ne saurait le retenir. Il « rêve de Paris, de lumière discrète, d'atmosphère intellectuelle, ... de solitude plus facilement préservée qu'en province... » Sa dernière lettre d'Avignon adressée à Cazalis (Jean Lahor) est du 29 mai 1871.

Sur le côté nord-est de la rue ou place du Portail-Matheron, débouchent de vieilles rues. La *rue de l'Oriflamme,* autrefois *de l'Oriflanc* (éléphant) (1), doit son nom à une enseigne (1486) ; dans cette rue, le *puits de la Cadene* (1488) était ainsi nommé parce qu'il servait de support à une de ces grosses chaînes que les consuls faisaient tendre à travers les rues dans les périodes de troubles (2).

Dans la *rue de la Campane,* se trouvait le « logis de la Cloche » (1598) qui a laissé son nom à cette rue. Mathieu Jouve-Jourdan, dit Jourdan Coupe-Tête, a habité, de 1788 à 1791, la maison n° 23 de cette rue ; il ne la quitta que pour aller occuper les appartements du vice-légat au Palais des Papes.

La *rue de la Tête-Noire* (actuellement *rue Ledru-Rollin*) devait son ancienne appellation à la vieille hôtellerie « de la testa del Sarrazin » (1371). Au Moyen-Age, c'était la *rue des Etuves-de-la-Pierre* (*de la Peyra*) ; cet établissement de bains se trouvait sur le bord du « fossé antique » (1408), c'est-à-dire du fossé des remparts du XIIIe siècle ou Sorgue ; plus tard, on l'appela la « taverna de la Peyra » (1446).

IV. — EGLISE SAINT-SYMPHORIEN OU DES CARMES

Eglise des Carmes.

L'église de l'ancien couvent des Carmes a reçu le titre paroissial de Saint-Symphorien après la désaffectation de l'ancienne église de ce nom, qui se trouvait rue de la Banasterie (3).

Les Carmes s'étaient établis à Avignon, en 1267, hors des murs de l'enceinte d'alors, ainsi que les autres ordres mendiants. De tous les couvents de mendiants, il est le seul à avoir conservé son église et son cloître, sauvés à cause de leur affectation à un service paroissial. Son église date, dans ses parties principales, du second quart du XIVe siècle ; le

---

(1) D'après le livre de raison de Louis de Merles de Beauchamp, c'est en novembre 1631 que pour la première fois « fut mené en Avignon une beste appelée éléphant ; c'est la plus grosse beste qui soit sur la terre et qu'on n'avoit jamais veu en ce pays. Monsr le Vice-légat le fit amener dans son palais où le peuple l'alloit voir par curiosité ».

(2) Voir ci-dessus p. 60.

(3) Voir ci-dessus p. 275.

pape Jean XXII donna de larges subventions pour sa construction (1320-1326) ; Clément VI également ; le clocher, formé d'une tour carrée surmontée d'un tambour octogonal et d'une flèche, est aussi du XIVe. La façade est nue, sauf un gâble ajouté au XVe siècle et surmonté d'une rose. A l'intérieur, la nef de sept travées est la plus vaste et la plus élevée d'Avignon ; remaniée à la fin du XVIIe siècle, il est probable qu'à l'origine, elle était, comme l'église des Dominicains, couverte d'un lambris avec charpente apparente ; la voûte actuelle en plein cintre et en briques est moderne (1836).

Quoique moins visitée que les autres églises d'Avignon, cette église possède quelques œuvres de valeur provenant pour la plupart de l'ancien couvent des Carmes : fonts baptismaux, pierre, XVIe siècle. — Autel avec tabernacle et six chandeliers, bois sculpté et doré, XVIIe siècle. — *Le Christ, la Vierge et saint Jean,* belles statues de bois polychrome provenant d'un Calvaire, XVIe siècle. — *Sainte Elisabeth* et *saint François d'Assise,* deux statues de bois peint, XVIIIe siècle. — *La Vierge avec l'Enfant,* statue de bois argenté, attribuée au sculpteur comtadin Jacques Bernus (?). — Nombreux tableaux : de Guillaume Grève (quatre scènes du *Martyre de saint Symphorien*), de Guillaume-Ernest Grève (*Adoration des Mages*), de Nicolas Mignard, Pierre Parrocel, Philippe Sauvan, etc.

Au nord de l'église, le beau cloître des Carmes, encombré de maisons particulières, a pu, grâce à une généreuse donation, être déblayé et en partie restauré. La salle capitulaire voûtée d'ogives, liernes et tiercerons, a été également conservée.

Place des Carmes.

N° 25. — *Maison Gleize de Crivelly,* construite par François Lamy, sous la direction de J.-B. Franque, vers 1723 ; agrandie en 1775. Le 20 prairial an II, fête de l'Etre suprême à Avignon, la « citoyenne Gleyse de la place des Carmes » figura *la déesse de la Liberté* sur un char traîné par quatre bœufs ; elle était l'épouse de Louis Gleize de Crivelly. Antérieurement, Georges Crivelly, docteur-ez-droits, est mentionné « vis-à-vis les grandes Carmes » dans le *Calendrier et notice de la ville d'Avignon* de 1761. Aujourd'hui à M. et Mme Baud, libraires.

Rue Saint-Sébastien.

La *rue des Infirmières,* au nord du couvent des Carmes, rappelle le portail de ce nom de l'enceinte du XIIIe siècle. C'est une rue populeuse sur laquelle débouchent plusieurs ruelles ou traverses aux noms anciens, *rue Saint-Sébastien, rue de la Pouzaraque* ou du Puits-à-Roue (1356), *rue du Sureau* (?)), *rue Crémade* (brûlée) (1487), *rue de l'Amouyer* (du Mûrier), appelée aussi autrefois *rue de la Gâche* (1698).

La rue Saint-Sébastien a reçu son nom de la « *Noble Compagnie des Chevaliers du Jeu de l'Arc* » qui y avaient leur jardin et leur salle de réunion depuis 1704. En 1744, lors de l'entrée à Avignon de Don Philippe de Bourbon, duc de Parme et gendre du roi Louis XV, la Compagnie des archers, habillés en Turcs, commandée par le marquis de Cambis d'Orsan, surpassa par l'originalité et le luxe de ses costumes, la Compagnie rivale des arbalétriers qui avait à sa tête le marquis de Brantes. Le jardin des Chevaliers de l'Arc était planté de grands arbres formant des allées et des bosquets ; une construction attenante contenait une salle pour les assemblées et un cabinet à l'usage du grand-maître. La porte d'entrée sur la rue était surmontée d'une niche contenant une statue de saint Sébastien peinte en rouge. La confrérie du Jeu de l'Arc disparut à la Révolution. Son jardin fut englobé plus tard dans le parc du couvent du Sacré-Cœur fondé en 1828 (depuis, Lycée de jeunes filles). Quant à la statue rouge de saint Sébastien, elle a pris place dans les collections du Musée lapidaire.

V. — De la tour des Augustins a l'hôpital Sainte-Marthe

Rue de la Carreterie.

Au XIVe siècle, on l'appelle la rue des Charretiers (*carreria Cadrigerariorum*), puis, en 1392, elle est désignée dans un texte sous le nom de « grande rue de la Carreterie » (*carreria magna vocata la Carataria*).

N° 29. — Porte du *couvent des Carmes,* XVe siècle (garage de l'hôtel de la Croix-Blanche).

N° 20. — *Clocher des Augustins* bâti, de 1372 à 1377, par Jacques Laugier, lapicide, un des constructeurs de l'église Saint-Didier d'Avignon. Comme celui des Carmes, le clocher des Augustins est une tour carrée avec plateforme portée par des consoles et surmontée d'un tambour octogonal à grandes baies, terminée par une flèche dont l'extrémité a été tronquée vers 1562 et remplacée par un couronnement en fer forgé contenant une cloche ; — la cloche primitive datée de 1520 et fondue pour le couvent de Notre-Dame de Bon-Repos à Montfavet, a été transférée aux Augustins en 1562, date de l'installation de la ferronnerie ; cette cloche est aujourd'hui conservée au Palais des Papes ; — une horloge publique avait été placée dans la tour dès 1497.

Ce clocher faisait partie d'un important monastère de religieux Augustins fondé en 1261 et, comme les autres couvents de mendiants, installé en dehors de l'enceinte du XIIIe siècle. Il se trouvait à la sortie du Portail Matheron. L'église, édifiée une première fois au XIIIe siècle, fut refaite et achevée vers 1345 ; elle était couverte d'une simple charpente apparente, comme celle des Dominicains ; les chapelles latérales étaient voûtées ; il en subsiste des vestiges dans les maisons construites sur leur emplacement.

N° 42. — Maison du patriote Lescuyer, assassiné le 16 octobre 1791, au début des troubles de la Révolution avignonnaise. Sa mort provoqua le célèbre massacre de la Glacière (1).

N° 50. — Ancien *hôtel des Trois-Mulets* tenu sous la Révolution par Claude-Agricol Peytavin, autre chef des patriotes avignonnais, un des fils de Saint-Jean Peytavin, qui tenait l'hôtel Saint-Yves.

N° 118. — Ancienne chapelle des *Pénitents rouges,* confrérie fondée en 1700 sous le vocable de Notre-Dame de Consolation. L'immeuble acheté en 1735 eut sa façade refaite l'année suivante sur le dessin et la conduite de Thomas Lainée (1736-1737). Les murs de la chapelle existent encore au n° 118 (au coin de la rue du Muguet) ; mais la façade est méconnaissable.

La Belle-Croix. — Cette croix-couverte ou Belle-Croix de la Carreterie est mentionnée dès 1426 ; elle était à quatre piliers comme celle du Plan-de-Lunel. Elle fut rebâtie en « bonne pierre d'Embrun » par Barthélemy Loyal, maçon, en 1597, aux frais de la confrérie de Notre-Dame de la Major à qui elle appartenait. Sur le plan de 1618, elle apparaît comme la plus monumentale des croix couvertes d'Avignon. Démolie en 1792, elle fut remplacée plus tard par une croix non couverte, démolie à son tour récemment.

N° 139. — Sur cet emplacement, un jardin clos de murs, avec une petite maison, appartenait en 1743 à Nicolas-Dominique Pamard, maître chirurgien agrégé, qui le vendit alors au collège des docteurs agrégés de la Faculté de médecine. Celui-ci avait fait cette acquisition pour y installer un jardin botanique que, dès sa fondation, on appela le « *Jardin des médecins* ». Ce jardin, agrandi par l'achat de jardinets voisins, s'étendait jusqu'au rempart Saint-Lazare. Le personnel, sous l'autorité du professeur de botanique, comprenait un jardinier en titre et un jardinier auxiliaire, tous deux plus spécialement occupés à la culture des plantes médicinales. A la Révolution, ce jardin fut vendu comme bien national et remplacé par la suite par un autre jardin botanique installé dans l'ancien jardin du couvent de Saint-Martial.

L'hôpital Sainte-Marthe.

Il a été fondé en 1354 par Bernard Rascas, chevalier, docteur ès droits, et par sa femme Mariette dite Louise, qui y installèrent un couvent des Trinitaires pour distribuer les soins spirituels et matériels aux malades. L'édifice actuel date du XVIIe et du XVIIIe siècle.

On a cru longtemps que sa magnifique façade était due

---

(1) Voir ci-dessus p. 88.

à l'architecte Pierre Mignard ; ce frontispice de 175 mètres de long est en réalité l'œuvre de trois architectes successifs. Les travaux furent mis aux enchères le 6 mars 1667 et c'est le sculpteur Jean-André Borde qui obtint de dresser les plans et de diriger leur exécution ; c'est donc lui qui eut l'idée de cette grande façade aux fenêtres très rapprochées et, exemple unique à Avignon, couronnée de lucarnes. Il en commença la construction ; la cour actuelle de l'hôpital était alors une esplanade faisant suite à la rue des Allemands (aujourd'hui *rue de l'Hôpital* ou *rue Louis-Pasteur*) (1). C'est à Borde également qu'on doit le grand escalier, construit en 1667, mais reproduisant les formules de l'époque Louis XIII et offrant des réminiscences de style de La Valfenière dont Jean-André Borde avait été longtemps, comme nous l'avons dit, le collaborateur.

Le décès de Borde, survenu le 6 août 1667, fit interrompre les ouvrages. Mais dès le 1er septembre suivant, le bureau de l'hôpital décida de reprendre la construction en conservant le plan de Borde, sous réserve de quelques modifications de détail. Ce fut Delbène qui fut choisi pour continuer (1668-1671). Il eut pour successeur Jean Péru, toujours pour terminer la partie de la façade à gauche du portique d'entrée. Péru dressa des devis qui lui furent payés dix louis d'or et le prix-fait fut donné, le 4 septembre 1689, à Jacques Duprat et autres maçons associés. Pour son salaire de directeur de l'ouvrage, Péru toucha un acompte de 77 livres le 27 juin 1690 ; la partie de la façade dont il avait été chargé était presque terminée en février 1693. Peu après, sur dessin de Pierre Mignard, fut refait le plafond du grand escalier. En 1721, reprise du chantier, cette fois sous l'autorité de François et Jean-Baptiste Franque, père et fils ; mais les travaux sont vite interrompus à cause de la peste de 1721.

De 1743 à 1745, avec les fonds fournis en partie par des quêtes patronnées par le fameux Père Bridaine, Jean-Baptiste Franque construisit la partie de la façade à droite du portique central, sur le modèle de l'autre partie commencée par Jean-André Borde, continuée par Delbène et terminée par Jean Péru.

En 1745, Jean-Baptiste et François II Franque, père et fils, s'occupent ensemble de la construction du corps de logis central ou portique de la façade ; le plan et le dessin étaient du fils et le devis du père. Cet avant-corps à colonnes superposées coupe harmonieusement les lignes de cette longue façade et forme une entrée vraiment majestueuse, digne de

(1) La *rue des Allemands* était primitivement la rue *dels Alamans* (1403) et devait son nom à Alaman de Passis (Pazzi), changeur florentin, qui y possédait une « grande maison ». On l'a appelée aussi la *rue Saint-Bernard* (plan de 1618) et plus anciennement la *rue du Puits-des-Toumes* ; les « toumes » étaient des fromages que les cultivateurs qui habitaient ce quartier encore très rural allaient vendre au marché. La rue du Puits-des-Allemands et la rue du Puits-des-Toumes sont aujourd'hui de très petites rues voisines de la rue Louis-Pasteur (ex-rue de l'Hôpital).

ce très bel édifice, trop peu apprécié et trop souvent menacé.

Jean-Baptiste Franque éleva également la chapelle des religieuses de l'hôpital ; celle-ci, la dernière en date (1751), est la plus élégante et la plus gracieuse des constructions religieuses réalisées par lui.

A l'intérieur de l'hôpital, la pharmacie et la salle d'archives ont conservé leurs boiseries anciennes. La pharmacie possède un beau mortier de marbre blanc et deux splendides vases en faïence de Moustiers. Les boiseries des archives tapissent les murs d'une suite d'armoires de noyer sobrement décorées de pilastres ajourés et ornés de rosaces et de chapiteaux en coquille ; cet ensemble, dessiné par l'architecte Bondon, a été exécuté par le menuisier Capeau (1760).

Rue Guillaume-Puy.

En sortant de l'hôpital, reprendre la rue Louis-Pasteur, la suivre jusqu'à la rue Guillaume-Puy (à gauche) ; cette dernière rue porte le nom du maire d'Avignon, appelé par Napoléon Ier, le « maire modèle ».

Le côté est de la rue Guillaume-Puy était occupé, jusqu'à la fin du XIXe siècle, par des terrains non bâtis qui avaient été réservés, on se le rappelle, entre l'enceinte du XIIIe et celle du XIVe siècle. On les appelait les *Grands Jardins*. Tout ce quartier a conservé pendant plusieurs siècles un aspect rural. Un inventaire notarié du 12 février 1473 décrit même une véritable ferme située près de l'hôpital et exploitée par un certain Pierre Chapusart : elle possédait treize vaches, deux petits taureaux, deux bœufs de labour, un veau et six moutons ; l'état du mobilier fait mention de *feyssellas* (vases à faire les fromages appelés « toumes ») et de « tables » (plateaux) sur lesquelles on portait les toumes au marché.

Dans les « Grands Jardins », le « pré de ceux des Sausses » (1), situé également du côté de l'hôpital, a servi de « champ clos » au XVIe siècle. Dans son livre de raison, Louis de Merles raconte le duel qui y eut lieu, le 17 août 1542, entre « deux Italiens », l'un qui se nommait « Vinssencio » et l'autre le « Capitaine Mourit », en présence du dauphin, le futur Henri II, qui fut toujours, on le sait, friand de tels spectacles et devait lui-même périr en tournoi. Le dauphin, qui était arrivé à Avignon le 29 juillet, accompagné du maréchal d'Annebaut, « s'en alloit à Narbonne pour faire la guerre à l'empereur, à Perpignan ». Il présida la rencontre du « *pré des Sausses* » qui dura une heure. Vinssencio, déjà atteint d'un coup d'estoc à la gorge et de plusieurs autres blessures, « regardoit Moss. le Doufin », juge impassible du combat. Enfin, percé d'un « coup d'estouc au vantre que le passoit de part en part », il s'avoua vaincu et « mourut demi-heure après dans la tente du capitaine Mourit victourius » où on l'avait transporté. « Si ne se fust rendu, dit cruellement Louis

(1) *Sausse* signifie lutte, combat, en provençal (Mistral).

de Merles, il mouret a son grant honur. » Le roi François Ier arriva à Avignon le même jour, 17 août 1542 et le lendemain « après disner », se rendit à Tarascon, pour aller ensuite à Narbonne.

Suivre tout droit la rue Guillaume-Puy qui aboutit à la rue des Teinturiers.

VI. — La rue des teinturiers

Rue des Teinturiers.

A la fin du XIVe siècle, l'actuelle rue des Teinturiers était dénommée « *la rue allant du portail Imbert vieux* [celui de l'enceinte du XIIIe siècle] *au portail Imbert neuf* [celui des remparts du XIVe] ». Au siècle suivant, elle prit le nom de *rue du Cheval-Blanc* à cause d'une hôtellerie ainsi désignée qui se trouvait à son entrée du côté du portail Imbert vieux. A partir du XVIIIe siècle, on commença à substituer à cette appellation celle qu'elle porte aujourd'hui.

Au XVIIIe siècle, la rue du Cheval-Blanc était le quartier des indienneurs ou fabricants d'indiennes ; leur industrie était des plus importantes. La plupart étaient installés dans cette rue sur les bords de la Sorgue, où ils avaient disposé des planches pour laver leurs indiennes. En 1734, cette industrie faisait vivre à Avignon plus de cinq cents ouvriers. Elle fut alors interdite par un concordat conclu entre le Saint-Siège et le gouvernement royal, celui-ci poussé par les Fermiers généraux et sous prétexte de contrebande. Au XIXe siècle, l'industrie reprit et fut également très florissante ; comme leurs devancières du siècle précédent, toutes les fabriques se trouvaient sur la Sorgue de la rue du Cheval-Blanc. Mais bientôt les indiennes passèrent de mode ; l'industrie périclita à partir de 1848 ; en 1856, il restait encore neuf fabriques occupant 318 ouvriers (sans compter les enfants) ; en 1875, il n'y en avait plus que deux, employant 67 ouvriers et une cinquantaine d'enfants. Un des derniers indienneurs, Joseph-Jean-Baptiste Bœuf, ancien dessinateur de la maison Foulc, est mort en 1908, à quatre-vingt-quatre ans, employé au musée Calvet.

A l'extrémité orientale de la rue du Cheval-Blanc, au carrefour de cette rue avec la *rue des Clefs* (rue Guillaume-Puy), se trouvaient un *noviciat des Capucins*, fondé en 1662, et à l'angle même du carrefour, sur le bord de la Sorgue, une *croix couverte* appelée la « Belle Croix du Portail Imbert ». Sur le plan de 1618, celle-ci est représentée avec trois piliers. Mentionnée dès 1434, elle avait été rebâtie en 1497, aux frais de la ville, par Ferrier Bernard, le sculpteur de la façade de Saint-Agricol ; elle tombait en ruine en 1666 ; un projet de reconstruction à cette date ne fut sans doute pas réalisé, car il n'est plus question de cette Belle-Croix par la suite. C'est en 1803 que fut ouverte la partie de la rue des Teinturiers actuelle allant de l'ancienne Belle-Croix aux remparts.

La rue des Teinturiers est restée une des plus pittoresques de la ville, avec ses vieilles maisons, ses grandes roues plongeant dans la Sorgue et ses platanes. Autrefois, au lieu de platanes, le canal était bordé de mûriers ; en 1604, la confrérie de Notre-Dame du Salut avait obtenu l'autorisation de les planter, en récompense de ses bons offices lors du pavage des Lices ; cette faveur s'explique par le revenu que devait fournir à la confrérie la feuille des mûriers vendue aux nombreuses magnaneries existant alors à Avignon.

N° 26. — Maison gothique. Façade décorée de plusieurs « *quatre de chiffre* », monogramme qui était probablement une marque de commerce ; la date 1493 est inscrite dans un petit cartouche ; des remaniements (porte et fenêtres du rez-de-chaussée) sont du XVIIIe siècle ; cette façade a conservé son couronnement crénelé flanqué aux angles d'échauguettes. Un grand salon occupe presque tout le premier étage ; son plafond de bois présente des poutres de 90 centimètres de saillie, allégées par des moulures s'amincissant à l'extrémité ; cheminée monumentale. Les étages étaient desservis par une « visette » (escalier à vis) en saillie sur la façade de la cour intérieure.

N° 20. — Sur une maison, petit bas-relief de la Tarasque.

Chapelle des Pénitents gris.

Cette chapelle qui remplace un vieil oratoire de Sainte-Croix où, d'après la tradition, le roi Louis VIII aurait fait ses dévotions en 1226, est de plan irrégulier et d'époques diverses. Elle comprend un vestibule avec plafond de Barthélemy Blachère, menuisier, en 1637 ; une chapelle de Notre-Dame des Vignerons, XVIIe siècle ; une salle hexagonale avec curieuse voûte décorée de liernes et de tiercerons, œuvre du maçon Barthélemy Loyal (1591-1594) ; à gauche de cette salle, chapelle de Notre-Dame de Délivrance, XIVe ou XVe siècle ; enfin, une nef très courte avec voûte par Joseph Mottard, 1695 ; le long des murs, stalles des pénitents ; dans le fond, grande « gloire » moderne. — Il est de tradition que le 30 novembre 1433, au cours d'une inondation subite du Rhône, les eaux qui avaient envahi la chapelle s'écartèrent pour laisser passer le Saint-Sacrement ; ce miracle, que les Pénitents commémorent chaque année, fait le sujet d'un des vitraux (modernes) de l'hexagone.

Au XIXe siècle, à l'époque de la Restauration, les Pénitents gris reçurent en dépôt, pour décorer leur chapelle, plusieurs tableaux attribués aux Mignard et aux Parrocel, ainsi qu'une peinture sur bois attribuée à un élève de Simon de Châlons (*Saint Paul terrassé aux portes de Damas*) datée de 1585.

Les Cordeliers.

A l'extrémité de la rue des Teinturiers et se reflétant dans la Sorgue, subsistent un clocher gothique (au sommet tronqué) et des restes de l'église des Cordeliers. Les Cordeliers avaient été introduits à Avignon en 1226, l'année même de la mort de leur fondateur, saint François d'Assise. Ils s'établirent en 1233, à l'extérieur de l'enceinte d'alors, à la sortie du portail Imbert. Leur couvent fut agrandi et reconstruit au XIVe siècle. Jean XXII fit, comme chez les Dominicains, les frais de la chapelle du chevet ; en 1350, Clément VI donnait encore des subventions. L'église, d'après le plan de 1618, était orientée est-ouest. Elle était précédée d'une cour ombragée d'une allée d'arbres, au sud de laquelle le cimetière était dominé par une grande croix. Cette église était du type provençal à nef unique avec chapelles latérales installées entre les contreforts ; le clocher était au nord-ouest du chevet. A l'opposé, se détachait une chapelle dont l'abside était couverte d'un toit à pans coupés de forme très aiguë ; elle a disparu de même que le reste de l'église dont il ne subsiste que la chapelle absidale. Les plus grandes familles avignonnaises avaient leur tombeau dans les diverses chapelles ; ainsi les Sade, les Baroncelli, etc. La célèbre Laure aurait été enterrée dans celui des Sade, en 1348. Pétrarque ne dit-il pas, dans une note célèbre inscrite dans son *Virgile* (aujourd'hui à la Bibliothèque Ambroisienne de Milan) : « Ce corps très chaste et très beau fut enseveli dans un sanctuaire franciscain, le jour même de sa mort, au coucher du soleil » ? En 1533, un humaniste lyonnais, Maurice Scève, fit ouvrir la tombe de la famille de Sade et prétendit avoir découvert les restes de Laure grâce à une médaille et un prétendu sonnet de Pétrarque déposés dans le caveau. Cette mise en scène ne trouva pas de sceptiques et quelques mois plus tard, le roi François Ier vint visiter la tombe des Cordeliers et y déposa les vers fameux :

En petit lieu comprins vous povez veoir
Ce qui comprend beaucoup par renommée.
Plume, labeur, la langue et le sçavoir
Furent vaincus par l'aymant de l'aymée.

O gentille âme ! estant tant estimée,
Qui te pourra louer qu'en se taisant,
Car la parole est toujours réprimée,
Quand le sujet surmonte le disant.

En 1823, sur l'emplacement présumé de cette tombe, un Anglais, Charles Kelsall, fit élever un cippe transporté plus tard dans le jardin du musée Calvet.

Les restes de l'église des Cordeliers sont englobés dans les constructions de l'école libre Saint-Joseph qui occupe l'emplacement de l'ancien couvent (entrée rue des Lices, n° 62) ; dans les cours, on reconnaît quelques parties des bâtiments et du cloître refait au XVIIe siècle. Lorsque Louis XIV vint à

Avignon en 1660, les malades des écrouelles furent rassemblés dans ce cloître, le jour de Pâques ; après avoir entendu la messe dans l'église du couvent, le roi les « toucha », suivant la tradition qui attribuait au roi de France, le pouvoir de guérir leur infirmité.

C'est dans l'église des Cordeliers qu'au cours des troubles qui marquèrent les débuts de la Révolution à Avignon, fut massacré, le 16 octobre 1791, un des chefs des patriotes avignonnais, le notaire Lescuyer, assassinat aussitôt vengé par le « massacre de la Glacière ».

VII. — Le portail peint. La rue des Lices la rue de l'Ombre

Le Portail Peint.

A l'extrémité occidentale de la rue des Teinturiers, l'ancien Portail Imbert des remparts des XIIe et XIIIe siècles était appelé le Portail Imbert vieux, puis, à partir du XVe siècle, le *Portail Peint,* à cause d'une peinture représentant « les sept péchés mortels ». Bien que ne figurant sur aucune plaque indicatrice, le nom de Portail Peint est encore usité aujourd'hui par les Avignonnais pour désigner le carrefour des rues des Teinturiers, des Lices, de la Bonneterie et de la Philonarde. Le Portail Peint était englobé dans une petite chapelle placée sous le vocable de Notre-Dame-de-l'Annonciade ; à son départ, après son exil à Avignon en 1618-1619, Richelieu fit don à cet oratoire d'une lampe d'argent ; au XVIIIe siècle, il fut décoré de boiseries dessinées par Thomas Lainée.

Rue des Lices.

Cette rue occupe l'emplacement d'une partie des lices de la double enceinte du XIIIe siècle. A propos de la rue Joseph-Vernet, nous avons dit que les anciennes lices avaient été repavées en 1604 et avaient été appelées alors, pendant quelque temps, *rue Conti,* du nom du vice-légat qui avait pris l'initiative de la réfection de ce pavage (1).

N° 68. — Inscription à demi-effacée relatant le passage de Monsieur (le comte d'Artois, futur Charles X), le 27 septembre 1814.

N° 23. — *Ancien couvent des Dames du Verbe-Incarné,* fondé en 1639 par Jeanne de Chézard de Matel ; la chapelle qui subsiste (propriété particulière) a été reconstruite après incendie par François et Jean-Baptiste Franque (1725-1728).

Aumône générale fondée par le Conseil de ville (1546-1557). Elle devait recueillir les pauvres et les vieillards, — pour supprimer la mendicité, — et les malades incurables, puis les enfants trouvés ou abandonnés. Ce grand édifice était fait sur trois côtés de trois beaux étages ouverts de larges baies à

(1) Voir ci-dessus p. 214.

plein cintre formant des portiques qui rappellent la loggia ou le cloître, installation la mieux comprise pour multiplier les abris ensoleillés et préservés du mistral.

Une aile détruite paraissait, d'après ce qui subsiste, remonter à la fin du XVIe ou au début du XVIIe siècle. L'aile centrale fut bâtie dans la seconde moitié du XVIIe siècle (travaux en 1668, 1684, 1688-90). Sur cette aile, au troisième étage à gauche, un grand cadran solaire porte la devise :

ORA NE FVGIAT HORA

et la date de 1688 dans un cartouche ; au-dessous, est gravée une autre date, 1789, sans doute celle de travaux importants. L'aile orientale a été reconstruite, sur plans de J.-B. Franque de 1751 à 1753 (inscription sur la façade sud), par Jean-Baptiste Robert, Pierre Mottard et Dominique Faucon ; de cette époque, jolie niche d'encoignure.

Au XIXe siècle, les bâtiments de l'Aumône générale ont été utilisés comme « caserne des passagers », sauf l'aile de Franque dans laquelle a été installée l'Ecole municipale des Beaux-Arts. Ce remarquable et pittoresque édifice, qui tranche si heureusement sur la banalité des constructions environnantes, paraît laissé dans un état complet d'abandon ; sa destruction souhaitée, — on dit même projetée, — serait infiniment déplorable.

En face de l'Ecole des Beaux-Arts, prendre la petite rue Cassan.

Rue Cassan (ancienne *rue de l'Ombre*).

Cette rue est appelée *rue des Ombres,* dans un texte de 1578, et *rue de l'Ombre,* dans le dénombrement des rues de 1789. Elle doit ce nom, dit Achard, « à ce qu'elle est si étroite que le soleil n'y pénètre jamais » ! Son appellation actuelle rappelle le souvenir d'un félibre avignonnais mineur, Denis-Casimir Cassan (1810-1883), auteur de contes, de noëls, de poésies diverses réunies pour la plupart sous le titre de *Lei Parpello d'agasso* (*Les vétilles* ; littéralement *Les paupières de pie*), 1862.

Cette rue est formée de deux parties en angle droit, une très courte, perpendiculaire à la rue des Lices, l'autre plus longue aboutissant à la rue du Portail-Magnanen. Au début de cette dernière, face à la rue des Lices, était *la maison du peintre Pierre Parrocel* (1670-1739).

C'est aussi dans la rue de l'Ombre que se trouvait la maison où *Esprit Requien* (1788-1852) est né et a passé la plus grande partie de son existence. Nous avons dit précédemment le rôle bienfaisant que ce grand Avignonnais a joué comme fondateur du musée d'Histoire naturelle et second fondateur du musée Calvet. Hors d'Avignon, il est surtout connu comme ami de Mérimée qui a échangé avec lui une correspondance célèbre publiée en 1898 dans la *Revue de Paris*.

Dans ses *Mémoires : Seconde jeunesse*, Armand de Pontmartin, un des familiers de Requien, a décrit le pittoresque logis, moitié tannerie, — Requien avait succédé à son père dans le métier de tanneur, — moitié habitation, où était reçu Prosper Mérimée.

« La demeure de Requien, — je ne dis pas la maison, — était certainement une des plus originales que peut rêver une imagination fantaisiste ; elle occupait le coin, — et quel coin ! — d'une ruelle qui n'était en réalité qu'un cul-de-sac, que l'on appelait la rue de l'Ombre et qui me rappelait la rue Soly de Ferragus (*Histoire des treize*). Le rez-de-chaussée n'existait pas. Ce n'était qu'un hangar où l'on entassait les produits de la tannerie administrée par un régisseur. On montait par un escalier de bois (*scilicet* échelle) aux appartements du maître. Sa chambre donnait sur un tout petit jardin, dont le principal ornement était un immense figuier, connu et presque célèbre dans toute la ville... »

Cette étrange demeure devint vite le rendez-vous de tous les artistes et écrivains de passage à Avignon. « Son hospitalité égalait son savoir, ajoutait Pontmartin. J'en ai peu connu de plus expansives, de plus cordiales, de plus avenantes, de plus absolues... Comme sa table était excellente, ses dîners du dimanche... avaient un succès universel. J'ai vu à cette table hospitalière le duc de Luynes, Horace Vernet, Paul Delaroche, Marmier, Méry, Ampère, Fauriel, M. de Mirbel, ... Champmartin, Liszt, Castil-Blaze... » et naturellement Mérimée. « Si j'ajoute que sa cuisinière était sa mère, c'est pour le rehausser encore plus dans l'opinion des gens d'esprit... » Pontmartin décrit un de ces dîners à la fin duquel Mérimée, suivant son habitude, donna la primeur d'une de ses œuvres ; c'était cette fois *Les Ames du Purgatoire* qui devaient paraître dans la *Revue des Deux-Mondes* en 1834.

Rue du Portail-Magnanen.

Cette rue tire son nom d'une ancienne porte des remparts du XIIIe siècle. C'est le centre d'un quartier populeux, desservi par des rues aux noms pittoresques, pour la plupart d'origine inconnue : la *rue Damette*, la *rue Brouette*, la *rue Baracane*, la *rue Grande-Monnaie* (ainsi nommée à cause d'un atelier monétaire cité en 1405), la *rue des Trois-Testons*, la *rue de l'Aigarden* ou de l'Eau-de-Vie (signalée en 1695). — Dans la *rue des Trois-Testons*, se trouve une maison vendue, en 1786, par l'Aumône générale à un Anglais, sir William Mac-Kintosh ; la façade sur le jardin possède un avant-corps central surmonté d'un fronton triangulaire, avec les armes de Mac-Kintosh dans le tympan. (A l'intérieur, rampe fer forgé et cheminée Louis XVI.) — C'est dans la *rue de l'Aigarden* que le graveur Balechou, réfugié à Avignon, habitait et est mort subitement le 10 août 1764.

CHAPITRE VI

DE L'HOTEL DE MONTAIGU A L'HOTEL DE CAUMONT

I. — LA RUE FOUR-DE-LA-TERRE. LA RUE DE LA MASSE. LA RUE DU ROI-RENÉ. — *L'hôtel de Montaigu. L'hôtel de Salvador. Le couvent de Sainte-Claire : Laure et Pétrarque. L'hôtel de Cambis-Velleron. La maison du roi René ; les Ursulines royales. La maison de J.-B. Franque. Les hôtels de Crillon et de Fortia de Montréal.*

II. — SAINT-DIDIER. LA RUE DES TROIS-FAUCONS. — *Le cimetière et la place Saint-Didier. La livrée de Ceccano. L'église Saint-Didier : historique, œuvres d'art, le retable de Laurana, — Les hôtels de la rue des Trois-Faucons. La maison de Théophile Gautier. La mésaventure de l'abbé de Fénelon.*

III. — SAINT-MARTIAL. LES CÉLESTINS. — *Le monastère-collège. J.-H. Fabre à Saint-Martial. Le « Comte polonais ». La place des Corps-Saints. Le Couvent des Célestins : historique et œuvres d'art.*

IV. — LA RUE DES VIEILLE-ÉTUDES. LA RUE VIOLETTE. — *Le noviciat des Jésuites ; les Invalides ; l'hospice Saint-Louis. Les hôtels de Caumont et de Galéans-Gadagne.*

I. — RUE DU FOUR-DE-LA-TERRE. RUE DE LA MASSE RUE DU ROI-RENÉ

Rue du Four-de-la-Terre.

Le nom de cette rue, tiré de l'existence d'un « four de terre » ou four à poterie, date du XIVᵉ siècle.

N° 37. — *Hôtel de Montaigu,* attribué aux deux architectes François de Royers de la Valfenière père et fils (prix-fait du vestibule et de l'escalier au maçon Jean Rochas, le 5 avril 1668). Les Montaigu jouèrent un rôle important à Avignon ; à plusieurs reprises, ils furent députés par le Conseil de ville à la cour de France ; ils possédaient les deux tiers de la seigneurie d'Entraygues, où leur château, aux portes du bourg, se faisait remarquer par ses jardins. Lors du séjour de Louis XIV à Avignon en 1660, l'hôtel de Montaigu logea les quatre secrétaires d'Etat qui accompagnaient le roi, Letellier, La Vrillière, Du Plessis-Guénégaud et le comte de Brienne. A la Révolution, les Montaigu possédaient encore l'hôtel de la rue du Four-de-la-Terre lorsqu'il fut séquestré et vendu comme bien national.

Cette noble habitation conserve de magnifiques restes — assez délabrés — de sa splendeur ancienne, un vestibule des plus vastes et un escalier à double volée semblable à celui de l'hôtel Crillon, mais peut-être plus grandiose encore ; on y trouve aussi les originales boules de cuivre et le plafond est décoré de belles gypseries. Les salons du premier étage ont gardé leurs plafonds du XVIIe siècle à bois apparent, ainsi que deux cheminées monumentales en plâtre sculpté ; dans l'un d'eux, la frise peinte à la mode de l'époque est encore en place ; elle est formée d'une suite de panneaux représentant des sujets mythologiques dans des encadrements de style Louis XIII ; ces peintures sombres où dominent les bleus et les rouges sont tout à fait dans le style de Nicolas Mignard.

Rue de la Masse.

La rue de la Masse tire sans doute son nom d'une hôtellerie voisine de Saint-Didier, mentionnée en 1412. A l'origine, la rue de la Masse partait de la rue Bonneterie et aboutissait à l'église Saint-Didier ; depuis 1941, une partie de cette rue a reçu le nom de rue du Roi-René. C'est une des rues les plus riches en hôtels des XVIIe et XVIIIe siècles.

N° 19. — *Hôtel de Salvador,* puis *de Lauris.* Paul de Salvador avait donné, le 13 février 1706, au maçon Claude Brin le prix-fait de la reconstruction d'une partie de sa maison d'Avignon, rue de la Masse. Il avait été stipulé qu'en cas de différend, les parties se soumettraient à l'arbitrage de Péru. L'acte fut annulé le 7 avril et remplacé le 7 mai par un autre prix-fait accepté par François et J.-B. Franque père et fils aux mêmes conditions. L'ouvrage terminé, Péru, le 10 juin 1713, le déclara recevable.

Ce magnifique hôtel est situé dans la partie la plus étroite et la plus sombre de la rue de la Masse. Derrière la lourde porte cochère, les bâtiments latéraux s'avancent pour encadrer la cour d'entrée. Mais de ses dispositions intérieures primitives, l'hôtel de Salvador n'a gardé qu'une magnifique cage d'escalier, avec une rampe en ferronnerie, une des plus belles de la ville, œuvre (prix-fait de 1711) de Charles Giraud, serrurier d'Avignon, et Guillaume Poussin, serrurier de Saint-Rémy-de-Provence, dont nous avons signalé précédemment deux autres rampes, une rue de Taulignan, n° 4, l'autre rue de la Bonneterie, n° 35.

Rue du Roi-René (anciennement *rue de la Masse*).

C'est à partir de la *rue Artaud,* que la rue de la Masse a reçu, en 1941, le nom de rue du Roi-René.

N° 11. — *Maison de François Artaud,* membre de l'Institut, directeur du musée de Lyon, bienfaiteur du musée Calvet, né à Avignon le 8 avril 1767, décédé à Orange le 27 mars 1838. La maison date du XVIIe siècle ; elle contenait une grande cheminée de plâtre de cette époque (bas-relief : *L'incendie de Troie, Enée portant Anchise*), aujourd'hui au musée Calvet.

En face de la maison Artaud, la *rue et place du Petit-Paradis* (aujourd'hui *place Noël-Biret*) ; les *paradis* étaient les reposoirs qu'on dressait sur le parcours des processions. Noël Biret (1838-1918), serrurier d'Avignon, est un bienfaiteur de la ville ; il avait recueilli une très importante collection de ferronnerie ancienne de plus de 6.000 pièces donnée par lui au musée Calvet.

N°s 20-14. — Emplacement du *couvent des religieuses de Sainte-Claire.* Arrivées à Avignon vers 1239, leur établissement fut reconstruit au XIVe siècle, comme les autres couvents d'Avignon. Pétrarque a raconté que c'est dans leur chapelle qu'il vit pour la première fois Laure en 1327. On se rappelle la note profondément émouvante qu'il a insérée au verso du feuillet de garde de son *Virgile,* aujourd'hui conservé à la Bibliothèque Ambrosienne à Milan, que nous avons déjà cité. « Laure, remarquable par ses vertus propres, et longtemps célébrée dans mes vers, est apparue pour la première fois à mes yeux, au temps de mon adolescence, en l'an de grâce 1327, le 6 avril, en l'église Sainte-Claire d'Avignon. Et dans la même ville, au même mois d'avril, le 6 également, mais en l'année 1348, elle a été arrachée à la lumière du jour, alors que j'étais à Vérone, hélas ! ignorant ce coup du destin... »

Rue Pierre-Grivolas.

Cette rue située en face de l'entrée du couvent de Sainte-Claire s'est appelée, au XIVe siècle, *rue de Sainte-Claire* (1367), ensuite *rue du Roi-René* (1652) ou *rue Royale* (1792) ; nous verrons ci-après la raison de ces deux dernières dénominations.

N° 4. — *Hôtel de Cambis de Velleron* puis *Gastaldy.* Paul de Cambis, seigneur de Cayranne et de la Falèche, coseigneur de Velleron, syndic de la noblesse du Comtat, avait fait faire d'importants travaux à sa maison, en 1627, — les prix-faits avaient été donnés en présence de l'architecte François de Royers de la Valfenière. — Son fils, François, baron de Brantes, épousa en 1653 Jeanne de Forbin, sœur de Toussaint de Forbin, cardinal de Janson, pair et grand aumônier de France. Pendant la lutte des Pévoulins et des Pessugaux, le jeune ménage prit violemment le parti de la noblesse contre le peuple. Aussi, lors de l'émeute des Pévoulins, en 1653, la maison de Cambis fut-elle pillée et en partie incendiée. Le vice-légat Laurent Corsi en fit rapport en ces termes : « Sembloit que la Falesche fut à compatir pour l'embrasement de sa maison ; mais son fils et sa belle-fille de Brantes n'étoient point plaints et on leur en imputoit la cause, l'un pour avoir blessé d'un coup de pistolet certain populaire et l'autre les avoir offensés par paroles injurieuses. »

Des réparations et des travaux considérables furent faits en 1662-1664 (escaliers, arceaux, pilastres, etc.), selon les prix-faits donnés à Jean Rochas, alors le maçon le plus important d'Avignon ; en 1687, nouveaux travaux donnés à prix-fait au maçon Pierre Lamy (réfection de la façade) ; le propriétaire d'alors était François de Cambis, premier marquis de Velleron, — Velleron avait été érigé en marquisat par le pape en 1668 — ; il fut le grand-père de l'érudit avignonnais Cambis-Velleron.

Au début du XVIIIe siècle, l'hôtel passa aux Gastaldy, médecins de père en fils. Le plus important fut Jean-Baptiste-Joseph Gastaldy (1741-1806) qui soigna et guérit le duc de Cumberland, frère du roi d'Angleterre, venu à Avignon pour rétablir sa santé (1784-1785). A la Révolution, il émigra à Londres ; suivant l'usage de l'époque, sa femme conserva l'hôtel par le divorce. A sa rentrée en France, Gastaldy ne revint pas à Avignon, mais se fixa à Paris où il se fit une grande réputation de médecin et de... gastronome, — Grimod de la Reynière le cite dans son *Almanach des gourmands* ; — il mourut d'une indigestion au sortir d'un dîner chez le cardinal de Belloy, archevêque de Paris.

L'hôtel de Cambis-Velleron, puis Gastaldy, a conservé un bel escalier à balustres de pierre, sculptés de feuillages, du XVIIe siècle ; et quelques décorations et boiseries de salon au premier étage, XVIIIe siècle.

Après les Gastaldy, l'hôtel a appartenu aux Génerat, aux Duplessis de Pouzilhac, puis à la famille Vernet.

N° 6. — *Maison du roi René*, puis couvent des *Ursulines royales*. C'était, au XIVe siècle, une livrée cardinalice, occupée, à partir de 1401, par le cardinal de Brogny, évêque de Viviers, fondateur du Collège d'Annecy. Cette livrée était fort opulente; dans le jardin, un « griffon » ou fontaine représentait un homme à cheval. Au XVe siècle, elle appartenait aux Chartreux de Villeneuve ; ceux-ci, de 1440 à 1446, la donnèrent en location à des groupes d'étudiants en théologie qui l'habitaient en commun. Elle était assez délabrée, lorsque les Chartreux la vendirent au roi René, en 1476, pour le prix de 1.200 écus ; le roi l'agrandit par achat de trois maisons contiguës (1477-1478). On avait déjà commencé les travaux de restauration et d'aménagement. Pour les examiner, le roi séjourna à deux reprises pendant quelques jours en 1476 (du 12 au 14 septembre et du 16 octobre au 10 novembre). La maçonnerie avait été confiée à Nicolas Grenot (bâtiments, chapelle, galeries), la menuiserie à François Giraut ; le verre à vitres vint de Lyon. Nicolas Froment avait été chargé de la décoration ; il peignit un « Combat des naves [navires] turquesques et chrestiennes », une image de Notre-Dame de l'Annonciade, des armoiries ; il posa des verrières ; on lui attribue un plafond à poutres et solives, retrouvé en 1873, dont les métopes sont décorées de sujets d'animaux de bestiaires, séparés de deux en deux par les armoiries du roi René et de sa femme Jeanne de Laval. Le roi séjourna de nouveau en 1478 et fit baptiser alors « un Turc venu de Turquie et qui sait parler tous les langaiges ».

Après la mort du roi, la maison passa à divers propriétaires ; en 1489, elle était louée à Manfred Parpaille, maître de la monnaie d'Avignon. Au XVIe siècle, elle appartint au cardinal François de Joyeuse, archevêque de Toulouse, lequel la céda, en payement partiel d'une dette à Mme de Labaume-Suze qui la loua aux Ursulines en 1623. La maison du roi, qui n'avait pas changé jusque-là, était signalée aux visiteurs étrangers (Juste Zinzerling, *Itinerarium Galliae,* 1612 ; Du Verdier, *Voyage en France,* 1679, etc.). L'installation des Ursulines amena de grandes modifications. Leur fondatrice, Anne d'Albert de Luynes, qui les avait installées dans la maison du roi, acheta celle-ci en 1625. Les Ursulines étaient dites « royales », non parce qu'elles occupaient la maison du roi René, mais parce qu'elles avaient été placées sous la protection du roi Louis XIII. La chapelle primitive étant insuffisante, une nouvelle fut aménagée en 1632 dans la grande salle du roi René, sur dessins de François de Royers de la Valfenière ; un plafond de plâtre à ornements dorés dissimula le plafond de bois du XVe siècle ; des peintures à sujets religieux sur toiles recouvrirent les murs peints à fresques au XVe siècle, et à la porte de la chapelle dédiée à sainte Ursule, on mit l'inscription suivante :

SVRGIT AD ASTRA NOVATA OPERIS SVBLIMITAS
RENATO REGI QVÆ FVERAT
RENASCITVR DEO ORBI ET VRBI
VRSVLA PROPITIUM SIDVS
ANNO D^NI^ MDCXXXIII

En 1682, Jean Rochas et ses fils prirent à prix-fait la reconstruction sur la rue d'un bâtiment « à l'endroit qui se trouve démoli », ainsi que d'une galerie et d'une tour.

A la Révolution, le couvent des Ursulines fut vendu. Au XIXe siècle, il fut successivement salle d'asile (1863), puis pensionnat des Frères des Ecoles chrétiennes et enfin affecté à des logements ou à des usages commerciaux et industriels.

L'ancien plafond du roi René attribué à Nicolas Froment, retrouvé en 1873 au-dessus des plâtres du XVIIe, fut en partie dégagé en 1908. Quant aux peintures exécutées sur les murs par Nicolas Froment, elles avaient disparu, dès le XVIIe siècle, sous une double couche d'enduit ou de stuc.

Faire un aller et retour dans la

Rue Pétramale.

Sur l'emplacement de cette rue, se trouvait une livrée cardinalice qu'habita le célèbre Gilles Albornoz, qui devait s'illustrer par ses expéditions guerrières en Italie pour la reconquête des Etats de l'Eglise. En dernier lieu, elle appartint au cardinal Galeot de Petramala († 1400) qui a donné son nom à la rue.

N° 8. — *Hôtel de Salières,* puis *de Tulle de Villefranche,* XVIIe-XVIIIe siècles. Les Tulle de Villefranche l'habitèrent, à partir de 1737, après la démolition de leur hôtel de la rue du Vieux-Sextier. Vendu en deux parties, en l'an II, dont une à Joseph-Bénezet-Xavier Guérin, docteur en médecine, futur conservateur du musée Calvet. Belle porte d'entrée, vastes vestibule et escalier, cour. Aujourd'hui, « Cours secondaire de jeunes filles ».

N° 14. — *Maison de Jean-Baptiste Franque.* Entrée sur un vestibule situé sur un des côtés du corps principal ; la façade est sur la cour avec deux ailes latérales s'avançant en deux décrochements successifs. La maison avait été achetée par Franque en 1718 et entièrement rebâtie par lui en 1721.

Rue du Roi-René (suite).

N°s 12-12 *bis.* — *Hôtel d'Honorati de Jonquerettes,* XVIIIe siècle. Il a servi de prison des femmes pendant la Révolution.

N° 7. — *Hôtel Berton des Balbes de Crillon.* C'est à l'endroit où la rue de la Masse se rétrécit de nouveau qu'ont été bâtis, en face l'un de l'autre, dans la première moitié du XVIIe siècle, c'est-à-dire à l'époque où l'art italien faisait seul la loi à Avignon, deux des plus beaux hôtels de cette ville, le célèbre hôtel de Crillon et celui de Fortia de Montréal.

Comme l'hôtel des Monnaies, l'hôtel de Crillon semble copié sur un modèle d'outre-monts. On ne connaît que depuis quelques années la date exacte dans le second quart du XVIIe siècle et le nom du dessinateur, sinon du constructeur, de cet admirable édifice, dont le caractère italien était depuis longtemps reconnu. Les éléments essentiels de la façade, portes et fenêtres, de types alternés, avec frontons différents contenant des médaillons et des attributs, la décoration abondante consistant en mascarons, cornes d'abondance, médaillons, guirlandes, chutes, les chaînes de refends qui encadrent l'édifice et la puissante corniche qui le couronne, tout rappelle l'Italie. C'est le goût italien qui domine également sur la façade plus sobrement décorée de la cour d'honneur ouverte au rez-de-chaussée par des portiques, à la mode bolonaise. Les bâtiments, groupés autour de cette cour, ont perdu leur décoration intérieure, à l'exception du majestueux escalier, à double montée et à balustrades de pierre, ornées d'énormes boules de cuivre qui étaient, dit-on, autrefois, un signe d'aristocratie à Avignon.

L'hôtel de Crillon a été bâti sur l'emplacement d'une livrée qui a été occupée notamment par le cardinal Bertrand de Déaux, archevêque d'Embrun († 1355), grâce à un legs duquel a été construite l'église voisine de Saint-Didier. Son dernier occupant fut Martin Salva, évêque de Pampelune († 1403) ; de là, le nom de livrée de Pampelune, qui lui resta. Au XVIIe siècle, l'ancienne livrée était devenue une très vieille maison appartenant aux Berton de Crillon qui sentirent la nécessité de la remplacer par une demeure digne de leur fortune et de leur situation prééminente dans la noblesse avignonnaise (1). Ce fut l'œuvre du petit-neveu du brave Crillon, Louis III de Berton (1608-1695), baron de Crillon (2), seigneur de Saint-Jean-de-Vassols et autres places, colonel général de l'artillerie pontificale à Avignon et dans le Comtat. Le 10 septembre 1648, il bailla à prix-fait aux frères Jean et André Bontoux, maîtres-maçons d'Avignon, la démolition du « devant de sa maison d'habitation » et sa reconstruction, selon le dessin donné par « Dominique Bourbon », le tout, compte tenu du « bossage des pierres pour l'ornement », au prix de 6 livres la canne carrée à « cordeau tendu ». Le baron de Crillon devait fournir les pierres pour la bâtisse et le bois « pour les estagières » (échafaudages). Le travail devait être terminé fin juillet 1649.

L'architecte désigné dans ce prix-fait, Dominique Bourbon ou plus exactement Domenico Borboni, était originaire de Bologne ; il a séjourné à Avignon de 1645 à 1663 ; un texte le qualifie de « peintre excellent ». Il peint des armoiries du pape, les décors d'un ballet, — *Les divers entretiens de la Fontaine de Vaucluse,* — représenté au collège du Roure ; il exécute d'importants travaux dans les églises, notamment des retables à la chapelle des Pénitents de la Miséricorde et à l'église Saint-Agricol ; il dresse en 1661 le projet d'un feu d'artifice tiré sur la tour de l'horloge de l'hôtel de ville en l'honneur de la naissance du Dauphin (1661) ; — il en fit une eau-forte dont un exemplaire probablement unique est conservé au musée Calvet. — Il fut aussi architecte et c'est son œuvre d'architecture, le fameux hôtel de Crillon ou tout au moins sa façade, sinon l'hôtel entier, qui assure aujourd'hui sa renommée.

Pour la construction de ce dernier, deux autres prix-faits vinrent compléter le premier, l'un, du 22 octobre 1648, concernait la commande au menuisier Jacques Planche, de la boiserie des fenêtres de la façade, en bon bois d'aube, au

(1) Ils avaient habité jusque-là une maison de la rue de la Galanterie (rue Dévéria, 4) où est né le brave Crillon.
(2) Crillon ne sera érigé en duché que le 21 septembre 1725.

prix de vingt livres par « croisière ». Par un second prix-fait du 7 décembre, le menuisier Jean Suchet s'engageait à démolir les vieilles toitures de la maison et à les refaire suivant le nouveau « dessin », ce qui laisse supposer que le plan des dispositions intérieures était, comme celui de la façade, l'œuvre de Domenico Borboni.

Dans ce dernier texte, le sculpteur Jean-André Borde était témoin. N'est-il pas permis d'en déduire, bien que nous n'ayons pas d'acte formel à ce sujet, qu'il a été l'auteur des reliefs de la façade ? Cette hypothèse est d'autant plus plausible qu'on a pu attribuer au même Jean-André Borde, la belle cheminée de pierre provenant de la salle des gardes de l'hôtel Crillon transférée au musée Calvet en 1835. Jean-André Borde, dont nous avons esquissé la biographie en traitant de la chapelle de la Visitation (1) a été un des plus importants sculpteurs avignonnais du XVIIe siècle. Comment aurait-on pu s'adresser à un autre pour une œuvre aussi considérable que la façade exceptionnellement ornée de l'hôtel de Crillon ?

En 1693, une chapelle fut construite à l'intérieur de l'hôtel par le maçon Pierre Thibaut, sur les plans de Pierre Mignard.

Dès l'origine, le somptueux édifice construit par Domenico Borboni et décoré par Jean-André Borde avait été très admiré. Lors du séjour de Louis XIV à Avignon en 1660, la Grande Mademoiselle fut logée dans la maison des Crillon qu'elle trouva « fort belle, bâtie et peinte à l'italienne ».

Les Crillon étant en grande faveur à la cour de France, leur hôtel d'Avignon était associé à toutes les fêtes et à tous les deuils de la monarchie ; des « relations » et des dessins nous ont laissé le témoignage des pompes réalisées en ces occasions. En outre, il ne passait pas à Avignon un membre de la famille royale ou un haut dignitaire de la couronne, qui ne fut reçu dans la célèbre demeure.

Parmi les hôtes importants que l'hôtel de Crillon accueillit, au XVIIIe siècle, il faut citer la princesse de Conti (1730), le duc de Richelieu, le marquis de Rochechouart, gouverneur de Provence (1744), Monsieur Comte de Provence (1777), le duc de Cumberland, frère du roi d'Angleterre (1784), etc.

A la Révolution, le duc de Crillon-Mahon, grand d'Espagne et officier général des armées espagnoles, se trouvant alors dans la péninsule ibérique, fut considéré comme émigré. Son hôtel d'Avignon fut donc saisi. En novembre 1791, il fut le siège de la Commission d'instruction sur le meurtre de Lescuyer et le massacre de la Glacière ; les représentants en mission, Rebecqui et Bertin y résidèrent en 1792.

L'inventaire du mobilier en 1793 signale, dans l'orangerie, des statues de marbre, *Bacchus, Flore, Hercule, Antinoüs* et *Femme portant un chevreuil*, une statue de pierre de *Marsyas*, des bustes et deux urnes de marbre ; dans la salle de bains, un tombeau antique en marbre noir. Dans les di-

(1) Voir ci-dessus p. 300.

verses salles, les tableaux sont signalés par leur titre et non par le nom de l'auteur ; il est mentionné également un cheval de bronze sur piédestal de bois ; un écran aux armes des Crillon, des statuettes et objets en porcelaine de Chine ; des « agenouilloirs » de marbre à la plupart des fenêtres ; cinq pièces de tapisserie des « Batailles d'Alexandre » et neuf pièces de tapisserie des Flandres ; une « crèche » et trois statues, dans la chapelle ; un bonheur du jour à dessus de marbre ; deux « thèses » imprimées sur taffetas ; des tables à quadrille ; dix consoles dont neuf supportant des statues ; une chaise à porteurs et ses deux « bâtons » ; une bibliothèque renfermant « nombre de livres », etc.

Le bureau du cadastre fut installé dans l'hôtel Crillon en l'an III. Puis le vaste immeuble fut restitué aux héritiers du duc de Crillon-Mahon qui s'empressèrent de le mettre en vente. Le négociant Deleutre, acquéreur en l'an XI, en céda à plusieurs reprises des dépendances ; mais l'hôtel proprement dit put être racheté en 1887 par Théodule de Gramont, duc de Caderousse, continuant par mariage la famille de Crillon.

La façade de l'hôtel de Crillon a été classée comme monument historique par arrêté du 26 juin 1915.

N°s 10-8. — *Hôtel de Fortia de Montréal.* Cet hôtel a remplacé une maison acquise en 1569 et dont une partie (le côté jardin au n° 10 de la rue de la Masse) avait été déjà réédifiée, lorsque Paul de Fortia de Montréal en hérita avec l'obligation d'en poursuivre l'achèvement par la construction du corps de logis sur la cour (même rue, n° 8) et de faire bâtir la façade sur la rue. Diverses circonstances l'empêchent pendant quelques années de s'acquitter de son obligation ; il emploie ce temps à embellir l'habitation déjà construite. Il arrête, à son passage à Avignon, Nicolas Mignard, qui se dirigeait vers Rome et l'emploie à la décoration d'une galerie où le jeune artiste représente, en une suite de dix-huit panneaux, les « Aventures de Théogène et Chariclée », d'après le roman grec d'Héliodore, si célèbre au XVIIe siècle (1638-1639).

Sur ces entrefaites, Richelieu envoie auprès du pape, à titre d'ambassadeur extraordinaire, son frère, le cardinal de Lyon. Celui-ci s'arrête en cours de route à Avignon chez son ami Paul de Montréal qui, sachant son goût pour les arts, lui présente Nicolas Mignard. Le peintre est admis à se joindre à l'ambassade qui l'emmènera à Rome. En même temps, Montréal fait part au cardinal de son projet de servir la France et d'armer à ses frais une galère. Cette offre est acceptée sur recommandation de l'ambassadeur et Montréal est nommé capitaine de la marine royale au port de Marseille.

Avant de partir pour une expédition en mer, il prend les dispositions nécessaires pour satisfaire aux conditions de son legs. Il charge l'architecte La Valfenière d'établir les prix-faits des travaux et d'en surveiller l'exécution. On a retrouvé un de ces prix-faits en date du 16 mai 1637 ; il concerne la façade dont la bâtisse doit se faire « suivant le dessaing, plan et eslevation dressé par noble François de Royers, seigneur de la Valfenière, citoyen dudit Avignon » ; il laissait toutefois aux dépens de M. de Fortia l'exécution des armoiries et des mufles de la façade, au dessous « des consoles des fenestrages du second étage ».

Entre temps, Paul de Fortia s'était embarqué sur sa galère, la *Montréale*. Un mois après, un combat naval a lieu en vue des côtes de Gênes ; c'est une défaite pour la flotte espagnole ; mais Montréal qui a perdu ses principaux officiers, tous de sa parenté, est lui-même gravement blessé. Il est transporté à Avignon et, comme il ne se relèvera jamais de ses blessures, il consacre le reste de son existence à l'achèvement et à l'ornementation de sa maison.

L'hôtel de Montréal, qui hébergea le comte et la comtesse de Soissons pendant le séjour de Louis XIV à Avignon, en 1660, cessa d'appartenir aux Fortia en 1774. Le marquis de Calvière écrivit à ce propos à Esprit Calvet : « Le nouvel acquéreur de la maison de feu M. de Monréal s'est fort bien et fort grandement logé. Il a même acquis chez feu M. de Pérussis quantité d'assez bons tableaux qui peuvent concourir à faire une collection... Je m'imagine qu'on ne croyait pas dans la ville que M. d'Armand fut si riche, il est bon qu'il y aie de temps en temps des gens qui trompent le public sur cet article, car il n'y en a que trop d'autres qui le trompent d'une manière toute opposée. » M. d'Armand revendit cependant l'hôtel de Montréal au marquis de Conceyl. Sous la Révolution, l'hôtel devint bien national et fut divisé par la suite en deux parties, sous deux numéros distincts, le 8 et le 10, et appartenant à deux propriétaires différents.

II. — SAINT-DIDIER. LA RUE DES TROIS-FAUCONS

Place Saint-Didier.

Sur le plan de 1618, la place Saint-Didier apparaît avec un puits et un arbre, — en 1493, l'orme de la place Saint-Didier avait été entouré d'un banc circulaire ; — elle est presque coupée en deux par le cimetière de l'église qui s'avance en pointe terminée par une « croix couverte ». Celle-ci est de plan triangulaire, comme l'était celle du portail Imbert ; elle avait été construite en 1447 par Antoine Omède et sculptée, en 1451, par un sculpteur de passage, Jean de Luxembourg. En 1697, il fut question de supprimer le cimetière de Saint-Didier et de faire « une grande place » dédiée au pape Innocent XII qui venait, dit Achard, « d'abandonner aux pauvres de la ville les revenus du grand Sceau » ; la place aurait reçu le nom de ce pontife, Pignatelli. Mais ce projet n'eut pas de suite et le cimetière de Saint-Didier ne fut supprimé que par la première municipalité révolutionnaire, avec les autres cimetières de paroisse.

La place Saint-Didier était, concurremment avec celle du Palais, le lieu ordinaire des exécutions (1). Une relation officielle rapporte qu'en 1672 un bourreau inexpérimenté ayant fait souffrir un condamné « d'une manière tout à fait pitoyable », la foule prenant le parti du patient précipita en bas de son échelle le tortionnaire qui « donna de la tête en tombant d'où il est mort ». Le vice-légat, accouru à l'annonce de ce tumulte, « trouva tout le monde fort soumis qui jetoit des larmes de compassion ». Le condamné aussitôt gracié « demeura vingt-quatre heures fort mal et sans pouvoir recouvrer la connaissance ni aucun de ses sens. Après ce temps-là, il est revenu et se porte assez bien présentement ».

Rue du Prévôt.

Prolongeant à l'ouest la place Saint-Didier, la *rue du Prévôt* devait son nom à la maison du prévôt du chapitre de cette église. Elle est dominée par la puissante tour de la *livrée de Ceccano.* Cette livrée, dite aussi de la Vergne, a été probablement construite par Annibal de Ceccano, archevêque de Naples († 1350) ; elle a été habitée ensuite par Bertrand de Déaux, archevêque d'Embrun († 1355), à qui on doit la construction de l'église Saint-Didier, et en dernier lieu par le cardinal Pierre de la Vergne (1395 † 1403). Au milieu du siècle suivant, les bâtiments de cette livrée furent achetés par le cardinal de Foix, légat d'Avignon (1447) qui les revendit presqu'aussitôt à Jean de Brancas (1449). Ce dernier acheta également une partie d'une livrée voisine, dite de Venise, — ainsi nommée de Jean de Placentinis, dit le cardinal de Venise († 1404). — En 1463, la livrée de Venise était louée à deux pédagogues, Etienne Nalet, bachelier en décret, et Antoine Galays, clerc, qui y installèrent leurs classes. Des Brancas, condamnés pour hérésie, les bâtiments qu'ils possédaient passèrent, au milieu du XVIe siècle, à Charles Ardouin, seigneur de la Motte en Provence, d'où le nom de « livrée de la Motte » qu'on leur donnait, lorsqu'ils furent acquis en 1568 par la ville d'Avignon et cédés par elle aux Jésuites pour y établir leur collège.

La tour, sur la rue du Prévôt, et les bâtiments gothiques qui lui font suite, présentent un aspect des plus imposants. La tour a été malheureusement défigurée, il y a quelques années, par son exhaussement en ciment armé et sa couverture de tuiles rouges plates.

Eglise Saint-Didier.

L'église Saint-Didier passait pour avoir été fondée dans la seconde moitié du VIIe siècle par saint Agricol, évêque d'Avi-

---

(1) Sur la petite place au nord de l'église, se trouvait le cimetière du bourreau.

gnon. Mais elle n'est nommée pour la première fois dans un texte qu'en 1068 ; elle est donnée alors par l'évêque Rostaing à l'abbaye de Montmajour ; mais les chanoines de Notre-Dame-des-Doms à qui elle appartenait précédemment protestent contre l'accaparement des églises par le clergé régulier et en particulier contre la cession de Saint-Didier ; celle-ci est restituée en 1096. Deux siècles et demi plus tard, elle bénéficie des libéralités posthumes du cardinal Bertrand de Déaux.

Né à Blauzac, près d'Uzès (Gard), Bertrand de Déaux était neveu du canoniste Guillaume de Mandagout, dont la protection lui valut une carrière rapide et de nombreux bénéfices, entre autres le titre de prévôt (1319), puis d'archevêque d'Embrun (1323). Jurisconsulte consommé, il fut auditeur des lettres contredites du 9 décembre 1327 au 26 janvier 1333 ; il rédigea des constitutions concernant cette audience.

Il fut ensuite chargé de nombreuses missions, comme nonce ou comme légat, de 1335 à 1337 en Italie, en 1343 et 1344 en Catalogne, en 1347 et 1348 de nouveau en Italie où il fut alors aux prises avec Rienzi et provoqua sa chute. Il avait été nommé cardinal du titre de Saint-Marc en 1338 ; le succès de sa seconde mission italienne lui valut sa promotion à l'évêché de Sabine. De retour à la curie, il fut chargé d'instruire le procès de la reine Jeanne, accusée du meurtre de son premier mari, André de Hongrie. Il mourut à Avignon, le 21 octobre 1355 dans la livrée dont il vient d'être question (rue du Prévôt).

Quatre jours auparavant, le 17 octobre, il avait rédigé son testament dans lequel il prescrivait de construire, aux frais de sa succession, une église convenable et son clocher, *ecclesiam decentem ac campanile,* « soit dans ses maisons de Villeneuve, soit à Avignon ». Les exécuteurs testamentaires se décidèrent pour Avignon et dans cette ville, on se résolut, non à une fondation nouvelle, mais à la réfection d'un édifice ancien. L'église Saint-Didier fut choisie, peut-être à cause de sa grande proximité avec la livrée où était mort le cardinal Bertrand, sans doute aussi parce qu'elle était vétuste et exiguë. Le 22 novembre 1355, le pape Innocent VI donna l'autorisation de la rebâtir sur de plus grandes dimensions, *renovare et ampliare,* et d'y instituer une collégiale. Le prix-fait qui nous a été conservé porte la date du 4 mai 1356 ; il nous fournit le nom des quatre lapicides ou maçons chargés de la construction, Jean Postier, de Salon, Guillaume Ebrard, de Saint-Maximin, Guillaume Payslotros « de Sancto Molano de Insula » et Jacques Laugier, d'Avignon. Jean Postier avait été employé à plusieurs reprises au Palais des Papes et Jacques Laugier, fils d'un lapicide d'Avignon, sera plus tard le constructeur du clocher des Augustins ; les deux autres maîtres d'œuvre apparaissaient pour la première fois dans l'histoire monumentale d'Avignon. Tous les quatre, ils étaient placés sous les ordres d'un cinquième maître d'œuvre, Jacques Alasaud, qualifié d' « expert » et qui avait en mains un parchemin sur lequel, précise le prix-fait, l'église à construire était dessinée, *pertracta*. Ce Jacques Alasaud est bien connu par ses travaux antérieurs à la chapelle Notre-Dame-du-Miracle (1326), à l'Audience de Jean XXII (1330), puis sous Benoît XII, il avait participé à la construction des édifices du « Palais vieux » (1337-1346).

Le prix-fait stipule que l'église aura 24 cannes de long, y compris 4 cannes (1) pour l'abside ; la largeur sera de 4 cannes pour l'abside et de 10 cannes pour la nef ; les murs auront 4 pans d'épaisseur ou plus ou moins, selon ce qui sera ordonné par Maître Jacques Alasaud ; le prix convenu était de 3 florins la canne carrée, le vide des fenêtres étant compté comme plein et, pour la surface des voûtes, deux cannes étant comptées pour trois. Le prix convenu était de trois florins la canne carrée. Il n'est pas fait mention de la toiture, celle-ci composée de dalles jointes placées directement sur les reins des voûtes dont elles épousent les formes.

Cette église, construite en trois ans et quatre mois, — la consécration eut lieu le 20 septembre 1359, — est considérée à juste titre comme le monument le plus caractéristique du gothique avignonnais. Jaillie pour ainsi dire d'un seul jet et n'ayant jamais subi de modification importante, elle se présente avec une homogénéité parfaite qu'on ne retrouve qu'à l'église de Villeneuve ou à celle de Montfavet et, dans la région provençale, à la collégiale de Salon qui s'apparentent étroitement à Saint-Didier.

Le clocher n'est pas moins caractéristique avec sa haute et massive tour carrée, percée de huit baies à l'étage des cloches et prolongée par une courte partie octogonale, percée elle-même de quatre baies, et portant la flèche également octogonale et peu élevée, aux arêtes garnies de crochets.

A l'intérieur, la nef unique de six travées, voûtée de croisées d'ogives, est, suivant le type provençal et languedocien, bordée de chapelles latérales logées entre les puissants contreforts qui épaulent la voûte ; elle est prolongée par une courte abside pentagonale plus basse et moins large que le vaisseau principal. D'étroites fenêtres en lancettes dispensent parcimonieusement la lumière sur de grands murs nus ; le peu de complication des nervures et l'absence de chapiteaux remplacés par quelques moulures de faible relief accusent le parti pris de simplicité d'une église construite sous la direction d'un maître d'œuvre formé à l'austérité de tradition cistercienne du Palais de Benoît XII. C'est, suivant la définition qu'Emile Mâle a donnée de l'église gothique méridionale : « une grande nef où rien n'arrête la vue ni la parole, une église sans ornements, mais grandiose par ses proportions et religieuse par son demi-jour. »

---

(1) La canne valait 1 m. 975 ; le pan, qui était le huitième de la canne, 0 m. 246.

Au XVe siècle, deux additions n'ont guère modifié la simplicité du plan primitif. Ce sont la tribune du fond de la nef et la tribune d'orgue juchée au sommet d'une grande arcade. Celle-ci est de style nettement flamboyant avec sa forme pentagonale aux côtés légèrement concaves dont quatre décorés d'arcatures et le cinquième d'une peinture ; à sa base, un pendentif se termine par un ange portant un chapeau de cardinal ; on y accédait de l'extérieur par la terrasse surmontant les chapelles latérales.

Outre ce gracieux appendice, quelques autres œuvres d'art sont à remarquer. Une chapelle (en face de l'entrée) conserve des peintures de style gothique récemment découvertes. — Dans une autre, l'enfeu du tombeau d'Antoine de Comps, chevalier et ancien consul d'Avignon, bienfaiteur de la ville, est l'œuvre (1495) de Ferrier Bernard, le sculpteur de la façade de Saint-Agricol ; le gisant est au musée lapidaire. — Deux tableaux sont de Simon de Châlons (*La Flagellation, La Descente du Saint-Esprit*) ; un autre représente la *Chapelle du Bienheureux Pierre de Luxembourg, aux Célestins,* décorée par François de Royers de la Valfenière, XVIIe siècle, etc. — Deux statues anonymes (*Saint Jean-Baptiste, saint Bruno*), XVIIe siècle, encadrent l'entrée du chœur. — Une autre de *saint Bénezet* représenté en berger de pastorale est de J.-B. II Péru, ainsi que le maître-autel de marbre ; ces œuvres proviennent toutes deux de l'ancien couvent des Célestins, ainsi qu'une troisième, le célèbre retable, œuvre de Laurana.

Avec le *Portement de croix* commandé en 1478 par le roi René à *Francesco Laurana* pour orner le grand autel des Célestins, Avignon possède une des plus anciennes œuvres de style Renaissance qui existent en France.

Francesco Laurana, médailleur et sculpteur d'origine dalmate mais d'éducation napolitaine et florentine, avait travaillé à maintes reprises pour le roi René, ainsi que pour les princes et les grands officiers de sa maison. On sait qu'il a été un des premiers à introduire en France le style de la Renaissance italienne, à travailler « à l'antique », comme on disait alors. Il était venu se fixer à Marseille où il passa quelques-unes des dernières années de sa vie (1477-1483). Il y reçut la commande du retable des Célestins, dont l'esquisse, soumise au roi René, fut approuvée par lui en mars 1478. Laurana avait choisi un sujet familier aux artistes du Moyen-Age : la Vierge défaillante à la vue de son fils succombant sous le poids de la Croix, « Notre-Dame de l'Espame » disent les comptes.

Le sculpteur divisa les personnages en deux groupes. A gauche, le cortège du Christ et de ses bourreaux. A droite, la Vierge et les Saintes Femmes. Dans le fond, un mur de ville au-dessus duquel apparaissent de grands édifices de la Renaissance italienne avec spectateurs aux fenêtres. Cet arrière-plan est traité comme un fond de médaille, tandis que les personnages qui occupent le devant de la scène sont exécutés en ronde-bosse ou en haut-relief. Le monument est en marbre, rehaussé de polychromie et encadré de deux statues de saint Pierre Célestin et de saint Benoît.

Malgré le réalisme un peu caricatural de certaines figures, cette vaste composition frappe vivement par la vérité et le pathétique des attitudes, ainsi que par la délicatesse des fonds d'architecture. Néanmoins elle déplut au roi René. Après la mort de ce prince en 1480, Laurana eut beaucoup de peine à la faire accepter par son successeur, Charles d'Anjou, et à obtenir le paiement du prix convenu.

Laurana, dont la fille avait épousé le peintre avignonnais Jean de la Barre, vint se fixer à Avignon en 1498 et y mourut en 1502. Il fut enterré dans la chapelle de Notre-Dame-la-Belle, voisine des Augustins et démolie dès la fin du XVIe siècle, sans qu'on sache où furent recueillis les restes de Francesco Laurana. Quant au retable des Célestins, transporté dans une chapelle de l'église Saint-Didier, il y a été reconstitué par le sculpteur Cournaud, grand restaurateur des anciennes œuvres avignonnaises ; celui-ci a refait plusieurs têtes aisément reconnaissables.

Plan Saint-Didier.

En sortant de l'église, on trouve, à droite, l'arceau qui faisait communiquer l'édifice avec l'habitation des chanoines. On passe dessous pour atteindre le plan Saint-Didier.

N° 7. — Belle façade de l'*hôtel de Forbin la Barben* par Jean-Baptiste Franque, 1724. Le nom de « Plan Saint-Didier » est gravé à l'extrémité ouest de cette façade. A l'intérieur, rampe en fer forgé, XVIIIe siècle.

Rue des Trois-Faucons.

Une auberge des Deux-Faucons existait dans cette rue, au coin de la rue des Etudes. La *rue des Deux-Faucons* est mentionnée depuis 1500 au moins jusqu'au XVIIIe siècle. « Nous ne savons, dit Achard, à quelles circonstances on doit attribuer cette espèce de progression arithmétique qui s'arrête aujourd'hui à la désignation de la rue des Trois-Faucons. »

N° 7. — *Hôtel de Gilles de Ribas.* Construit en 1757 par Louis-Edouard de Gilles, seigneur de Ribas, qui obtint alors de la Chambre apostolique l'autorisation de prendre sur la voie publique le terrain nécessaire pour établir un perron devant sa « maison nouvelle » et placer des bornes, ainsi que des bancs le long de la façade.

L'immeuble est en saillie sur la rue. La transformation du rez-de-chaussée en établissement commercial a fait disparaître la porte à encadrement et corniches sculptés, les belles fenêtres en plein cintre et même l'appareil de pierres de taille dissimulé sous un crépissage. Les deux étages et l'attique qui les surmontaient ont conservé leur aspect primitif, avec leurs angles arrondis et à chaînes de refends.

A l'intérieur les pièces du premier étage ont encore quelques-unes des peintures qui décoraient les trumeaux et les dessus de porte ; le thème des quatre saisons y prédomine, exprimé dans l'antichambre par des emblèmes, et dans le grand salon par des groupes de petits Amours.

N°s 4-6. — *Hôtel de Rochegude.* Pierre-Joseph-Robert d'Aquéria de Rochegude, coseigneur de Saint-Didier et de Vénasque, a été premier consul d'Avignon en 1741 et viguier en 1742. Il avait acheté en 1732, rue des Deux-Faucons, une grande maison qui avait appartenu à Scipion La Gratia, fabricant de cuir doré. C'est l'Italien La Gratia, originaire de Bolsena, qui avait introduit à Avignon l'industrie du cuir doré qui y fut très florissante. Installé dès 1598, il avait épousé une Avignonnaise, Catherine Giraud, en 1602 ; à sa mort en 1638, il eut pour successeur son fils Pompée de La Gratia, né en 1603, qui se transporta ensuite à Nîmes, après 1646.

C'est l'acquéreur de la maison des La Gratia qui la fit reconstruire, sans doute peu après 1732 ; nous ne connaissons pas le nom de son architecte. L'hôtel se fait remarquer par son imposante façade, sa porte surmontée d'un beau mascaron de faune, ses fenêtres munies de ferronneries ventrues. Mais de cet hôtel et des deux autres de la rue des Trois-Faucons, noircis par le temps, on peut répéter ce que Louis Hourticq disait des hôtels parisiens du Marais : ils ont « une sorte de dignité triste » ; sur leurs nobles façades, « des annonces de commerce s'accrochent maintenant aux corniches effritées et aux pierres qui se délitent ».

Dans le grand salon de l'hôtel de Rochegude, se trouvaient des boiseries dessinées par Thomas Lainée. Acquises, en 1891, par le musée des Arts décoratifs de Paris, elles consistent : 1° en trois panneaux avec consoles, médaillons, encadrements et arabesques ; 2° en trois dessus de portes et de glaces, ornés de peintures sur fond doré et de médaillons sculptés.

N° 14. — *Hôtel d'Albert de Luynes,* milieu du XVIIIe siècle. Belle façade malheureusement déparée par les magasins ouverts au rez-de-chaussée. Porte imposante avec mascaron de femme sur le linteau et boiserie sculptée, cage d'escalier ouverte sur la cour par une arcade surbaissée, magnifique rampe en fer forgé. Le 4 septembre 1793, l'Administration du département de Vaucluse fut installée dans cet hôtel avec une très grande solennité, force discours, hymnes patriotiques et farandoles. Mais elle dut se retirer dès le lendemain, le « citoyen Albert » ayant signifié son refus de recevoir l'indemnité préalable qui lui avait été offerte pour cette occupation et son intention de continuer à habiter sa demeure. Au XIXe siècle, des parties de l'hôtel furent louées, au *Cercle des Amis de l'Ordre* (sous la Restauration), au géographe Vidal-Lablache, professeur au Lycée (1847-1850), au marquis d'Aulan (1894-1909), etc.

En face de l'hôtel de Luynes, aux angles de la rue et place des Etudes, à gauche (rue des Trois-Faucons, n° 21), *maison du peintre Philippe Sauvan* acquise par lui en 1728 ; à droite, restes du couvent des religieuses de Saint-Eutrope. Le nom de la place des Etudes qui suit vient des bâtiments de l'Université (*Studium*) d'Avignon, qui se trouvaient autrefois sur cette place (n° 17) ; ce qu'il en subsistait a été remplacé en 1941 par un immeuble moderne.

A l'extrémité de la rue des Trois-Faucons, tourner à droite sur la

Rue Henri-Fabre.

Entre les n°s 10 *et* 12. — Emplacement d'une maison abattue pour donner accès à une impasse qui, à son autre extrémité, débouche sur la place des Corps-Saints. Cette maison appartenait, au début du XIXe siècle à Pierre Gautier, employé des Contributions directes qui y vivait avec sa sœur Marion. Pierre Gautier se maria à Avignon, en 1811, avec Antoinette Cocard, et fut nommé à Tarbes où *Théophile Gautier* naquit le 30 août 1811. En 1856, une des deux sœurs du poète, fixée à Paris, alla voir à Avignon la vieille tante Marion et décrit ainsi la maison dans une lettre : « Quant à notre maison, c'est une maison de poupée. La cuisine n'est pas trop petite ; les pièces sont de la grandeur des nôtres, l'escalier droit comme ceux des chalets suisses. Il y a un pied de vigne, comme je n'en ai pas encore vu, énorme, pas travaillé par la main des hommes ; il court follement le long du mur et vous tend ses brindilles vertes... » — On voyait ainsi autrefois de très nombreuses vignes dans les rues d'Avignon, sur les façades. — Après la mort de la tante Marion, Théophile Gautier loua la maison — elle devint quelque temps *l'Auberge de la Poule d'Or* —, puis la vendit. Elle a été démolie en 1897.

N° 8. — Maison dans laquelle habitait, au XVIIIe siècle, François de Salignac, abbé de Fénelon, petit-neveu de l'archevêque de Cambrai. En 1722, il avait été nommé, par décision royale, doyen du chapitre de Sainte-Marthe de Tarascon. Cette église relevant de l'archevêché d'Avignon, il se trouva en même temps archidiacre de Notre-Dame-des-Doms et prieur de Saint-Michel-de-Frigolet. Il vint se fixer à Avignon où il eut une désagréable mésaventure. Il avait pris pour administrer son ménage une certaine famille Gousset qu'il installa dans une maison voisine de la sienne en établissant entre les deux une porte de communication. Les époux Gousset avaient une fille d'une vingtaine d'années qui fut chargée du service de l'archidiacre. Bientôt celui-ci s'aperçut qu'il était volé effrontément et copieusement. Il finit par porter plainte, mais alors parut un libellé intitulé : *Lettre d'une demoiselle à une dame de ses amies sur ce qui se passe entre l'abbé de Fénelon et Mlle de Saint-Julien.* Ce titre seul laisse deviner ce que le libellé contenait. Cet écrit fut condamné par arrêt du vice-légat Aquaviva du 25 novembre 1748 et sa publication interdite. Quant aux poursuites pour vol contre la jeune Françoise Gousset et ses complices, on ne sait ce qu'il en advint. Peut-être l'abbé de Fénelon, pour mettre fin au scandale, retira-t-il sa plainte.

III. — Saint-Martial. Les Célestins

Saint-Martial.

Par bulle du 17 mars 1363, le pape Urbain V donna aux Bénédictins de Cluny, en compensation du prieuré de Notre-Dame de Belvedère, que Jean XXII s'était annexé lors de la construction de son château de Pont-de-Sorgues, le « palais ou demeure construit par Hugues des Baux, comte d'Avelin, au nom du roi Louis, d'illustre mémoire, et de notre très chère fille en Christ, la très illustre reine de Sicile, au temps où le dit Hugues remplissait les fonctions de sénéchal de Provence ». Le cardinal Ardouin de la Roche, abbé de Cluny, se transporta aussitôt dans ce « palais de la reine Jeanne », dans lequel avait été signée la vente d'Avignon à Clément VI (1348). Un collège y fut fondé en 1378 par les soins du cardinal Pierre de Cros, ancien archevêque d'Arles. C'est ce cardinal qui commença les travaux de la nouvelle église, terminée après sa mort (1388), aux frais de sa succession qui assura en outre la construction du clocher.

Ce *monastère-collège,* un des plus somptueux d'Avignon, puisqu'il renfermait un cénotaphe à la mémoire d'Urbain V et le tombeau du cardinal de La Grange, a dû sa conservation à son utilisation pour le musée Calvet (jusqu'en 1833) (1), puis pour l'Ecole normale d'instituteurs (1835-1880), et enfin à sa transformation en temple protestant (1881) et en Recette principale des Postes (1898-1955).

L'église comprenait une abside pentagonale et une nef de quatre travées sans bas-côtés. L'abside est plus ornée que ne l'étaient celles des églises avignonnaises de la période précédente ; sa voûte est à six branches d'ogives ajourées de quatre feuilles, garnies de redents et soutenues par des anges

(1) Mais le musée d'Histoire Naturelle resta à Saint-Martial jusqu'en 1898. L'illustre entomologiste, Jean-Henri Fabre, en fut conservateur de 1866 à 1873. Il avait été antérieurement professeur à l'Ecole normale et avait reçu à Saint-Martial deux visites mémorables, celle de Louis Pasteur et celle de Victor Duruy, alors ministre de l'Instruction publique. A la même époque, des cours communaux publics et gratuits avaient lieu également à Saint-Martial ; J.-H. Fabre y enseignait la physique, la chimie et l'histoire naturelle ; en 1870, Stéphane Mallarmé, professeur au Lycée, y donna un cours d'anglais « à l'usage des jeunes personnes ».

porteurs d'écus armoriés ; les fenêtres sont garnies d'un remplage compliqué ; celle du nord aveugle a un remplage plus chargé (fleur de lys) sculpté sur la paroi extérieure.

L'abside et les deux premières travées servent de temple protestant. La troisième, utilisée comme vestibule, s'ouvre sur la rue Henri-Fabre par un grand portail refait, en 1700, par l'architecte Pierre Mignard. Le clocher, au nord de la première travée, est formé d'une tour carrée, au premier étage de laquelle était conservée la bibliothèque de l'Université ; au-dessus, le tambour octogonal habituel, couronné d'une balustrade pleine, était terminé par une flèche à huit pans refaite récemment.

Les bâtiments conventuels reconstruits en 1700 par Pierre Mignard furent démolis en partie lors du percement du cours Bonaparte (cours Jean-Jaurès) ; — c'est dans ces bâtiments qu'avait été conservé le musée d'Histoire naturelle ; — une nouvelle façade fut remontée à l'alignement de la nouvelle rue et avec le même décor de pilastres que la partie conservée.

Dans le jardin, vestiges du cloître Saint-Martial ; quelques statues proviennent du théâtre brûlé en 1846 ; autres statues de J.-H. Fabre par Félix Charpentier et d'Agricol Perdiguier, dit Avignonnais-la-Vertu, apôtre du Compagnonnage, par J.-P. Gras.

Sortir du jardin par la porte sud qui donne sur la

Rue Agricol-Perdiguier (ancienne *rue de la Colombe*).

Cette rue s'appelait au XVe siècle la *rue de la Corroirie* (*carreria Courearie*) ou *des Corroyeurs* ; c'était alors le bourg des gens de ce métier. En 1578, elle a déjà pris le nom de *rue de la Colombe* ; on ignore l'origine de cette appellation qui était peut-être celle d'un jeu.

N° 5. — *Maison de Pierre Thibault*, architecte-ingénieur de la Chambre Apostolique, construite entre 1725 et 1753.

N° 22. — Maison dans laquelle habita de 1785 à 1792, Thaddée Leszczy Grabianka, comte Ostap et staroste de Liva, né en Pologne vers 1745. Il vint à Avignon en 1785 rejoindre Dom Pernety pour y professer l'illuminisme et les doctrines de Swedenborg. A Avignon, il devint célèbre sous le nom de « *Comte polonais* », tenait table ouverte et recevait un monde très mélangé. « Les mœurs de ce milieu, écrit l'érudit Adrien Marcel, prêtaient largement à la critique et l'on y pratiquait les jeux de l'amour et du hasard avec une liberté qui paraissait excessive. » Discrédité, Grabianka disparut d'Avignon dès 1792. On l'y retrouve en l'an V vivant d'emprunts et d'escroqueries ; puis il s'enfuit en laissant un passif de 400.000 livres. Il devait mourir en prison à Saint-Pétersbourg où il avait été arrêté en 1809 pour conspiration contre le tsar Alexandre Ier.

Place des Corps-Saints (ou *du Corps-Saint*).

A la fin du XIVe siècle, la *rue du Portail-Saint-Michel* devient la *place du Corps-Saint,* à cause de la chapelle de ce nom, édifiée dans le cimetière Saint-Michel sur la tombe du bienheureux Pierre de Luxembourg.

A l'entrée de cette place était une porte de l'ancienne enceinte du XIIIe siècle, dite du *Pontfract* (Pont rompu), sans doute en souvenir de quelque accident. Ce pont était très étroit ; la ville le fit élargir en 1738 et par la démolition d'une maison agrandit également l'entrée de la *place des Corps-Saints,* — ce pluriel était désormais en usage, — dont l'exiguïté « causait des désordres ».

Les Célestins.

Le couvent des Célestins est la dernière fondation de la papauté avignonnaise. Sur les bords de la Sorgue, à la sortie du portail du Pontfract, un petit cimetière servait à la sépulture des « pauvres suivant la cour romaine ». Un jeune cardinal d'origine lorraine, Pierre de Luxembourg, mort à dix-neuf ans en odeur de sainteté, voulut par humilité chrétienne, y être enseveli (1387). Sa tombe fut bientôt fertile en miracles et dès 1389, Marie de Blois, reine de Sicile, y fit élever une chapelle de bois. Puis, Clément VII donna mission aux trois cardinaux exécuteurs testamentaires de Pierre de Luxembourg de construire un monastère. On fit appel aux Célestins, ordre de fondation récente, alors très en vogue. On commença aussitôt les édifices. Ce fut une œuvre française ; le roi Charles VI s'en déclara le fondateur ; ses oncles, les ducs de Berry et de Bourgogne, et son frère, le duc d'Orléans, vinrent poser en son nom la première pierre le 25 juin 1394.

L'église conçue sur le plan le plus vaste ne devait jamais être terminée. Son premier architecte fut le célèbre Perrin Morel. C'était un lapicide et un sculpteur de Lyon, mais d'une famille originaire des Baléares. Son père, Etienne, était « imagier » et son fils Jacques fut un des plus grands sculpteurs gothiques. Perrin Morel avait quitté Lyon et était établi depuis plusieurs années à Avignon, lorsqu'il reçut le 11 avril 1396 un premier prix-fait des travaux de l'église des Célestins ; il édifia l'abside, le transept et les deux travées du chœur. Cette construction terminée en 1401, il regagna Lyon où il mourut en 1406.

En dépit de l'origine de son auteur et de son plan inusité à Avignon, l'œuvre de Perrin Morel est, par son aspect robuste et massif, ainsi que par son élévation modérée, tout à fait dans la tradition provençale. Mais elle contraste avec le style « émacié » des églises avignonnaises de la plus grande partie du XIVe siècle. Sa voûte absidale est tout particulièrement d'une élégance assez chargée. Son entrecroisement de liernes et de tiercerons présente des nervures dentelées, ajourées en quatre-feuilles, agrémentées de fleurons et de dix figures

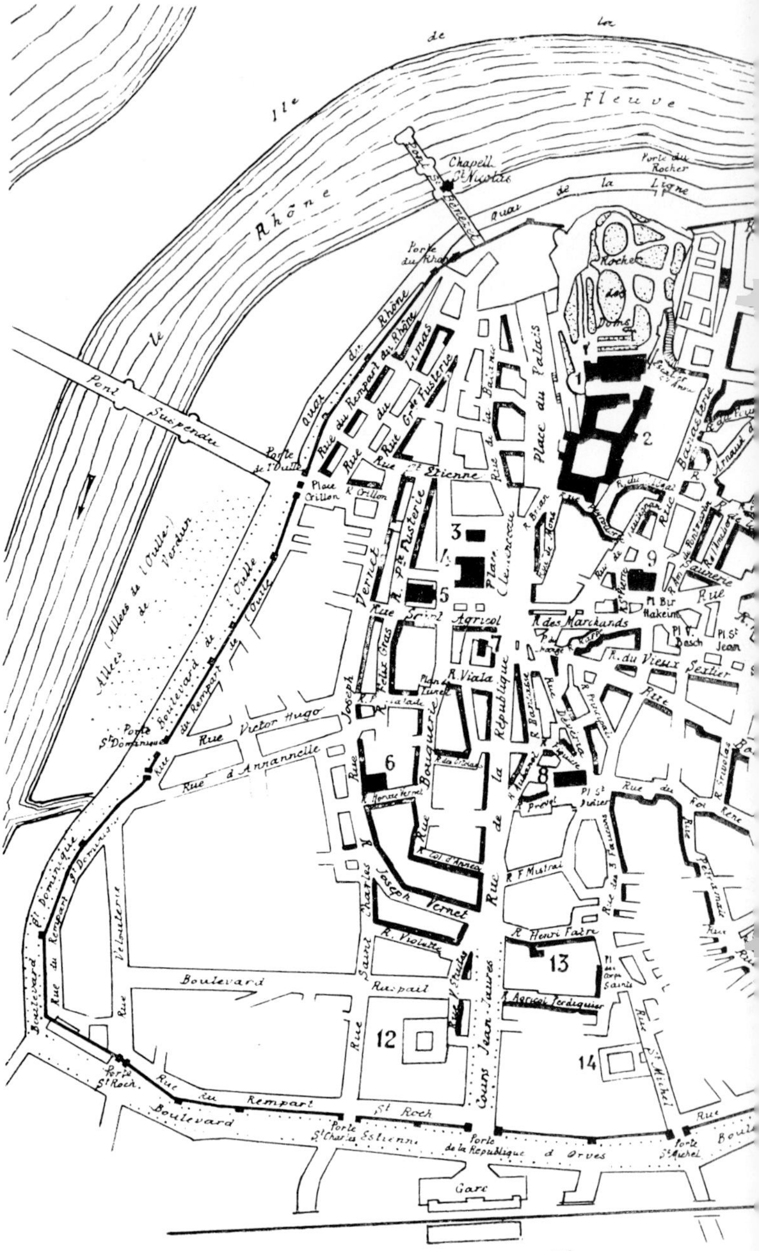
Ile de la
Fleuve
Le Rhône
Pont St Bénezet
Chapell. St Nicolas
Porte du Rocher
Quai de la Ligne
Porte du Rhône
Rocher des Doms
Quai du Rhône
Rue du Rempart du Rhône
Rue du Limas
Rue Gr de Fusterie
Place du Palais
Pont Suspendu
Porte de l'Oulle
Place Crillon
R. Crillon
Rue St Etienne
Rue de la Balance
Allées de l'Oulle
Allées de Verdun
Boulevard de l'Oulle
Rue du Rempart de l'Oulle
Rue Vernet
R. Pte Fusterie
Place Clemenceau
R. Brian
Rue de Mons
Rue Saint Agricol
R. des Marchands
Pl Bir Hakeim
Pl V. Basch
Pl St Jean
R. du Vieux Sextier
R. Viala
Rue de la République
Rue Joseph Vernet
Rue Victor Hugo
Rue d'Annanelle
Porte St Dominique
Rue Bouquerie
Pl St Didier
Rue du Roi René
R. F Mistral
R. Henri Fabre
R. Agricol Perdiguier
Pl des Corps Saints
Rue St Charles
Rue Saint Charles
R. Violette
Boulevard Raspail
Rue Velouterie
Boulevard St Dominique
Rue du Rempart St Dominique
Rue du Rempart St Roch
Porte St Roch
Boulevard St Roch
Porte St Charles
Cours Jean Jaurès
Porte de la République
Boulevard d'Orves
Rue St Michel
Porte St Michel
Gare
1
2
3
4
5
6
7
8
9
12
13
14

Pl

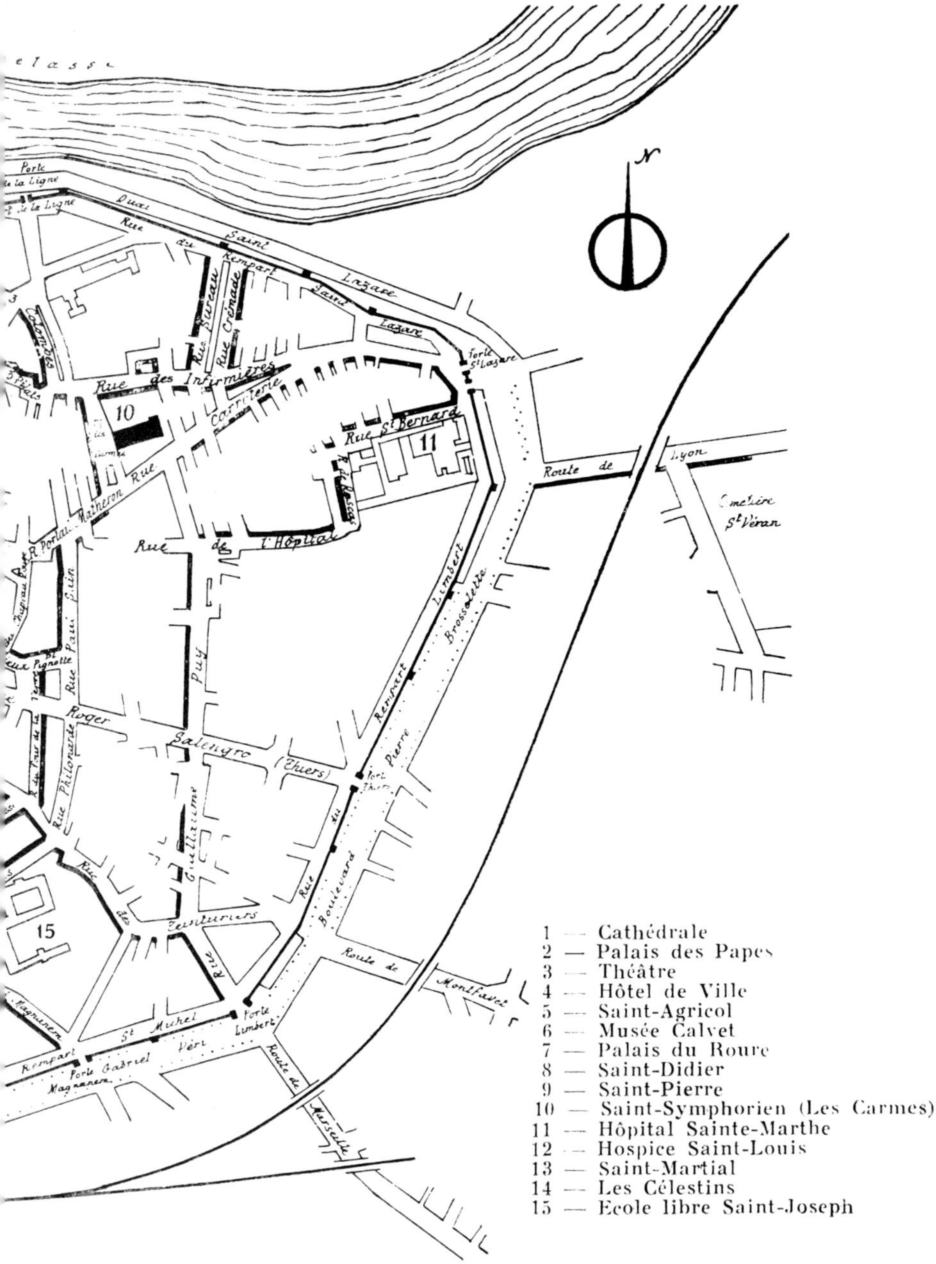

CTUEL D'AVIGNON

agenouillées ; celles-ci, inscrites dans des cercles à fleurons, sont tournées vers le Christ posé sur la clef de voûte et nimbé de chérubins aux ailes éployées.

Encore privée de sa nef, l'église fut ouverte et consacrée officiellement en 1402 ; on y transporta en grande pompe le corps de Clément VII, qui fut déposé dans un tombeau de marbre taillé par Perrin Morel et posé sur un pavé de jaspe pourpré.

Ce n'est que vingt ans plus tard qu'on commença la construction de la nef, grâce à une donation du cardinal de Brogny. Encore se borna-t-on à édifier une travée et les travées correspondantes des bas-côtés. Les maîtres de l'œuvre furent Jean Laurent, Jean Roberty et Jean de Lonay (1422-1424).

Des chapelles latérales furent bâties pour divers bienfaiteurs : le cardinal Amé de Saluces, le duc d'Orléans, — dans celle-ci, Jean Péru aménagera en 1690 un monument pour recevoir les restes de saint Bénezet, — Jean-Galéas Visconti, duc de Milan, François de Conzié (1418), le cardinal Pierre de Foix (1441-1443), le chancelier de Bourgogne, Nicolas Rollin (1445), etc. On voit que la renommée de l'édifice s'était étendue au loin.

Au début du XVe siècle, en même temps qu'on construisait l'église, on avait remplacé l'édicule de bois érigé sur la tombe miraculeuse de Pierre de Luxembourg, par une chapelle monumentale, véritable église reliée à la principale et greffée elle-même de chapelles latérales. Au XVIIe siècle, cette chapelle fut décorée par François de Royers de la Valfenière qui dressa un escalier monumental et deux colonnades superposées encadrant le mausolée du saint cardinal. Ce monument que nous ne connaissons plus que par une peinture (1) était considéré jadis comme le meilleur titre de gloire de La Valfenière ; le président de Brosses, moins révérencieux disait : « Les Célestins ont un tombeau du bienheureux Pierre de Luxembourg dont ils font à tort un grand cancan. »

Le cloître et les bâtiments conventuels furent, comme l'église et la chapelle de Pierre de Luxembourg, construits dans la première moitié du XVe siècle. Comme tous les cloîtres gothiques, celui des Célestins n'a pas la grâce des cloîtres romans. Il est ouvert par de grandes arcades qu'alourdissent d'inélégants contreforts. Les bâtiments claustraux ont presque tous perdu leur caractère primitif ; l'ancien réfectoire a cependant conservé son plafond avec ses grosses poutres et ses poutrelles au profil allongé.

Au XVIIe siècle, les portails gothiques de l'église et du cloître furent remplacés par des portiques classiques, œuvre de François de Royers de la Valfenière. Sur celui du cloître, le tympan représente l'extase de saint Pierre Célestin.

A la fin de l'Ancien Régime, le couvent des Célestins,

(1) Conservée dans l'église Saint-Didier.

favorisé de multiples largesses, était un des plus somptueux d'Avignon et le plus riche peut-être en œuvres d'art.

A la Révolution, il fut un instant question de faire du couvent et du vaste parc des Célestins, « un établissement public, pour une bibliothèque, galerie de tableaux et promenade publique ». Ce projet ne fut pas poursuivi et bientôt l'édifice fut livré à l'abandon et dévasté. Il devint, par la suite, partie de la succursale de l'Hôtel des Invalides de Paris (1801-1850), puis pénitencier militaire (1859-1900) ; affecté ensuite à la caserne du 7e Génie, il est aujourd'hui compris dans la « Cité administrative » qui a succédé à la caserne. Si ces affectations successives ont sauvé les bâtiments de la destruction, elles avaient été précédées de la dilapidation des incomparables trésors d'art qui faisaient de l'église des Célestins un véritable musée de l'art flamboyant. C'est ainsi qu'ont été saccagés le tombeau de Clément VII, celui de Pierre de Luxembourg, ceux de nombreux prélats et grands seigneurs, les stalles en bois sculpté qui garnissaient le chœur. Les grandes fresques qui décoraient les murs n'ont laissé que quelques traces indistinctes, ainsi celle de la *Passion* que Louis de Pérussis, Florentin d'Avignon, avait fait exécuter de ses deniers ; celle qui représentait le cardinal Pierre de Foix et ses quatre frères en grandeur naturelle ; celle de la *Communion de sainte Madeleine* dans le désert de la Sainte-Baume ; les nombreux tableaux racontant la vie et les miracles du bienheureux Pierre de Luxembourg, et enfin la fameuse *Toile d'araignée* ou *Portrait de la Mort,* que la légende attribuait au roi René, une de ces représentations réalistes du cadavre en état de putréfaction si souvent pratiquées au XVe siècle. Cette dernière peinture était une des grandes curiosités des Célestins. On y voyait, disait le président de Brosses, « un grand squelette debout, à moitié couvert de son suaire, dont les vers rongent le corps, défiguré d'une manière affreuse ; la bière est ouverte... et pleine de toiles d'araignées fort bien imitées... » Il ajoutait, acceptant sans contrôle la tradition donnant la paternité de cette image au roi René : « Au diable soit l'animal qui, de toutes les attitudes où il pouvait peindre sa maîtresse, en a choisi une d'aussi horrible spectacle ! »

Le compte des œuvres d'art des Célestins qui nous sont parvenues est bientôt fait : on peut voir au musée lapidaire la tête affreusement mutilée de la statue de Clément VII, la tête de celle de Pierre de Luxembourg, la belle statue de Vierge avec l'Enfant qui ornait le grand portail du monastère, deux statues de saint Lazare et de sainte Marthe en pierre dorée, une clef de voûte sculptée d'une belle figure de Dieu le Père et enfin, au musée Calvet, un précieux petit panneau où est peint le bienheureux Pierre de Luxembourg en extase. Dans l'église Saint-Didier, on a transporté le *Portement de Croix,* grand bas-relief de marbre que le roi René avait commandé à Francesco Laurana pour le maître-autel des Célestins. Quelques autres reliques se retrouvent en dehors d'Avignon : au musée Grobet-Labadié à Marseille, une statue de sainte Madeleine qui accompagnait primitivement le saint Lazare et la sainte Marthe du musée lapidaire, et au musée Condé à Chantilly, le retable de la *Vierge de Miséricorde*, chef-d'œuvre d'Enguerrand Charonton et de Pierre Villate, dont nous avons parlé plus longuement à propos de la maison des Cadard, ses donateurs (1).

IV. — La rue des Vieilles-Études. La rue Violette

Rue des Vieilles-Etudes.

La rue des Vieilles-Etudes est ainsi nommée, parce que c'est dans cette rue que se trouvaient les locaux primitifs du *Studium*, ou Université d'Avignon, fondé en 1303, et transféré en 1420 à la place des Etudes ; antérieurement, c'était la *rue du Portail-Boquier*, conduisant à cette porte de l'ancienne enceinte des XIIe-XIIIe siècles.

L'hospice Saint-Louis (ancien *Noviciat des Jésuites*). — Le noviciat des Jésuites avait été fondé en 1589 grâce à un don de 10.000 écus versé par Louise d'Ancezune, dame pour partie de Caderousse au Comtat Venaissin, veuve de Christophe de Saint-Chaumond, en son vivant premier baron du Lyonnais et capitaine de cinquante hommes d'armes du roi. Mme d'Ancezune fit ensuite une nouvelle libéralité pour la construction d'une église et d'un corps de logis « de style religieux ».

Les travaux commencèrent en 1601. Contrairement à la tradition locale, il est impossible que le célèbre Martelange en ait fourni les plans. Chez les Jésuites, les projets d'édifices n'étaient exécutés qu'après examen et vérification de toutes les autorités hiérarchiques de l'Ordre, ce qui demandait de longs délais. Martelange devait être encore à Rome (2), quand les plans du noviciat d'Avignon avaient été établis. Mais rien n'empêche qu'à son retour, il ait été chargé de diriger ou de surveiller les travaux, car nous avons des preuves certaines qu'il séjourna à Avignon en 1601 et en 1602. Devenu ensuite l'architecte itinérant des Jésuites, il revint à plusieurs reprises inspecter les constructions. Ainsi son fameux album de dessins conservé à la Bibliothèque nationale contient, en 1608, un « aspect » de l'église « lorsqu'on la bâtissoit ». Cet édifice est en forme de croix grecque, avec quatre travées courtes voûtées en berceau, entourant une coupole centrale montée sur lanterne et pendentifs. En 1608, on en était encore aux pendentifs. L'édifice fut consacré le 26 mai 1611 sous le vocable de Saint Louis, roi de France. Quelques années plus tard, on y plaça au centre, sous le dôme, la dalle funéraire de la fondatrice, Louise d'Ancezune, décédée en 1620. Au

(1) Voir ci-dessus p. 232.
(2) Voir ci-dessus p. 84.

XVIIIe siècle, les quatre évangélistes avec leurs symboles furent peints, chacun sur un des pendentifs de la coupole par le jésuite Denis Attiret (1702-1768) qui avait fait son noviciat à Avignon et devait mourir premier peintre de l'empereur de Chine.

Les bâtiments du Noviciat, disposés en quadrilatère autour d'un vaste préau entouré de portiques, — l'église formant le côté nord, — ont été construits pour la plupart par l'architecte François de Royers de la Valfenière qui, à partir de 1627, paraît avoir été le seul architecte de l'édifice ; c'est lui qui intervient à ce titre dans les prix-faits donnés aux entrepreneurs. Les bâtiments de belle ordonnance ont conservé de nombreux motifs décoratifs de l'époque Louis XIII qui indiquent les parties construites par La Valfenière. Plus tard, Jean Péru y travailla aussi ; le grand escalier fut son œuvre en 1685 et 1686 ; en 1712, il reprit la construction d'une portion des bâtiments.

Parmi les personnages notables sortis du noviciat d'Avignon, il faut citer, outre le Frère Martelange et le Frère Attiret, un autre peintre, Jacques Courtois, dit le Bourguignon (1621-1676), célèbre par ses tableaux de bataille et qui, lui aussi, se contenta du titre de Frère. Un Avignonnais, le P. Alexandre de Rhodes, « apôtre du Tonkin », s'était formé également dans ce noviciat, ainsi qu'un autre illlustre missionnaire et prédicateur réputé, le P. Claude de la Colombière.

Après la Révolution, le noviciat des Jésuites devint, avec le couvent des Célestins, succursale de l'Hôtel des Invalides de Paris ; c'est pour cette raison que sur les murs du cloître de Saint-Louis, on lit encore les noms des armées de la Révolution et du Premier Empire. Un des commandants de cette succursale fut le maréchal de camp, comte de Villelume, qui avait épousé une héroïne de la Révolution, Mlle de Sombreuil. Morte à Avignon, en 1823, celle-ci y fut enterrée, au cimetière de Saint-Véran, où sa tombe se voit toujours ; mais son cœur fut transporté dans la chapelle des Invalides de Paris, dont son père avait été gouverneur.

La succursale des Invalides fut supprimée en 1850 ; deux ans après, le prince Louis-Napoléon Bonaparte, président de la République, en visite à Avignon, annonça la remise des bâtiments à la ville et le remplacement des invalides militaires par des invalides civils. Le nouvel établissement reçut le titre d'hospice Saint-Louis.

En sortant de cet édifice, suivre la rue des Vieilles-Etudes jusqu'à la

Rue de la Violette.

Le nom de rue de la Violette est moderne ; il n'apparaît que dans la liste des rues de 1795 ; on ignore son origine. Toutefois, Achard mentionne l'existence en 1781 d'une société de jeunes artisans, dite de la Violette, qui se réunissaient pour se distraire, dans la rue de la Colombe voisine, dans le jardin d'une dame Pluvinal.

N° 5. — *Hôtel de Caumont,* édifié pour le noble et éminent Joseph de Seytres, marquis de Caumont, seigneur de Verquières-en-Provence, érudit et polygraphe, associé étranger de l'Académie des Inscriptions et Belles-Lettres (1688-1745). Commencé en 1720 par Jean-Baptiste Franque, il ne fut terminé qu'après 1751 avec le concours de François Franque. C'est dans cette belle demeure que le célèbre duc d'Ormond, ce grand seigneur anglais, réfugié à Avignon, vécut ses dernières années et mourut en 1745. Mis sous séquestre à la Révolution, l'immeuble fut rendu, en l'an VII, au marquis de Caumont qui n'avait pas émigré et passa plus tard, par suite de mariage, à la famille de Laborde. Il fut acheté en 1878 par le département de Vaucluse qui y installa successivement l'Ecole normale d'instituteurs, puis la caserne de gendarmerie. Ces destinations imprévues ont détruit presque complètement les dispositions intérieures de l'édifice, qui conserve cependant un vaste escalier d'honneur et deux admirables façades, une sur la cour et l'autre sur le jardin. Celle de la cour est un peu dénaturée par des additions modernes, mais présente encore la noble ordonnance de sa partie centrale en arrière-corps. Sur le jardin, presque complètement détruit par la création du boulevard Raspail, la façade plus riante est ouverte de grandes baies à plein cintre ; elle est égayée par le renflement d'un avant-corps à pan coupé couronné d'un fronton garni d'une gracieuse sculpture. L'hôtel de Caumont est une des plus parfaites constructions des Franque, une de celles où ils ont le mieux trouvé les dimensions convenables, les proportions justes et l'élégance de la silhouette.

N° 7. — *Hôtel de Galéans-Gadagne.* Le terrain sur lequel avait été bâti l'hôtel de Caumont avait été cédé par Bénezet de Ribère, seigneur de Costebelle. Celui-ci avait pensé construire lui-même un hôtel sur la partie du terrain qu'il avait conservée. Les deux voisins s'étaient entendus pour avoir le même architecte et pour mettre leurs deux hôtels sur le même alignement du côté du jardin. Mais le prix-fait donné par M. de Costebelle à Jean-Baptiste Franque (17 novembre 1723) ne fut pas exécuté tout de suite, sans doute faute de fonds. Il ne le fut qu'un quart de siècle plus tard, lorsque le duc de Galéans de Gadagne eut acquis le terrain de M. de Costebelle. Les entrepreneurs Pierre Mottard et Joseph Marie traitèrent avec les maçons Claude Soubeyran, Mathieu Aymard et Marc Fabrice (prix-fait du 11 juin 1751). Ceux-ci devaient bâtir, sur les anciennes constructions, de nouvelles façades sur la rue et sur la cour, en « pastouire », hormis les portes, fenêtres, plinthes, corniches et pilastres qui seraient de pierre de taille.

A la Révolution, les Gadagne émigrèrent. Leur hôtel confisqué fut réservé pour recevoir les mobiliers recueillis dans les maisons d'émigrés. En l'an IX, Mme de Gadagne, née de Castellane, divorça pour récupérer l'hôtel de la rue Violette dont fut héritier bénéficiaire son neveu, le comte Louis-Joseph-Alphonse de Castellane, domicilié à Marseille. Celui-ci le mit en vente et il fut question, en 1819, de l'acheter pour y loger le Préfet. Ce n'est qu'en 1824 que l'hôtel trouva acquéreur dans la personne du baron de Montfaucon, maire d'Avignon de 1826 à 1830, qui venait de vendre son hôtel de la rue Saint-Etienne. Le critique Armand de Pontmartin fut locataire d'une partie de 1833 à 1842. Après le baron de Montfaucon, l'hôtel a appartenu à Albert-Joseph-Augustin d'Olivier de Pezet, qui fut aussi maire d'Avignon (1841-1843) ; depuis 1899, il est la propriété de la famille de Dianous de la Perrotine. Les bâtiments, autrefois plus imposants, sont couverts d'un comble brisé à la Mansard, qui ne peut être que moderne.

CHAPITRE VII

LES REMPARTS. LE PONT SAINT-BENEZET. SAINT-RUF MONTFAVET. BONPAS

I. — LES REMPARTS. — *Construction des murailles. Les portes. Les remparts du XVe au XVIIIe. L'arc de triomphe en l'honneur d'Innocent XI. Projets de démolition et restauration.*

II. — LE RHÔNE. LE PONT SAINT-BÉNEZET. BOULEVARDS ET PROMENADES. — *Le Rhône à Avignon. Les îles ; les inondations. Saint Bénezet et les Frères du Pont. Histoire du pont. Les ponts modernes. Le port. Les allées de l'Oulle. Le cimetière Saint-Véran.*

III. — SAINT-RUF. MONTFAVET. BONPAS. — *Apogée et ruine de Saint-Ruf. L'église de Montfavet ; la tour d'Espagne ; la Font couverte. Le pont de Bonpas au XIIe siècle ; la Chartreuse et le bac ; les ponts de la Durance du XIXe et du XXe siècle.*

I. — LES REMPARTS

Construction des remparts.

Dès les premières incursions des Grandes Compagnies dans la vallée du Rhône, on sentit le besoin d'une nouvelle enceinte. Avec ses remparts du XIIIe siècle en ruines et débordés de toutes parts par des constructions récentes, Avignon constituait une proie facile et bien faite pour tenter les routiers. Dès 1355, il est question de paiements effectués pour travaux de clôture, établissement de fossés et de murs, en même temps qu'on remettait en état les anciennes portes. En 1358, les travaux continuaient. Innocent VI accorde en octobre 1359 l'autorisation de percevoir une gabelle (1) dont le produit devait subvenir aux frais de la construction des nouveaux murs que le pape voulait voir édifier rapidement (*celeriter*).

(1) La gabelle était un droit d'entrée sur les marchandises destinées à être vendues dans Avignon.

En 1361, on avait déjà dépensé plus de 4.600 florins. Néanmoins les travaux de clôture étaient si peu avancés que devant un danger plus pressant — celui des routiers qui s'étaient emparés de Pont-Saint-Esprit —, on entoure d'une clôture de bois, tous les nouveaux faubourgs, partout où il n'y avait pas encore de rempart. La population faisait le guet, tandis que des mercenaires occupaient les portes de la vieille enceinte constituant avec les débris des anciens murs une seconde ligne de fortifications.

Les travaux reprirent sous le pape Urbain V (1362-1370), à partir de l'automne 1364 ; une taille fut imposée à cet effet ; tous les habitants de la ville contribuaient ainsi à la dépense ; ceux de la Carreterie, qui étaient parmi les plus exposés, donnèrent à eux seuls mille florins la même année. Les travaux furent placés à partir de 1366, sous la direction de Bernard de Manse, qualifié de « directeur de l'œuvre de la clôture », et poussés très activement ; un héraut parcourait les rues, proclamant que nul ne devait s'employer ailleurs qu'aux édifices publics. On travaille alors sur plusieurs points à la fois : au sud, du côté du portail Imbert ; à l'ouest et au nord, du côté des Dominicains, du Limas, du Rocher des Doms. De nombreux maîtres d'œuvres sont utilisés, entre autres Jacques Laugier, futur constructeur de la tour des Augustins, qui édifie une tour au portail des Périers. A la fin du pontificat d'Urbain V, les remparts avaient atteint, semble-t-il, leur développement complet ; les tours étaient presque toutes achevées ; les fossés creusés et remplis d'eau. Le travail fut parachevé sous le pontificat de Grégoire XI (1370-1378), notamment par l'établissement des ponts qui donnaient accès aux portes par-dessus les fossés. Au mois d'août 1372 cependant, toute une défense de barrières, de portes et de murs fut établie en avant des remparts, en un endroit où passaient les routiers allant en Italie, afin de leur interdire l'accès de la ville.

Les portes.

En 1373, les « brigands », — c'était le nom qu'on donnait aux mercenaires soldés pour la défense, — montaient la garde à douze portes : les portes *Eyguière* (porte du Rhône), *Saint-Jacques* (ensuite porte du Limas, puis de l'Oulle), *des Dominiciains, des Périers* (1), *des Miracles* (porte Saint-Roch) (2), *Saint-Antoine* (porte Saint-Michel), *Imbert* (porte

(1) La *porte des Dominicains* et celle *des Périers* disparurent au cours des reconstructions de remparts en 1481-1487. La porte des Dominicains devait être à peu près à l'emplacement de la brèche de la rue Victor-Hugo actuelle ; la porte des Périers, voisine du port des Périers, était à l'extrémité de la rue Velouterie actuelle.

(2) Le *portail des Miracles* tirait son nom de la chapelle voisine de N.-D. du Miracle (rue de la Velouterie) ; son nom de *porte Saint-Roch* vient de l'hôpital des pestiférés construit au commencement du XVIe siècle en dehors des remparts (caserne Saint-Roch).

Limbert), *Saint-Lazare,* à la tour *Violete* (*turris de Violeta*), aux portes *des Salins, de la Palefrenerie* (1), à la porte *Aurose* (2). Ces portes, aménagées dans des tours où se trouvaient des corps de garde, étaient fermées par un pont-levis, une herse et des vantaux. A l'entrée du pont Saint-Bénezet, il y avait également une tour fortifiée.

Les remparts du XVe au XVIIIe siècle.

Les remparts d'Avignon restèrent un chantier toujours ouvert ; on y travaillait encore au temps des deux papes du Grand Schisme ; en 1381, on refaisait les merlons du côté du Rhône, près du couvent des Dominicains. Au début du XVe siècle, la guerre des Catalans amena la destruction de la partie des remparts avoisinant la tour du Pont ; cette tour elle-même s'écroula le 12 septembre 1410.

De grandes réparations et reconstructions eurent lieu sous la légation du cardinal Julien de la Rovère, de 1479 à 1488 ; on reconstruit alors notamment le mur (80 cannes, 160 mètres) du côté des Dominicains, abattu par l'inondation de 1471 ; d'autres parties sont remises en état, près du pont Saint-Bénezet et entre les portes Saint-Lazare et Limbert ; en 1488, Antoine Carteron prend à prix-fait un boulevard (*propugnaculum*) à élever hors et devant le portail Saint-Lazare. En outre, depuis 1482, on établissait, dans les courtines et les tours, des « bombardières » pour le tir des bombardes. L'ancienne porte Limbert, si malencontreusement démolie en 1896, datait au moins en partie de ce temps. La tour ou châtelet qui défendait l'entrée du pont Saint-Bénezet, reconstruite en 1414, fut surélevée en 1489-1490 par le maître d'œuvre Antoine Carteron et munie d'échauguettes rondes en encorbellement sur les angles. Quelques mois plus tard, le même Antoine Carteron édifia la tour octogonale située au pied du Rocher et refit le rempart jusqu'à la tour du Pont. Au cours de ces divers travaux, les portes avaient été réduites à sept : les portes *Eyguière* (porte du Rhône), *du Limas* (porte de l'Oulle), *des Miracles* (porte Saint-Roch), *Saint-Michel, Limbert, Saint-Lazare, Aurose* (au bout de la Banasterie).

Dans la première moitié du XVIe siècle, on répara des tours qui menaçaient ruine ; on perça des canonnières (1524-1538).

A l'époque des Guerres de religion, les travaux furent repris ; on établit des « guérittes » ; on remit les murs en

(1) Le nom de *tour Violete* est d'origine inconnue ; le *portail des Salins* tirait le sien du grenier à sel voisin (reconstruit au XVIIIe siècle par Franque) ; celui de la *porte de la Palefrenerie* venait des écuries pontificales (rue Palapharnerie actuelle) ; ces trois portes ont disparu lors des reconstructions en 1481-87.

(2) La *porte Aurose,* au pied du Rocher, à l'extrémité de la rue de la Banasterie, s'est appelée porte de la Legne ou *de la Ligne,* à partir de la fin du XVe siècle, parce qu'elle donnait accès au port au bois ; *legne* ou *ligne* signifie en provençal le bois et plus spécialement le bois à brûler. En 1755, la porte de la Ligne sera transférée à son emplacement actuel.

état et trois portes sur sept furent murées. C'étaient les portes *de Champfleury* (porte Saint-Roch), *de la place du Mail* (porte de l'Oulle) et *de la Ligne*. Les quatre autres portes furent munies de « ravelins » ou avant-corps extérieurs.

A la *porte Saint-Lazare*, l'avant-corps construit par Carteron fut remplacé, en 1568, par un « ravelin », édifié à la demande et aux frais des habitants du quartier voisin de la Carreterie qui redoutaient une attaque des Huguenots. L'ouvrage, qui fut réparé en 1604 et 1621 et dont une restitution a été publiée par Viollet-le-Duc, était de plan carré avec un grand bâtiment à portiques sur le côté nord-ouest et une tour ronde aux deux angles extérieurs. Ces deux tourelles ont survécu jusqu'à une date récente ; la dernière n'a été démolie qu'en 1935. Un ravelin fut également construit à la *porte Saint-Michel*, en 1595, avec la participation des habitants du quartier. D'autres ravelins furent établis, sans doute vers la même époque devant la *porte Imbert* ou *Limbert* et, du côté du Rhône, à la *porte Eyguière*. Reliés au rempart par un pont lancé au-dessus du fossé, ils étaient de plan carré avec tours rondes aux angles. Ces ravelins sont très nettement dessinés sur le plan de 1618, sauf celui de la porte Eyguière dont, par suite de la perspective, on ne peut apercevoir qu'une partie ; mais il figure en entier, dans l'église Saint-Agricol, sur une fresque masquée par les orgues, ainsi que sur diverses estampes du saint du XVIIIe siècle.

En 1661, on rouvrit les portes qui avaient été murées pendant les guerres de religion, ce qui fut, dit un chroniqueur « une très grande liberté et commodité pour tous les habitants ». Quelques années après, on supprima les ponts-levis et on combla les fossés devant les portes.

En 1679, la porte du ravelin de Saint-Michel fut refaite en forme d' « *Arc de triomphe* » *dédié au pape Innocent XI* qui avait institué le tribunal des Causes mercantiles ou tribunal de commerce. Ce petit monument à fronton accosté de volutes de style classique avait été conservé après la destruction du ravelin. Comme il se trouvait désormais en plein boulevard, il fut démoli lors de la reconstruction de la porte Saint-Michel par Viollet-le-Duc.

Au XVIIIe siècle, trois portes furent refaites ; en 1755, la *porte de la Ligne* transférée alors à son emplacement actuel ; en 1761, la *porte du Rhône*, — toutes deux œuvres de Jean-Pierre Franque ; — en 1785-1786, la *porte de l'Oulle* bâtie par Jean-Baptiste Péru et démolie en 1900 ; comme les précédentes, c'était un portique en plein cintre, avec pilastres et corniche de style classique. A la même époque, on refaisait le crénelage entre la porte Saint-Roch et la porte de l'Oulle, entre la porte de la Ligne et la porte Saint-Lazare (1773) ; on continuait également à réparer les murailles (1781-1782). Par contre, le ravelin de la porte Limbert avait été démoli en 1760.

Le 18 brumaire an V, Avignon était classée comme place de guerre et le ministre de la Guerre avait seul autorité pour tout ce qui concernait les remparts ; ce n'est qu'en 1816, que le déclassement a été prononcé au point de vue militaire.

Les remparts au XIXe et au XXe siècle.

L'époque romantique a célébré le charme des remparts d'Avignon. « Ces jolis murs, a dit Stendhal, sont bâtis de pierres carrées admirablement jointes ; les mâchicoulis sont supportés par un rang de petites consoles d'un charmant profil ; les créneaux sont d'une régularité parfaite. ...Ces murs sont flanqués de tours carrées placées à distances égales et du plus bel effet. On se promène sur leur épaisseur ; jolie vue (1). Le temps a donné à ces pierres si égales, si bien jointes, d'un si beau poli, une teinte uniforme de feuille sèche qui en augmente encore la beauté. »

Cependant, les mêmes barbares qui avaient détruit l'hôtel de ville et le couvent des Dominicains songèrent à s'attaquer aux remparts. En 1833, un publiciste demandait la destruction de toute la partie sud de l'enceinte entre la porte Saint-Roch et la porte Saint-Lazare, considérée comme « un obstacle à l'embellissement et à l'assainissement des quartiers les plus intéressants de la ville ». En 1846, on trouva mieux encore ; le fameux ingénieur Talabot voulut faire passer la voie ferrée alors en construction entre la ville et le Rhône, sur le rempart « qui aurait été doublé d'un ou d'autre côté suivant les convenances ». Le remblai aurait été toutefois revêtu de maçonnerie avec couronnement de créneaux pour conserver à la ville « son caractère original, pittoresque et moyen-âge, mieux que de vieux remparts en mauvais état » ! La gare devait être à la porte de l'Oulle ; un tunnel traversait le Rocher des Doms.

Ce projet, qui transformait radicalement le paysage historique d'Avignon, enthousiasma le Conseil municipal et une bonne partie de la population qui voyait dans l'épais remblai du chemin de fer une sûre digue contre les inondations alors si fréquentes. Mais Prosper Mérimée, alerté par Requien, protesta vigoureusement et prêcha l'action directe. Avec sa verdeur coutumière, il excitait son ami avignonnais. « Personne ne déteste autant le pugilat que moi, mais ce que j'ai encore plus en horreur, c'est de me laisser manger la laine sur le dos. A votre place, je ne me laisserais pas canuler par ces canailles du Conseil municipal. Au point où les choses en sont venues, je crois que vous avez plus à perdre à la résignation qu'au regimbement... Vous avez une admirable invention au moyen de laquelle on vient à bout de monstres bien plus durs à cuire que ceux que dompta feu Hercule. C'est la Presse. Il n'y a pas de maire, voire de ministre qui

(1) **En 1856, une sœur de Théophile Gautier, venue à Avignon, écrivait : « Nous avons été nous promener sur les remparts ; c'est plus beau que toutes les plus belles promenades de Paris ».**

n'y laisse des plumes, quand on a surtout le bon droit. Usez-en... Battez-vous. Battez-les. »

Pendant que Requien se battait à Avignon, Mérimée, dans un virulent rapport au ministre, réprouvait comme un « malheur public » la destruction de la célèbre enceinte et son remplacement par une voie ferrée et une gare inesthétiques. Heureusement, le Conseil municipal, ennemi des remparts, échoua aux élections ; son successeur annula les délibérations prises.

Sous le Second Empire, à partir de 1860, la restauration des remparts fut confiée à l'illustre Viollet-le-Duc. A l'intérieur, ils furent doublés d'un contre-mur jusqu'au niveau des plus fortes crues pour servir de défense contre les inondations. A l'extérieur, ils furent l'objet de réfections ou de restaurations très importantes ; nombre de maisons indûment adossées aux remparts furent abattues ; on démolit également ce qui restait des ravelins du XVIe siècle, ainsi que l'arc de triomphe de 1679, ces ouvrages étant considérés comme un obstacle à la circulation. Des parties entières de murs et deux portes, celles de Saint-Michel et de Saint-Roch, furent reconstruites. En 1863, Viollet-le-Duc édifia les deux tourelles qui flanquent la brèche de la porte de la Gare.

A la fin du XIXe et au début du XXe siècle, les remparts d'Avignon furent l'objet de nouvelles menaces, malgré leur classement comme Monument historique (listes de 1861 et 1901). On prétendait qu'ils faisaient obstacle au développement de la ville. Les fossés furent comblés ; on commença à ouvrir des brèches pour la circulation, à exhausser le terrain tout alentour ; on diminua ainsi l'effet imposant qu'ils produisaient. On parla même de les détruire entièrement. Le danger s'accentua au temps du maire Pourquery de Boisserin (1888-1903) ; c'est alors que, de la façon la plus arbitraire, furent démolies la porte Limbert (1896) et la porte de l'Oulle (1900). De nouvelles brèches furent pratiquées. Mais aujourd'hui la ville s'étant largement étendue dans sa banlieue, on ne peut plus dire qu'elle « étouffe » dans ses remparts. Aussi n'est-il plus question de détruire cette incomparable parure de la ville, élément indispensable de son paysage historique traditionnel.

II. — Le Rhône. Le pont Saint-Bénezet. Boulevards et promenades

Le Rhône à Avignon.

Avignon est bâtie dans un coude du Rhône. Sur la rive droite, en face, s'élèvent les collines de Villeneuve, de « Bellevue » et de la « Justice », qui empêchent le fleuve de s'étendre de ce côté et renvoient les eaux vers la rive gauche ; celle-ci, hormis l'élévation du Rocher, est uniformément basse. Il est infiniment probable que, dans les temps primitifs, le Rocher et ses abords immédiats étaient isolés, entre le

Rhône d'un côté, — il couvrira d'ailleurs longtemps les bas quartiers à l'ouest de la ville, — et de l'autre, une vaste étendue marécageuse, entièrement immergée par les crues du fleuve ; il est même possible qu'un bras du Rhône ait coulé alors au sud de la ville (1). Encore à l'époque mérovingienne, Grégoire de Tours dit que seule une « petite partie » de la ville « n'était pas entourée par le Rhône ». On sait également qu'au XIIe siècle, lorsque l'enceinte des remparts de la commune suivait le tracé de l'actuelle rue Joseph-Vernet, un bras de fleuve — simple « lone » aux basses eaux —, coulait en temps de crue, par le Limas (nom caractéristique), la Grande-Fusterie, la partie basse de la rue d'Annanelle (près de la rue Joseph-Vernet) pour aller aboutir vers la porte Saint-Roch (2). Entre cette lone et le lit principal, existaient des îles appelées « iscles », formées par des bancs de graviers apportés par le Rhône : la rue du Rempart-du-Rhône s'appelait la « *rue Entre-Eaux* » (plan de 1836) ; la rue du Mail était, au XVIIIe siècle, la *rue Notre-Dame-des-Isles.* Nous avons vu que le couvent des Dominicains, rue d'Annanelle, avait été bâti sur une ancienne île de gravier, appelée l'*estel.* D'autres îles occupaient l'emplacement du quartier suburbain de Champfleury et le quartier de Courtine se nommait « l'île de Courtine » encore au début du XIXe siècle. Le cours principal du Rhône se trouvait alors à l'ouest, du côté de Villeneuve ; il le restera jusqu'à l'établissement d'un barrage, vers le milieu du XIXe siècle, en tête de l'île de la Barthelasse, pour détourner les eaux du bras de Villeneuve et les diriger vers celui d'Avignon.

Les îles du Rhône.

A la place qu'occupe aujourd'hui la Barthelasse, se trouvaient autrefois plusieurs îles, tantôt soudées, tantôt séparées, sans cesse modifiées par les crues. Le nom même de Barthelasse n'apparaît pas avant 1495. Il n'y a pas beaucoup plus d'un siècle que l'île Piot a été jointe à la Barthelasse. Un plan de 1691 et un autre de 1693 montrent qu'on pouvait alors se rendre directement en barque du port d'Avignon, situé devant la porte du Rhône, au port de Villeneuve, en passant entre la Barthelasse et l'île Piot. Le quai du port de Villeneuve se voit encore un peu en aval de la tour Philippe-le-Bel. Antérieurement à 1691 et à la formation de la Barthe-

(1) Par une zone de cotes basses jalonnée par la Belle-Croix de la Carreterie, la rue Philonarde, le bas de la rue de la Bonneterie, la rue Pétramale, le Portail Magnanen, la rue des Trois-Faucons, Saint-Roch ; en temps d'inondation, tous ces points sont parmi les premiers atteints par l'eau.

(2) En 1356, les ambassadeurs, envoyés par l'empereur de Constantinople Jean Paléologue à Innocent VI, vinrent par le Rhône et débarquèrent près de Notre-Dame-du-Miracle, chapelle située, avons-nous dit, rue de la Velouterie (en face de l'abattoir), c'est-à-dire près de la porte Saint-Roch.

lasse, il y a eu des communications par eau encore plus directes entre Avignon et Villeneuve. C'est ainsi qu'au XIVe siècle, les barques chargées en amont de Villeneuve se laissaient descendre au fil de l'eau et apportaient à Avignon, au port des Périers (au sud des allées de l'Oulle), les pierres de la carrière des Embrunes qui ont servi à construire le Palais des Papes et les édifices gothiques d'Avignon.

Au XVIe et au début du XVIIe siècle, les îles du Rhône, en face ou en aval d'Avignon, étaient souvent le théâtre de combats en champ clos, comme le « pré des Sausses », près de l'hôpital, dont nous avons parlé ci-dessus. Le livre de raison des Merles de Beauchamp, auquel nous avons fait plusieurs emprunts, relate le combat qui eut lieu, dans l'île du Mouton, en aval d'Avignon, le 15 octobre 1584. Les détails qu'il donne montrent la sauvagerie de ces duels alors si fréquents. L'affaire avait lieu entre M. de Vaucluse, coseigneur de Mazan, et un gentilhomme picard, M. du Gla. Grièvement blessé, Vaucluse tombe en s'écriant : « C'est assez, Le Gla, laisse-moi prier Dieu. » Le Gla se redresse, mais voyant son adversaire essayer de se relever et de saisir son épée, il l'achève de plusieurs estocades. « Le tout, dit de Merles, a esté fet sans supercherie. » On sait que la fréquence et la cruauté de ces combats singuliers ne fit qu'empirer avec le temps. En France, au début du XVIIe siècle, on prit des édits draconiens contre les duels. On fit de même dans l'Etat d'Avignon « contre les riottes et querelles qui ... pullulent et croissent en vengeances et malheurs ».

Les inondations.

Avignon n'est qu'à une très faible altitude par rapport au niveau de la mer (17 m 50 aux niveaux les plus bas ; 24 mètres à la place de l'Horloge) et par rapport à l'étiage du Rhône (5 mètres environ). Elle est encore plus défavorisée par rapport à la Durance ; au pont de Bonpas, le zéro de l'étiage est à 37 m 51 et près du pont de Rognonas à 18 m 91. Aussi la ville a-t-elle subi, au cours de son histoire, de désastreuses et fréquentes inondations dont plusieurs sont restées mémorables, notamment celles de 1358 et 1362, où la Durance emporta une partie des remparts en construction, celle de 1433, célèbre par le miracle de la « séparation des eaux » dans la chapelle des Pénitents gris, celle de 1471, qui causa la chute de deux arches du pont et d'une partie des remparts du côté du Limas, celle de 1544 provoquée par huit jours et huit nuits de pluies continues (le « déluge de saint Martin »), celle de 1674, célébrée par un poète local, Joseph Crozet-Buisson :

Avignon, tout à lui, gémit et désespère...
On n'y voit à présent que bateaux, que poissons.
Ses bourgeois désolés se fondent tous en larmes...
Plusieurs meurent de faim ; hélas ! le peut-on croire ?
Et au milieu des eaux, ils n'ont pas de quoi boire.

Au XVIIIe siècle, l'inondation la plus catastrophique fut celle de 1755 ; le 30 novembre les eaux couvraient plus des trois quarts de la ville et en certains endroits dépassaient six mètres ; six fours de boulangers seulement fonctionnaient. Cette nouvelle calamité trouva aussi son poète, François Chassenet, qui, dans son *Fléau aquatique,* vante l'activité et le dévouement du vice-légat Passionei :

Il étend ses bienfaits jusqu'à la Barthelasse !

Mais c'est au XIXe siècle que se sont produites les deux inondations les plus importantes de l'histoire avignonnaise, celle de novembre 1840 et celle de mai 1856. L'inondation de 1840 dépassa de 83 cm celle de 1755 ; les eaux s'élevèrent à 8 m 30 environ (à l'échelle actuelle) ; elles pénétrèrent à l'intérieur des salles du musée Calvet, bien que l'hôtel de Villeneuve ait été construit à 6 pans (1 m 50) au-dessus du niveau de la rue. Le 31 mai 1856, l'inondation, un peu moins élevée qu'en 1840 (7 m 83), fut extrêmement rapide (4 m 11 en quarante-cinq heures) ; une vanne d'égout, entre les portes de la Ligne et de Saint-Lazare, fut emportée et, vers 15 heures, les remparts s'écroulèrent sur une longueur de 30 mètres environ, entre les portes Saint-Dominique et Saint-Roch, laissant pénétrer brusquement une vague de 1 m 50 qui envahit rapidement les trois quarts de la ville ; c'est à cette occasion que l'empereur Napoléon III fit son entrée à Avignon en bateau et débarqua à l'escalier de Saint-Agricol.

Depuis cette époque, la plus forte inondation a été celle de novembre 1935 (7 m 32 le 14) ; les eaux pénétrèrent dans le musée lapidaire jusqu'aux trois quarts de la nef, mais le musée Calvet fut préservé.

Des mesures ont été prises depuis longtemps contre les inondations. Des « pallières » du Moyen-Age qui ne faisaient que détourner le courant, on est passé, au cours du XIXe siècle, à un système de digues ou chaussées qui a pratiquement supprimé les irruptions de la Durance ; celle-ci qui, en temps de forte crue, peut débiter de 3.000 à 6.000 mètres cubes à la seconde, n'agit plus qu'en surélevant le niveau du Rhône devant Avignon par le barrage que produit l'arrivée de son flot tumultueux. Du côté du Rhône, la ville est protégée par le doublage des remparts réalisé sous le Second Empire et par un réseau de digues qui enserre une grande partie de la banlieue, transformée ainsi en une immense cuvette d'où une usine de pompage, terminée tout récemment, doit désormais évacuer avec succès les eaux d'inondation.

Le pont Saint-Bénezet.

Jean Bénezet et les « frères » qu'il avait groupés autour de lui auraient, selon la tradition, commencé l'œuvre du pont en 1177, peut-être avant. Au mois de janvier 1185, le pont était achevé ; les consuls établissaient en effet le tarif des droits à payer par les usagers. « Frère Bénézet, *frater Benedictus,* promoteur et ministre de l'œuvre du pont », — c'est ainsi que le désignent les documents contemporains, — était mort en 1184, avant l'achèvement de sa grande entreprise ; au mois de novembre 1202, on l'appelait déjà saint Bénézet, *beatus Benedictus.* C'est alors que se forme sa légende, qu'on se met à raconter que le pâtre Bénezet avait entendu des voix lui ordonnant de bâtir un pont sur le Rhône, et qu'un ange l'avait conduit du Vivarais jusqu'à Avignon, où il avait convaincu le peuple et l'évêque en découvrant et en portant une pierre énorme.

Saint Bénezet, qui n'était pas un technicien, mais un animateur et un collecteur de fonds, fonda, non (comme on le dit trop souvent) l'ordre des Frères pontifes ou constructeurs de ponts qui n'a jamais existé, mais un ordre plus modeste dont la mission limitée était de diriger l'œuvre du pont d'Avignon et de quêter pour elle. Il comprenait des frères et des sœurs. L'œuvre comportait un hôpital destiné aux voyageurs et pèlerins malades ou nécessiteux. Le Moyen-Age avait l'habitude charitable d'adjoindre toujours un hospice à un pont. Les frères du pont étaient donc des quêteurs, comme leur fondateur, et des hospitaliers, mais non des maçons ; la construction elle-même, sur laquelle on n'a aucun détail, ce furent les autorités épiscopale et communale qui l'entreprirent et la réalisèrent (1).

Avant l'établissement du pont, la traversée du fleuve se faisait par barques et donnait lieu à un prélèvement de droits au profit des seigneurs du port d'Avignon qui étaient, pour un tiers l'évêque d'Avignon, pour les trois cinquièmes les Amics, branche cadette de la maison vicomtale, et pour un quinzième la famille plus modeste des châtelains.

Les frères du pont durent racheter les droits de port. L'étude des modalités de l'opération a permis à Georges de Manteyer d'établir : 1° que le port d'Avignon valait 40.000 sous melgoriens, soit le trentième du port de Marseille à la même époque ; 2° que le nombre des passages du fleuve qui était de 15.000 par an avant l'établissement du pont avait plus que doublé en 1194 et 1195, époque du rachat. Ils ne purent qu'aller en augmentant par la suite.

Le pont primitif aurait été, pensait-on autrefois, bâti sur des fondations d'origine romaine. Cette opinion, écartée par la suite faute de documents la confirmant, a été reprise par un auteur récent qui, avec des arguments techniques, a voulu démontrer que le pont du XIIe siècle n'avait pu être qu'un pont de bois monté sur des restes de culées antiques.

Après la capitulation de 1226, Louis VIII fit détruire le pont aux trois quarts, ne respectant que les dernières arches,

---

(1) Sur l'importance économique du pont, voir ci-dessus p. 25.

y compris celle de la chapelle, considérées comme étant en « terre d'Empire » (1).

Nous ne savons ni quand ni comment le pont fut reconstruit. Dans une bulle de 1237, le pape Grégoire IX reprochait déjà aux Avignonnais de s'être attelés à cette œuvre, en dépit des interdictions pontificales. Certaines arches furent refaites en bois ; la reconstruction en pierre dut aller plus lentement ; on y travaillait à la fin du XIIIe siècle ; en 1275, un certain Alfant du Marchéneuf lègue dix livres pour le premier arc de pierre qui se bâtira après son décès. Au temps des papes d'Avignon, de nouveaux travaux furent faits, notamment par Jean XXII et surtout par Clément VI ; les biographes de ce dernier le louent d'avoir rétabli quatre arches de pierre, entreprise qui coûta de grosses sommes au trésor pontifical et dura plusieurs années.

Ainsi que nous pouvons nous le figurer par les vestiges et par les estampes anciennes, le pont reconstruit comptait en tout vingt-deux arches et mesurait environ 900 mètres. Il était évidemment inspiré des modèles romains. Comme le pont du Gard, ses arches sont formées de quatre arcs doubleaux non liés entre eux si ce n'est par le massif de maçonnerie qui les surmonte. Comme une autre construction romaine, le pont Julien près d'Apt, celui de Saint-Bénezet a des éperons pour fendre le courant et des baies ouvertes au-dessus des piles pour alléger la maçonnerie et laisser passer les eaux en cas d'inondation. Du côté d'Avignon, il aboutissait au châtelet construit dès 1348 pour protéger l'entrée de la cité ; du côté du Royaume, il débouchait au pied de la tour que Philippe le Bel fit élever dès la fin du XIIIe siècle.

Sur la deuxième pile, la chapelle dédiée à saint Nicolas, patron des mariniers, est à deux étages, celui du bas à la hauteur, semble-t-il, du niveau primitif du pont et datant de l'époque romane ; celui du haut, au niveau du tablier actuel ; cette chapelle supérieure fut consacrée en 1411 et augmentée d'une abside en 1513.

Les Frères du pont se rendaient de paroisse en paroisse pour recueillir les fonds. A la messe du dimanche, l'un d'eux montait en chaire, lisait la pieuse légende de saint Bénezet, — elle avait été écrite pour édifier et toucher les fidèles, — puis tendait le tronc ou « boissière », pour recueillir les offrandes. Parfois aussi les frères quêteurs clouaient la légende sur la porte de l'église. Mais bientôt la petite communauté se révéla impuissante à remplir sa mission. En effet, lorsque l'enthousiasme pour l'œuvre de saint Bénezet eut diminué, les aumô-

(1) Par la suite, le roi revendiqua la propriété de tout le lit du fleuve ; les discussions à ce sujet entre les rois de France et la papauté commencèrent en 1311 ; ce fut le « procès du Rhône » qui ne finit qu'avec la réunion d'Avignon et du Comtat à la France. Il y eut une contestation analogue pour la Durance ; le « procès de la Durance » (1500-1623) aboutit à la reconnaissance de la souveraineté royale sur tout le lit de la rivière.

nes se raréfièrent ; la ville dut prendre entièrement à sa charge l'entretien du pont ; l'œuvre fut alors sécularisée et confiée à la direction de deux recteurs nommés par la ville (fin du XIIIe siècle).

Plus encore que les remparts, le pont était un chantier permanent. Des arches s'écroulaient fréquemment ; en attendant qu'on eût les moyens de construire en pierre, on établissait une passerelle de bois. Pendant la guerre des Catalans, les hommes de Rodrigue de Luna mirent le feu à une arche en charpente qui remplaçait un arc de pierre démoli (mai 1410). Pendant tout le XVe et le XVIe siècle, ce fut une lutte continuelle.

Sur le plan de 1618, le pont est figuré dans tout son développement. Quatre arches sont écroulées, l'une du côté d'Avignon depuis le 15 mars 1603, les trois autres du côté de Villeneuve depuis le 26 janvier 1605 ; mais le pont était toujours en usage, les arches manquantes étant remplacées par des charpentes provisoires (1). La *Relation* officielle du séjour de Louis XIV à Avignon en 1660 rapporte que le jour de son départ, le 1er avril, le roi franchit le pont à cheval. « Estant arrivé sur le milieu du pont, nous dit-elle, il tourne bride et regarde la ville avec plaisir ; aussi faut-il advoüër qu'il y a des aspects aussi beaux sur ce Pont qu'en quelque partie du monde qu'on puisse aller. » Deux mois auparavant, la Grande Mademoiselle était venue à Avignon (2) : « Je vis le pont et le Rhône au clair de lune ; l'un et l'autre me parurent une fort belle chose et me firent grand'peur, car le Rhône est fort rapide et fort large et le pont est fort étroit, fort haut et en mauvaise réparation. »

Quelques années plus tard, Mme de Grignan, venant à Avignon par le Rhône, le bateau dans lequel elle se trouvait faillit heurter une arche. On devine la frayeur de Mme de Sévigné : « Il est impossible de se représenter votre vie si proche de sa fin, sans frémir. Le Rhône qui fait peur à tout le monde, ce pont d'Avignon où l'on a tort de passer même après avoir pris toutes ses mesures ! un tourbillon de vent vous jette violemment sous une arche. Par quel miracle n'avez-vous pas été brisés et noyés dans un moment ? »

En 1669, une inondation avait emporté encore deux arches. Désormais on cessera d'entretenir le pont et sa ruine se

(1) Pour remplacer les arches tombées en 1603 et en 1605, des « ponts de bois » furent entrepris seulement en 1628, mais la peste arrêta les travaux pendant plusieurs années et on ne commença « à y passer dessus » que le 24 mars 1633 « au grand contentement et solagement du peuple ». Un mois et demi plus tard, « pour n'avoir pas bien réparé les piles..., deux autres arcades de pierre du costé de Villeneuve tomberent le 8 may 1633 ». Et le chroniqueur d'ajouter : « C'est chose remarquable que personne n'a receu aucun dommage, lorsque les arcades dudit pont d'Avignon sont tombées, ce que faut attribuer aux prières de Saint Benezet, fondateur de nostre pont d'Avignon ».

(2) La Grande Mademoiselle séjourna à deux reprises à Avignon en 1660, une première fois en janvier et une seconde en mars, à la suite du roi. Elle logea les deux fois à l'hôtel de Crillon. La citation ci-dessus se rapporte à son premier séjour.

précipitera. Un plan de cette époque montre l'état dans lequel il se trouvait alors. En plein Rhône, les trois arches voisines de l'île d'Argenton étaient abattues. Sur l'île d'Argenton quatre arches étaient debout, mais elles n'étaient reliées à rien ; car il y avait ensuite, dans une lone (1) existant entre l'île d'Argenton et l'île des Chartreux (îles dont la conglomération a formé la Barthelasse), un vide correspondant à quatre arches dont il ne restait plus trace. Pour traverser le Rhône on prenait alors le bac un peu en amont de la porte de l'Oulle pour se rendre dans l'île des Chartreux. Là, une chaussée moitié en terre, moitié sur pilotis, aboutissait à une arche de pierre. Il manquait ensuite trois arches qu'on avait remplacées par un pont sur pilotis en dos d'âne ; on arrivait ainsi à la branche de Villeneuve sur laquelle quatre arches en pierre permettaient d'atteindre la tour Philippe-le-Bel.

Un autre plan dressé vers 1721 nous montre que dans la Barthelasse il ne restait plus que deux arches debout et une seule sur la branche de Villeneuve, celle attenant à la tour. On avait installé un bac, devant la porte de la Ligne, à l'endroit où il s'en trouve un actuellement ; il menait à la Barthelasse ; on traversait l'île par un chemin complanté d'arbres et un second bac conduisait de la Barthelasse à Villeneuve.

Les arches du pont du côté d'Avignon étaient dans un tel état de délabrement que, devant la difficulté d'accéder à la chapelle Saint Bénezet, le 26 mars 1674 l'archevêque fit transporter le corps du saint dans l'église des Célestins. En 1715, le clergé de Saint-Agricol refusa de continuer à assurer le service divin dans la chapelle Saint-Nicolas sur le pont « ne voulant plus s'exposer au danger évident qu'il y a de se voir engloutir dans le fleuve ».

En 1716, la confrérie des *ribeyriers* ou nautoniers du Rhône ayant fait construire une chapelle dans un terrain situé en dessous du pont et contre sa première arcade, la chapelle Saint-Nicolas fut abandonnée. Plus personne ne montait sur les ruines du pont ; il était même dangereux de s'y aventurer.

Le tablier du pont était surélevé par rapport au sol de la ville et aboutissait au premier étage de la « tour du pont ». On descendait dans Avignon par une rampe en pente douce figurée sur le plan de 1618 ; elle était comprise entre deux murs et pavée d'une calade. Cette descente avait été réparée pour la dernière fois en 1662 ; elle fut supprimée en 1728 ; elle était si solide qu'il fallut 58 livres de poudre et faire jouer la mine pour arriver à la disloquer (2).

Par la suite, des projets de réfection du pont furent envisagés ; on en conserve notamment un au musée Calvet, il est signé de « Franque le jeune ».

---

(1) Petit bras du Rhône.

(2) Il serait facile de rétablir cette montée qui permettrait l'accès des visiteurs à la tour et au pont.

On sait qu'il ne reste plus aujourd'hui du pont Saint-Bénezet que quatre arches, consolidées dans la seconde moitié du XIXe siècle, avec la jolie chapelle dressée sur la deuxième pile.

Mais il reste aussi... la célèbre chanson « Sur le Pont d'Avignon ». Selon la tradition locale, il y aurait eu dans l'île de la Barthelasse, sous une arche du pont en ruines, une guinguette dont le bal très fréquenté aurait inspiré les couplets célèbres. On aurait dansé « sous » et non « sur le pont ». Adolphe Adam, en 1853, a utilisé le refrain, sinon les couplets, et l'air de la vieille chanson dans son opéra-comique *Le Sourd ou l'Auberge pleine* ; il a ainsi beaucoup contribué à populariser la ronde fameuse dont on ne connaît ni l'origine exacte, ni l'auteur.

En 1806-1807, on commença la construction d'un pont de bois, sur les deux bras du Rhône, en face de la porte de l'Oulle. Du côte de Villeneuve, il était achevé en 1812 ; mais l'ensemble de l'ouvrage ne fut officiellement terminé et la circulation autorisée qu'en 1819. Le passage était soumis à un péage (à l'origine, 0 fr. 05 par piéton ; 0 fr. 15 par cheval ou mulet et son cavalier). A la fin de l'hiver rigoureux de 1829-1830, la débâcle des glaces provoqua la rupture d'une partie du pont sur le Grand Rhône — c'était désormais la branche du Rhône du côté d'Avignon qui était désignée ainsi — le passage se fit provisoirement sur un pont de bateaux. Du même côté, au pont sur chevalets fut substitué un pont suspendu commencé en 1841 achevé en 1843 ; le péage continua à être perçu jusqu'en 1872. Un nouveau pont sur arches de maçonnerie est actuellement en construction pour remplacer le pont suspendu vétuste et maintenant trop étroit. Quant à la branche de Villeneuve, elle avait conservé son pont sur chevalets jusqu'au début de ce siècle ; il fut remplacé alors par un pont de pierre.

Boulevards et promenades.

Pendant tout le Moyen-Age, Avignon, ville forte, enfermée dans ses murailles, ne se préoccupa nullement de son aménagement extérieur. La Renaissance introduisit des goûts nouveaux, celui des plantations et des promenades. Dès le XVIe siècle, on travailla à améliorer les bords du Rhône. De 1541 à 1546, on pratiqua un chemin au pied du Rocher, pour permettre aux voitures de « passer tout le long du rivage sans entrer ni tournoyer dans la ville ». Ce chemin devint bien vite la promenade favorite des élégants. Le Signor Garganello, secrétaire du légat Farnèse, écrivait en 1557 : « Nous faisons maintenant nos promenades en dehors de la porte du Pont jusqu'à celle de la Ligne, en donnant le bras aux dames et en devisant... Pour nous rafraîchir des chagrins d'amour et des doux entretiens avec les demoiselles, nous mangeons à bouche-que-veux-tu des pommes et des nèfles.

C'est la véritable saison de ce passe-temps qui dure jusqu'à Noël. » La Grande Mademoiselle visitant Avignon en 1660, apprécia également beaucoup la promenade des bords du Rhône, le long des murailles de la ville qu'elle trouva « les plus belles du monde ».

Le *port* en face de la porte du Rhône, fut aménagé au début du XVIIe siècle. On y construisit un quai, visible sur le plan de 1618 (1), et on y installa en 1629 une statue de saint Agricol, de deux mètres de hauteur, par Jean-André Borde. Une croix portée par une colonne fut restaurée en 1712. De l'autre côté du pont, une statue de saint François, dont la tête n'avait jamais été atteinte par les plus fortes crues, avait fait naître ce dicton :

Quand saint François boira,
Avignon s'engloutira.

Sur le Rhône, en face du port, il y avait des moulins flottants.

Au XVIIIe siècle, sur tout le pourtour sud de la ville, les boulevards furent transformés en promenades. En 1682, une double rangée d'ormeaux fut plantée entre la porte Imbert et la porte Saint-Michel. Au début du XVIIIe siècle, on fit de même entre la porte Imbert et la porte Saint-Lazare ; ce fut « le nouveau cours » par opposition au précédent appelé le « vieux cours ». La partie comprise entre la porte Saint-Michel et le Rhône, plantée en 1742, se termina, du côté du fleuve, par un labyrinthe. Ainsi, au milieu du XVIIIe siècle, presque tout le glacis des remparts était ombragé d'un double rangée d'arbres. Le rendez-vous du « beau monde » se trouvait l'été sur le « cours Saint-Lazare » et l'hiver sur le « cours Saint-Michel » ; le jeudi gras, il y avait, sur ce dernier, grand rassemblement de carrosses ; le vice-légat s'y montrait lui-même dans son plus bel équipage.

C'est de 1756, que date la création des allées de l'Oulle qu'on appela au début cours Caumont, du nom du premier consul qui en conçut le projet et le fit exécuter.

Cette innovation, une des plus heureuses de l'ancien régime, ne rencontra pas à son origine un assentiment unanime. Les adversaires du consulat prétendirent qu'on ôtait « le beau coup-d'œil des murailles et l'agrément de voir en plein les coteaux du Languedoc en sortant de la porte ».

Le cours Caumont fut planté de 230 ormeaux, garni de bancs et orné d'une statue de la Vierge. Il devint dès lors la promenade la plus fréquentée de la ville. Aujourd'hui plantées de platanes et dénommées officiellement « allées de

(1) On a retrouvé des parties de ce quai, lors de la construction du nouveau pont sur le Rhône.

Verdun », les allées de l'Oulle sont un peu délaissées, la multiplication des autos permettant aux citadins des promenades plus éloignées et plus variées.

Le cimetière Saint-Véran.

Hors les murs, entre la porte Saint-Lazare et la brèche moderne, dite porte Thiers, une belle allée de pins conduit au cimetière de la ville, dont Maurice Barrès a dit :

« Ce cimetière, vu en juin, est un des plus beaux que j'ai visités, plein d'oiseaux, de soleil, d'ombrages épais, de profondes verdures et d'une variété d'arbres où j'admirai des pins maritimes, des pins d'Alep, étreints de lierres vigoureux, et d'innombrables cyprès.

« Quel repos ! Quelle paix naturelle ! Si les morts étaient là plus espacés, si j'y pouvais dormir seul, au milieu de cette noble forêt !

« Au bout d'une petite avenue qu'orne, à l'entrée, un mûrier d'Espagne, j'ai visité la tombe de Stuart Mill. »

Pour ne pas s'éloigner de la tombe de sa femme décédée au cours d'un voyage (1858), le grand philosophe anglais s'était fixé à Avignon où il habita pendant quinze ans une petite maison voisine du cimetière, sur la route dite du Pont-des-Deux-Eaux. « J'ai cherché, dit-il dans ses *Mémoires*, le soulagement que comporte mon état en arrangeant ma vie de manière à sentir encore ma femme près de moi. J'achetai une petite maison de campagne aussi près que possible du lieu où elle était ensevelie et c'est là qu'avec ma fille [Helen Taylor], compagne de ma douleur et maintenant mon unique consolation, je passe la plus grande partie de l'année. » Stuart Mill mourut à Avignon le 7 mai 1873 ; il repose avec sa femme et sa belle-fille au cimetière Saint-Véran dans le tombeau qu'il avait fait bâtir.

Autre tombe célèbre, celle de Mme de Villelume, Maurille de Sombreuil, l'héroïne de la Révolution, épouse du commandant des Invalides d'Avignon (1823). A côté de cette tombe, se trouve celle d'Agathe-Rosalie Mottet, « épouse de Rambeaud, femme de chambre de Marie-Antoinette, berceuse des Enfants de France » († 1853 à quatre-vingt-neuf ans).

Le cimetière de Saint-Véran porte le nom d'un monastère de religieuses bénédictines fondé, selon la tradition, au XIIe siècle et rebâti au XIVe siècle, comme les autres édifices religieux avignonnais, grâce aux largesses pontificales. Benoît XII, en 1336, concéda des indulgences à ceux qui visiteraient l'*abbaye de Saint-Véran* et y laisseraient des aumônes pour sa reconstruction. Clément VI accorda, en 1343, une subvention pour la réfection de la clôture. Le musée Calvet possède un pied de croix de cuivre doré et ciselé, provenant de Saint-Véran, legs de son abbesse, Louise Bontoux († 1394). Saint-Véran fut abandonné lorsque l'armée de François Ier campa auprès d'Avignon, lors de la seconde invasion de la Provence par les Impériaux, en 1536 (1). L'église est aujourd'hui en ruines ; mais il subsiste l'abside et deux travées de la nef affectées à un usage industriel.

III. — Saint-Ruf. Montfavet. Bonpas

L'abbaye de Saint-Ruf.

Saint-Ruf occupe vraisemblablement, hors les murs d'Avignon, l'emplacement où se réunissaient les premiers chrétiens (2). Cité, dès les premières années du xe siècle, comme se trouvant depuis longtemps usurpé, Saint-Ruf fut restitué à l'évêque d'Avignon par l'empereur Louis l'Aveugle. Le 1er janvier 1039, quatre chanoines de Notre-Dame-des-Doms en obtinrent la concession afin d'y fonder une nouvelle communauté sous une règle plus sévère.

Ils commencèrent par relever l'église et par se bâtir des logements. Ils constituèrent ainsi un foyer d'art, en entente avec celui de Notre-Dame-des-Doms ; mais bientôt il y eut jalousie, puis rupture. Au xiie siècle, le nouvel Ordre de Saint-Ruf avait pris une grande extension. En 1156, un de ses anciens abbés, le pape Adrien IV, voulant doter leur maison d'un cloître, envoya des sculpteurs de Saint-Ruf dans les carrières de Carrare. Plus tard, dans la seconde moitié du xiie siècle, on rebâtit entièrement l'église. Au xive siècle probablement, comme elle se trouvait en pleine campagne, on dut la fortifier en relevant les murs qui furent couronnés de créneaux. Par la suite, l'Ordre et en particulier le couvent d'Avignon perdirent de leur importance. Le couvent de Saint-Ruf près Valence devint chef d'ordre. Les bâtiments d'Avignon périclitèrent peu à peu.

En 1763, l'abbé général de Saint-Ruf ordonna la démolition de l'église, prétendant qu'elle risquait de s'écrouler. L'annaliste avignonnais Arnavon protesta dans son journal manuscrit contre ce vandalisme : « L'église de Saint-Ruf, dit-il, vient d'être démolie, quoiqu'elle ne menaçât point ruine et qu'elle fût fort belle, mais l'avarice qui a droit comme les autres passions de changer la face de la terre vient de détruire ce monument antique. »

De cet édifice, longtemps odieusement profané et maintenant restauré, il ne reste que le chevet comprenant le

(1) Le camp de l'armée française, dit le livre de raison des Merles de Beauchamp, était appuyé sur Avignon et entouré d'une tranchée « depuis le Roune tirant a S. Michel coverte, que est sur le chemin quand on va a Pont-de-Sorge... jusques alla crois de S. Veran, et depuis S. Veran jusques au moullin de la Foullie » et « du Moullin neuf... a la Font coverte, et au dret de la Fontaine coverte, tirant à la porte Imbert ». En divers endroits on avait disposé des « plates-formes », chacune munie de « quatre ou sinc piesses de artillerie ». Il y avait en tout 50 000 hommes et 50 pièces d'artillerie.

(2) Voir ci-dessus p. 16.

transept avec croisillons, le clocher, l'abside et les deux absidioles. Complète, l'église offrait le plan d'une croix latine. Ce qui en subsiste constitue un des plus beaux exemples de l'architecture romane de la région, aussi bien pour le fini de la construction que pour l'élégance de la décoration ; son style appartient à la seconde moitié du XIIe siècle.

Le musée Calvet a recueilli quelques chapiteaux de marbre blanc, de la même époque ; ils proviendraient du cloître de Saint-Ruf et représentent des masques de grotesques ou des scènes tirées du Nouveau Testament.

Montfavet. La tour d'Espagne. Font couverte.

En 1343, le cardinal Bertrand de Montfavet, originaire du diocèse de Cahors, comme Jean XXII, meurt sans avoir pu terminer le monastère qu'il avait fondé au lieudit « Bon Repos », près d'Avignon. Ce couvent qui prit le nom de Montfavet en souvenir de son fondateur fut construit par les exécuteurs testamentaires de celui-ci (1343-1347). Les maçons furent Bertrand et Pierre Folcoaud, d'Avignon. Le 3 juin 1347, ils donnent quittance de 7.480 florins « tant pour cause de l'approvisionnement de pierres, chaux, bois et fer, que aussi en partie pour la construction de l'église ». Les édifices étaient terminés, lorsqu'un des exécuteurs testamentaires, Bernard Hugues, devenu évêque d'Elne, mourut, en 1348-1349, à Montfavet, où il s'était retiré pour rétablir sa santé.

L'église est un beau vaisseau d'une grande sobriété de lignes, présentant le plan à nef unique et chapelles latérales du type languedocien et provençal qui sera adopté quelques années plus tard pour l'église Saint-Didier d'Avignon. Mais à Montfavet, la nef est dépourvue de piliers et la retombée des nervures se fait sur des culs-de-lampe sobrement sculptés.

Plusieurs autels du XIVe siècle à dalle portée par des colonnettes ont été conservés dans les chapelles latérales et l'autel majeur lui-même, semblable à celui de la grande chapelle du Palais des Papes, est encore en place sous l'arc triomphal de l'église, mais dissimulé sous des boiseries dorées du XVIIIe siècle, provenant de l'église Saint-Pierre, dont on l'a revêtu vers 1830.

Le cardinal Bertrand de Montfavet avait été inhumé sous une dalle, devant l'autel même, en 1343 ; à côté se trouvait la dalle funéraire de « Richard de Wimundrwold, Anglais, docteur ès lois, avocat émérite à la cour romaine » décédé le 16 avril 1356. Ces tombes ont disparu, mais dans une chapelle on a conservé celle de Pierre de Cohorn. Cette dernière est une dalle de marbre de 2 m 25 sur 1 mètre, sur laquelle sont gravées les armoiries et la figure du défunt, celui-ci représenté en pied, casqué et en armure de guerre dont la cuirasse est semée de cornets, armes des messires de Cohorn. Deux banderoles portent la devise *Nuntiant funera monstris.* Tout autour de la dalle, l'inscription funéraire raconte l'odyssée de Pierre de Cohorn. En voici la traduction :

« Ci-gît noble et illustre Pierre de Cohorn, Suédois, fauteur de l'évêque d'Upsal dans l'élection du [roi] Christian [Ier], et, en récompense, chambellan et chef des armées ; émigré en Danemark, après la victoire de Sténon Sture, ayant ensuite accompagné le roi à Rome, il tua en combat singulier un Danois, son rival dans la faveur [royale] ; doublement exilé, il se réfugia en France, son fils Jean accompagnant Julien de la Rovère ; il vécut pieusement à Montfavet, près d'Avignon ; il mourut le 10 juillet 1479. Jean de Cohorn, son fils, la tempête apaisée, rétablit le souvenir de son père en 1486. » Cette dalle avait été placée à l'origine dans la chapelle du monastère voisin de la tour d'Espagne, monastère abandonné et ruiné, d'où, avec les restes de Pierre de Cohorn, elle fut transportée, en 1741, dans l'église de Montfavet, par Joseph de Cohorn, marquis de la Palun, descendant de l'exilé suédois.

L'extérieur de l'église de Montfavet, avec ses contreforts séparant les chapelles latérales, est, comme l'intérieur, semblable à celui des églises méridionales de cette époque. La flèche du clocher était primitivement semblable à celle de l'église Saint-Didier ; elle a été refaite sous le Second Empire, dans un style néo-gothique de fantaisie.

Isolés en pleine campagne, le monastère et l'église qui en faisait partie étaient fortifiés. Les bâtiments étaient compris entre deux grosses tours carrées, crénelées mais sans mâchicoulis. On peut reconnaître encore la salle capitulaire, le chauffoir, le réfectoire, l'emplacement des cuisines. Des peintures dont on a retrouvé quelques vestiges (armoiries) décoraient plusieurs salles au XIVe siècle.

Le couvent de Montfavet dépendit d'abord de l'abbaye de Saint-Ruf, puis fut transformé en bénéfice au début du XVe siècle. Il fut ensuite uni à l'Œuvre du pont d'Avignon en 1452 ; les Récollets y furent installés pour desservir l'église en 1613 et remplacés en 1759 par les Capucins. Aujourd'hui, l'église est affectée au service paroissial, tandis que les anciens bâtiments servent de mairie et d'école.

A la même époque que le cardinal de Montfavet et à peu de distance du monastère fondé par celui-ci, un autre cardinal, Pierre Gomez de Barroso, dit le cardinal d'Espagne, établit une abbaye de religieuses dominicaines (1346). Mais ce couvent fut abandonné dès 1398, son isolement étant devenu périlleux à l'époque troublée du Grand Schisme. Il n'en subsiste plus aujourd'hui qu'un vestige pittoresque, la base du clocher de l'église, avec la tourelle de l'escalier, le tout connu sous le nom de la *tour d'Espagne*. C'est dans ce couvent que s'était retiré et qu'avait été inhumé le Suédois Pierre de Cohorn.

Sur la route d'Avignon à Montfavet, une source à laquelle on attribuait autrefois quelque vertu thérapeutique est protégée par une pyramide de pierre construite par Jean-Baptiste II Péru (1777) ; elle est appelée la *Font* ou *Fontaine couverte.*

La Chartreuse de Bonpas.

Le rocher qui s'élève sur la rive droite de la Durance, à neuf kilomètres d'Avignon, avait au Moyen-Age une grande importance stratégique. Dominant la rivière en un point aisé à franchir, il commandait aussi la route. Le passage donnait lieu à la perception d'un péage important dont, en 1166, l'évêque d'Avignon cède la moitié « aux maîtres et hospitaliers ou constructeurs du pont de Maupas », tout en se réservant la seigneurie (*dominium*) du pont et le droit d'y construire, ainsi qu'aux alentours. Dès lors Maupas fut appelé Bonpas. Le *pont de Bonpas* était donc antérieur de plusieurs années à celui que, sur l'impulsion de Frère Bénézet, on devait jeter sur le Rhône en face d'Avignon. Mais, dans la première moitié du XIIIe siècle, le comte de Toulouse Raimond VII s'empara de la « maison du pont de Bonpas », ainsi que du pont, et fortifia celui-ci dès 1241. Les « frères de la maison du pont de Bonpas » ne purent donc plus assurer le passage de la Durance que par un *bac* (*navis*) qui aboutissait au « port » installé sur les graviers de Noves. En 1278, ils s'unirent aux Hospitaliers, mais au début du XIVe siècle, Bonpas était tombé en fait sous la domination des seigneurs de Noves qui enlevaient les pierres de l'ancien pont sous prétexte d'en construire un nouveau. En 1317, Bonpas devint propriété de l'Eglise, en vertu d'une cession par les Hospitaliers de Saint-Jean de Jérusalem de toutes leurs possessions dans le Comtat. Le pape n'eut garde de négliger un site dont l'importance stratégique et économique ne pouvait lui échapper. Aussi, dès le début, fit-il entreprendre des travaux considérables à Bonpas qu'il céda ensuite en 1320 aux Chartreux, à condition qu'ils y bâtiraient une église et un monastère ; il réserva toutefois à l'Eglise romaine le « port » sur la Durance, c'est-à-dire le passage, dont la Chambre Apostolique devait percevoir les revenus. Le pape aida les Chartreux de ses deniers. La nouvelle Chartreuse, terminée probablement vers 1334, commanda désormais la route de terre et la traversée de la Durance ; elle formait une position avancée d'Avignon et assurait le passage paisible des voyageurs et des pèlerins. Quelques passages notables sont alors à signaler : celui de Philippe VI de Valois en 1331 ; — on envoie deux draps d'or pour décorer les bateaux qui devaient transporter le roi et sa suite ; — en 1348, celui de la reine Jeanne et, en 1362, celui d'Urbain V dont nous avons fait mention antérieurement (1). Lors du départ de Grégoire XI

(1) Voir ci-dessus p. 62.

pour Rome, le cortège pontifical franchit la Durance de Bonpas à Noves le 13 septembre 1376 ; deux ou trois bateaux (*navigia*) avaient été envoyés la veille d'Avignon « avec les trailles et cordes nécessaires » ; en outre, le matériel habituel avait été remis en état.

La Chartreuse fut saccagée au XVIe siècle, mais les bâtiments actuels, tout en ne conservant à peu près rien de ceux du temps de Jean XXII, forment encore un ensemble des plus pittoresques.

Le passage de la Durance continua à se faire par bac jusqu'à l'époque du Consulat. Un des derniers usagers notables du bac fut l'ambassadeur de la Sublime Porte qui venait renouer les relations de son souverain avec le Directoire. La traversée se fit le 12 messidor an V (30 juin 1797) ; — c'était, paraît-il, une opération toujours délicate surtout quand il s'agissait de personnages importants accompagnés d'une suite nombreuse. — Elle dura trois heures ; le premier carrosse, dans lequel se trouvait l'ambassadeur, et le second, qui transportait les secrétaires et l'interprète, passèrent sans encombre. Il n'en fut pas de même du troisième, contenant le capitaine de gendarmerie et des Turcs de la suite ; les chevaux effrayés se cabrèrent, le carrosse recula et faillit tomber à l'eau avec ses occupants ; on en fut heureusement quitte pour la peur. Les autorités avignonnaises attendaient patiemment sur la rive droite.

Un pont sur chevalets fut établi à Bonpas en 1803-1807. Emporté par une inondation en 1885, il fut remplacé par un pont suspendu qui fut à son tour détruit par bombardement en 1944 ; un nouveau pont de maçonnerie a été construit en 1949-1953.

Un autre passage assez fréquenté était celui de Barbentane ou de Rognonas, situé plus à l'ouest que le précédent, sur le parcours de l'ancienne voie romaine. Une disposition des statuts d'Avignon de 1246 réglemente le service des « portaniers » de ce passage ; ils devaient se trouver chaque jour à leur poste dès l'aurore « ou avant » et s'y tenir « jusqu'à la sonnerie de la cloche du soir ». En 1374, le pape Grégoire XI, se rendant à Salon, franchit la Durance au « port de Barbentane », au moyen d'un pont de bateaux dressé à cette occasion. A la fin du Grand Schisme, la reine Yolande d'Aragon, venant de Tarascon et voyageant « en char » traversa également au port de Barbentane. Le passage par bac a été remplacé par le *pont de Rognonas*, commencé en 1832, livré à la circulation le 20 juillet 1834 ; après une double inondation de la Durance, ce pont dut être reconstruit en 1844 ; un péage fut payé jusqu'en octobre 1884. Bombardé en 1944, le pont de Rognonas a été rebâti en 1948-1951.

CHAPITRE VIII

VILLENEUVE-LEZ-AVIGNON

I. — HISTORIQUE. LA TOUR PHILIPPE-LE-BEL. — *Les origines. L'abbaye de Saint-André. La « ville neuve ». La tour Philippe-le-Bel et les livrées avoisinantes.*

II. — LA COLLÉGIALE DE NOTRE-DAME. — *Historique. Mobilier et œuvres d'art. La Vierge d'ivoire. Cloître et bâtiments canoniaux.*

III. — LE MUSÉE. LA GRAND'RUE. — *Le tombeau d'Innocent VI. Le* Couronnement de la Vierge. *Autres œuvres du musée. Livrées et hôtels de la Grand'Rue.*

IV. — LA CHARTREUSE DU VAL-DE-BÉNÉDICTION. — *Historique. Divisions principales. Les bâtiments de la fondation d'Innocent VI. Les restes de sa livrée cardinalice ; les fresques de l'*Histoire de saint Jean-Baptiste. *La fondation du cardinal de Pampelune. Les bâtiments hors clôture. La Chartreuse du XVIIe au XIXe siècle.*

V. — LE FORT SAINT-ANDRÉ. VESTIGES DIVERS. — *La livrée de Giffone. Construction du fort Saint-André. La tour des Masques, les tours jumelles. Notre-Dame de Belvezet. La colline de Montaut.*

I. — HISTORIQUE. LA TOUR PHILIPPE-LE-BEL

Historique.

De même qu'Avignon est née sur son Rocher, Villeneuve doit son origine à la colline du Mont-Andaon, occupée dès l'époque préhistorique et dont la romanisation est attestée par une inscription à Silvain, assimilé au dieu gaulois au maillet.

Au VIe siècle, une grotte située au sommet du plateau devient un ermitage où la tradition rapporte que sainte Casarie se retira et mourut (587). Sur cet emplacement, fut fondé le *monastère bénédictin de Saint-André,* probablement au Xe siècle ; il prospéra rapidement et posséda de grands domaines en Languedoc et en Provence. Bientôt une petite bourgade se forma auprès de l'abbaye ; elle aurait eu pour église la petite chapelle romane de Notre-Dame de Belvezet.

A l'époque où s'opposaient le « Royaume » et l' « Empire », la commune d'Avignon étendit sa domination sur l'abbaye de Saint-André, mais, après la capitulation des Avignonnais en

1226, celle-ci s'affranchit de cette dépendance, et conclut un traité de paréage, c'est-à-dire d'association avec le roi de France Louis VIII. La puissante abbaye devint dès lors, en face d'Avignon, une position avancée de la monarchie capétienne.

En 1292, le roi Philippe le Bel renouvela le traité de paréage avec l'abbé de Saint-André et désirant augmenter la population de la petite bourgade, fit tracer une *ville neuve* avec des rues droites aboutissant à une place centrale où se trouvaient l'église et le marché. Il accorda en même temps une charte de franchise pour tous les individus qui viendraient s'y établir.

Mais le grand développement de Villeneuve date surtout de l'établissement de la papauté à Avignon. Villeneuve reliée directement par le pont à la résidence pontificale en devint comme la banlieue. L'activité artistique résultant du séjour des papes y trouva son prolongement par la construction de livrées semblables à celles d'Avignon et d'une Chartreuse, une des plus vastes de l'Ordre, tandis que la royauté faisait élever les défenses de la tour Philippe-le-Bel et du fort Saint-André.

A cette période si brillante, en succède une autre plus modeste où cependant Villeneuve conserva une certaine importance qu'attestent plusieurs séjours des rois de France ou des gouverneurs de Languedoc et la tenue à plusieurs reprises des Etats de cette province.

Au XVIIe et au XVIIIe siècles, Villeneuve connut une nouvelle prospérité et redevint un foyer d'art, toujours en connexion avec celui d'Avignon. La Grand'Rue s'embellit de majestueuses façades ; la Chartreuse et Saint-André font reconstruire ou agrandir leurs édifices et deviennent de véritables musées.

Les destructions commencèrent comme partout à la Révolution et se poursuivirent longtemps pendant le XIXe siècle. Le XXe siècle vit la restauration des édifices de Villeneuve et la résurrection de la Chartreuse.

La tour Philippe-le-Bel.

Le traité de paréage de 1292 accordait au roi de France le droit de choisir un endroit convenable dans le vieux port sur le Rhône pour y construire une forteresse. C'est l'origine de la tour Philippe-le-Bel qui devait commander le débouché du pont du côté du royaume, en opposition à la tour qui jouait le même rôle à l'entrée d'Avignon. En même temps que la tour, construite entre 1293 et 1307, s'élevait sous la direction du maître de l'œuvre Raoul de Mornel, tout un ensemble d'édifices qui servaient à la défense et au logement de la garnison.

Seule, la tour assise sur un rocher dénudé subsiste encore de nos jours. Elle ne comprenait, à l'origine, qu'un rez-de-chaussée et un étage couvert d'un dallage à deux pentes sur lequel fut ajouté un second étage au XIVe siècle, à la fin du règne de Jean le Bon (1350-1364).

Actuellement, la tour forme un haut massif carré, rehaussé de bossages semblables à ceux des remparts d'Aigues-Mortes. La porte s'ouvre au nord ; elle est étroite et laisse à peine passer deux hommes de front ; elle est barrée par deux mâchicoulis, l'un en encorbellement à l'extérieur, l'autre pratiqué dans l'épaisseur du mur.

Le rez-de-chaussée offre une grande salle dont les deux travées sont voûtées d'ogives sans piédroits ; elle a une cheminée et ses murs sont percés d'archères sous des arcades munies de bancs ; les mêmes archères se retrouvent à chaque étage.

Le premier étage est également à deux travées et le second à trois ; il y a une cheminée au second étage ; à côté, près de l'angle sud-ouest, le petit local des latrines fait saillie à l'extérieur. L'escalier monte dans l'épaisseur des murs jusqu'à la tourelle carrée qui surmonte la terrasse. Celle-ci est entourée de mâchicoulis avec échauguettes rondes garnissant trois de ses angles. A l'angle nord-ouest, la tour apparaît dominée par la tourelle carrée, flanquée et dépassée elle-même par une tourelle ronde contenant un escalier qui permettait d'accéder à la dernière plate-forme où se tenait le guetteur.

Près de la tour Philippe-le-Bel, se trouvaient plusieurs *livrées cardinalices*, notamment celle du cardinal de Saluces et du cardinal Napoléon Orsini, mort en 1342, après avoir porté la pourpre pendant cinquante-quatre ans. Cette dernière livrée fut achetée par le pape Clément VI qui la fit transformer, agrandir et embellir par les mêmes artistes qui travaillaient au « Nouvel Œuvre » du Palais des Papes, le maître d'œuvres Jean de Loubières, le peintre Matteo Giovanetti, le verrier Christian de Canturane, etc. Il ne reste pas trace de ces édifices dont des dessins anciens et la vue panoramique gravée d'Avignon et de Villeneuve, œuvre du frère Chartreux Borelli (1746) nous révèlent l'aspect imposant.

Non loin, rue de la Tour, subsiste la livrée du cardinal Bertrand de Déaux, le fondateur de l'église Saint-Didier d'Avignon. Cette livrée est aujourd'hui connue sous le nom d' « hôtel des Monnaies ». Elle se signale par une fenêtre à demi-croisée dont le linteau est soutenu par une mince colonnette à chapiteau mouluré. A l'intérieur, une cheminée avec manteau de plâtre, de la fin du XIVe siècle (moulage dans la chambre du camérier au Palais des Papes).

II. — La collégiale Notre-Dame

Construction de l'église.

La construction de l'église Notre-Dame, aujourd'hui paroisse, autrefois collégiale, est due à un neveu de Jean XXII, le cardinal Arnaud de Via, qui fut un des premiers à subir la séduction de Villeneuve et à s'y faire construire une livrée. Il y fonda une collégiale de douze chanoines dirigée par un doyen (7 août 1333), mais déjà le pape était venu lui-même, à la date du 1er juin, consacrer l'église et bénir le cloître. Le cardinal sut intéresser le roi de France à son chapitre et mourut à Avignon le 24 novembre 1335 ; conformément à ses volontés, il fut inhumé dans le tombeau qu'il s'était fait préparer à Villeneuve, dans le sanctuaire de l'église fondée par lui, du côté de l'épître.

Au moment de l'édification de cette église, Villeneuve était encore peu peuplée. Aussi pour mettre la collégiale à l'abri d'un coup de main, avait-on eu soin de la fortifier. La façade occidentale est un mur tout nu, flanqué de deux tourelles octogonales, bâties en encorbellement et percées d'archères, — ces tourelles toutefois sont peut-être une addition postérieure. — Le clocher était primitivement un campanile accolé au nord-est de la façade orientale, celle-ci en bordure de la Grand'Rue. On le remplaça par une puissante tour carrée, formant avec la nef un angle très obtus. D'abord à un seul étage, puis surélevée, elle constitue une sorte de donjon à la plate-forme crénelée. Le rez-de-chaussée, formé de quatre grandes arcades en tiers-point, était dans le principe ouvert pour le passage de la rue, puis fut fermé, avec l'autorisation royale (1351) et malgré le mécontentement de la population ; chanoines et ouvriers furent molestés ; on dut faire venir des gens d'armes du sénéchal de Beaucaire pour les protéger (1355).

La couverture de la nef est, comme celle de Saint-Didier à Avignon, constituée par des dallles posées sur les reins des voûtes et épousant leurs formes, avec écoulement sur le glacis des contreforts. Le joli clocher-arcade qu'on aperçoit au nord de la nef servait aux cloches de l'horloge du chapitre collégial.

A l'intérieur, l'église se compose, suivant le type languedocien et provençal adopté à Avignon, d'une nef unique de six travées flanquée de chapelles latérales aménagées entre les contreforts. « Il semble, dit Fernand Benoît, qu'elle ait servi de prototype aux églises avignonnaises de Montfavet et de Saint-Didier. »

Le profil des nervures de la nef et la décoration décèlent deux périodes dans la construction. Dans les trois travées à l'est, les nervures se prolongent jusqu'au sol avec de minces chapiteaux formés de deux rangées de feuillages, comme à Saint-Didier, tandis que les trois travées occidentales ont — parti imité par le maître d'œuvre de Montfavet — des culs-de-lampe sculptés, communs aux arcades latérales, aux doubleaux et aux ogives de la voûte ; ils représentent au sud, des scènes de la *Vie du Christ* (Lavement des pieds, Prière sur la Montagne) et au nord, la *Vie de la Vierge* (Annonciation, Visitation, Nativité), ainsi que des chimères et des monstres. Même les chapelles de ces travées ne se ressemblent pas ; les premières ont leurs nervures avec piédroits, les autres les ont retombant sur des culs-de-lampe. Fernand Benoît en conclut que l'église primitive, contenant le tombeau du fondateur, devait être de plan rectangulaire, sans abside, et se limiter à la partie occidentale, ce qui expliquerait l'ornementation plus soignée de celle-ci. Lorsque l'église eut été doublée et que le chapitre eut obtenu le droit de fermer les arcades qui portaient la tour du clocher, l'autel fut transporté dans la première travée orientale, qui, par l'ouverture de la seule des arcades de la tour restée ouverte, fut mise en communication avec le rez-de-chaussée de la tour, transformé en chœur avec stalles pour les chanoines ; cette communication sera elle-même remaniée en 1748 et recevra la voûte plate à cinq arêtes qui la couvre actuellement.

L'intérieur de la tour du clocher est constitué d'abord par un rez-de-chaussée formant une salle voûtée d'ogives, recoupée dans sa hauteur, en 1748, par une voûte surbaissée d'un magnifique appareil, — c'est la partie basse qui forme le chœur de l'église. — Le premier étage n'est pas voûté et le second, qui renferme les cloches, est couronné extérieurement de mâchicoulis et surmonté d'une sorte de court châtelet octogonal.

Mobilier et œuvres d'art.

L'église de Villeneuve possède encore, non pas la tombe complète de son fondateur, mais le gisant de marbre qui surmontait le sarcophage. En 1884, Mgr Fuzet, alors curé de Villeneuve, plus tard archevêque de Rouen, le fit replacer dans une des chapelles latérales. Ce gisant est l'œuvre de Jean Lavenier, dit de Paris, qui fut aussi l'auteur de la tombe du pape Benoît XII ; mais celle d'Arnaud de Via, plus simple, ne comportait qu'un socle à arcatures, dépourvu du dais qui surmontait la tombe pontificale.

Autres reliques du passé de Villeneuve : des fragments de l'inscription de sainte Casarie qui, nous l'avons rapporté plus haut, vécut au VIe siècle sur le mont Andaon et qu'on vénère comme la protectrice de Villeneuve ; — la pierre tombale de Gérald Guidonis, scribe et abréviateur de la chancellerie apostolique, 1409 (dressée contre un pilier de la nef) ; — l'épitaphe (autrefois dans l'église de la Chartreuse) du prince de Conti, frère du Grand Condé, gouverneur du Languedoc et célèbre protecteur des jansénistes ; — les restes de ce prince, primitivement inhumé dans l'église de la Chartreuse, ont été transportés à la fin du XIXe siècle à Port-Royal ; — l'ancien siège abbatial de Saint-André, marbre blanc, XVIIe siècle ; — le *Christ en croix*, bois peint, XVIIe siècle ; — la *Vierge avec l'Enfant*, marbre, XVIIe siècle ; — des tableaux de Philippe de Champaigne (?), de Nicolas Mignard, de Reinaud Levieux, du frère Imbert, provenant de la Chartreuse, etc.

Le maître-autel en marbre de diverses couleurs provient également de la Chartreuse : il est décoré d'un *Christ gisant*, œuvre d'un sculpteur nomade, Antoine Duparc, né à Marseille en 1675, mort à Coutances en 1755, connu surtout comme le père de Françoise Duparc, célèbre peintre de sujets de genre. Le bas-relief de Villeneuve est d'un assez grand caractère pour avoir été attribué à Pierre Puget, et même plus anciennement à Michel-Ange ! Mais sa maquette en terre cuite signée (au musée Calvet) en a révélé le véritable auteur.

La Vierge d'ivoire.

La sacristie, salle à deux travées voûtées sur ogives, avec addition probablement du XVe siècle, conserve une des œuvres les plus célèbres de la sculpture française, la fameuse *Vierge d'ivoire,* exceptionnelle par ses qualités comme par ses dimensions, don magnifique du cardinal Arnaud de Via à la collégiale fondée par lui. Le visage de l'exquise madone est empreint de cette gravité sereine qui est la marque des grandes œuvres de la première période gothique, mais déjà un léger maniérisme annonce le style plus apprêté qui triomphera au cours du XIVe siècle. Son style et son gracieux déhanchement l'ont fait rapprocher de la Vierge contemporaine en vermeil doré donnée à Saint-Denis par Jeanne d'Evreux. Elle est rehaussée de polychromie ; les aigles qui ornent la bordure de la robe sont des pièces des armoiries du donateur.

Dans la sacristie également, on montre une autre *Vierge,* celle-ci de pierre et à deux faces, du XIVe siècle ; — un voile de calice brodé, du XVIIe siècle.

Cloître et bâtiments canoniaux.

Au nord de l'église, se trouvaient les bâtiments canoniaux, autour du cloître heureusement conservé. On y accède soit du côté de l'ouest, par une porte située à gauche de la façade occidentale de l'église, soit du côté nord, en venant de la rue principale de Villeneuve, où une porte, défendue par une bretèche, s'ouvre sur un couloir voûté d'ogives aux armes d'Arnaud de Via qui conduit à une cour intérieure, puis au cloître lui-même. Celui-ci, comme les cloîtres gothiques d'Avignon, est ouvert sur le préau par de grandes arcades sans ornement. Les galeries établies en contre-bas sont divisées en cinq travées dont les ogives et les formerets, jouant le rôle de couvre-joints, se révèlent comme un ornement plutôt qu'un soutien pour la voûte, de sorte que plusieurs claveaux d'entre eux se sont détachés sans compromettre la solidité de l'ensemble.

Sur ces galeries s'ouvrent : le réfectoire, dans l'aile ouest, appartenant à l'ancienne livrée d'Arnaud de Via ; — la salle capitulaire, dans l'aile est, reconstruite en grande partie ; — une grande arcade dans la galerie nord, donnant accès à une chapelle sous le vocable du Saint-Esprit, refaite en 1511. Au-dessus des galeries, une terrasse ou promenoir est bordée d'un parapet formant attique ; on y accède, soit par l'escalier de la tour, soit par celui de l'ancienne livrée.

III. — Le musée. La grand'rue

Le Musée.

Au midi de la Collégiale, l'ancienne place ou rue du Marché est bordée d'arcades sur un de ses côtés. Elle conduit à l'*Hospice-hôpital* qui occupe l'emplacement de l'ancienne *livrée du cardinal Raymond de Canillac* († 1373), dont il ne subsiste que quelques traces de fenêtres gothiques sur la rue ; autrefois couvent des religieuses de Sainte-Élisabeth, il est maintenant desservi par les religieuses Trinitaires.

On y a transféré, en 1835, sur l'intervention de Prosper Mérimée, le magnifique *tombeau du pape Innocent VI,* qui, dans les bâtiments ruinés de la Chartreuse était exposé à la destruction (1).

Ce tombeau, commandé dès 1361, s'élevait dans la chapelle de la Sainte-Trinité ajoutée à l'église de la Chartreuse ; il était achevé dès 1362, avant la mort du pape. D'après les comptes de Bertrand Nogayrol, directeur des œuvres, le lapicide Thomas de Tournon et le sculpteur Barthélemy Cavalier, d'origine inconnue, peut-être méridionale, y furent employés ; Cavalier est inscrit, en décembre 1361, pour un acompte de 150 livres ; il est sans doute l'auteur du gisant, tandis que le tombeau lui-même était l'œuvre du lapicide.

Le monument en pierre de Pernes, d'une hauteur de neuf mètres, était du type de celui de Jean XXII conservé à Notre-Dame-des-Doms et de celui détruit de Benoît XII. Le gisant de marbre, porté par un haut socle de pierre décoré d'arcatures et de niches, est surmonté par un dais à clochetons soutenu par huit piliers que réunissent des arcs à redents et des gâbles ; au sommet, trois autres dais ajourés abritent trois statues, le *Christ* entre *saint Pierre* et *saint Paul.* Malgré la disparition des autres statuettes, celles des piliers (les douze apôtres) et du socle, ce mausolée est le mieux conservé de tous ceux des papes d'Avignon.

Au premier étage, est installé le musée municipal. A l'entrée, belle *porte* de bois sculpté de l'église de la Chartreuse, XVIIe siècle.

Le musée possédait une des pièces majeures de l'Ecole d'Avignon du XVe siècle, la *Pieta au donateur* qui n'est plus représentée que par une copie, l'original ayant été cédé en 1905 au musée du Louvre. Il conserve encore une autre

(1) Il doit être replacé prochainement dans l'église de la Chartreuse.

œuvre non moins éminente, le *Couronnement de la Vierge,* exécuté pour la Chartreuse de Villeneuve par Enguerrand Charonton, de Laon.

Ce dernier tableau, faussement attribué autrefois au roi René, a fait l'objet d'un prix-fait du 14 avril 1453 découvert et publié par le chanoine Requin. L'œuvre, appelée la *Sainte Trinité,* était destinée à la chapelle funéraire d'Innocent VI placée sous ce vocable. Le prix-fait décrit le sujet du tableau avec une précision si minutieuse qu'il semble inspiré, a remarqué Fernand Benoît, par une peinture analogue : « Premièrement y doit être la forme de Paradis et en ce paradis doit être la Sainte Trinité... et Notre-Dame devant ; à laquelle Notre-Dame, la Sainte Trinité mettra la couronne en tête... » ; — c'est le « Couronnement de la Vierge » qui a donné au tableau son nom actuel. — Il fallait qu'il y eût en outre, les anges, des saints, les patriarches, les prophètes et « tous états du monde ». Le fond devait représenter le ciel et « après le ciel, le monde auquel se doit montrer une partie de la cité de Rome ». Enfin il était recommandé à Maître Enguerrand de « montrer toute sa science en la Sainte Trinité et en la benoîte Vierge Marie et au demeurant selon sa conscience ».

Autres œuvres notables : Masque en marbre, présumé de *Jeanne de Laval,* seconde femme du roi René, attribué à Francesco Laurana, XVe siècle ; — tableau de Simon de Châlons, la *Mise au tombeau,* avec, autour du sépulcre, Innocent VI et son neveu le cardinal de Pampelune, les deux fondateurs de la Chartreuse, 1552, provenant de la chapelle funéraire du cardinal ; — tableaux de Pierre Mignard (*Sainte Roseline sous les traits de la marquise de Ganges* ; *Martyre des Chartreux en Angleterre,* esquisse), de Nicolas Mignard (*Jésus au temple*), de Philippe de Champaigne (*Christ en croix*) etc. ; *Alexandre et la famille de Darius,* broderie du XVIIe siècle, etc.

Dans une autre salle, grande *armoire* flamande, décorée de colonnes torses et d'incrustations de bois, de nacre et d'ivoire, XVIIe siècle, provenant des archives de la Chartreuse.

En sortant du musée, on tourne à gauche et on revient vers l'église et après avoir contourné le chevet, on prend

La Grand'Rue (actuellement *Rue de la République*).

Après la porte du cloître, à gauche, belle *porte* de style Louis XIII ; la maison occupe l'emplacement d'une livrée ayant appartenu au cardinal Pierre Selva de Montirac, dit le cardinal de Pampelune, le « second fondateur » de la Chartreuse de Villeneuve ; le bienheureux Pierre de Luxembourg y est mort en 1387, ce qui a fait donner son nom à cette livrée.

Plus loin, du même côté, *hôtel de Calvet de Montolivet*, dit inexactement hôtel du prince de Conti, reconnaissable à son majestueux portail du XVIIe siècle, à fronton curviligne interrompu, porté par des pilastres, malheureusement ravalés sur le devant et dégradés.

Ensuite, *livrée du cardinal Pierre de Thury*, dit inexactement de la Thurroye (1385 † 1410) ; elle avait été commencée par le cardinal de Boulogne, Guy d'Auvergne, archevêque de Lyon (1342 † 1373). On y accède par une porte en tiers-point ouvrant sur une sorte de couloir coupé par deux autres portes de même type et permettant d'atteindre les diverses parties de la livrée. De celles-ci, il subsiste, très dégradés, une salle, — peut-être la chapelle, — couverte d'une charpente à corbeaux du XVe siècle et conservant des traces de fresques (*la Vierge entourée de saints*) ; — des vestiges d'une galerie à grandes arcades aujourd'hui murées ; — une fenêtre à demi-croisée, des cheminées ; le Grand Tinel divisé en greniers, etc. L'aile orientale du cloître a été réédifiée au milieu du XVIIIe siècle et transformée en chapelle des Pénitents gris par Jean-Baptiste Franque.

IV. — La chartreuse du Val-de-Bénédiction

Historique.

« La Chartreuse de Villeneuve, dit Fernand Benoît, dut sa fondation à des circonstances exceptionnelles qui lui donnèrent une gloire toute spéciale. A la mort de Clément VI, le 6 décembre 1352, le Conclave, réuni au Palais des Papes, avait fait choix de Jean Birel, général de l'Ordre des Chartreux. Son extrême humilité ne lui permit pas d'accepter la tiare. Le cardinal, évêque d'Ostie et de Velletri, Étienne Aubert, originaire du Limousin, évêque de Clermont, fut élu pape sous le nom d'Innocent VI. En commémoration de ce geste et sans doute aussi en guise de protestation contre les ordres Franciscain, Dominicain et Hospitalier, qu'il chercha à réformer avec dureté, il créa une Chartreuse sur les terrains dépendant de sa livrée, au pied du mont Andaon, dans le Val de Bénédiction. »

La bulle de fondation fut promulguée le 2 juin 1356. La nouvelle Chartreuse fut mise sous le vocable de saint Jean-Baptiste ; puis, en 1362, à la demande du chapitre général de l'Ordre, elle changea son nom en celui de Chartreuse du Val de Bénédiction. Cette première Chartreuse comprenait un prieur, douze religieux, deux infirmiers, deux clercs, quatorze frères convers et neuf domestiques. L'église avait été consacrée en présence du pape par le cardinal de Boulogne, le 19 août 1358. Innocent VI voulut y avoir sa sépulture où ses restes furent transportés à la fin de 1362.

L'enrichissement de cette maison devint ensuite l'affaire personnelle de sa famille. Un de ses neveux, le cardinal

Ardouin Aubert, évêque d'Ostie († 1363) s'y intéressa assez pour vouloir y être enseveli. Puis ce fut un petit-neveu, Etienne Aubert, dit le cardinal de Carcassonne, qui, ayant vu ravager par un incendie, en 1365, l'ancienne livrée de son grand-oncle, projeta un nouvel agrandissement que la mort l'empêcha de réaliser. Ce fut un autre neveu d'Innocent VI, Pierre Selva de Montirac, dit le cardinal de Pampelune, qui augmenta considérablement les bâtiments et les biens de la Chartreuse, en faisant une nouvelle fondation de douze religieux et de quatre frères convers (3 janvier 1372) ; il mérita ainsi le titre de « second fondateur ».

En même temps qu'elle bénéficiait de ces libéralités, la Chartreuse était abondamment pourvue de privilèges et de richesses, ce qui en fit un des couvents les plus opulents de l'Ordre ; aussi les XVIIe et XVIIIe siècles apportèrent-ils de nombreuses modifications à ses vastes bâtiments. A la Révolution, la Chartreuse, devenue bien national, fut vendue le 2 thermidor an II et dépecée. Mais, depuis près d'un siècle, l'Etat a racheté les édifices par parcelles et la restauration de ce magnifique ensemble s'est poursuivie activement, surtout dans ces dernières années, par les soins de l'Administration des Monuments historiques ; elle est encore loin d'être achevée.

Divisions principales.

La Chartreuse était entourée d'une enceinte de murs d'un périmètre de près de 1.500 mètres qui subsiste encore en partie, à l'est, au pied du fort Saint-André ; elle est défendue, de place en place, par des échauguettes.

Les bâtiments se groupent à l'est et à l'ouest de la livrée cardinalice d'Etienne Aubert devenu le pape Innocent VI. Ils se composent de trois parties qui sont par ordre chronologique :

1° Au centre, les *restes de la livrée*, dite *Palais d'Innocent VI* (1342-1352) ; cette livrée brûla en 1365 ; il n'en subsiste que le Grand Tinel, transformé au XVIIIe siècle en réfectoire des Pères, et la chapelle décorée de peintures (n°s 8 et 9 de la description ci-après).

2° A l'est de la partie précédente, les *constructions d'Innocent VI* ou « première fondation » (1356) : église et chapelles, petit cloître et grand cloître, cimetière (n°s 1 à 7 de la description).

3° A l'ouest de la livrée d'Innocent VI, les *constructions du cardinal Pierre Selva de Montirac*, dite « seconde fondation » (1372), consistant principalement dans le grand cloître Saint-Jean (n° 10 de la description).

Il est à remarquer que l'importance des cloîtres vient de ce que les Chartreux ne vivent pas en commun comme les autres moines, mais que chacun possède sa cellule composée de plusieurs pièces.

Le visiteur voit successivement :

L'entrée, l'allée des Mûriers, la place de l'Eglise.

1° La *porte principale,* sur la Grand'Rue, s'ouvre au rez-de-chaussée d'une grosse tour carrée, à deux étages, le second percé d'une fenêtre trilobée encadrée de quatre écussons (aux armes de la Chartreuse, du roi de France et des deux fondateurs). Cette entrée donne accès à une cour appelée *cour des femmes,* — elle était en dehors de la « clôture » ; — de cette cour partent à droite et à gauche deux rues desservant les bâtiments hors clôture, remises, écuries, cave, hôtellerie, cuisines, boulangerie, « bugade » (buanderie), etc. Contre l'entrée, à droite, inscription sur marbre blanc donnant la hauteur de l'inondation de 1755.

2° La porte d'*entrée de la clôture* a été rebâtie en 1649 (date sur l'écusson de la face postérieure). Elle est attribuée à l'architecte avignonnais François de Royers de la Valfenière, (bien qu'assez différente du projet conservé dans les archives de la Chartreuse).

3° L'*Allée des Mûriers,* longue de plus de 70 mètres, limitée à droite par des greniers et un jardin ; à gauche, par la pharmacie, le petit cloître et les cellules des Frères, une grande cave avec voûte en berceau brisé du XIVe siècle. Elle aboutit à un petit couloir, à plafond de charpente apparente qui tourne à gauche à angle droit pour aboutir à :

4° *La place de l'Eglise :* à gauche était l'appartement du prieur surmonté de la bibliothèque ; en face, ceux du portier du grand-cloître et du courrier-syndic ; — entre les deux un couloir donne accès au cloître Saint-Jean. — A droite, l'église a une façade gothique nue percée d'un oculus sans remplage et précédée d'un portique de l'époque Louis XIII ; la porte en bois sculpté est une copie de la boiserie originale conservée au musée de l'Hospice.

Les bâtiments de la première fondation (1356-1358).

5° L'*église* consacrée le 19 août 1358 comprenait à l'origine une nef de trois travées seulement voûtées d'ogives, terminée à l'est par une abside pentagonale, celle-ci écroulée avec le clocher-arcade à quatre baies qui la surmontait. Dans la nef, sous les fenêtres, sont creusées, suivant un mode fréquent dans la région méridionale, des alvéoles pour vases de résonance (l'un d'eux est encore en place). — A gauche de la première travée, un clocher carré servait d'horloge ; il contient encore la cloche de 1511, œuvre des frères Vincent, d'Avignon, et un mécanisme d'horloge (de 1551).

Cette église primitive fut augmentée en 1360-1368 d'une chapelle, au sud-est, destinée à recevoir le tombeau d'Innocent VI (1), puis, dans le prolongement de celle-ci, d'une autre

(1) Voir ci-dessus p. 368.

chapelle dont les deux travées devaient recevoir l'une, le tombeau du cardinal Pierre Selva, l'autre celui d'Etienne Aubert, cardinal de Carcassonne († 1369) ; ces nouvelles constructions formèrent une sorte de nef latérale.

Le nombre des religieux ayant augmenté après la fondation de 1372, la nef primitive fut réservée aux Pères ; une travée pour les Frères la prolongea vers l'ouest ; la nef latérale fut agrandie d'autant, tandis que deux petites chapelles étaient ajoutées, de l'autre côté, au nord-ouest de la nef principale. En même temps, à l'intérieur de celle-ci, un mur de clôture était construit pour séparer le chœur des Pères (nef primitive) du nouveau chœur des Frères.

Au XVIIe siècle, au milieu du chœur des Pères, sous une dalle de marbre noir, fut enseveli Armand de Bourbon, prince de Conti († 1666), frère du Grand Condé, dont les restes seront transportés à la fin du XIXe siècle à Port-Royal.

6° Le *petit cloître,* dont l'église formait le côté sud, compte sept arcades sur les grands côtés et cinq sur les autres. Il est de proportions fort élégantes. Les travées sont voûtées sur doubleaux et croisées d'ogives sans piédroits ; les nervures, simples couvre-joints, comme dans le cloître de la collégiale, retombent sur des culots refaits et décorés de feuilles de lauriers au XVIIIe siècle ; la toiture en dalles est moderne. — La galerie sud, communiquant avec l'église par trois portes était appelée le *Colloque* parce que le dimanche, les Pères avaient licence de s'y entretenir quelques instants. — La galerie est donnait accès à une belle salle capitulaire à trois travées, avec culs-de-lampe décorés des symboles des quatre évangélistes ; du même côté, petite cour remarquable par son très large puits et l'escalier conduisant à la cellule du sacristain ; de ce côté également, la *rasure* où opérait le coiffeur des Pères. — A l'ouest, *tour de l'horloge* ou du beffroi mentionnée précédemment. — Dans l'angle nord-ouest, une petite salle ronde est couverte d'une coupole ; elle contient un lavabo ou bénitier et servait de passage pour aller du petit cloître au réfectoire des Pères.

7° Le *grand cloître* ou *cloître inférieur* confronte, au nord, le petit cloître ; les galeries orientales de ces deux cloîtres sont sur le même alignement et formaient ainsi un promenoir de 120 mètres de long, aboutissant à une porte de l'église à travers laquelle on apercevait le tombeau d'Innocent VI. Le grand cloître, dont le préau servait de cimetière, était de plan irrégulier, mesurant 78 et 60 mètres sur les grands côtés, 30 et 20 sur les petits. Au centre se dressait une croix monumentale. Tout autour des galeries (refaites au début du XVIIe siècle avec voûtes en berceau), étaient disposées les cellules des religieux ; il subsiste plusieurs cheminées rondes datant de l'origine. Dans l'angle sud-ouest, on avait reporté au XVIIIe siècle la « chambre du mort », à cette époque reliée directement à la chapelle de la livrée d'Innocent VI.

Les restes de la livrée cardinalice.

8° *Le réfectoire des Pères.* C'était primitivement le Grand Tinel de la livrée qu'Etienne Aubert, promu cardinal par Clément VI, s'était fait construire dans le Val de Bénédiction. Devenu pape sous le nom d'Innocent VI (1352), il avait continué à résider de temps à autre dans son ancienne livrée ; il y avait même tenu des consistoires. L'incendie de 1365, dont nous avons déjà parlé, détruisit la plus grande partie des bâtiments et notamment les appartements privés. Il ne subsiste plus que le Grand Tinel terminé au nord par une chapelle de forme pentagonale. Le Tinel, de plan rectangulaire, mesure 30 mètres de longueur sur 10 de largeur. Devenu réfectoire des Pères, ses murs furent entièrement décorés de fresques, représentant probablement la vie de saint Bruno (vestiges dans une des fenêtres, à l'est). C'est dans ce réfectoire que les Pères prenaient, mais le dimanche seulement, leur nourriture en commun. Au XVIIIe siècle, il reçut une décoration en stuc qui subsiste. A sa voûte du XIVe siècle, avait été substituée, à une hauteur plus grande, une voûte nouvelle qui a elle-même disparu, laissant depuis lors la vaste salle à découvert.

9° L'ancienne *chapelle pontificale* a la forme d'une abside pentagonale aux murs extérieurs couronnés de créneaux. Elle était éclairée sur quatre de ses faces par des fenêtres à meneau central. La retombée des nervures de la voûte se fait sur des piédroits à chapiteaux polygonaux moulurés. L'autel devait être au centre, dans l'axe du Tinel ; dans le mur oriental, sont les deux cavités pour les vases sacrés. Lorsque le Grand Tinel fut transformé en réfectoire, la chapelle en fut séparée par un mur de refend doublé d'un second mur au XVIIIe siècle, sans qu'on ait touché entre les deux murailles, à la magnifique décoration de l'arc du XIVe siècle.

La chapelle a conservé également par miracle la plus grande partie des *fresques* dont elle avait été revêtue après la fondation de la Chartreuse, c'est-à-dire entre 1356 et 1362, date de la mort d'Innocent VI ; la représentation du pape dans la scène principale autorise à le penser. Les voûtes présentaient, dans chaque compartiment, deux anges affrontés aux ailes repliées, peints sur fond bleu d'outremer ; il n'en reste que des vestiges.

Les cinq pans de la chapelle étaient peints. Le soubassement figure des panneaux de marbre polychrome, comme dans les chapelles de la tour Saint-Jean, au Palais d'Avignon.

Les divers sujets s'étagent en deux registres superposés. Ils reproduisent, comme à Avignon, l'*Histoire de saint Jean-Baptiste.* Des figures de saints, d'apôtres, le pape aux pieds de la Vierge, une admirable et poignante Crucifixion accompagnent la scène principale. Le tableau ci-joint donne l'emplacement de chacun des sujets.

D'après Louis Hourticq, l'œuvre maîtresse de l'ensemble est la Crucifixion, « composition dépouillée où cinq figures, dont le Crucifié au centre, se dressent écartées, posées sur un sol fauve, se détachant sur un ciel gris. Peu de couleurs : la tache rouge de la robe de saint Jean-Baptiste, le manteau vert d'un évêque. Les tons, lavés légèrement, laissent transparaître les lignes faciles et souples de l'esquisse, ce qui donne à cette peinture âgée la fraîcheur d'accent d'une œuvre d'hier. La silhouette un peu grêle du Crucifié est celle des Christs siennois. L'attitude fléchissante de saint Jean, ses mains jointes pesant lourdement au bout de ses longs bras, sont d'un dessin très sûr. La Vierge est d'un art merveilleux par la simplicité, la nudité extrême de l'exécution : une longue robe au bleu passé, la chair pâle du visage et des mains, et, coulant sur la poitrine comme deux flots de sang, la chevelure rousse ».

Un monogramme gravé au pied de la croix, découvert par l'architecte Révoil, a été interprété bien témérairement comme la signature de Simone Martini puis de Simonet de Lyon, un des collaborateurs de Matteo Giovanetti au Palais des Papes. Plus récemment le docteur Colombe l'a attribué à un autre collaborateur du peintre de Viterbe, maître Giovanni Luca de Sienne (I. de S.).

La seconde fondation (*1372*).

10° Les constructions du cardinal de Pampelune, dites *seconde fondation,* consistent essentiellement dans le « cloître supérieur » ou *cloître Saint-Jean,* édifié à l'ouest du Grand Tinel, par le cardinal Pierre Selva, pour loger les douze nouveaux religieux qui faisaient l'objet de sa fondation (1372). Mais les bâtiments ont été refaits au XVIIe siècle, comme l'indiquent deux inscriptions, l'une de 1611 (sur la voûte, à l'extrémité nord de la galerie orientale), l'autre de 1639 (dans une pièce voûtée d'arêtes, au-dessus du couloir en plan incliné) ; quelques cellules ont conservé des décorations de la même époque.

Au milieu du cloître, la *fontaine Saint-Jean* est couverte d'une rotonde octogonale, avec pilastres ioniques et chapiteaux restés pour la plupart simplement épannelés ; la parfaite stéréotomie de ce petit monument, dont on n'a pas retrouvé le prix-fait, l'a fait attribuer à Jean-Baptiste Franque (vers 1750). Il avait été construit pour protéger la statue du *Christ portant sa croix* qu'avait érigée sur la vasque, un siècle auparavant, l'architecte avignonnais François de Royers de la Valfenière ; il ne reste qu'un dessin de la statue et des vestiges très dégradés de la vasque. De ce château d'eau qui fonctionnait encore au XVIIIe siècle, des canalisations souterraines partaient vers les divers services de la Chartreuse ; il était alimenté, en dernier lieu, par des sources du quartier voisin dit de l'Ermitage, décelées par Jacques Aimard, Dauphinois, « professeur de la baguette divinatoire ».

FRESQUES DE L'HISTO

(A la Chartreuse

	Miracles du Christ rapportés à st Jean-Baptiste (vestiges)			Apôtre	Apôtre
Festin d'Hérode (vestiges)	Présentation de la tête de saint Jean-Baptiste à Hérodiade	Décollation de saint Jean-Baptiste	Ensevelissement de st Jean-Baptiste	Apôtre	Apôtre
Partie détruite				Partie détruite	

AINT JEAN-BAPTISTE
(e-Bénédiction)

<table>
<tr><td>Apôtre</td><td>Apôtre</td><td>Apôtre</td><td>Apôtre</td><td>Annonce de l'Ange à Zacharie</td><td colspan="2">Visitation de Marie à Elisabeth</td></tr>
<tr><td>Apôtre</td><td>Apôtre</td><td>Apôtre</td><td>Apôtre</td><td>Naissance de st Jean-Baptiste</td><td>Circoncision</td><td>Imposition du nom</td></tr>
<tr><td colspan="2">Crucifixion
Saint Jean-Baptiste
La Vierge Marie
Le Christ en croix
Saint Jean l'Evangéliste
Un Evêque</td><td>La Vierge assise avec l'Enfant sur ses genoux</td><td>Pape agenouillé, la tiare à ses pieds (la tête manque), probablement Innocent VI</td><td>Pape debout tenant un phylactère (sans doute un bienfaiteur de l'ordre)</td><td>Imitation de marbres</td><td>Les trois diacres
Saint Laurent
Saint Etienne
Saint Nicolas</td></tr>
<tr><td colspan="2">Imitation de marbres</td><td colspan="2">Imitation de marbres</td><td colspan="3"></td></tr>
</table>

Bâtiments hors clôture.

Les services et dépendances de la Chartreuse où les étrangers avaient accès, étaient groupés hors clôture. La plupart ont été refaits, au XVIIIe siècle, avec de magnifiques voûtes des Franque, ainsi les *forges* et les *greniers à foin* (plaque de cheminée de 1740) ; l'*hôpital des domestiques* (1746) et la *cuisine des mêmes* (1783) ; l'*hôtellerie*, construite sur des substructions anciennes datant peut-être d'Innocent VI, — avec de belles salles du XVIIIe siècle ; — le bâtiment de la *bugade*, c'est-à-dire de la lessive, etc.

Parmi les vestiges anciens, on cite une cave, la « cave du pape », sous le jardin d'une cellule entre le bûcher et l'hôtellerie ; elle est du XIVe siècle et à deux étages ; le plus bas rappelant les caves de l'aile des Grands Dignitaires au Palais des Papes est divisé en deux vaisseaux voûtés en berceau, séparés par quatre arcades et bordés de niches creusées dans le roc pour recevoir les tonneaux ; l'étage supérieur forme une seule salle avec deux voûtes superposées en berceau, celle du dessus portant le jardin.

La *boulangerie*, à côté de l'hôtellerie, est très bien conservée. Le rez-de-chaussée aurait servi, dit-on, de cuisine à Innocent VI ; voûté sur croisées d'ogives, il contenait le grenier à sel et deux fours avec un « cabinet » où l'on pétrissait le pain. Le premier étage, voûté d'ogives, servait de magasin à farine ; le second, non voûté, de magasin à blé.

La Chartreuse du XVIIe au XIXe siècle.

Au XVIIe et au XVIIIe siècle, la Chartreuse, très prospère, devint un véritable musée et s'enrichit en œuvres d'art ; le président de Brosses en 1739 admira sa collection de tableaux, et notamment une *Annonciation* du Guide, « le plus beau morceau » de la Chartreuse, qui décorait la chapelle de ce nom, ainsi que d'autres tableaux de Philippe de Champaigne, de Nicolas et de Pierre Mignard, de Reinaud Levieux, etc.

A cette époque, un religieux, le Frère Joseph-Gabriel Imbert, entré à la Chartreuse en 1696, s'occupait de peinture. Originaire de Marseille, élève de Lebrun et de Van der Meulen, il fit lui-même figure de chef d'école en Provence, — le célèbre portraitiste Siffrein Duplessis fut son élève ; — il se fit le cicerone du président de Brosses et lui montra son propre cabinet d'œuvres d'art parmi lesquelles un extraordinaire tableau trompe-l'œil d'un Vénitien représentant *L'atelier du peintre,* qui a pu être récemment acquis par le musée Calvet. Le Frère Imbert mourut à la Chartreuse de Villeneuve en 1749.

C'est également à la même époque que les Chartreux employèrent le sculpteur marseillais Antoine Duparc, auteur du grand autel de marbre aujourd'hui dans l'église de Villeneuve.

La Chartreuse posséda un médaillier qui, au moment de sa saisie, en 1791, ne comptait pas moins de 3.242 pièces. Sa bibliothèque fut achetée par un libraire sous le Second Empire ; toutefois une partie des manuscrits donnée avant la Révolution par la Chartreuse de Villeneuve à sa « fille », la Chartreuse de Marseille, a été préservée et se trouve aujourd'hui à la bibliothèque de cette ville. Quant aux tableaux et œuvres d'art, nous avons vu qu'un certain nombre avait été recueilli par l'église paroissiale et par le musée de l'Hospice.

V. — Le fort Saint-André. Vestiges divers

Par une porte du mur d'enceinte à l'est, on peut quitter la Chartreuse et, par le Val de Bénédiction, gagner le fort Saint-André. On peut aussi ressortir par la porte de la Grand'Rue et, remontant celle-ci, tourner à gauche pour prendre la

Rue du Fort-Saint-André.

A mi-chemin de la montée, une grosse tour carrée annonce la *livrée du cardinal Léonard Rossi de Giffone,* général de l'Ordre des Franciscains, qui entra au Sacré-Collège en 1378 et mourut en 1407. Construit pendant le Grand Schisme, c'est le dernier des palais de Villeneuve et peut-être le mieux bâti. Il présente en façade sur la rue sa haute tour encadrée de deux ailes. Dans celle qui précède la tour, à l'ouest, subsistent, à l'étage, les trois fenêtres à croisées du Grand Tinel. Sur la tour elle-même, une fenêtre en tiers-point trilobée signale la chapelle qui occupait la hauteur de deux étages actuels et a conservé à l'intérieur sa cavité pour les vases sacrés également trilobée. L'aile qui suit à l'est, couronnée de ridicules créneaux modernes, est surmontée de grandes cheminées rondes qui indiquent l'emplacement des cuisines et de la boulangerie.

Le Fort Saint-André.

Il est inexact que ce soit Philippe le Bel qui, d'accord avec l'abbé de Saint-André, ait fait entourer le sommet du mont Andaon d'une enceinte de murailles ; la « tour des Masques » qu'on lui attribue est de l'époque des tours jumelles, et rien n'est antérieur au roi Jean le Bon (1350-1364). Sous ce règne, la terreur des Grandes Compagnies provoquait partout l'établissement de fortifications ; on se souvient que les remparts d'Avignon datent de ce même temps.

En 1362, Jean le Bon renouvela avec l'abbé de Saint-André l'acte de paréage conclu par Louis VIII. Il fit ensuite construire l'enceinte ; les tours jumelles encadrant l'entrée étaient appelées traditionnellement les tours du roi Jean ; en tout cas, elles étaient terminées avant 1368.

L'enceinte entourait tout le sommet du plateau, englobant

la chapelle romane de Notre-Dame de Belvezet et l'abbaye de Saint-André. Le mur, avec talus à la base et longues fentes d'archères, disposées de distance en distance dans des niches en tiers-point, est couronné de créneaux, — quand ils subsistent, — sans mâchicoulis. Il est jalonné de tours de guet et d'échauguettes, muni à l'intérieur d'un chemin de ronde contigu et en outre appuyé de plusieurs tours, celle de la Roquette (au nord), la tour Brûlée (à l'est), la tour des Masques (à l'angle sud-ouest qui domine Villeneuve) ; au sud, les deux tours jumelles interdisent l'entrée, face à Avignon.

La *tour des Masques* qui passait pour remonter au XIIIe siècle ne paraît pas antérieure à Jean le Bon. Son appellation signifie la « tour des fées » (*masco* en provençal) ; sa forme est circulaire et, comme les courtines, elle est couronnée de créneaux, sans mâchicoulis. A l'intérieur, elle a un dallage avec jeux gravés par les soldats de garde ; elle était divisée en trois étages par des planchers ; sur le pourtour, elle est percée de quatre archères dans des embrasures munies de bancs ; elle a une cheminée et une fenêtre rectangulaire ; sa voûte est soutenue par six nervures sans piédroits ; le dallage de la plate-forme repose sur les reins des voûtes.

Les *tours jumelles* encadrent l'entrée, large de 4 m 20. Celle-ci, précédée d'un fossé que franchissait un pont-levis, est un long couloir voûté que fermaient deux herses et trois portes à vantaux de bois. Les tours jumelles sont chacune sur plan barlong, avec une partie saillante en demi-cercle du côté de l'extérieur. A l'intérieur, elles sont divisées pareillement. Le rez-de-chaussée forme une seule et magnifique salle de 13 mètres sur 7, divisée en deux travées, l'une rectangulaire avec voûte sur croisée d'ogives, l'autre semi-circulaire couverte, comme une abside, d'une voûte à huit branches de nervures ; cette salle du rez-de-chaussée a été coupée en deux par un plancher dont une partie subsiste à la tour de l'est. On remarque la cheminée à hotte, — analogue à celle de la tour de la Campane, au Palais des Papes, — les culots sculptés des nervures, les embrasures à archères munies de bancs de guetteurs (l'une d'elles avec armoiries du cardinal d'Armagnac, colégat d'Avignon à la fin du XVIe siècle). Des escaliers à vis desservent, en bas des cachots et des latrines, puis le premier étage et la plate-forme supérieure.

Les salles du premier étage des deux tours communiquent entre elles par la chambre des herses située au-dessus de l'entrée. Elles sont pareillement voûtées en berceau surbaissé, sans nervure, et éclairées par des fenêtres carrées munies de grilles de fer. La salle de la tour de l'est a servi de prison au XVIIIe siècle et sous la Révolution (nombreux dessins gravés sur le dallage) ; celle de la tour ouest a reçu des fours modernes.

La plate-forme, en arrière du parapet et des mâchicoulis, est établie sur les voûtes du premier étage ; elle porte les tourelles des deux escaliers et entre les tours, un châtelet carré, à deux étages, dominant tout l'édifice.

L'ensemble de ces fortifications est certainement ce qu'il y a de plus puissant, de mieux bâti et de plus perfectionné dans la région ; il révèle un architecte militaire, certainement venu du Nord, d'une science consommée contrastant avec la technique empirique, souvent archaïque et moins adroite du Palais des Papes.

Sur un des points les plus élevés du plateau, à l'intérieur de l'enceinte, s'élève la petite chapelle romane de *Notre-Dame de Belvezet* (ou de Bellevue), jadis entourée d'un cimetière ; c'est une gracieuse construction de la fin du XIIe siècle ; elle a dû servir à la population réfugiée auprès de l'abbaye ; une restauration de 1703 est signalée par une inscription (au sommet du mur septentrional) ; sur la porte, au sud, on lit dans le tympan, l'indication assez mal gravée de l'anniversaire de la dédicace, le 15 des calendes de décembre : XV. KL. DCB. DEDICACIO SCA MARIA.

Il ne reste que de médiocres vestiges de l'ancienne église de Saint-André, consacrée par le pape Gélase II (1118), et rien d'une autre église de Saint-Martin, au midi desquelles avaient été rebâtis, au XIIe siècle, les édifices de l'abbaye de Saint-André, groupés en quadrilatère autour d'un cloître. Mais il ne subsiste également que peu de restes des bâtiments monastiques anciens reconstruits par les moines de Saint-Maur au XVIIIe siècle. Il n'y a plus maintenant, entourés d'un beau jardin italien, que ces derniers édifices rappelant le style majestueux des Franque.

A la Révolution, Saint-André subit le sort de la Chartreuse. Quelques dépouilles furent recueillies par l'église paroissiale et par le musée de Villeneuve. La belle bibliothèque fut dispersée au XIXe siècle ; le musée Calvet a pu en recueillir quelques débris, notamment un magnifique Evangéliaire du IXe siècle, à décor polychrome.

Sur les hauteurs de Montaut.

A l'opposé de Saint-André, sur les hauteurs de la colline de Montaut, un contemporain de Jean XXII, le cardinal Pierre Bertrand, ancien évêque d'Autun et fondateur du collège parisien de ce nom, s'était construit un palais grandiose entouré de jardins. En ce lieu, les collines dominent la vallée du Rhône et offrent des points de vue magnifiques. Les Bénédictins de Saint-André héritèrent de cette résidence et en firent un prieuré, avec chapelle et cloître, dont leurs abbés eurent la jouissance personnelle. De cette habitation assez somptueuse pour recevoir les souverains venus à la cour pontificale, le dauphin Humbert II, le roi de Majorque, l'empereur Charles IV et enfin le roi Charles VI, l'église, avec sa nef de cinq et six travées, et le clocher, existaient encore au XVIIIe siècle ; il n'en reste plus aujourd'hui que quelques pans de murs dans une villa moderne.

C'est dans le voisinage que se trouvait également une « Croix couverte » ou Belle-Croix du XVe siècle, semblable à celles d'Avignon dont nous avons parlé précédemment (1) ; il n'en reste que le socle de la croix ; l'unique arceau qui subsistait avant 1914 a été transporté en Amérique, où il figure à l'entrée du « musée des Cloîtres » au Metropolitan Museum de New-York.

(1) Voir ci-dessus p. 74, 247, 306, etc

CONCLUSION

Nous venons de faire le tour d'Avignon, d'évoquer son histoire, de visiter son prestigieux Palais des Papes, de parcourir ses rues et celles de Villeneuve. Nous pouvons tirer maintenant quelques conclusions de cet exposé.

Pendant l'antiquité, Avignon est restée une ville modeste ; son développement a été loin d'être comparable à celui des grandes cités romaines qui l'environnaient, et de ses édifices, sur lesquels on est peu renseigné, il ne reste que des vestiges. Avignon n'acquiert de l'importance qu'aux premiers temps du Moyen-Age, c'est-à-dire à une époque de troubles et de luttes où une cité ne pouvait se développer que grâce à une situation stratégique favorable et à des défenses solides. Mais encore à cette époque, rien ne la distinguait des autres villes provençales. Son rôle historique commence avec la renaissance des XIe et XIIe siècles ; ce qui reste de ses édifices romans, la cathédrale Notre-Dame des Doms et l'église abbatiale mutilée de Saint-Ruf, montre un art très évolué et raffiné, tandis que son pont Saint-Bénezet évoque une population alliant la hardiesse des conceptions techniques à celle des ambitions politiques et économiques. Elle est alors constituée en « Commune ». Grande seigneurie féodale, elle demeure redoutable jusqu'à sa défaite de 1226 qui permet à la dynastie capétienne d'établir définitivement son emprise sur la vallée du Rhône.

Son essor semble désormais brisé ; mais l'occupation du Comtat Venaissin par l'Eglise romaine prépare l'événement extraordinaire qu'a été l'installation de la papauté sur le Rocher des Doms, laquelle a fait d'Avignon une ville unique par l'importance de ses monuments et l'éclat de son renom. A une époque où la papauté dominait l'Europe, on ne saurait imaginer de quel prestige la ville qui l'accueillait devait être auréolée !

La décision surprenante, inouïe, de Clément V n'eut-elle d'ailleurs pas un effet décisif pour l'Eglise dont, selon Yves Renouard, elle précipita l'évolution dans le sens de la centralisation pontificale et monarchique et plus encore pour Avignon dont elle fit, pour près d'un siècle la capitale, le centre politique et religieux du monde chrétien.

Elle la transforma en une ville toute nouvelle. A ses anciens édifices romans, se substitue, tardivement comme on le voit, une architure gothique militaire et religieuse d'un style assez particulier. C'est l'architecture militaire qui donne surtout à la ville pontificale son visage gothique, avec le Palais des Papes, « la plus belle et la plus forte maison du monde », selon Froissart, avec les restes des livrées cardinalices, avec les remparts crénelés, aux puissantes tours quadrangulaires. A l'intérieur de la ville, à défaut d'édifices monastiques pour la plupart disparus, ce sont les clochers et les églises qui concourent à conserver à Avignon son aspect d'autrefois ; ce gothique avignonnais se fait remarquer par la simplicité de sa structure et par un style sobre et dépouillé qui lui a fait donner le nom d'« art émacié ». Le même style se retrouve également à Villeneuve où la vie artistique, née à Avignon du séjour des Papes, trouve son prolongement.

Après ce grand effort, la physionomie d'Avignon paraît désormais fixée et ce qu'ajoutera le XVe siècle se ressentira de ce goût de la simplicité qui caractérise la grande époque pontificale. Avignon vit désormais sur son passé. Abandonnée par les Papes qui en sont cependant toujours souverains, elle perd peu à peu son caractère de métropole que lui conserve cependant encore pendant deux siècles, sur toute une vaste région, une suite de légats, représentants directs du Pape, investis de vastes pouvoirs spirituels et politiques. D'ailleurs, la vie artistique n'y est pas complètement arrêtée, mais elle se manifeste surtout dans la peinture. Y a-t-il eu une « école avignonnaise » ? On peut le nier puisque les nombreux peintres qui travaillèrent au XVe siècle à Avignon venaient des contrées les plus diverses, mais n'était-ce pas déjà un grand mérite que de les avoir attirés et y eut-il ailleurs à cette époque un plus ardent foyer de vie artistique ?

Il n'y a pas eu de Renaissance à Avignon et l'architecture y passe directement du gothique au classique. Bien que l'importance politique de la ville, petite enclave étrangère dans la puissante France monarchique, soit très diminuée, que le Pape n'y soit plus représenté que par un vice-légat italien, mince personnage à côté des gouverneurs et des intendants royaux des provinces voisines, Avignon reste toujours une petite capitale et redevient même un centre d'art. Ordres religieux, confréries pieuses, riches particuliers rivalisent dans des constructions nouvelles, églises, chapelles, hôtels seigneuriaux. Les édifices des XVIIe et XVIIIe siècles, s'il leur manque l'heureux groupement dans quelques quartiers bien tracés, ce qui fait le charme et le grand prestige de ceux d'Aix, ne sont guère moins nombreux que dans cette dernière ville. Les architectes d'Avignon, les La Valfenière et les Pierre Mignard au XVIIe siècle, les Franque au XVIIIe, rayonnent dans toute la vallée du Rhône et c'est dans ce sens qu'on peut dire, avec Fernand Benoît, qu'il y a, à l'époque classique, un véritable style avignonnais, d'abord d'inspiration italienne et ensuite de goût français. Toute une pléiade d'artistes rapprochés par des affinités de tendances et de tempéraments, présentent entre eux de charmantes unités de style et produisent de parfaits ensembles, délicieux oratoires ou magnifiques hôtels.

Le XIXᵉ et le XXᵉ siècle, loin d'ajouter à cet incomparable patrimoine, ont beaucoup détruit. Et quelles menaces ne pèsent-elles pas encore sur un ensemble glorieux entre tous !

Tant qu'il est encore presque intact, montons sur les hauteurs de Villeneuve. C'est de là qu'on aperçoit la plus belle vue d'Avignon. Rien n'est plus évocateur du passé de la vieille cité et ne fait mieux comprendre la célébrité universelle d'une ville, symbole de la civilisation et de l'art d'une époque. « Inoubliable paysage, a dit Emile Henriot, le plus accompli modèle de ce que l'ingéniosité architecturale de l'homme a su harmonieusement accommoder aux bienveillantes dispositions de la nature. »

BIBLIOGRAPHIE

On trouvera une liste détaillée des ouvrages concernant l'histoire d'Avignon dans la *Bibliographie Vauclusienne* par Joseph Girard, Avignon, 1941, in-8°. Nous nous bornerons donc à indiquer ci-dessous les principaux travaux à consulter pour compléter les indications données dans le présent livre.

I. — HISTOIRE D'AVIGNON

Sautel (J.), Girard (J.), Gagnière (S.) et Chobaut (H.), *Vaucluse, essai d'histoire locale.* 1944, in-8°. — Girard (J.), *Avignon, histoire sommaire, guide des monuments.* 1930, in-8°. — Id., *Avignon, ses monuments, ses hôtels, ses trésors d'art.* 1930 in-fol. — Hallays (André), *Avignon et le Comtat Venaissin.* 1909, in-4°, plusieurs rééditions (Les Villes d'art célèbres). — Benoît (F.), *Avignon au double visage* (2e édition), 1940, in-8°.

Lot (Ferdinand), *Recherches sur la population et la superficie des cités remontant à la période gallo-romaine.* 1re partie, 1945, in-8° (Bibl. de l'Ecole des Hautes Etudes).

Carte archéologique de la Gaule romaine (*Forma Orbis romani*), fasc. VII (J. Sautel). 1939, in-4° et atlas.

Duprat (Eug.), *Essai sur l'histoire politique d'Avignon pendant le haut Moyen-Age* (*406-879*), (*Mémoires de l'Académie de Vaucluse*, (1908) ; — Id., *Les origines de l'église d'Avignon* (*jusqu'à 879*). (*Ibid.*, 1908).

Maulde (A.-R. de), *Coutumes et règlements de la République d'Avignon au XIIIe siècle.* 1879, in-8°. — Labande (L.-H.), *Avignon au XIIIe siècle : l'évêque Zoen Tencarari et les Avignonnais.* 1908, in-8°. — Girard (Joseph), *Avignon avant les Papes* (*Annuaire de la Société des Amis du Palais des Papes.* 1935).

Mollat (G.), *Les Papes d'Avignon* (1305-1378). 9e édit. 1949, in-12. — Valois (Noël), *La France et le Grand Schisme d'Occident.* 1896-1902, 4 vol. in-8°. — Renouard (Yves), *La Papauté à Avignon.* 1954, in-12 (Collection « Que sais-je ? »). — Brun (Robert), *Annales avignonnaises de 1382 à 1410 extraites des archives de Datini* (*Mémoires de l'Institut historique de Provence,* 1935 et suiv.).

Valois (Noël), *Le Pape et le Concile* (*1418-1450*). 1909, 2 vol. in-8°. — Baron (François), *Le cardinal Pierre de Foix le vieux et ses légations* (*1386-1464*), 1922, in-8°. — Rey (R.), *Louis XI et les Etats pontificaux de France au XVe siècle.* 1899, in-8°. — Labande (L.-H.), *Avignon au XVe siècle : Légation de Charles de Bourbon et du Cardinal Julien de la Rovère.* 1920, in-8°.

Rey (R.), *François Ier et la ville d'Avignon* (*Mém. Acad. Vaucluse,* 1894). — Id., *Le cardinal Georges d'Armagnac, colégat à Avignon* (*1566-1585*) (*Annales du Midi,* 1898). — Benoît (Fernand), *La Société avignonnaise au XVIe siècle : Correspondance de Garganello* (*1553-1574*) (*Annales d'Avignon,* 1925).

Méritan (Abbé J.), *Les troubles et émeutes d'Avignon : Pévoulins et Pessugaux (1652-1659)* (*Mém. Acad. Vaucluse*, 1901). — Charpenne (P.), *Histoire des réunions temporaires d'Avignon et du Comtat Venaissin à la France*. 1886, 2 vol. in-8°. — Chobaut (H.), *Avignon et le Comtat Venaissin à la veille de la Révolution française* (*Mém. Acad. Vaucluse*, 1923).

Lechalier (Marius), *Les Annales municipales de la ville d'Avignon (de 1790 à nos jours)*, 1929, 2 vol. in-8°. — Ripert (Emile), *Le Félibrige*. 1924, in-12 (Collection Armand Colin). — Vaudoyer (Jean-Louis), *Beautés de la Provence*, 1926, in-12 (Les Cahiers verts). — Pillement (Georges), *Défense et illustration d'Avignon*, 1945, in-8°.

II. — MONOGRAPHIES

1° Manuscrits.

Le chanoine Henri Requin (1861-1917) a été un des premiers à entreprendre le dépouillement des très riches archives notariales d'Avignon. Son « Dictionnaire des artistes » de cette ville resté inachevé (11 volumes), ainsi que les fiches destinées à le composer (18 volumes réunissant plus de 20.000 feuillets) sont aujourd'hui à la Bibliothèque d'Avignon (musée Calvet) sous les cotes 4491 à 4519. D'autres fiches du même, intéressant les institutions ecclésiastiques, les familles et des sujets divers, ainsi que ses cahiers de notes, sont aux Archives départementales de Vaucluse. H. Requin a publié quelques monographies, dont les principales sont citées ci-après.

Après le chanoine Requin, Adrien Marcel (1848-1929), ancien chef de bureau à la Préfecture de la Seine et ex-collaborateur de la Bibliothèque Doucet, s'était passionné, dès sa retraite à Avignon, pour les recherches dans les archives notariales. Pendant vingt ans, il reprit et développa les investigations de Requin sur les artistes locaux qu'il étendit à l'histoire des rues et des vieilles demeures d'Avignon. Plus abondante encore et plus détaillée que celle de son prédécesseur, sa documentation, à part quelques monographies, dont les plus importantes sont citées ci-après, est restée également manuscrite et a pu être recueillie par le musée Calvet (Mss. 5586 à 5614). Quelques chiffres en soulignent l'importance : 14.117 fiches ou feuillets pour le dictionnaire des artistes, 3.275 pour le dictionnaire des rues, 727 feuillets pour des notices entièrement rédigées sur les principaux hôtels d'Avignon (nous les avons utilisées dans notre description des rues et des maisons).

2° Plans et dessins.

C'est également au musée Calvet qu'on trouvera la collection la plus complète des plans et dessins qui évoquent l'aspect ancien d'Avignon, notamment le plan très rare de 1618 par Marco Antonio Gandolfo, que nous avons si fréquemment cité, la vue gravée d'Avignon et de Villeneuve par le Chartreux Bruno Borelli (1746), un intéressant plan d'Avignon de 1836 par Fonzes et Rakowski et enfin les très abondants recueils de dessins de Laincel, de dessins et de gravures de Requien et Raynolt.

3° Principales monographies imprimées.

Achard (Paul). *Guide du voyageur ou dictionnaire historique des rues et des places publiques de la ville d'Avignon*. 1857, in-8°. — *Notes historiques sur l'origine et les progrès de la musique à*

Avignon et dans le département de Vaucluse (*Annuaire de Vaucluse*, 1864).

André-Michel (R.) *La construction des remparts d'Avignon au XIVe siècle* (*Congrès archéologique*, 1909). — *Le tombeau d'Innocent VI* (*Revue de l'Art chrétien*, 1911). — *Avignon. Les fresques du Palais des Papes*, 1920, in-8°.

Balincourt (Comte E. de). *Avignon de 1520 à 1560 d'après les livres de raison des Merles de Beauchamps* (*Mém. de l'Acad. de Nîmes*. 1906).

Barjavel (C.-F.-H.). *Dictionnaire historique, biographique et bibliographique du département de Vaucluse*, 1841, 2 vol. in-8°.

Benoît (Fernand). *Villeneuve-lez-Avignon*, 1930, in-12 (Petites monographies des Grands Edifices de la France). [Monographie largement utilisée dans notre chapitre sur Villeneuve.]

Charvet (Léon). *Les de Royers de la Valfenière*, 1870, in-8°.

Chobaut (H.). *Les débuts de la franc-maçonnerie à Avignon* (*Mém. de l'Acad. de Vaucluse*, 1924). — *Etudes biographiques sur les Franque et les Brun, architectes* (*Ibid.*, 1932). — *La façade de la maison de l'Académie* (*Ibid.*, 1934). — *L'église de l'Oratoire d'Avignon* (*Annuaire Soc. Amis du Palais des Papes*, 1933). — *La façade de l'hôtel Crillon et son auteur Domenico Borboni, de Bologne* (*Ibid.*, 1936, etc.).

Colombe (Dr G.) *Au Palais des Papes. Recherches critiques et archéologiques* (*Mém. Acad. Vaucluse*, 1910-1942). — *Le Palais des Papes d'Avignon*, 1927, in-12 (Petites Monographies des Grands Edifices de la France).

Congrès archéologique de France, LXXVIe session tenue à Avignon en 1909, 1910, 2 vol. in-8°.

Digonnet (F.). *L'invention de l'aérostation à Avignon en 1782 et les premières ascensions dans cette ville*, 1906, in-8°.

Duhamel (L.), *Le théâtre à Avignon aux XVIIe et XVIIIe siècles* (*Annuaire de Vaucluse*, 1909). — *La vie avignonnaise aux XVIIe et XVIIIe siècles : Musique, jeux, exhibitions...* (*Ibid.*, 1910), etc.

Fontréaulx (J. de). *L'hôpital Sainte-Marthe* (*Le Guide illustré, Avignon, foire de printemps*, 1956-1957).

Girard (J.) *Catalogue illustré du Musée Calvet*, 1924, in-12. — *L'ancienne église du Collège des Jésuites et le Musée lapidaire d'Avignon* (*Mém. Acad. Vaucluse*, 1933). — *Les Villeneuve-Martignan et leur hôtel à Avignon* (*Ibid.*, 1935). — *Histoire du Musée Calvet*, 1955, in-8°. — *Les Baroncelli d'Avignon*, 1957, in-8°. — *L'hôtel des Laurens à Avignon* (*Annuaire Soc. Amis du Palais des Papes*, 1938).

Labande (L.-H.). *L'église Notre-Dame des Doms d'Avignon, des origines au XIIIe siècle* (*Bull. archéolog.*, 1906). — *Le Palais des Papes et les Monuments d'Avignon au XIVe siècle*, 1925, 2 vol. in-fol. — *Les Primitifs français. Peintres et peintres-verriers de la Provence occidentale*, 1932, 2 vol. in-fol. dont un de planches, etc.

Marcel (Adrien). *Eugène Devéria et ses peintures de Notre-Dame des Doms* (*Mém. Acad. Vaucluse*, 1911). — *Les anciens jardins d'Avignon* (*Ibid.*, 1918). — *L'Académie de Vaucluse chez le peintre Palasse* (*Ibid.*, 1920). — *Molière à Avignon* (*Ibid.*, 1922). — *Les quatre maisons des Illuminés d'Avignon* (*Ibid.*, 1922). — *Un artiste parisien à Avignon : Thomas Laînée (1682-1739)* (*Ibid.*, 1923). — *Petites énigmes des maisons d'Avignon* (*Ibid.* 1924). — *Contribution à l'histoire anecdotique d'Avignon* (*Ibid.*, 1925, 1926, 1928). — *L'exil de Richelieu à Avignon* (*Ibid.*, 1927). — *Les Péru, sculpteurs et architectes d'Avignon* (*Ibid.*, 1928). — *Mignard d'Avignon, peintre et graveur* (*Ibid.*, 1931). — *L'hôtel des Tonduty* (*Le Guide illustré, Avignon, foire de printemps*, 1955). — *L'hôtel de Beaumont* (*Ibid.*, 1956). — *L'hôtel de Blanchetti de la Motte* (*Ibid.*, 1957), etc., etc.

MARCHAND (J.). *Les Stuarts à Avignon* (*Mém. Acad. Vaucluse*, 1895).

MARIÉ (D.-M.). *Le Pont Saint-Bénezet*, 1953, in-8°.

PANSIER (Dr P.). *Histoire de l'ordre des Frères du Pont d'Avignon* (*Annales d'Avignon*, 1920-1921). — *Les Cadard à Avignon* (*Ibid.*, 1931). — *Les Palais cardinalices d'Avignon aux XIVe et XVe siècles*, 1926, 1931, 3 vol. in-8°. — *Dictionnaire des anciennes rues d'Avignon*, 1932, in-8°, etc.

REQUIN (Chanoine H.). *La façade et les portes de l'église Saint-Pierre d'Avignon* (*Mém. Acad. Vaucluse* 1887). — *Ferrier Bernard à Avignon* (*Comptes rendus Réunion Soc. Beaux-Arts des départements*, 1891). — *Le sculpteur Imbert Boachon* (*Ibid.*, 1898), etc.

ROUX (Abbé A.-J.). *Le Petit Palais*, s. d., in-8°.

SAPORI (Armando). *Le Marchand italien au Moyen-Age*, 1952, in-12 (Ecole pratique des Hautes Etudes, VIe section).

TABLE DES ILLUSTRATIONS

TABLE DES ILLUSTRATIONS

INDEX ALPHABÉTIQUE

INDEX ALPHABÉTIQUE

I. — PRINCIPAUX PERSONNAGES MENTIONNES

B

D

E

F

G

H

I J K

L

M

N

O

S

II. — ARCHITECTES. MAITRES D'ŒUVRE SCULPTEURS. PEINTRES, ETC.

ARCHITECTES

LAPICIDES. MAITRES D'ŒUVRE MAÇONS

SCULPTEURS

III. — PALAIS DES PAPES

IV. — RUES ET PLACES

(Les anciens noms sont en italique)

V. — MONUMENTS. EDIFICES. INSTITUTIONS FAITS HISTORIQUES

A

B

C

D

P

R

VI. — HOTELS ET MAISONS

VII. — ENVIRONS D'AVIGNON

VILLENEUVE-LEZ-AVIGNON

TABLE DES MATIÈRES

PREMIERE PARTIE

EVOCATION HISTORIQUE

Chapitre Premier

AVIGNON AVANT LES PAPES

Chapitre II

LA PAPAUTE A AVIGNON

Chapitre III

AU TEMPS DES LEGATS ET VICE-LEGATS DE LA REVOLUTION AU XXe SIECLE

DEUXIEME PARTIE

LE PALAIS DES PAPES
LA PLACE DU PALAIS — LE ROCHER DES DOMS

Chapitre Premier

LE PALAIS DES PAPES
HISTORIQUE ET CARACTERES GENERAUX

Chapitre II

DESCRIPTION DU PALAIS DES PAPES

TROISIEME PARTIE

MUSEES. EGLISES ET CHAPELLES HOTELS ET MAISONS. ENVIRONS VILLENEUVE-LEZ-AVIGNON

Chapitre Premier

LA PLACE DE L'HORLOGE. — LES MUSEES

Chapitre II

LA RUE JOSEPH-VERNET. LA PLACE CRILLON LES FUSTERIES. SAINT-AGRICOL

Chapitre III

DU PLAN DE LUNEL AU CHANGE

Chapitre IV

DES PENITENTS BLANCS AUX PENITENTS NOIRS ET DES PENITENTS NOIRS A LA SAUNERIE

Chapitre V

DU VIEUX-SEXTIER A LA CARRETERIE ET DE L'HOPITAL SAINTE-MARTHE AU PORTAIL MAGNANEN

Chapitre VI

DE L'HOTEL DE MONTAIGU A L'HOTEL DE CAUMONT

Chapitre VII

LES REMPARTS. LE PONT SAINT-BENEZET SAINT-RUF. MONTFAVET. BONPAS

Chapitre VIII

VILLENEUVE-LEZ-AVIGNON

CET OUVRAGE A ÉTÉ ACHEVÉ D'IMPRIMER LE TRENTE JUIN MIL NEUF CENT QUATRE-VINGT-DIX DANS LES ATELIERS DE NORMANDIE IMPRESSION S.A. À ALENÇON ET INSCRIT DANS LES REGISTRES DE L'ÉDITEUR SOUS LE N° 2558

Dépôt légal : juillet 1990